全国大学生数字贸易综合技能大赛推荐用书

高等学校经济管理类核心课程教材

Digital Trade

数字贸易学

数字版

马述忠
濮方清
潘钢健 等 著
郭继文
柴宇曦

中国人民大学出版社
·北京·

图书在版编目（CIP）数据

数字贸易学 / 马述忠等著. -- 北京 : 中国人民大学出版社，2024.2
高等学校经济管理类核心课程教材
ISBN 978-7-300-32470-8

Ⅰ. ①数… Ⅱ. ①马… Ⅲ. ①国际贸易－电子商务－高等学校－教材 Ⅳ. ① F740.4

中国国家版本馆 CIP 数据核字（2024）第 025248 号

高等学校经济管理类核心课程教材
数字贸易学
马述忠　濮方清　潘钢健　郭继文　柴宇曦　等 著
Shuzimaoyixue

出版发行	中国人民大学出版社		
社　　址	北京中关村大街 31 号	**邮政编码**	100080
电　　话	010－62511242（总编室）		010－62511770（质管部）
	010－82501766（邮购部）		010－62514148（门市部）
	010－62511173（发行公司）		010－62515275（盗版举报）
网　　址	http://www.crup.com.cn		
经　　销	新华书店		
印　　刷	北京密兴印刷有限公司		
开　　本	787 mm×1092 mm　1/16	**版　　次**	2024 年 2 月第 1 版
印　　张	24 插页 1	**印　　次**	2025 年 7 月第 4 次印刷
字　　数	536 000	**定　　价**	59.00 元

前言

PREFACE

改革开放40多年来，我国经济社会发生了翻天覆地的变化，在人均资源和资本积累都不是很丰富的条件下，实现经济持续高速增长，造就人类发展史上的经济奇迹。随着我国经济进入新常态，数字经济逐渐成为我国产业转型升级的重要驱动力，其最活跃、最集中的两种表现形式分别是电子商务和跨境电子商务。面对百年未有之大变局，数字经济展现出强大的发展韧性，实现逆势增长，为世界经济复苏、增长注入重要动力，其中数字贸易更是成为打通国内国际双循环的重要载体。2024年是全面贯彻落实党的二十大精神的重要一年，是实施“十四五”规划的关键一年。可以肯定地讲，我国在数字经济和数字贸易领域取得的伟大成就离不开党的正确领导。科学总结我国数字经济和数字贸易实践取得的成就和经验，分析未来需要应对的挑战，对于进一步加快建设贸易强国、推进中国式现代化发展、实现中华民族伟大复兴的中国梦具有重大意义。

习近平总书记曾明确指出：“加快构建中国特色哲学社会科学，归根结底是建构中国自主的知识体系。要以中国为观照、以时代为观照，立足中国实际，解决中国问题，不断推动中华优秀传统文化创造性转化、创新性发展，不断推进知识创新、理论创新、方法创新，使中国特色哲学社会科学真正屹立于世界学术之林。”[①]这要求我国学者基于我国鲜活的经济事实提炼标识性概念，打造易于为国际社会所理解和接受的新概念、新范畴和新表述，以更加自主的知识体系概括和凝练中国实践，引导国际学术界展开相关研究和讨论，从而加大中国方案和中国理念传播力度，使其成为世界表述当代中国故事的源头、读懂当代中国的标识。因此，基于我国的经济实践经验，归纳总结得出系统化的经济学理论，并通过撰写一系列教材

① 习近平在中国人民大学考察时强调：坚持党的领导传承红色基因扎根中国大地　走出一条建设中国特色世界一流大学新路．中国政府网，2022-04-25.

完成新兴学科体系的构建是十分必要的。一方面，这有利于构建我国经济学理论体系，加快构建中国特色哲学社会科学，并用来指导新的伟大实践，特别是应用于中国式现代化发展的需要。另一方面，这有利于向世界各国，特别是广大发展中国家贡献中国智慧、中国力量和中国方案，进而共同构建人类命运共同体。

相较于传统的国际贸易学教科书，本书具有以下特色：

第一，本书坚持我国经济学理论体系与鲜活经济实践的统一。一方面，本书通过构建成体系的学科理论和标识性概念创新性地构建数字贸易学的学科体系。其中，本书标识性概念的内涵与外延严格遵循逻辑学的相关规范进行定义，有利于读者学习和理解。另一方面，本书添加大量我国数字贸易的宏微观数据和典型经济事实，利用相关理论知识对我国数字贸易实践进行剖析和解读。其中，本书基于已有文献总结的理论命题能够高度概括复杂的数字贸易经济现实，有利于读者对正文内容的理解。

第二，本书坚持章节之间宏观知识面和章节内部具体知识点的结合。一方面，本书涉及数字贸易学研究的所有细分领域，且各章节之间逻辑结构紧密、相互照应、彼此支撑。另一方面，本书每一章具体内容不追求大而全，而是在典型代表性经济事实的基础上形成能够向世界各国推广的一般性知识。

第三，本书坚持教学的科学性、逻辑性和严谨性。本书内容深入浅出、难度适中，既包括标识性概念和理论性命题等理论知识，又在每章的文中补充了必要的拓展性专栏，还在每章的文末提供了情景式思考题，符合学生学习规律，有利于培养学生分析问题和解决问题的能力。

负责本书撰写的团队成员，均系浙江大学中国数字贸易研究院的专兼职研究人员。逻辑框架由马述忠组织搭建，他还负责确定了全书的写作风格，并参与了全书的撰写工作。按照章节先后顺序，其他参与本书撰写工作的团队成员包括：第一章濮方清，第二章房超（浙江工商大学经济学院）和濮方清，第三章陈彦宇（浙江师范大学经济与管理学院）和柴宇曦，第四章沈雨婷和濮方清，第五章张洪胜和濮方清，第六章贺歌和濮方清，第七章胡增玺（中央财经大学国际经济与贸易学院）和濮方清，第八章张道涵和潘钢健，第九章杜特和潘钢健，第十章刘锴和潘钢健，第十一章潘钢健，第十二章濮方清，第十三章许光建（中国计量大学经济与管理学院）和柴宇曦，第十四章陈逸凡和柴宇曦，第十五章柴宇曦，第十六章梁绮慧（浙江工商大学经济学院）和柴宇曦，第十七章柴宇曦、濮方清和潘钢健，第十八章郭继文（湖南大学经济与贸易学院），第十九章吴鹏（浙江财经大学经济学院）和郭继文，第二十章王晔辰和郭继文，第二十一章任婉婉（浙江工商大学经济学院）和郭继文，第二十二章郭雪瑶和郭继文。全书由马述忠、濮方清、潘钢健、郭继文和柴宇曦统稿和定稿。

感谢中国人民大学出版社朱含蓄对本书后期编辑工作提供的优良服务和全方位支持。

本书可供高等院校经济与管理类各专业本科生、硕士生以及相关研究机构和业务部门从业人员学习参考之用。作者已尽力确保本书准确可靠，但囿于精力和时间所限，部分细节难免有不妥之处，恳请同行专家、学者以及广大读者朋友不吝赐教，批评指正。

目录

CONTENTS

第一章 导 论

第一节 数字贸易学形成的学科背景

一、数字贸易发展亟待理论指导

随着 5G、人工智能、物联网、云计算和大数据等数字技术的发展，数字经济渗透进入社会经济的方方面面。在此背景下，电子商务、跨境电子商务发展升级成为数字贸易和全球数字贸易。商务部发布的《中国电子商务报告 2022》显示，2022 年中国跨境电子商务进出口总额达 2.11 万亿元，同比增长 9.8%；国务院发展研究中心对外经济研究部发布的《数字贸易发展与合作报告 2023》显示，2022 年中国数字服务进出口总额 3 710.8 亿美元，同比增长 3.2%，增速位居世界前列，该报告还显示全球数字贸易发展态势表现为跨境电子商务进入相对缓慢增长阶段，与此同时数字服务贸易继续保持增长。数字贸易的快速增长及其层出不穷的经济现象（例如数字服务贸易、数据本地存储与跨境流动等）已经不能被原有的国际贸易学理论较好地解释，这源于数字贸易在时空属性、行为主体、贸易标的、运作方式和监管体系等方面与传统贸易的差异。和其他学科相比，数字贸易学具有多学科交叉的特征，不仅包含国际贸易学、产业经济学、金融学等经济学领域，还和计算机科学、管理学、国际关系学、法学等学科相关。数字贸易学学科的形成能够为贸易强国建设、“一带一路”倡议、国内国际双循环相互促进的新发展格局提供理论支撑和思想引导，同时为解决数字贸易实践中的问题和矛盾提供了思考和分析的框架。

二、数字贸易人才培养亟待与时俱进

数字贸易的快速发展不仅依赖于先进的数字技术和庞大的数据，还需要具备相应知识和技能的人才。但是，当前数字贸易领域的人才供应远远不足。这一不匹配的现象既体现在数字贸易企业对高水平人才的需求上，也体现在传统企业数字化转型对高水平人

才，尤其是对熟悉数字运营管理人才的需求上。然而，数字贸易人才的培养面临着一系列挑战。现有的培养模式由于目标单一且缺乏创新，与其他学科的交叉融合不足，无法满足数字贸易人才的培养需求。此外，现阶段的课程知识体系也限制了数字贸易人才的知识结构，培养方案无法满足理论和实践的有效结合。在此背景下，数字贸易人才培养亟须与时俱进，重新审视数字贸易人才的培养体系，积极探索新的培养模式，不断根据数字贸易领域的快速发展动态调整培养方案。数字贸易学学科的形成有利于及时更新、优化经济学的培养方案和课程设置；有利于拓展数字贸易人才培养的交叉学科知识体系，增加数字贸易各个环节的实践教学机会，提高培养人才的综合素质。

三、全球数字经济治理亟待话语权加持

全球经济治理经历了以英国为中心的霸权竞争治理、以美国为中心的霸权支配治理、美苏争霸下的霸权争夺治理、发达国家主导的南北合作治理，进入新兴经济体崛起下的全球共同治理阶段。中国在此演变历程中的角色逐渐从边缘走向中央，数字贸易的到来对全球经济版图的重构和全球经济理论话语权的变更提供了至关重要的历史机遇，中国亟须利用自身在数字贸易领域的先行优势，在新一轮的全球数字经济治理中掌握博弈主动权、谈判话语权和规则制定权。在此背景下，中国在全球数字经济治理中发挥作用亟待话语权加持，需要面对新的经济和贸易现象提炼出新的理论命题和标识性概念。习近平总书记在哲学社会科学工作座谈会上指出："每个学科都要构建成体系的学科理论和概念。"[①] 成体系的学科理论命题构成学术体系，而成体系的概念构成话语体系。数字贸易学学科的形成可以在完善中国特色经济学体系的同时，为确立和强化中国在全球经济治理中的话语权提供了强大的经济理论和规制体系支撑。

四、经济学学科建设亟待中国智慧

在数字经济时代，经济学学科建设面临新的发展契机：一是数字技术发展，二是经济全球化不断深入发展，三是国际政治环境发生了深刻的变化。中国的数字经济和数字贸易发展成就有目共睹，是中国乃至全球经济学界密切关注和及时跟踪的重要话题。构建数字贸易学学科的意义和价值，不仅在于系统总结数字贸易实践的已有经验，指导未来较长一段时间里中国的数字贸易发展，而且在于通过学理化、系统化的理论构建，通过对市场经济规律一般和特殊的系统分析完善整个经济学学科，为世界经济发展特别是发展中国家未来长期经济发展提供中国智慧、中国方案。学科体系是加快构建中国特色哲学社会科学的根本依托，学科体系不扎实，学术体系、话语体系就是无源之水；学科体系的中国特色不鲜明，学术体系、话语体系的中国风格和中国气派就是无本之木。从短期看，数字贸易学只是一门课程，重在话语体系构建、标识性概念界定、理论命题凝练；从长远看，数字贸易学是一个具有颠覆特征的交叉学科，会逐步形成完整的学科体系、学术体系和话语体系（见图 1 - 1）。

---

① 习近平：在哲学社会科学工作座谈会上的讲话．人民网，2016-05-18.

图 1-1　数字贸易学学科的形成

第二节　数字贸易学的整体架构

数字贸易学的整体架构包含四篇，分别是：数字贸易方式篇、数字贸易生态圈篇、数字贸易综合服务篇和全球数字经济治理篇（见图 1-2）。

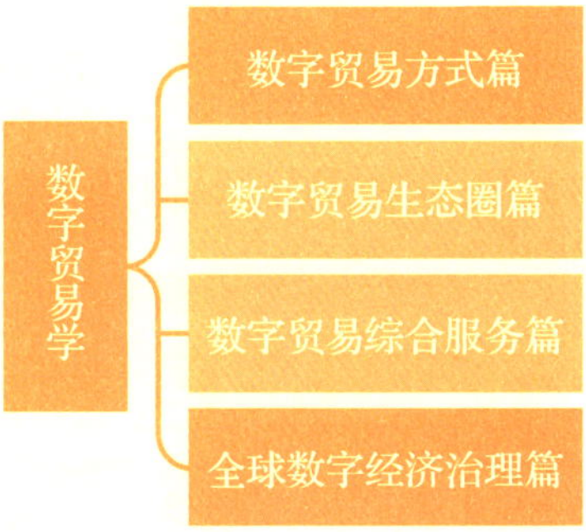

图 1-2　数字贸易学的整体架构

一、数字贸易方式篇的架构

数字贸易方式篇总共包含六章，围绕数字贸易这一核心概念展开（见图 1-3）。

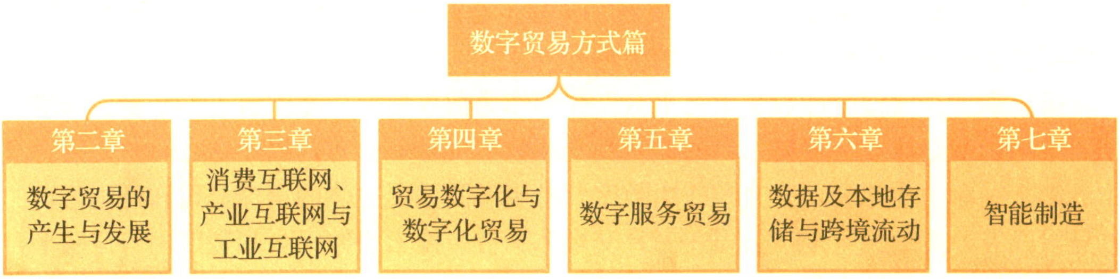

图 1-3　数字贸易方式篇

第二章“数字贸易的产生与发展”阐述数字贸易学中的核心概念——数字贸易和全球

数字贸易，并介绍它们的产生背景和发展阶段等相关知识。

第三章“消费互联网、产业互联网与工业互联网”介绍电子商务（跨境电子商务）阶段对应的消费互联网、数字贸易（全球数字贸易）阶段对应的产业互联网以及和智能制造密切相关的工业互联网。

第四章“贸易数字化与数字化贸易”介绍数字贸易的两个组成部分——贸易数字化和数字化贸易。贸易数字化部分介绍实体货物的贸易转型过程；数字化贸易部分介绍无形贸易标的的新型贸易活动，包括数字内容贸易、数据贸易和第五章要介绍的数字服务贸易。

第五章“数字服务贸易”介绍数字服务贸易的两个组成部分——数字化服务贸易和服务贸易数字化。

第六章“数据及本地存储与跨境流动”介绍作为数字经济和数字贸易核心要素的数据及其相关概念和知识，重点介绍数据本地存储和数据跨境流动以及它们各自与数据主权的关系。

第七章“智能制造”介绍和数字贸易密切相关的智能制造，并基于需求侧介绍网络协同制造和大规模个性化定制这两种智能制造模式。

二、数字贸易生态圈篇的架构

数字贸易生态圈篇总共包含五章，围绕数字贸易生态圈这一核心概念展开（见图 1-4）。

图 1-4 数字贸易生态圈篇

第八章“数字营商环境”阐述作为数字贸易生态圈外部环境的数字营商环境的概念、评价指标体系、优化路径及其对数字贸易的重要意义。

第九章“数字贸易生态圈”介绍数字贸易生态圈的产生背景、发展的阶段性表现、整体架构和圈内各物种在其中扮演的角色。

第十章“开放型全球数字贸易平台”介绍作为数字贸易生态圈核心的平台、跨境电子商务平台和全球数字贸易平台的概念及全球数字贸易平台与普惠贸易之间的关系。

第十一章“全球公司”介绍作为数字贸易生态圈重要主体的全球公司和跨国公司的差异以及三种典型天生全球公司——社交媒体平台、搜索引擎平台和数字内容订购平台兴起的背景和阶段性表现。

第十二章“消费者行为与权益”介绍数字贸易生态圈中的消费者行为和消费者权益。其中消费者行为包括价格离散和消费者搜寻、信息不对称和消费者反馈以及信息过载和消费者注意力三个方面；消费者权益包括消费者隐私保护和消费者福利两个方面。

三、数字贸易综合服务篇的架构

数字贸易综合服务篇总共包含五章，围绕数字贸易综合服务这一核心概念展开（见图1-5）。

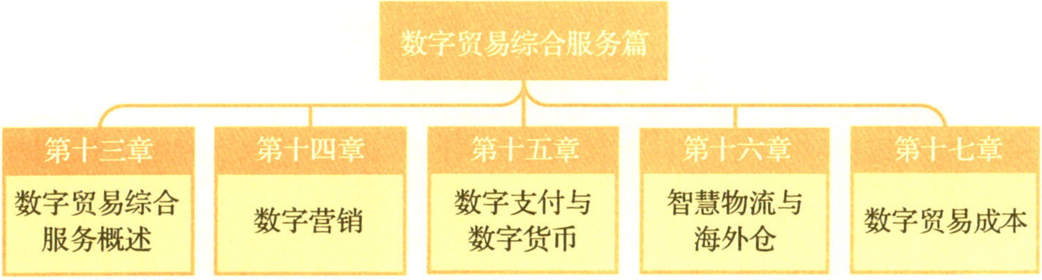

图1-5 数字贸易综合服务篇

第十三章“数字贸易综合服务概述”阐述本篇核心概念——数字贸易综合服务，并介绍其产生背景和发展阶段、对数字贸易发展的影响等相关知识。

第十四章“数字营销”介绍数字贸易综合服务中附加值最高的环节——数字营销的发展与变革，特别是搜索引擎营销、社交媒体营销、内容营销和联盟营销的优劣势、方法与策略。

第十五章“数字支付与数字货币”介绍作为数字贸易综合服务重要组成部分的数字支付和数字货币，聚焦于其产生与发展及数字货币对数字支付能力建设的影响，重点阐述了数字人民币在数字贸易中的应用场景与挑战。

第十六章“智慧物流与海外仓”介绍作为数字贸易综合服务新业态的智慧物流与海外仓，特别关注了其对数字贸易的作用以及海外仓对智慧物流能力建设的影响。

第十七章“数字贸易成本”立足于上述章节对数字贸易综合服务环节的梳理和考察，界定数字贸易成本概念的内涵与外延，辨析了数字贸易成本与传统贸易成本的关系，重点讨论了平台搭建（入驻）成本、搜寻成本、营销成本、沟通成本和物流成本这五类典型数字贸易成本及其节约的主要方法。

四、全球数字经济治理篇的架构

全球数字经济治理篇总共包含五章，围绕全球数字经济治理这一核心概念展开（见图1-6）。

第十八章“全球数字经济治理概述”在明晰数字经济对全球经济治理影响的基础上，介绍全球数字经济治理的内涵和外延，阐述全球数字经济治理总体的制度安排以及面临的机遇和挑战。

第十九章“包容性发展与全球数字鸿沟”介绍全球数字经济治理的关键一环——基于包容性发展的全球数字鸿沟治理。

第二十章“数字丝绸之路与数字基础设施”介绍全球数字经济治理推进的有效路径——数字丝绸之路建设，以及关键着力点——数字基础设施。

第二十一章“数字自由贸易与数字贸易壁垒”介绍全球数字贸易治理的两个核心对象——数字自由贸易和数字贸易壁垒。

第二十二章“数字贸易规则构建与 WTO 新一轮电子商务谈判”介绍全球数字贸易治理历程及现状，并概述以 WTO 新一轮电子商务谈判为抓手的数字贸易规则构建方向。

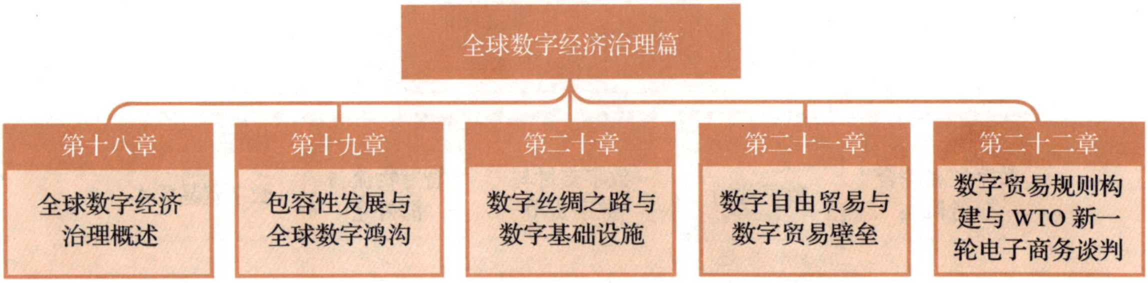

图 1-6　全球数字经济治理篇

第三节　数字贸易学的主要标识性概念

数字贸易学的标识性概念共可分为四类：前置类、基础类、拓展类和衍生类。基础类标识性概念是数字贸易学最为核心的概念，前置类标识性概念是理解基础类、拓展类和衍生类标识性概念不可缺少的钥匙，拓展类标识性概念是围绕基础类标识性概念展开的外围概念，衍生类标识性概念是基础类标识性概念派生出来并与全球数字经济治理相关的概念。具体见图 1-7。

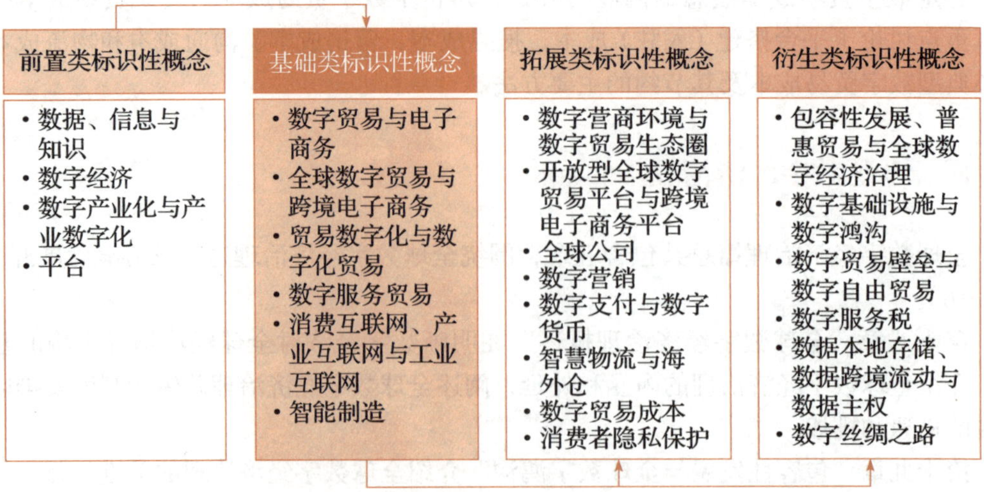

图 1-7　数字贸易学的标识性概念

一、前置类标识性概念

数字经济是以数据为投入要素，以平台为载体，包含了数字产业化和产业数字化两个进程。数字产业化与产业数字化相互促进、协同发展。数字产业化为产业数字化提供数字技术、产品、服务、基础设施和解决方案，引领和推动各行各业的数字化转型升级；产业数字化产生了关于各行各业生产经营销售等的海量数据，为数字产业化提供源源不断的数据资源，推动数字产业不断做强做大。平台作为数字经济的载体，为数字产业化和产业数字化过程提供了双边和多边交互的支撑。具体见图 1-8。

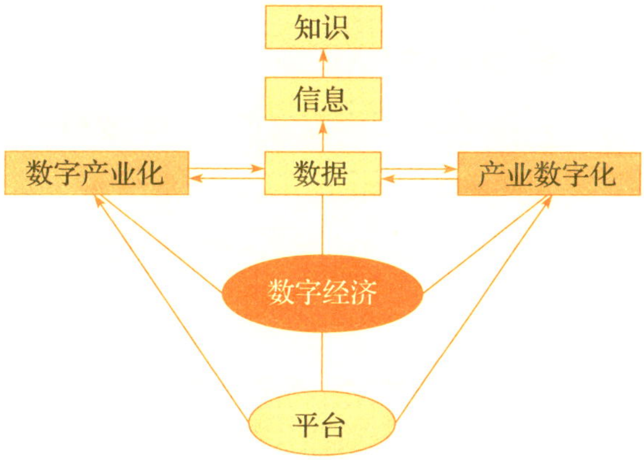

图 1-8 前置类标识性概念之间的关系

二、基础类标识性概念

在图 1-9 上半部分，数字贸易包含贸易数字化和数字化贸易两个部分。贸易数字化过程包括三种情形：从传统贸易转型电子商务、从传统贸易转型数字贸易、从电子商务转型数字贸易；数字化贸易实现的是无形贸易标的的交易，因此其包含数字服务贸易、数据贸易、数字内容贸易。贸易数字化提高了数字化贸易的交易效率，例如数字内容商品借助数字平台实现低边际生产成本的全球销售。数字化贸易加快了贸易数字化过程的推进速度，无形贸易标的交易活动的大量增加倒逼传统贸易和电子商务依托数字平台转型升级。两者的区别在于，贸易数字化是一种转型过程，而数字化贸易是一种贸易活动。

在图 1-9 下半部分，电子商务是数字贸易的初级阶段，21 世纪 10 年代末随着数字技术与传统产业融合的深入，在消费互联网向产业互联网转型的过程中，贸易活动从电子商务阶段进入数字贸易阶段。电子商务和数字贸易的区别在于：载体不同，电子商务以信息网络为载体，数字贸易的载体还包括数字平台；技术不同，电子商务是通过信息通信技术实现的，数字贸易是通过数字技术实现的。

跨境电子商务是全球数字贸易的初级阶段。21 世纪 20 年代初，随着数字技术的深入使用、数字平台的不断开放、贸易主体的广泛参与，跨境电子商务转型成为全球数字贸易这一高级形态。两者的区别在于交易属性不同，跨境电子商务仅具有双边交易属性，而全球数字贸易不仅具有双边交易属性，还具有多边交易属性。

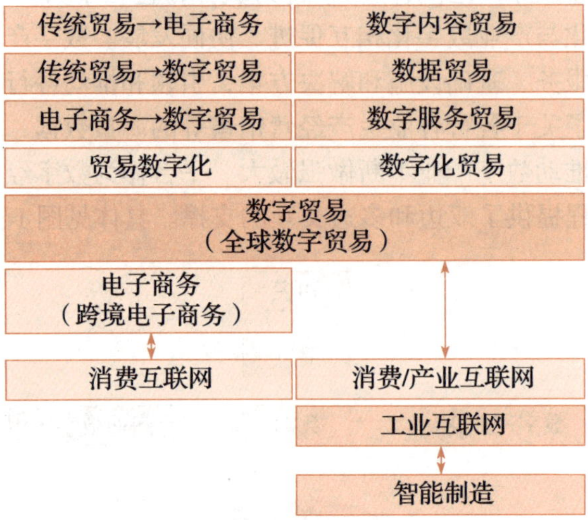

图 1－9　基础类标识性概念之间的关系

电子商务（跨境电子商务）阶段主要对应的是消费互联网，数字贸易（全球数字贸易）阶段主要对应的是产业互联网。由于电子商务（跨境电子商务）仍是数字贸易（全球数字贸易）的有机组成部分，所以数字贸易（全球数字贸易）阶段中消费互联网仍旧存在。

工业互联网作为产业互联网的一部分，是一种全新工业生态，与智能制造紧密相连。

三、拓展类标识性概念

数字营商环境反映的是宏观维度上数字贸易生态圈的外部环境，数字贸易成本和消费者隐私保护是数字贸易生态圈各市场主体重视的关键因素。

与数字营商环境不同，数字贸易生态圈是中观产业维度上的解读，其内部环境是由数字贸易市场主体构成的小圈子环境。在数字贸易生态圈中，平台是数字贸易生态圈的核心。兴起于世纪之交的跨境电子商务平台在经历了交易功能线上化、交易数据沉淀和供应链服务拓展之后，通过“数字化出海”逐渐从“买全球、卖全球”向“全球买、全球卖”转变，最终迭代为开放型全球数字贸易平台，进而产生全球公司。

以数字营销、数字支付（数字货币）和智慧物流（海外仓）为代表的外贸综合服务是数字贸易生态圈的重要组成部分（见图 1－10）。其中，数字货币的使用能够提高数字支付的结算效率，促进数字支付的迭代升级，还有利于打破平台间的数字支付壁垒。海外仓的广泛使用在降低了智慧物流的成本和风险的同时提高了智慧物流的效率。

四、衍生类标识性概念

包容性发展是实现全球数字经济治理、解决数字鸿沟和发展普惠贸易的指导原则。

当前西方主导的全球经济治理体系是阻碍包容性发展的一个重要原因，改革全球数字经济治理体系是解决这一全球性难题的重要法宝。

全球数字经济治理涉及的主要内容包括数字鸿沟、数字基础设施、数字丝绸之路、数据主权、普惠贸易、数字自由贸易、数字贸易壁垒和数字服务税（见图1-11）。其中，数字基础设施既是产生数字鸿沟的重要原因，又是打造数字丝绸之路的重要一环。数字自由贸易与数字贸易壁垒是一组互补的概念，能够反映一国政府对待数字贸易的态度与政策措施，决定了各国对待数字服务税的态度。数据主权则是各国处理对待数据本地存储和数据跨境流动的重要原则。

图1-10 拓展类标识性概念之间的关系

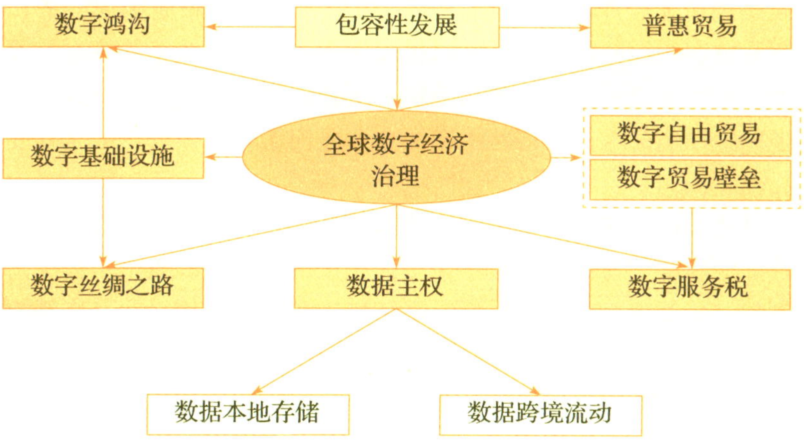

图1-11 衍生类标识性概念之间的关系

第四节 数字贸易学的主要理论命题

数字贸易学的主要理论命题共可分为三类：核心类、拓展类和衍生类（见图 1－12）。核心类理论命题是数字贸易学最核心且与前置类和基础类概念相关的命题，拓展类理论命题是围绕外围概念展开的命题，衍生类理论命题是围绕衍生类概念展开的命题。

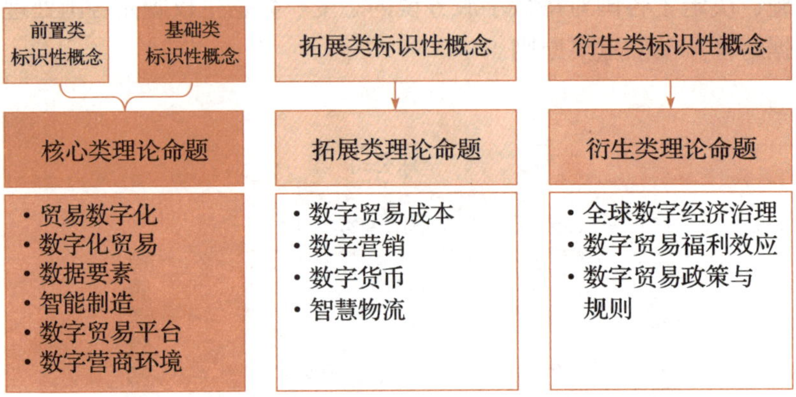

图 1－12 衍生类标识性概念之间的关系

一、核心类理论命题

核心类理论命题主要包括六个方面，即贸易数字化、数字化贸易、数据要素、智能制造、数字贸易平台和数字营商环境相关的理论命题。

贸易数字化是以信息网络和数字平台为重要载体，以数据驱动为核心，以商产融合为主线的贸易活动的数字化、网络化和智能化转型。贸易数字化相关的理论命题集中于其特征带来的影响上，例如：贸易数字化的数字化特征可以弱化地理距离对贸易的负面作用，可以破解制造业企业“服务化悖论”，可以帮助数字农业实现经济、生态和价值的再创造；贸易数字化的网络化特征可以提高制造业企业的线上销售额，改进制造业企业的绩效表现，可以优化出口企业产品结构，实现差异化竞争；贸易数字化的智能化特征可以满足多种个性化需求，使得跨境电商企业倾向于消费偏好差异化程度更大的出口目的国。

数字化贸易是以信息网络和数字平台为重要载体，以数据为核心要素，以无形贸易标的交易为特征的新型贸易活动。数字化贸易相关的理论命题集中于数字内容和数字服务的贸易，例如：数字内容的网络效应、系统效应和体验效用导致其市场需求曲线的非线性特征；全球数字服务贸易网络存在贸易集聚效应。

数据是数字经济的关键生产要素，也是数字贸易的核心要素和驱动力。数据要素相关的理论命题集中于数据的使用和福利效应，例如：消费者数据被转变为知识后，可以无限重复使用，还不会产生与消费者隐私相关的负面效用；一个国家单方面的数据监管会加剧数据使用扭曲和产出扭曲，降低全球福利。

智能制造贯穿于数字经济生产活动的各个环节，包括设计、生产、管理和服务，是基于数字技术与先进制造技术深度融合，具有自感知、自决策、自执行、自适应、自学习等功能的新型生产方式。智能制造相关的理论命题集中于其对企业和行业价值链的作用，例如：工业智能化可以重塑企业地理格局；人工智能可以促进行业的全球价值链位置提升。

平台是指基于数字技术促使相互依赖的双边或者多边主体在特定规则下交互并实现价值共创的商业组织形态，数字贸易平台是数字经济和数字贸易的重要载体。数字平台相关的理论命题集中于平台治理、平台竞争和平台收费模式，例如：跨境电子商务平台对违约行为的事前干预和事后查处具有不同的收效；跨境电子商务平台上，行业竞争程度对企业出口绩效的影响呈“倒U形”。

数字营商环境是指企业等市场主体在数字经济市场活动中所涉及的体制机制性因素和条件。数字营商环境相关的理论命题集中于市场分割、创新环境和市场选择，例如：制度性和自然性市场分割会促进企业进行线上销售；互联网化引致的管理产品能力提高可以强化创新保护，进而提升出口产品质量；跨境电商企业倾向于选择出口风险更低的目的国市场。

二、拓展类理论命题

拓展类理论命题主要包括四个方面，即数字贸易成本、数字营销、数字货币和智慧物流相关的理论命题。

数字贸易成本是指以数字贸易方式开展贸易活动，除商品生产成本外获得商品所必须支付的所有成本，在很大程度上与贸易活动数字化、网络化和智能化密切相关。数字贸易成本相关的理论命题集中于成本节约和制度创新，例如：跨境电子商务可以通过降低搜寻成本、沟通成本和物流成本，减少网络搜索中匹配环节的信息摩擦；政府可以通过制度创新降低贸易成本，促进跨境电商出口。

数字营销是指利用数字技术开发数据资源，通过数字媒介推广品牌，以广泛、即时、灵活、互动和定制的方式影响消费者，实现营销目标的一种营销方式。数字营销相关的理论命题集中于搜索引擎营销和内容营销，例如：商品的搜索广告排名靠前可以增加该商品的销量，还可以增加卖家其他商品的销量；与线下内容营销相比，B2B数字内容营销会收获更多的销售机会。

数字货币是数字化形式的加密货币，以区块链技术或分布式记账技术为底层支持，具有去中心化和可编程性特征。数字货币相关的理论命题集中于替代程度和汇率波动，例如：数字人民币的使用可以部分替代移动支付。

智慧物流是指具有全面感知、优化决策、智能执行和自我调整等功能的物流系统。智慧物流相关的理论命题集中于物流信息和供应链水平，例如：消费者倾向于为重量较大、运输距离较远的商品购买跨境物流信息服务；物流信息整合能力能够提高供应链整合水平。

三、衍生类理论命题

衍生类理论命题主要包括三个方面，即全球数字经济治理、数字贸易福利效应和数字贸易政策与规则相关的理论命题。

全球数字经济治理是世界各国及其国内相关主体应对各类数字经济挑战的治理活动。全球数字经济治理相关的理论命题集中于国家治理水平和数字基础设施，例如："一带一路"倡议对参与国提升国家治理水平具有积极影响；数字基础设施能够提升地区技术创新水平。

数字贸易福利效应是指数字贸易及其相关技术对社会福利的影响。数字贸易福利效应相关的理论命题集中于数字鸿沟、数字金融、数字技术和电子商务发展的福利效应，例如：数字鸿沟会减少家庭收入；数字金融的发展可以增加就业机会并促进收入增加；数字技术的扩散具备普惠性，但是基于数字技术的歧视性定价会损害社会福利；电子商务的发展对精神生活共同富裕具有双重影响，跨境电子商务可以促进地区间经济增长收敛。

数字贸易政策与规则相关的理论命题集中于贸易开放、规则谈判、规制融合，例如：贸易开放有利于发挥数字产品使用的作用，促进企业生产率的提高；数字基础设施越完善、市场规模越大、地理距离越近的国家签署数字贸易条款的可能性越大，国际政治风险对新一轮电子商务谈判的策略选择有重要影响；全球数字贸易规制融合会促进数字贸易发展。

本章小结

数字贸易学是一个具有颠覆特征的交叉学科，其形成的背景体现在数字贸易发展、人才培养、全球数字经济治理和经济学学科建设等方面的迫切需求。数字贸易学的整体架构包含数字贸易方式、数字贸易生态圈、数字贸易综合服务和全球数字经济治理四篇。数字贸易学的主要标识性概念包含前置类、基础类、拓展类和衍生类四大类。数字贸易学的主要理论命题包含核心类、拓展类和衍生类三大类。成体系的标识性概念构成话语体系，成体系的学科理论命题构成学术体系。数字贸易学在短期内作为一门课程，重在话语体系的构建和学术体系探索，未来以话语体系为纽结、以学术体系为核心的数字贸易学学科体系将发展成型，届时数字贸易学将作为广义的学科存在。

第一篇

数字贸易方式

第二章 数字贸易的产生与发展

本章导读

20世纪90年代以来，随着数字技术的创新发展和在社会生产生活领域的全面应用，电子商务、远程医疗、线上办公、线上教育、数字政务等全新业态如雨后春笋般涌现，广泛而深刻地影响着人们的生产和生活方式。数字技术与实体经济的深度融合催生了新型经济形态——数字经济。贸易作为经济活动中配置资源的关键环节，同样正在经历数字化的深刻变革。从电子商务到数字贸易，从跨境电子商务到全球数字贸易，数字技术的应用对传统贸易中的交易成本、交易流程、交易方式、交易场景和交易标的等产生了阶段性和全局性的显著影响，正不断地推动全球贸易朝着多边化、数字化、生态化和个性化的方向发展。通过本章的学习，读者可以了解数字经济、数字贸易的产生与发展，熟悉数字贸易和全球数字贸易发展过程中的阶段性表现，掌握数字经济、数字贸易、全球数字贸易、电子商务和跨境电子商务等重要概念，为后续深入学习数字贸易的相关内容打下基础。

第一节 数字经济的产生与发展

一、数字经济产生的背景

以历史的眼光看，数字经济是人类社会继农业经济、工业经济之后的又一主要经济形态。人类社会由工业经济时代迈向数字经济时代，与工业经济问题显现和数字技术创新浪潮密不可分。

一方面，传统工业经济发展面临瓶颈，呼唤全新生产方式的到来。传统工业经济的发展带来了气候变化、生态破坏、资源枯竭等诸多问题，对人类的生存造成日益严重的威胁。为了实现可持续发展的目标，生产方式的低碳化、集约化、智能化、绿色化改造迫在眉睫。与此同时，工业经济本身也面临发展的瓶颈。随着贸易自由化的发展，世界市场竞争不断加剧，消费者需求偏好日趋多样化，传统工业经济已经无法满足瞬息万变的市场环境。

另一方面，数字技术创新浪潮席卷全球，为生产生活方式的全面变革提供了可能。20 世纪 90 年代开始，互联网在经济活动中广泛应用，推动了真正意义上的现代商业互联网的发展。其后，来自世界各地的人们接入互联网中，地理空间对生产生活的限制大幅弱化，互联网真正使得世界变成了地球村。进入 21 世纪后，数字技术创新的步伐加快，人工智能、大数据、云计算、区块链、虚拟现实、元宇宙等新一代数字技术涌现，为生产制造和日常生活的数字化变革创造越来越多的可能。

二、数字经济发展的阶段性表现

（一）数字经济萌芽期

1946 年，第一台电子计算机（Electronic Numerical Integrator and Calculator，简称 ENIAC）在美国宾夕法尼亚大学诞生，拉开了电子计算机技术发展的序幕。1969 年，作为互联网前身的阿帕网（Advanced Research Projects Agency Network，简称 ARPANET）第一期工程投入使用，计算机之间的网络传播成为可能。然而由于硬件和软件的局限，上述信息通信技术的使用长期局限于军事和科研领域，并没有对经济活动产生显著影响。

数字经济萌芽始于 20 世纪 90 年代，随着互联网在经济活动中的广泛应用以及世界各地越来越广泛地接入互联网，现代商业互联网逐渐成形。在这一技术与经济背景下，唐·塔普斯科特（Don Tapscott）在 1996 年出版的《数字经济：网络智能时代的机遇和挑战》（*The Digital Economy: Promise and Peril in the Age of Networked Intelligence*）一书中，首次详细论述了互联网颠覆传统商务模式的可能性，他被认为是最早提出“数字经济”概念的学者。

数字经济萌芽期具有如下特征：

第一，互联网技术商用。与 20 世纪六七十年代信息通信技术主要用于军事和科研目的不同，萌芽期互联网实现了私有化和商业化，其开始作为一种通用技术影响经济活动。互联网开始从信息产业外溢，在加快传统部门数字化的同时，颠覆原有的商业模式，创造出新的商业模式，门户网站、电子商务是其中的典型代表。

第二，互联网巨头初现。互联网技术的外溢使得很多商业公司开始出现，电子商务企业亚马逊（Amazon）、搜索引擎企业谷歌（Google）、新闻门户网站雅虎（Yahoo）等均在这一时期成立，并在日后逐渐成长为具有世界影响力的互联网巨头。中国的阿里巴巴、腾讯、搜狐、网易等互联网公司同样在这一时期成立，日后发展成为中国数字经济的领军企业。

第三，投资与投机并存。互联网的创业热潮吸引了大量资本进入。部分投资者寻求长期价值的投资，对互联网行业寄予厚望，相信互联网经济将带来持续的增长和发展。但也存在一批投资者在没有了解互联网的情况下盲目跟风，甚至受到市场传言的误导，从而冒着巨大风险进行投机交易。突破底线的炒作和无节制的投机使得互联网的泡沫膨胀，出现了数字经济的“非理性繁荣”。

（二）数字经济成长期

21 世纪初，“互联网泡沫”破灭，大批互联网企业应声倒闭。与此同时，少部分优秀的互联网企业在大浪淘沙中存活下来，稳扎稳打发展自身的商业模式。数字经济在经历短暂的低潮之后，迎来了高速发展的成长期。这一时期，在相对宽松的政府监管下，全球范围内数字经济的发展较为迅速，各种新兴商业模式日渐成型，数字经济的覆盖群体大大增加。

数字经济成长期具有如下特征：

第一，商业模式日渐成型。这一时期，数字经济主要表现为消费互联网，主要商业模式包括搜索引擎、网络游戏、社交网络、电子商务等。商业模式日渐成型使得互联网企业成为国际金融市场上的宠儿，2015 年第四季度全球上市公司市值排行榜中，互联网企业占据前三位。

第二，用户群体高速增长。受惠于信息通信设备和网络接入成本的下降，特别是移动互联网的发展，互联网走进了千家万户，数字经济的用户群体快速膨胀。根据世界银行数据，2001 年全球互联网普及率仅为 8.1%，仅少数发达国家的居民能够接触到互联网。而到 2015 年，互联网普及率达到 40.9%，挪威、瑞典、日本、英国、法国、德国等发达国家互联网普及率已经达到 80% 以上，中国、巴西、南非等发展中国家互联网普及率超过了 50%。

第三，政府监管相对宽松。这一时期，数字经济发展受到的监管相对宽松，常常表现出“野蛮生长”的特征。传统的法律体系难以对数字经济这一全新业态进行管理，而针对数字经济的监管方案仍处于比较初级的阶段，无法对日新月异的数字经济创新实施有效监管。有研究认为，电子商务的快速发展得益于相对宽松的税收征管政策。①

（三）数字经济成熟期

经过成长期的高速发展，数字经济得到各国政府和企业的重视，越来越多的资金、人才等资源被投入到数字经济中。以 2016 年《二十国集团数字经济发展与合作倡议》（G20 Digital Economy Development and Cooperation Initiative）为标志，数字经济发展进入成熟期，数字技术呈现多样化创新发展的态势，生产生活方式开始全面数字化转型。2020 年新冠疫情席卷全球，数字技术被广泛应用于办公、教育等领域，进一步加速了社会的数字化转型。

数字经济成熟期具有如下特征：

第一，数字技术多样化发展。与萌芽期和成长期信息通信技术相对单一不同，成熟期数字技术的创新与应用呈现多样化的态势。人工智能、大数据、云计算大大提升了计算机的智能化水平和运算能力；区块链技术的出现颠覆了信息通信技术中心化的逻辑结构；虚拟现实、元宇宙等全新技术和概念则可能会从根本上改变技术与人之间的关系。

第二，生产生活数字化转型。数字经济成熟期，数字技术深度嵌入社会，与人们的生产生活高度融合。除了婴幼儿和部分老年人外，绝大部分的社会群体都通过各种形式参与到数字经济中，实现“数字化生存”：日常社交活动依托社交软件；购物消费依托

---

① Einav L, Knoepfle D, Levin J, et al. “ Sales Taxes and Internet Commerce,” *American Economic Review*, 2014, 104（1）: 1-26.

电子商务平台和移动支付手段；上班工作依托视频会议软件和数字化工作平台；休闲娱乐依托流媒体网站等。

第三，数据要素重要性凸显。在萌芽期和成长期，数据是数字经济活动的衍生品，而在成熟期数据开始扮演生产要素的角色。由于数字技术的进步，数据的采集和利用能够更加充分，又由于生产生活的数字化转型，数据的应用场景不断拓宽。为了发挥数据最大的经济效用，各地陆续建立大数据交易所，为数据供给和数据需求的匹配提供便利化条件。

第四，发展监管同步化进行。在这一时期，政府部门开始关注数字经济的重要战略意义，推动数字经济健康发展成为施政的一个重点。美国于 2015 年公布了数字经济议程，英国、德国、法国和俄罗斯等国均发布了数字化战略，以推动本国、本区域经济的数字化转型。同时，部分国家和国际组织开始加强对数字经济的规制，包括数字经济反垄断、数据安全等。欧盟发布的《通用数据保护条例》（General Data Protection Regulation，简称 GDPR）是其中的典型代表。

三、数字经济的内涵与外延

（一）数字经济的内涵

中国信息通信研究院发布的《中国数字经济发展报告（2022 年）》显示，2021 年中国数字经济规模高达 45.5 万亿元，占 GDP 比重达到 39.8%。随着数字经济实践的不断深入，数字经济作为动态变化的概念，其内涵在不断地丰富和完善。本教材从关键生产要素、重要载体和重要推动力三个方面对数字经济的内涵进行解读。

在关键生产要素方面，《二十国集团数字经济发展与合作倡议》将数字化的知识和信息作为关键生产要素，而《数字经济及其核心产业统计分类（2021）》则将数据资源作为关键生产要素。与数字化的知识和信息相比，数据资源范围更加广泛，还包含未经加工处理的数据和价值判断的信息。这部分拥有潜在价值的数据资源在经过开发利用后，同样可以成为数字经济的关键生产要素。因而，本教材认为数字经济是以数据资源作为关键生产要素的。

在重要载体方面，《二十国集团数字经济发展与合作倡议》和《数字经济及其核心产业统计分类（2021）》都将信息网络作为数字经济的重要载体。信息网络作为数字经济的重要基础设施的作用是显而易见的，但这两份文件对数字平台在数字经济中所扮演的重要角色有所忽视。事实上，数字经济所具有的规模经济、范围经济和低交易成本等特征均是通过数字平台实现的。具体而言，数字平台通过网络外部性实现规模经济；数字平台通过汇聚海量卖家买家形成“长尾市场”，实现范围经济；数字平台通过缓解信息不对称，降低贸易成本。有鉴于信息网络在数字经济中的基础性作用和数字平台在数字经济中的突出作用，本教材将信息网络和数字平台同时作为数字经济的重要载体。

在重要推动力方面，《二十国集团数字经济发展与合作倡议》和《数字经济及其核心产业统计分类（2021）》将信息通信技术的有效使用作为效率提升和经济结构优化的重要推动力。相较于一般性的信息通信技术，数字技术更符合数字经济时代通用技术的要求，具有更鲜明的普遍适用、动态演进和诱发创新等特征。如《二十国集团数字经济发展与合作倡议》中所列举的互联网、云计算、大数据、物联网、金融科技等技术，事实上都是数字技术。因而，本教材认为数字技术的有效使用是效率提升和经济结构优化的重要推动力。

综上所述，数字经济是以数据资源作为关键生产要素，以信息网络和数字平台作为重要载体，以数字技术的有效使用作为效率提升和经济结构优化的重要推动力的一系列经济活动。

（二）数字经济的外延

数字经济包括生产、分配、交易和消费四个环节。其中，生产包含利用数字技术、数据要素或借此提升效率和优化结构的生产，还包含信息通信技术设备的生产与服务；分配包含劳动、资本、土地、知识、技术、管理、数据等数字经济生产要素的分配；交易包含数字平台撮合、数字化订购和数字化交付三种主要交易途径；消费不仅包含通过上述三种交易途径购得商品的消费，还包含上述生产活动产出商品的消费。

数字经济本质上是一系列的经济活动。根据马克思的社会再生产理论，社会再生产过程由生产、分配、交换和消费四个环节构成，数字经济的外延同样包括数字经济的生产、分配、交易和消费四个方面。

第一，数字经济的生产，包含利用数字技术、数据要素或借此提升效率和优化结构的生产，以及信息通信技术设备的生产与服务。前者分别对应《数字经济及其核心产业统计分类（2021）》中的03、04和05大类，后者分别对应《数字经济及其核心产业统计分类（2021）》中的01和02大类。具体而言，利用数字技术的生产包括软件开发、信息技术服务等；利用数据要素的生产包括互联网批发零售、互联网金融等；借助数字技术、数据要素提升效率和优化结构的生产包括《浙江省数字经济促进条例》和《广东省数字经济促进条例》中提到的工业、农业和服务业的数字化生产；信息通信技术设备的生产与服务包括计算机、智能设备等的制造与服务。

第二，数字经济的分配，包含劳动、资本、土地、知识、技术、管理等传统生产要素的分配和数据这一新兴生产要素的分配，后者作为生产要素参与分配在党的十九届四中全会首次提出。具体而言，劳动要素参与分配，比如数字经济从业人员获取的劳动收入；资本要素参与分配，比如投资互联网企业获得的分红；土地要素参与分配，比如智能制造工业用地的租金收入；知识要素参与分配，比如数字经济中知识产权的收益；技术要素参与分配，比如数字技术投入生产经营活动取得的报酬；管理要素参与分配，比如数字经济生产经营中凭借管理能力获得的报酬；数据要素参与分配，比如数据资源产权交易取得的收入等。

第三，数字经济的交易，包含数字平台撮合、数字化订购和数字化交付三种主要交易途径。这和2018年经济合作与发展组织（Organization for Economic Cooperation and Development，简称OECD）发布的《测量数字经济的框架》（Towards a Framework for Measuring the Digital Economy）中的思想一致。具体而言，数字平台撮合的交易，比如通过Airbnb等共享经济平台进行的交易；数字化订购的交易，比如通过当当网订购实体书的交易；数字化交付的交易，比如通过网易云音乐平台购买电子专辑的交易。数字平台撮合和数字化订购的区别在于：前者平台仅扮演撮合者的角色，而后者平台常常作为商品的提供方。

第四，数字经济的消费，不仅包含通过数字平台撮合、数字化订购和数字化交付三种途径购得商品和服务的消费，还包含数字经济生产活动产出商品的消费。二者存在一定的交集，前者包括共享房屋的消费、网络订购实体书的消费、电子专辑的消费等，后者包括智能穿戴设备的消费等。

四、数字产业化与产业数字化

数字经济的发展经历了萌芽期、成长期，目前正处于成熟期，但这并不意味着数字经济的发展就此停滞。党的十九届五中全会提出，“发展数字经济，推进数字产业化和产业数字化”。可见，数字经济的发展并没有进入完成时，而处于正在进行时，具体表现在数字产业化和产业数字化两个方面。

（一）数字产业化

产业化是产业形成和发展的过程，数字产业化的本质也是过程。但是数字产业化与传统产业的形成和发展也存在显著的差异，因为数字产业化的核心是数据。数字经济时代，数据要素在经济价值创造活动中发挥着越来越重要的作用，甚至超越劳动、土地、资本和信息等传统要素成为具有基础性和战略性意义或地位的生产要素。数据要素形成产业的过程，实质上是以营利为基本目标将数据作为生产要素推入市场，并通过数字技术的市场化应用，使数据要素具有商业或市场价值的行为过程。

综上所述，数字产业化是指数据要素产业化、商业化和市场化的相关过程。

根据《数字经济及其核心产业统计分类（2021）》，数字产业化相关产业包含数字产品制造业、数字产品服务业、数字技术应用业和数字要素驱动业。数字产品制造业如计算机制造、智能设备制造等产业，数字产品服务业如数字产品批发、零售、租赁、维修等产业，数字技术应用业如软件开发、信息技术服务等产业，数字要素驱动业如数据资源与产权交易等产业。

（二）产业数字化

数字化狭义上指将对象转换成数字格式的过程，广义上指通过数字技术对企业等各类组织的业务模式、运营方式等进行系统化赋能和重塑的过程。无论是从狭义的定义理解，还是从广义的定义理解，产业数字化都是一个过程。当然，从广义的定义理解产业数字化更加准确。数字技术的应用覆盖了传统产业链上下游的升级、转型和再造，数字技术对传统产业的改造是全方位、全角度、全链条的。党的十九届五中全会提出，“推动数字经济和实体经济深度融合”，进一步为产业数字化指明了发展方向。

综上所述，产业数字化是指数字技术对传统产业进行全方位、全角度、全链条改造，使数字技术与实体经济各行各业深度融合发展的过程。

从产业分类的角度看，经济体包括第一产业（农业）、第二产业（制造业）和第三产业（服务业）三类产业。产业数字化就是这三类产业的数字化。值得特别注意的是，习近平总书记发表在《求是》杂志上的《不断做强做优做大我国数字经济》一文指出，推动制造业、服务业、农业等产业数字化。这意味着，不同产业的数字化存在一定的先后次序，制造业数字化是最为重要的，服务业数字化次之，再次为农业数字化。

专栏 2-1　推动中国数字经济健康发展的关键举措

第二节　数字贸易的产生与发展

一、数字贸易产生的背景

一方面，第三、四次工业革命带来的数字技术创新使得数字贸易成为可能。20 世纪 60 年代末，电子数据交换（Electronic Data Interchange，简称 EDI）技术的发展使得“无纸贸易”成为可能。20 世纪 90 年代以来，互联网技术的快速发展与广泛应用，推动贸易发生数字化的深刻变革。21 世纪以来，人工智能、大数据、云计算等新兴数字技术的创新又一次为贸易插上了腾飞的翅膀。

另一方面，高速增长且日趋多样化的贸易需求呼唤数字贸易时代的到来。第二次世界大战以后，特别是 20 世纪 90 年代以来，全球主要国家的经济蓬勃发展，国家之间的关税和非关税壁垒日渐削弱，各国之间的贸易需求日益增长，亟须寻找一种快速、便捷且安全的贸易模式以满足日渐复杂的贸易活动。进入 21 世纪后，全球制造业逐渐从标准化大规模生产转向定制化生产，消费者需求呈现个性化的发展趋势，这对贸易模式的灵活度和智能化程度提出了更高要求。

二、数字贸易发展的阶段性表现

（一）电子商务萌芽期

第二次世界大战结束后，全球经济开始复苏，以美国为代表的西方国家进入了经济发展的快车道。发展至 20 世纪 60 年代，企业间贸易活动日趋频繁，使得以纸张为载体的合同、证明和票据等商务文件数量激增，而传统的人工处理方式需要耗费大量的人力、物力和财力，已无法满足贸易需求。随着 1968 年 EDI 技术的发明，美国部分大型企业开始尝试使用 EDI 技术实现“无纸贸易”，电子商务应运而生。

电子商务萌芽期的特征如下：

第一，数据实现自动交换。得益于 EDI 技术的发展，企业间的数据实现了自动交换，显著提升了交易的效率。EDI 相对于传统的电报和传真具有自动化、便捷化和无纸化三大优势，被广泛应用于贸易的询价、报价等环节。中远集团于 20 世纪 90 年代开始采用 EDI 进行电子商务活动，通过 EDI 通信网络的建设实现了海内外公司间的连接，是较早探索运输行业电子商务模式的中国企业之一。

第二，交易仍然依靠线下。数据的自动交换仅限于标准格式的商务文件，其他的贸易环节如商品展示、贸易磋商、贸易结算等仍然需要线下进行。买卖双方通常需要亲自前往实体店铺或交易市场，面对面地完成购买和交易过程。

第三，应用范围十分有限。EDI 通信系统虽然具有诸多优势，但需要较大的前期投资和后续维护投入，多数中小企业无力承担，这严重限制了基于 EDI 的电子商务模式的应用范围。这一时期，应用电子商务模式的主要是大型企业。

（二）电子商务成长期

20 世纪 90 年代，互联网迅速普及，计算机也从实验室走向了千家万户。凭借价格低廉、覆盖面广、功能丰富和使用灵活等四大优势，互联网迅速取代 EDI 成为电子商务企业青睐的对象。电子商务平台借助互联网逐渐实现了交易线上化和内容展示的功能，吸引了大量中小企业参与到电子商务中。基于互联网的电子商务活动摆脱了传统商务活动的时空限制，电子商务进入快速发展的成长期。

电子商务成长期具有如下特征：

第一，线上结算逐渐普及。和萌芽期不同，成长期交易结算环节通过在线平台完成。相对于传统的支付方式而言，线上支付更高效、更安全、更便利，吸引了更多的企业和消费者。1994 年，电子商务企业亚马逊在美国成立，用户在亚马逊平台上通过银行卡或信用卡实现线上结算。

第二，网页展示成为主流。企业使用网页向客户展示产品的参数、价格和图片等信息，方便客户随时随地查看。尽管这一时期受技术限制，网页展示的内容较少、交互性较差，却为企业提供了向全球展示的窗口，拓宽了传统企业的贸易渠道。

第三，参与主体大幅增加。相比于 EDI，基于互联网的电子商务的成本大幅降低，这意味着大量中小企业能够参与到电子商务中，这拓宽了参与主体的范围。此外，基于互联网的电子商务能够实现远距离、全覆盖、大规模的贸易活动，让世界各地的贸易双方随时随地参与到电子商务中，这同样拓宽了参与主体的范围。

（三）电子商务成熟期

随着电子商务逐渐成为国内和国际贸易的重要方式，电子商务企业一方面致力于提质增效和优化用户体验，另一方面探索和实践多元化的电子商务模式，实现了营收的稳定增长，电子商务由此进入平稳发展的成熟期。

电子商务成熟期具有如下特征：

第一，模式多元化。电子商务企业开始探索经营多元化业务，以寻找新的利润增长点。在 B2B 模式稳步增长的情况下，电子商务企业对 B2C、C2C 等模式的重视程度越来越高。电子商务企业积极开辟新赛道，探索社交电商、社区团购、直播带货、短视频营销、线上线下融合等新业态。

第二，服务优质化。一方面，面对日益激烈的平台竞争，为了吸引和留住客户，电子商务企业改变传统以贸易为核心的思维，逐渐转向以客户为中心。另一方面，电子商务相关法规的完善倒逼平台关注质量、效率和体验。全球主要国家相继颁布了电子商务相关的法律法规，完善线上市场的监管政策，使得服务质量不断提升。

第三，市场集中化。部分大型电子商务平台依托其在资金、技术、人才、品牌等多方面的优势不断开拓市场，而中小平台有的逐渐退出市场，有的被大平台收购，市场的集中度逐渐提高。这一时期，反垄断部门频频出手打击电子商务行业的垄断行为，为线上市场的健康发展提供保障。

（四）数字贸易阶段

随着人工智能、大数据、云计算等数字技术的广泛应用，电子商务的分析、预测、运营能力得到大幅提升，电子商务迎来了全新的发展阶段。原来以货物交易活动为主的电子商务，不断拓展其商务活动半径，整合传统产业链，推动生产、贸易活动的数字化、智能化转型，电子商务由此逐渐蜕变为数字贸易。

数字贸易阶段具有如下特征：

第一，个性偏好充分体现。在数字贸易中，分散的贸易流量和消费者偏好等数据通过平台汇集成一个整体，这为数字贸易中的产品差异化生产和个性化服务定制提供了更多可能性，消费者的个性偏好和需求因此能够得到充分体现。

第二，生产销售高度集约。数字贸易依托数据要素的高效使用，实现劳动力、资本、技术等生产要素的集约化投入，促进研发设计、材料采购、产品生产等各环节的集约化管理。在销售环节，数字贸易的集约化特征最为明显，其通过促进企业和消费者直接达成交易，弱化中间商的作用，提升交易流程效率。

第三，生态系统智能互联。随着数字贸易的广泛应用，平台逐渐成为协调和配置资源的基本商业组织形态。在平台上，价值创造不再强调竞争，而是充分利用数字技术，通过整合各类数据，促成相关贸易参与主体的交易协作和适度竞争。数字贸易逐渐形成以平台为核心、以数据为基础、各贸易环节智能联动、各贸易参与主体互利共赢的有机生态系统。

三、全球数字贸易发展的阶段性表现

（一）跨境电子商务萌芽期

从世界范围来看，跨境电子商务主要兴起于世纪之交。随着电商巨头亚马逊和 eBay（易贝）分别于 1998 年、1999 年登陆欧洲市场，跨境电子商务的帷幕徐徐拉开。1999 年阿里巴巴国际站的成立标志着中国跨境电子商务的发展进入萌芽期。在这一时期，随着互联网技术开始普及，从事跨境贸易的交易双方在线上借助跨境电子商务平台提供的黄页服务实现信息撮合，以此为基础，在线下完成跨境贸易其他环节。

跨境电子商务萌芽期具有如下特征：

一方面，以提供信息撮合服务为主。由于受到技术条件的限制，卖方只能通过基于静态网站展示商品信息。买方在看到相关商品后，通过电子邮件等方式与卖方进行沟通，并通过传统贸易方式完成后续的流程。阿里巴巴国际站是跨境电子商务萌芽期的典型代表，其主要提供信息撮合服务，通过向海外买家展示、推广产品，帮助企业出口。

另一方面，以企业对企业贸易为主。这一时期，跨境电子商务平台的贸易便利化程度低，对贸易违约行为的监管较弱，个人消费者很难参与其中，平台上的买卖双方主要是企业。此外，计算机设备价格昂贵、网络接入成本高等因素也在很大程度上限制了个人消费者参与跨境电子商务。

理论命题 2-1

与传统国际贸易相比，跨境电商企业也会受到目的国地理距离的负面影响，但互联网能够弱化地理距离引致的信息扭曲，使地理距离对跨境电商企业出口的负面影响减少。

（参见：马述忠，房超，张洪胜．跨境电商能否突破地理距离的限制．财贸经济，2019，40（08）：116-131.）

（二）跨境电子商务成长期

2004 年敦煌网的上线标志着跨境电子商务线上交易的产生，中国跨境电子商务的发展由此进入成长期。这一时期，随着互联网技术的快速发展和广泛应用，从事跨境贸易的交易双方借助跨境电子商务平台提供的线上交易功能，逐步实现交易流程的线上化，并开始借助数字化的供应链服务来降低交易成本、提升交易效率。

跨境电子商务成长期具有如下特征：

第一，实现线上交易。与萌芽期跨境电子商务平台只是简单地展示企业和商品信息不同，成长期的平台实现了交易、支付、物流等贸易环节的线上化。2002 年，eBay 收购全球第一家第三方支付公司 PayPal（贝宝），借助其先进的支付技术向客户提供便捷安全的在线支付方式。

第二，平台作用凸显。在这一阶段，跨境电子商务平台不再是单纯的展示平台，而是通过相关算法和技术实现商品搜索、推荐、匹配的功能。此外，跨境电子商务平台还逐渐开始为中小企业提供供应链增值服务，如包装代采、关税申报等。

第三，中小企业广泛参与。进入跨境电子商务成长期，平台的抗风险能力提升，商业模式也趋于成熟，对于企业而言开展跨境电子商务所需的前期投入大大降低。中小企业在这一时期涌入跨境电子商务赛道，通过入驻平台、建独立站等方式开展跨境电子商务活动。

理论命题 2-2

跨境电子商务对不同地区的影响具有异质性，其发展有利于地区间的出口增长收敛和全要素生产率增长收敛，进而促进地区间经济增长收敛。

（参见：Shuzhong Ma，Yichun Lin，Gangjian Pan. “Does Cross-Border E-Commerce Contribute to the Growth Convergence? An Analysis Based on Chinese Provincial Panel Data,” *Journal of Global Information Management*，2021，29（05）：86-111.）

（三）跨境电子商务成熟期

2015 年，阿里巴巴国际站的信保业务上线，标志着中国跨境电子商务向线上交易的全面转型，跨境电子商务由此进入成熟期。在这一时期，从事跨境贸易的交易双方能够充分利用平台上沉淀的海量交易数据，实现供需的精准匹配，并借助平台上的低成本、专业、完善的生态化供应链服务完成线上交易和履约。

跨境电子商务成熟期具有如下特征：

第一，模式趋于多样化。企业对个人的 B2C 模式得到长足发展。伴随全球个人用户网络消费的崛起，以速卖通（AliExpress）、亚马逊等为代表的多家跨境电子商务平台相继开展 B2C 业务。B2B2C 全新模式开始出现。贸易碎片化的趋势和降低外贸成本的需求使得 B2B 和 B2C 两种模式之间不断渗透，共同推动了 B2B2C 模式的诞生。

第二，平台企业成为主导。跨境电子商务平台企业的全球影响力提升。以亚马逊、阿里巴巴等为代表的龙头企业持续加强平台的主导作用。跨境电子商务平台为产业数字化发展持续赋能。在需求端，平台积极推动商业模式等创新，有效对接消费者需求；在供给端，平台赋能供应商、中间商等企业，为企业降本增效提供支撑。

第三，交易数据得到沉淀。在数字技术飞速发展和消费者需求日趋个性化的背景下，从事跨境贸易的交易双方开始利用平台上沉淀的海量交易数据，实现供需的精准匹配，并借助平台上的低成本、专业、完善的生态化供应链服务完成线上交易和履约。如阿里巴巴国际站信保业务的全面上线使得交易全链路数据基本实现沉淀，同时平台汇聚的两千多种数字化工具，为中小企业提供全方位供应链服务。

专栏 2－2　2022 年中国跨境电商整体发展状况

（四）全球数字贸易阶段

进入成熟期后，跨境电子商务发展面临诸多瓶颈，出现了增长趋势放缓、生态化程度不足等问题。跨境电子商务更多关注平台自身的建设和发展，而忽视了互利共赢的生态系统搭建。伴随着数字技术和贸易的深度融合，贸易有关各方的广泛参与，跨境电子商务在持续量变积累下实现质变，蜕变为全球数字贸易。

全球数字贸易阶段具有如下特征：

第一，贸易模式高度复合化。伴随全球数字贸易的发展，传统的 B2B、B2C 贸易模式以及新兴的 B2B2C 贸易模式将不断渗透和重组，并逐渐形成以 B2B2C 为主，B2B、B2C 等多种贸易模式融合的线上复合贸易形态，以匹配不断降低贸易成本的诉求，契合碎片化订单集聚的发展趋势。

第二，贸易环节高度扁平化。全球数字贸易平台使生产企业能够兼顾生产和贸易。

平台的赋能使得生产企业能够以较低的成本直接参与贸易活动，减轻对贸易中间商的依赖，这有利于缩短贸易中间环节。为了能够在激烈的竞争中脱颖而出，贸易服务企业必须同时具备多环节经营能力，这有利于缩短贸易中间环节。

第三，贸易主体高度普惠化。与传统国际贸易由跨国公司主导不同，全球数字贸易的发展使得贸易弱势群体能够广泛参与其中：中小企业能够通过提供货物、供给服务等方式依托全球数字贸易平台参与国际贸易；个体工商户能够通过跨境贸易方式备货，成为全球数字贸易平台的重要采购商；消费者不仅能通过全球数字贸易平台直接购买海外产品和服务，还能通过国内电商平台间接购买海外产品和服务。

第四，贸易标的高度多元化。在全球数字贸易时代，传统实体货物都可以通过数字贸易方式实现跨境交易。随着数字社会的建立和民众数字素养的提升，数字内容和数字服务将成为越来越重要的交易标的。数据作为数字经济时代的重要生产要素，在政府与平台的监管下实现跨境流动将成为一种常态。

第五，智能制造高度常态化。全球数字贸易并非只是简单的跨境交易活动，其强调数字技术与传统产业的融合发展，并以实现制造业智能化作为重要目标。全球数字贸易平台降低了中小企业获取消费端数据的成本，使更多中小企业能够通过全球数字贸易平台累积消费端数据，并将其与生产端的设计、制造、管理等环节结合，实现生产端的精准分析和快速响应。

第三节　数字贸易与电子商务

一、数字贸易的内涵与外延

（一）数字贸易的内涵

随着数字技术与贸易活动的结合愈发紧密，数字贸易越来越成为企业开展贸易活动的优先选项，成为政府部门重点支持的新兴领域，也成为学术界重点研究的对象。数字贸易实践的不断发展，带动了业界、政界和学界对数字贸易概念认识的深化和科学化。下面从数字贸易的载体、技术和标的三个角度对数字贸易的概念进行解读。

2016 年发布的《二十国集团数字经济发展与合作倡议》认为，现代信息网络是数字经济的重要载体。随着数字经济朝着平台化的方向发展，简单地认为信息网络是数字贸易的重要载体可能有失偏颇，其忽视了数字平台在数字贸易中所扮演的载体角色。2018 年 OECD 和国际货币基金组织（International Monetary Fund，简称 IMF）联合发布的《数字贸易测度手册：状态更新》（Towards a Handbook on Measuring Digital Trade: Status Update）特别强调了数字平台对于数字贸易的重要性。2019 年 OECD、WTO 和 IMF 联合发布的《数字贸易测度手册（第一版）》（Handbook on Measuring Digital Trade, Version 1）认为，凡是数字平台促成的货物或服务贸易，均应该归类为数字贸易。有鉴于此，本教材将信息网络和数字平台认定为数字贸易的重要载体。

数字贸易的开展，除了需要信息网络和数字平台作为载体，还需要市场主体使用相应的技术。2017 年，OECD 发布的《贸易政策论文集——数字贸易：开发一个分析框架》（Trade Policy Papers—Digital Trade: Developing a Framework for Analysis）将数字贸易定义为通过数字技术实现的货物或服务交易。本教材采用这一提法，认为数字贸易的开展需要贸易主体有效使用数字技术。

从动态视角来看，根据《浙江省数字经济发展“十四五”规划》，数字贸易包括两个部分：传统贸易数字化与数字经济国际化。本教材对这一提法进行拓展，认为数字贸易由贸易数字化和数字化贸易组成。其中，贸易数字化的贸易标的是实体货物，数字化贸易的贸易标的包括数字内容、数据、服务。实体货物、数字内容和数据这三类标的具有明显的可分离、可储存性质，与服务差别较大，因此本教材将实体货物、数字内容和数据这三类标的统一归类为货物标的。

综上所述，数字贸易是以信息网络和数字平台为重要载体，通过数字技术的有效使用，实现货物（实体货物、数字内容、数据）和服务交换的新型贸易活动。

（二）数字贸易的外延

数字贸易包括贸易数字化和数字化贸易，与智能制造密切相关，在消费互联网向产业互联网转型过程中逐渐被广泛关注。

本教材第四章将详细阐述贸易数字化和数字化贸易，第七章将详细阐述数字贸易与智能制造的关系，第三章将详细阐述数字贸易与消费互联网、产业互联网的关系。

二、电子商务的内涵与外延

（一）电子商务的内涵

21 世纪以来，中国电子商务发展取得的成就有目共睹。根据商务部发布的《中国电子商务报告（2022）》，2022 年全国电子商务交易额达到 43.83 万亿元。随着电子商务相关发展规划的落地和法律法规的日趋完善，对电子商务这一经济业态的理解同样日渐深化。

2018 年全国人民代表大会常务委员会第五次会议审议通过的《中华人民共和国电子商务法》将电子商务阐述为“通过互联网等信息网络销售商品或者提供服务的经营活动”。2021 年 10 月，商务部、中央网信办和发展改革委联合发布的《“十四五”电子商务发展规划》沿用了这一定义。传统商务活动主要通过批发市场、超市、商店等实体市场进行，而电子商务则是通过互联网等信息网络开展经营活动。以信息网络为重要载体是电子商务区别于传统商务活动的重要特征。这一特征意味着，与传统商务活动不同，电子商务的交易主体需要了解并能使用信息通信技术。

同时，电子商务和传统商务活动在交易标的上是一致的。无论是上述《中华人民共和国电子商务法》和《“十四五”电子商务发展规划》，还是 OECD 对电子商务的统计标准，都认为电子商务的交易标的包括商品和服务两类。

综上所述，电子商务是指以信息网络为重要载体，通过信息通信技术的有效使用，实现商品和服务交换的经营活动。

（二）电子商务的外延

按照交易主体划分，电子商务包括企业对企业的 B2B 模式、企业对个人的 B2C 模式、个人对个人的 C2C 模式、企业对政府的 B2G 模式等。

B2B 模式是指买卖双方均为企业的电子商务商业模式，阿里巴巴集团旗下的 1688 网即属于这一模式；B2C 模式是卖方为企业而买方为个人消费者的电子商务商业模式，综合性购物平台天猫网和以图书销售为主的当当网均属于这一模式；C2C 模式是指买卖双方均为个人的电子商务商业模式，二手商品交易平台咸鱼是 C2C 模式的典型代表；B2G 模式是指卖方为企业而买方为政府部门的电子商务商业模式，面向发达国家政府采购的 GOVBUY 平台属于这一模式。除了上述四种类别，还存在个人对政府的 C2G 模式。本教材认为个人与政府之间的电子商务交易在数字经济时代下被 B2G 所包含，因而没有将 C2G 作为单独的一个模式。

按照运营模式划分，电子商务包括平台型、自营型和混合型。

平台型电子商务是指平台只提供交易场所，而不直接参与买卖交易的电子商务运营模式，淘宝网属于这一模式；自营型电子商务是指平台自身作为卖方的电子商务运营模式，网易严选属于这一模式；混合型电子商务是指平台中的卖家既包括平台本身也包括第三方卖家的电子商务运营模式，京东平台上既有京东自营产品，也有第三方商家产品，是这一模式的典型代表。阿里研究院发布的《2016 中国跨境电商发展报告》根据运营模式将跨境电子商务分为平台型、自营型、混合型三类。电子商务与跨境电子商务的运营模式具有相同特征，本教材借鉴了这一划分方式。

按照交易范围划分，电子商务包括国内电子商务（内含农村电子商务、社区电子商务）和跨境电子商务。

国内电子商务是指交易主体属于同一关境的电子商务模式，拼多多、苏宁易购等都是国内电子商务；根据交易对象的城乡结构，可以进一步将国内电子商务划分为主要面向农村卖家或买家的农村电商和主要面向城市社区买家的社区电商，农村电商多依托传统电商平台，比如阿里巴巴集团的农村淘宝项目即依托淘宝平台，典型的社区电商有叮咚买菜、每日优鲜等。跨境电子商务是交易主体分属不同关境的电子商务模式，比如敦煌网的卖家来自中国，而买家来自世界其他国家。

专栏 2-3 农村电商的五大运营模式

第四节 全球数字贸易与跨境电子商务

一、全球数字贸易的内涵与外延

（一）全球数字贸易的内涵

随着跨境电子商务发展的日益成熟，其平台化和多边化的特征愈发显著，将在持续量变的积累下实现质变，迭代为全球数字贸易。与跨境电子商务中市场主体来自两个特定国家不同，全球数字贸易基于开放型全球数字贸易平台，市场主体可以来自任意国家，不再具有明确的国别属性。一方面，平台以“全球买、全球卖”为主要愿景，通过整合和开发全球数字贸易资源，吸引来自世界各国的买家、采购商前来购买产品，吸引来自世界各国的卖家、供应商入驻平台，买卖双方的跨国化将成为常态。另一方面，平台汇集世界各地的服务商，为跨境交易提供一揽子数字化外贸解决方案，营销、交易、金融及供应链服务的跨国化逐渐成为常态。因而，全球数字贸易中的交易常常由来自两个或多个国家的市场主体共同达成，具有双边或多边属性。

综上所述，全球数字贸易是指来自世界各地的市场主体（卖家、买家、供应商、采购商、服务商等）开展的具有双边或多边交易属性的数字贸易。

（二）全球数字贸易的外延

全球数字贸易既包括在跨境双边市场上开展的贸易数字化和数字化贸易活动，又包括在全球多边市场上开展的贸易数字化和数字化贸易活动。

在跨境双边市场上开展的贸易数字化活动，比如美国企业通过中国供应商的网站黄页询盘以采购汽车零部件；在跨境双边市场上开展的数字化贸易活动，比如美国大学为中国学生开设暑期线上课程；在全球多边市场上开展的贸易数字化活动，比如企业在开放型全球数字贸易平台开设店铺，基于全球物流体系，向世界各国的消费者销售产品；在全球多边市场上开展的数字化贸易活动，比如网络流媒体服务商奈飞（Netflix）公司为世界各国的消费者提供视频订阅服务。

二、跨境电子商务的内涵与外延

（一）跨境电子商务的内涵

2012 年以来，在政府部门的大力支持下，中国跨境电子商务产业高速发展，逐渐成为外贸增长的新引擎。海关统计数据显示，2021 年中国跨境电子商务进出口总额 1.98 万亿元，比上一年增长 15%，其中跨境电子商务出口 1.44 万亿元，比上一年增长 24.5%。跨境电子商务脱胎于电子商务，随着其规模的不断扩张，受到越来越多的关注。

跨境电子商务作为电子商务的一种类型，具有电子商务的一般性，即以信息网络为重要载体，通过信息通信技术的有效使用，实现商品和服务交换的经营活动。《“十四五”电子商务发展规划》中明确规定，对跨境电子商务的统计属于电子商务统计监测体系。同时，跨境电子商务又有其区别于一般电子商务的特殊性。根据阿里研究院发布的《2016 中国跨境电商发展报告》，“广义的跨境电子商务是指分属不同关境的交易主体通过电子商务手段达成交易的跨境进出口贸易活动”；“狭义的跨境电商特指跨境网络零售，指分属不同关境的交易主体通过电子商务平台达成交易，进行跨境支付结算，通过跨境物流送达商品，完成交易的一种国际贸易新业态”。可以看到，无论是广义的定义还是狭义的定义，都着重强调交易主体分属不同的关境。这一国别特征使得跨境电子商务的交易具有明显的双边属性。

综上所述，跨境电子商务是指来自世界各地的市场主体（卖家、买家、供应商、采购商、服务商等）开展的具有双边交易属性的电子商务。

（二）跨境电子商务的外延

按照交易主体划分，跨境电子商务包括企业对企业的 B2B 模式、企业对个人的 B2C 模式、个人对个人的 C2C 模式等。

B2B 模式是指分属不同关境的企业开展的电子商务，敦煌网和阿里巴巴国际站是中国两家较大的跨境电子商务 B2B 平台；B2C 模式是指企业对属于不同关境的个人开展的电子商务，阿里速卖通是这一模式的典型代表；C2C 模式是指分属不同关境的个人开展的电子商务，通过个人海淘店铺购买海外商品属于这一类别。阿里研究院发布的《2016 中国跨境电商发展报告》提到，“跨境电子商务的主要模式可以划分为 B2B、B2C、C2C 等若干种”，本教材沿用了这一分类方法。

按照运营模式划分，跨境电子商务包括平台型、自营型和混合型。

平台型跨境电子商务是指平台只提供跨境交易场所，而不直接参与跨境交易的运营模式，阿里速卖通、阿里巴巴国际站等属于这一模式；自营型跨境电子商务是指平台自身作为跨境交易卖方的运营模式，兰亭集势、米兰网等属于这一模式；混合型跨境电子商务是指跨境交易中卖家既包括平台本身也包括第三方卖家的运营模式，亚马逊平台既提供自营产品，也提供第三方商家产品，属于这一模式。

专栏 2－4 从亚马逊到独立站：化解跨境电子商务渠道风险

本章小结：中国视角

在数字技术创新浪潮和经济全球化浪潮的共同作用下，全球范围内数字经济快速增长，数字产业化和产业数字化的转型日渐凸显。贸易作为经济活动中配置资源的关键环节，同样正在经历数字化的深刻变革。电子商务经由萌芽期、成长期和成熟期，迈向数字贸易新阶段；跨境电子商务作为跨越关境的电子商务经由萌芽期、成长期和成熟期，逐步蜕变为全球数字贸易。

在数字经济、数字贸易等领域，中国在前期发展条件不利的情况下，依托有效市场和有为政府实现弯道超车，构筑起国际竞争新优势。中国高度重视数字经济领域，数字经济发展迅猛。中国政府高度重视数字经济的战略意义，推出战略规划和政策措施推动数字经济的健康发展。正是在这样的背景下，互联网企业不断推动商业模式的创新，传统企业紧抓数字化转型的历史机遇，中国数字经济连续多年保持高增长的发展态势。中国在数字贸易领域稳扎稳打，后来居上。中国电子商务起步较晚，但在政府政策的推动和消费需求的拉动下，逐渐发展成为全球第一大电子商务市场。在这一过程中，涌现了直播电商、农村电商等贸易新业态以及阿里巴巴、京东等一批优秀的电子商务企业。

标识性概念

数字经济	数字产业化	产业数字化	数字贸易
电子商务	全球数字贸易	跨境电子商务	

思考题

1.《中华人民共和国国民经济和社会发展第十四个五年规划和2035年远景目标纲要》提出要推动数字产业化和产业数字化，《数字经济及其核心产业统计分类（2021）》从数字产业化和产业数字化两个方面确定了数字经济的基本范围。请结合本章中数字产业化和产业数字化的概念，论述数字产业化与产业数字化之间的关系。

2. 中国的数字经济发展历程充满活力和变革，短短二三十年的时间，中国迅速崛起为全球数字经济规模最大的国家之一。本章详细论述了数字经济、数字贸易、全球数字贸易的产生背景和阶段性表现。请结合中国数字经济发展的历程，论述数字经济与贸易产生与发展的总体性规律。

3. 目前，中国学者对于数字贸易概念存在分歧，大部分学者使用宽口径的数字贸易概念（交易标的包括实体货物），但也有采用窄口径的数字贸易概念（交易标的不包括实体货物）。不同国家和国际组织之间同样存在类似的分歧。本教材提出的数字贸易概念是一个宽口径的概念。试分析从宽口径理解数字贸易相比于窄口径有哪些优势。

4. 中国电子商务企业的运营模式多种多样，包括以淘宝网为代表的平台型、以网易严选为代表的自营型、以京东为代表的混合型等。试论述这三种商业模式各自有哪些优势和劣势。

5. 根据英国《金融时报》2021年12月8日的报道，中国服装企业SHEIN已经超过ZARA等竞争对手，成为美国市场最大的快时尚品牌。与传统服装企业不同，SHEIN采取的是跨境电商运营模式。结合全球数字贸易、跨境电子商务的内涵和外延，试分析独立站运营模式给SHEIN带来了哪些优势。

延伸阅读

[1] 马述忠，房超，梁银锋. 数字贸易及其时代价值与研究展望. 国际贸易问题，2018（10）：16-30.

[2] 马述忠，潘钢健. 从跨境电子商务到全球数字贸易：新冠肺炎疫情全球大流行下的再审视. 湖北大学学报（哲学社会科学版），2020，47（05）：119-132.

[3] 盛斌，高疆. 超越传统贸易：数字贸易的内涵、特征与影响. 国外社会科学，2020（04）：18-32.

[4] Negroponte N. *Being Digital*. New York, USA: Knopf, 1995.

[5] Tapscott D. *The Digital Economy: Promise and Peril in the Age of Networked Intelligence*. New York, USA: McGraw-Hill, 1996.

第三章

消费互联网、产业互联网与工业互联网

本章导读

随着数字技术对经济贸易的影响加大，数字贸易所触及的边界不断拓宽。数字贸易之所以能发展得如此迅猛，得益于其以互联网为重要载体。互联网正从消费领域向生产领域、从虚拟经济向实体经济加速转型。以互联网为代表的新一代信息技术与工业经济的深度融合，已成为新一轮科技革命与产业变革的重要驱动力量。消费互联网脱胎于电子商务，向传统产业延伸，孕育了产业互联网，并迭代为数字贸易；产业互联网协调经营与生产管理并注重上下游厂商资源整合，积极驱动工业互联网升级，以期解决设备、人和技术之间的通信问题；工业互联网是互联网从消费领域转向生产领域、从虚拟经济向实体经济拓展的核心载体，未来将引发各个经济领域的重大变革。通过本章的学习，读者可以了解消费互联网、产业互联网与工业互联网的产生与发展，理解三者的内涵与外延以及三者间的内在逻辑关系，为后续深入理解贸易数字化与数字化贸易奠定基础。

第一节 消费互联网

一、消费互联网的产生与发展

（一）消费互联网产生的背景

世纪之初，经济全球化为消费升级提供了可能，消费升级也成为推动经济全球化的重要因素。以跨国公司为代表的经济全球化进入高速发展期。世界物流巨头敦豪航空货运公司发布了《2005 年全球连通性指数报告》（DHL Global Connectedness Report 2005），考察了 10 类全球流通性数据，包括双向商品贸易、直接投资、网络带宽、国际长途电话量、移民人数、旅游者和留学生数量以及政策环境等具体指标，认为持续的经济全球化可促使全球 GDP 增长 5% 或更多。随着全球化进程的迅猛发展，国际货物贸易、旅游和通信等领域迅猛增长，人们的生活对全球产业链提供的产品和服务依赖程度日益提高。全球消费升级的经济发展态势为孕育消费互联网提供了肥沃土壤。

消费升级还体现在全面线上化的生活场景上。数字平台结合生活消费场景，全世界人民的衣食住行、医疗娱乐等日常生活场景迅速转移到各个互联网终端的 APP 上。2005 年美国市场调查数据统计公司 eMarketer 评出了当年电子商务的十大新走向，其中重要一项就是，无线宽带服务有望取得长足进步，各大电话公司都不会错过无线宽带业务所隐藏的巨大商机。无线宽带作为网上零售的基础设施建设，为之后网上零售的大发展提供了重要技术支撑。最终使得网络零售对消费升级的推动作用进一步提升，也造就了消费互联网的诞生。

（二）消费互联网发展的阶段

1. 起步期（21 世纪初）

消费互联网发轫于早期的商业互联网，其发展轨迹是从 PC 端到移动端，从一线城市用户到农村用户。互联网技术进入消费领域后，迅速得到大规模商业化应用。在这一时期，主要商业化应用的终端用户几乎全部是消费者，如门户网站、网络音乐、电子商务等。依托于互联网强大的信息能力，传统线下的规模经济演变成为多业务、多品种的范围经济，消费互联网企业发展迅速，逐渐形成了以消费互联网为主导的互联网生态。

2. 发展成熟期（21 世纪 10 年代）

消费互联网低廉的信息搜寻和展示成本对零售、娱乐、旅游等领域的传统企业造成了很大的冲击。消费互联网企业在激烈的商业竞争中脱颖而出，成为领域内的佼佼者。消费互联网能极大改善和便捷消费者的生活，提升和创新消费者的服务体验，因此具有“以消费者为中心”的发展特征。

3. 红利收缩期（21 世纪 20 年代至今）

世界人口展望数据库显示，2019 年全球生育率为 2.4，相比 2000 年的 2.7 下降了 11%。全球生育率走低，人口红利逐渐缩水。2022 年 8 月，中国互联网络信息中心发布第 50 次《中国互联网络发展状况统计报告》，指出移动互联网月活用户增速持续下降，互联网增量红利逐渐消退。对于电商平台来说，头部平台公司基本完成了用户覆盖，规模扩张转变为内卷；对于商家来说，成本居高不下，竞争日趋激烈，获客难度与日俱增。业界和学界普遍认为消费互联网已经饱和。新兴数字技术的涌现与普及使得产业互联网逐渐兴起。消费互联网与产业互联网相结合，充分提升产业效率，互联网用户的消费体验也日益改善。

专栏 3－1　中国消费互联网目前存在的主要问题

二、消费互联网的内涵与外延

（一）消费互联网的内涵

随着互联网技术的飞速发展以及人们对生活质量的不断追求，消费互联网逐渐成为人们生活中的重要组成部分，正深刻改变着人们的生活方式和消费体验。

学界认为早期消费互联网的发展主要依靠网络强大的信息和数据处理能力，旨在改善和便利消费者生活，创新服务业态，具有典型的“以消费者为中心”的发展特征。[①]美国波士顿咨询公司（BCG）等机构联合发布的《中国互联网经济白皮书 2.0》认为，中国消费者在行为上呈现出线上线下多渠道多触点全面融合特点，中国在前端消费侧已经实现高度数字化。[②]因此，消费互联网以消费需求匹配为核心，不断推进消费过程的数字化。

《中国互联网经济白皮书 2.0》[③]指出，在互联网和产业融合的大背景下，中国互联网企业在消费互联网发展过程中扮演了相当重要的角色，并且平台经济在中国尤为普及。学界认为，消费互联网以信息驱动为中心，具有典型的平台经济特征，通过建立商务平台和网站，以第三方服务的形式，为消费领域的供需双方提供交易场所、中介机构和担保服务。[④]因此，消费互联网是将消费经济建立在信息网络和数字平台上的一种互联网生态。消费互联网本质上是一种互联网生态模式，依靠强大的消费市场作为支撑，通过信息网络和数字平台的驱动和连接形成。

综上所述，消费互联网面向消费者，是以消费需求匹配为核心，通过信息通信技术和数字技术的有效使用，实现人与人的连接，将消费经济建立在信息网络和数字平台基础上的一种互联网生态。

（二）消费互联网的外延

消费互联网的外延存在以下四种情形，即基础应用类场景、商务交易类场景、娱乐类场景和公共服务类场景。

第 49 次《中国互联网络发展状况统计报告》和学界研究指出，消费互联网为消费者搜寻商品信息打开了便捷之门，为消费者创造了前所未有的信息交流和活动的空间。[⑤]由此产生了消费互联网最主要的两个应用场景：基础应用类场景和商务交易类场景。基础应用类场景包括即时通信、搜索引擎、网络新闻等场景。在新冠疫情期间，即时通信作为发展最快的互联网应用之一，在发布防疫信息方面发挥了重要的平台作用。搜索引擎出色的社会治理效能也在疫情防控中得到充分体现。网络新闻则能够不断扩大新闻资讯的触达范围，提升传播效果。商务交易类场景包括网上外卖和网上支付等。截至 2020 年 12 月，中国网上外卖用户规模达 4.19 亿，较 2016 年 12 月增长 2.103 亿，占

---

① 黄国平. 消费互联网行业失序发展的深层成因及治理之策. 人民论坛，2021（28）：76-80.

②③ BCG 权威发布：中国互联网经济白皮书 2.0. 搜狐网，2019-01-18.

④ 同①.

⑤ 郑英隆，李新家. 新型消费的经济理论问题研究：基于消费互联网与产业互联网对接视角. 广东财经大学学报，2022，37（02）：4-14.

网民整体的42.3%；手机网上外卖用户规模达4.18亿，较2016年12月增长2.24亿，占手机网民的42.4%。中国移动支付交易规模全球领先，支付业务合规化进程加速，整个行业运行态势持续向好。

随着新技术的不断探索与应用，消费互联网促进网络视频文化产业、直播产业和网络游戏产业等娱乐产业不断创新与发展，产生了娱乐类场景，包括网络直播、网络游戏等。电商直播、游戏直播、真人秀直播、演唱会直播、体育直播等形式层出不穷，极大丰富了网络直播的新业态；网络游戏填补了消费者的文化和娱乐需要，行业营收和企业数量快速增长，日益庞大的移动类游戏市场为更多中小企业的创新发展提供了土壤。

消费互联网为消费品市场结构的变革注入了动力，产生了“平台+公共服务”品类，公共服务类场景应运而生，包括在线教育、网约车等。在线教育能突破时空限制，促进资源共享，实现教育公平；网约车则可以利用平台不断聚合服务商运力，持续深挖商务和生活服务潜力。

三、消费互联网与电子商务

（一）电子商务催生了消费互联网诞生，促进其快速发展

一方面，电子商务推动了消费互联网的问世。21世纪初，随着互联网技术和智能手机的普及，以及物流业的技术革新和业态繁荣，电子商务发展迅速，成为全球经济发展中最具活力的领域之一。互联网企业利用自身强大的信息传播能力为消费者提供生活服务，消费互联网迅速渗透至人们生活的每个领域，生产与消费模式完成了迭代。

另一方面，电子商务促进了消费互联网的快速发展。电子商务作为互联网和相关服务业融合发展的产物，呈现线上化、数字化和智能化的特点，促进了服务业转型升级，同时也创造了新的消费需求。随着电子商务的普及，主流消费群体的消费习惯向互联网转移，越来越多的传统企业积极转型电商，大大促进了消费互联网的发展。

（二）消费互联网拓宽了电商发展渠道，引发消费增长

一方面，消费互联网帮助电子商务快速引流、拓宽渠道。WeAreSocial和Statista数据显示，全球移动互联网用户2021年已超过49.5亿，较2011年的21.8亿增长了一倍多，10年CAGR（Compound Annual Growth Rate，简称复合年均增长率）为8.6%。[①] 移动端消费互联网为传统企业搭建了流量进入的平台，吸引更多人足不出户、方便快捷地进行在线交易。一大批创新型消费互联网企业纷纷开发客户端抢占市场，为电子商务提供了丰富广阔的应用新场景，进一步拓宽了电子商务的发展渠道。

另一方面，消费互联网帮助电子商务降本增效、激发增长。随着消费互联网的兴起，新兴技术的创新使用帮助电商企业进一步挖掘现有的用户价值，压缩营销开支，推动现有业务尽量降低成本、提高效益，小微企业进入市场的门槛不断降低。消费互联网推动新的购物模式不断涌现，服务提供型电商定位更加明确，营销策略更具个性化，线

① 2021年全球移动互联网用户已超49.5亿，渗透率逐渐提升，新兴市场发展潜力巨大. 立鼎产业研究网，2022-07-01.

上消费更加便利快捷，引致消费大爆发。据 eMarketer 数据显示，全球电子商务零售市场规模在 2019—2021 年以年均 20% 的速度增长，2021 年全球零售销售额达到 3 万亿美元，占全球整体零售额的 14%。到 2022 年，全球电商零售额更是上升至 5.7 万亿美元。[①] 可以预见，在消费互联网的驱动下，全球范围内网上零售在社会消费品零售总额中的占比仍将保持高速增长。

四、消费互联网与数字贸易

（一）消费互联网为数字贸易的发展提供沃土

一方面，消费互联网积淀了大量技术。日趋低廉的个人电脑、智能终端售价和网络连接成本与 4G、5G 通信技术的高速发展一同推动了消费互联网的繁荣，沉淀了一批数字技术：大数据分析使得商家能够更加准确地洞察市场需求，提供个性化的产品和服务；云计算的集中化运营能大大提升专业性和效率，降低了终端企业使用计算服务的成本；物联网技术能够支撑数字贸易平台；区块链能够打造可信交易环境；人工智能则能够推动贸易过程智能化。以大数据、云计算、物联网、人工智能为代表的新一代数字技术的快速崛起，为数字贸易的发展提供了有力支撑。

另一方面，消费互联网培育了庞大的在线消费市场。消费者的个人生活体验借助消费互联网得到了很大的改善，购物、阅读、娱乐和出行均因互联网的出现而变得更加便捷和快速，在线时间不受约束，随时可以下单消费，这一特点吸引在线人群呈几何级数增长，网络消费市场时间空间大大拓展，为快速发展的数字贸易提供了肥沃的土壤。

（二）数字贸易推动消费互联网的转型升级

一方面，数字贸易促进消费互联网向产业互联网转型，最终走向智能化。数字贸易业态下，消费者行为得以数字化，消费互联网也以此为契机向智能化方向发展。广大优秀消费互联网企业通过积极参与数字贸易业态，积累和应用消费端大数据，主动反映消费者偏好，实现跨行业数字效能的全面提升。例如水滴保险商城，通过搭建水滴保险开放平台，改变了传统保险行业依赖线下经理人的触达模式；通过搜集消费端需求推动了供给端保险公司专门推出针对老年人、慢性病人、三四线城市群体的保险产品。随着数字贸易的蓬勃发展，新兴数字化平台不断涌现，基于数字化平台实现交付的数字服务贸易在数字贸易中的占比不断上升，拓宽了消费互联网的发展前景，推动消费互联网转型升级。

另一方面，头部数字贸易企业发挥先发优势，率先向产业互联网转型。拥有行业经验和强大商业能力的头部数字贸易企业率先建立了高效的商业模式，依托消费互联网时代积累的丰富数据资源，利用以 5G、云计算、人工智能等为代表的数字技术，从侧重消费端转向侧重生产端，逐渐加速渗透到企业的研发设计、生产制造、供应链管理、客户服务等各环节当中，积极向产业互联网转型。

---

① 宋静静．eMarketer：2022 年全球电商零售额将上升到 5.7 万亿美金．出海易，2022-03-01.

第二节 产业互联网

一、产业互联网的产生与发展

（一）产业互联网产生的背景

一方面，消费互联网增速趋缓，存量竞争日趋激烈。拼多多企业财务报表显示，2016 年，拼多多新增用户的获取成本仅为 10 元 / 人，2018 年则达到 102 元 / 人。2018 年度，销售和营销费用达到 134 亿元，同比增加 900%。2011—2014 年，中国电商网上零售年增长速度均在 40% 以上。从 2015 年开始，电商网上零售增速趋缓，2019 年比上年增加 16.5%。[①] 这些事实表明，消费端互联网化已经触达天花板。当市场竞争格局已经尘埃落定，以消费者规模为主导的消费互联网红利也在逐渐减退，倒逼消费互联网企业思考破局策略。

另一方面，数字技术向传统产业不断渗透融合。广度上，不仅实现了服务业、工业、农业全覆盖与营销服务、生产研发、运营管理全覆盖，而且从商业向公益、政府等领域拓展；深度上，数据信息借助数字技术实现了从消费端向供给端的高效流通，数字产业和传统产业相互协调、相互促进。传统产业借助云计算、大数据、人工智能等技术，提升产业内在效率和外部服务能力，逐步实现了万物互联和转型升级。

（二）产业互联网发展的阶段

1. 萌芽起步期（2012—2015 年）

2012 年是 B2B 电子商务发展的爆发期，传统企业纷纷开展“互联网 +”行动或直接转型进军电商市场。工信部电子情报研究所、国家信息中心等 38 家单位在工信部指导下正式成立了中国产业互联网发展联盟，数字化的创新应用不断涌现，产业互联网开始萌芽。

2. 探索变革期（2016—2019 年）

在这一时期，借助数字技术的不断成熟和商业化，产业互联网不断探索与创新，沿着价值链牵引后端生产等环节，并与消费互联网前端应用和商业模式创新协同，推动了智能制造的高速发展。2019 年波士顿咨询公司（BCG）发布《中国互联网经济白皮书 2.0》指出，中国互联网行业的产业融合趋势进一步加强，互联网企业加速拥抱产业互联网。

3. 全面发展期（2020 年至今）

2020 年起，随着数字技术的进一步成熟和完善，产业互联网转型浪潮席卷传统行业，步入全方位发展的新阶段。2020 年，国家发展改革委、中央网信办发文首次提出“构建产业互联网多层联动平台”。在这一时期，产业互联网依托物联网、大数据、人

① 中国电子商务报告 2019. 中华人民共和国商务部网站，2020-07-02.

工智能等数字技术，以数据作为基础资料，建立起覆盖企业生产经营各环节的广泛连接，提高企业制造和经营活动的精准性和敏捷性，促进传统产业转型升级，同时带动新兴产业发展。

专栏 3-2 产业互联网：效率提升的新时代

二、产业互联网的内涵与外延

（一）产业互联网的内涵

2018 年，腾讯高层指出移动互联网的主战场正在从消费互联网向产业互联网转移。产能过剩与人民的需求不能满足之间的矛盾日益突出，供给侧改革无疑是解决这一矛盾的重要方式。只有进行供给侧改革，才能改变生产水平落后、同质化竞争严重、产业效率低下等问题，从而建设以人民需求为核心的新型产业体系。这就必须打通产业内的信息，实现供需精准匹配，而产业互联网平台无疑是这种需求实现的最好载体。

清华长三角研究院产业互联网研究中心 2021 年发布的《2021 产业互联网白皮书》认为，产业互联网是由行业内的骨干企业发起并主导建设，发展和募集行业内及产业链相关的各类经济体作为参与者，包括垂直的产业直接参与者，在产业生态中以共享经济的方式提供给广大从业者使用，上限到达为产业提供服务的上游企业直至顶级的供应商，下限到达接受产业服务的下游企业直至最终用户以及与产业相关的全部主体。因此，产业互联网面向企业，将独立的企业主体连接起来，优化产业链流程，提升效率。

北京市人民政府 2021 年发布的《产业互联网北京方案》认为，产业互联网以产业业务能力为基础、以互联网平台为载体、以数据为关键生产要素。因此，产业互联网以数据作为关键生产要素，提供了新一代信息技术下产业互联互通的基础媒介，并具有两大特点：一是平台化，平台成为重要组织载体，塑造新的生产方式、新的组织方式、新的运营方式，实现供给与需求的均衡；二是生态化，产业互联网颠覆地缘经济的概念，重塑行业内、区域内资源要素集聚的逻辑，实现整个产业生态的共生共赢。

综上所述，产业互联网面向企业，是以数据资源作为关键要素，以产业链流程优化和效率提升为核心，通过数字技术的有效使用，实现万物互联，将产业经济建立在数字平台基础上的一种互联网生态。

（二）产业互联网的外延

产业互联网主要覆盖生产管理、流通管理、资源管理、财务管理等多个场景，旨在解决产业链流程优化、上下游资源整合等问题。

清华长三角研究院产业互联网研究中心2021年发布的《2021产业互联网白皮书》认为，产业互联网连接产业链上下游企业形成完整的互联网生态，包含企业的生产环节、物流服务环节、管理环节以及最终决策环节，核心目的是通过资源整合和价值链优化，降低全产业链的运营成本，从而提高其运营质量和效率。在生产管理场景中，产业互联网通过数字化驱动和优化生产，从消费端数据中得到反馈，了解前端用户喜好生产商品，避免积压滞销商品；在流通管理场景中，产业互联网通过集群内部上下游之间的数字化整合，实现多渠道销售和订单同步管理；在资源管理场景中，产业互联网能够同步管理物料，将制作好的物料一键上传，实现多方共用；在财务管理场景中，每一笔财务数据都留存在产业互联网系统中，有迹可循，避免差错。产业互联网通过生产、制造与销售系统互联互通，实现用户需求和偏好信息与内部流程的快速集成匹配，打造出可视可信的追溯体系。

三、产业互联网与数字贸易

（一）产业互联网助推数字贸易的发展

一方面，产业互联网所创造的丰富应用场景，搭建了各行业产品的展示舞台，助推数字贸易发展。产业互联网以更智能的方式促进产业间的协同，为各行业产品创造出丰富的应用场景。例如，美团积极布局关联餐饮商家的所有经营场景。其中，美团点评平台可以为商家提供品牌形象推广、座位预订、营销活动、评价管理等服务；美团外卖可以为商家提供外卖配送服务，延伸商家服务的半径。以吃为核心，美团构建起吃、住、行等一站式生活消费的 to C 和 to B 双边服务平台，形成生活服务与互联网融合的产业互联网生态。

另一方面，产业互联网有助于释放各行业产品的发展潜力，推动数字贸易降本增效。产业互联网让各个产业以较高的效率和较低廉的成本完成从上游供应方到终端需求方的流转，提高全供应链周转率，节约库存资金，降低物流成本，帮助数字贸易企业节约各项成本费用，挖掘潜在价值。

（二）数字贸易赋能产业互联网的发展

一方面，依托数据流动，数字贸易强化了各产业间知识和技术要素共享，促使制造业和服务业紧密融合，带动传统产业数字化转型，产业数字化趋势日益明显。以数字服务为例，生产性数字服务快速增长，包括研发服务、设计服务、软件服务等，很好地带动了传统产业数字化转型，推动产业互联网快速发展。

另一方面，通过数字技术和服务创新，数字贸易赋能各行各业形成产业互联网生态。在数字技术与服务创新加持下，从产品搜索、商业谈判、交易发生、资金兑付、货物运输、服务交付到最终交易完成的整个流程效率大大提升，时间周期也从季结、月结到实时结算，各行各业的产业互联网生态如雨后春笋般涌现。

四、从消费互联网到产业互联网：机遇与挑战

（一）从消费互联网到产业互联网的机遇

一方面，前端应用和商业模式创新如火如荼。消费行为数字化程度日益提高，创新数字化应用不断涌现。前端应用和商业模式创新能够沿着价值链牵引后端生产和其他环节，实现数字化协同。海量消费数据在前端的积累和自身研发的数字化工具应用，能够让互联网公司更好地赋能传统行业，促进行业互联网的发展。

另一方面，数字平台赋能线下企业快速发展。依赖消费互联网已形成的消费领域全布局优势，以技术为主导的赋能平台能够为线下企业提供匹配的资源，助推其向产业互联网转型。在数字平台帮助下，企业可以打破线上线下界限，将线上能力与线下生产力沿着产业链方向深度融合，充分开发利用自身的资源禀赋。

（二）从消费互联网到产业互联网的挑战

一方面，各行业间存在壁垒，产业互联渗透力度较弱。在消费互联网向产业互联网转型的浪潮中，企业仍将资产相对轻量的行业作为主战场，选择医疗、教育、零售等第三业态领域的“软产业”作为突破点，对于机械制造、航空航天、汽车、运输和能源等行业的整体渗透与产业互联，仍处于起步阶段。占据 GDP 近 30% 比重的制造业实体属性最强，产业互联网指数最低。在设计研发、生产制造到销售、运维管理的整个环节中，产业互联网渗透率均未超过 15%，尤其是产业链前后端渗透率更低，不到 10%。

另一方面，关键技术基础仍然薄弱，不足以支撑实现“产业互联”。技术应用维度上，物联网、大数据、人工智能等技术仍不能普遍应用到生产和管理中；数据隐私和安全维度上，产业互联网涉及大量数据的收集和分析，数据隐私和安全保障成为重要议题；标准和规范方面，产业互联网需要统一的标准和规范来保证各种设备和系统的兼容性，这些标准和规范尚处缺位。如果不能妥善应对上述挑战，产业互联网方面的创新能力及核心技术积累就会受到制约，实现“产业互联”任重道远。

理论命题 3-1

数字农业通过生产环节、流通环节和销售环节的数字化实现了经济、生态和文化价值的再创造，通过“农户—市场中介”“市场中介—消费者”“生产性服务商—农户”三个环节商流、资金流的重塑实现了价值再分配。

（参见：马述忠，贺歌，郭继文. 数字农业的福利效应：基于价值再创造与再分配视角的解构. 农业经济问题，2022（05）：10-26.）

第三节 工业互联网

一、工业互联网的产生与发展

（一）工业互联网产生的背景

一方面，数字技术与工业经济深度融合，基础设施、应用模式和工业生态不断涌现。得益于数字技术，产业链上下游企业可以实现数字化改造、信息畅通和供需匹配，促进各类生产要素广泛连接、柔性供给，催生新基建、新模式，提升全产业链创新发展水平，推动工业生态发展壮大。人社部、工业和信息化部发布的《制造业人才发展规划指南》显示，中国制造业 10 大重点领域 2020 年的人才缺口超过 1 900 万人，2025 年这个数字将接近 3 000 万人，缺口率高达 48%。随着应用工业互联网技术填补劳动力缺口的动机和意愿不断增强，工业互联网平台建设与企业数智化转型升级受到越来越多的关注。

另一方面，人、机、物、系统等的全面连接，构建起覆盖全产业链、全价值链的智能制造和服务体系。新技术的融合发展，使得消费互联网从产业链下游向上游发展，从客户端、消费端向供应端、生产端发展，从工具产品深化为重塑服务模式、变革生产方式的基础设施和全新要素，促进消费互联网向工业互联网迭代升级。在服装、纺织、家居、家电等消费品领域，产生了以满足用户个性化需求为引领的大规模个性化定制模式。企业通过构建产品个性化定制服务平台和个性化产品数据库来完成产品模块化设计，从而实现定制服务平台与企业研发设计、计划排程、供应链管理、售后服务等信息系统的智能协同与高效集成。

理论命题 3－2

互联网使用能够激励制造业企业的创新行为，促进制造业企业间的供应链协同；在销售环节使用互联网，能够提高制造业企业的线上销售额，改进制造业企业的绩效表现。

（参见：王可，李连燕．“互联网＋”对中国制造业发展影响的实证研究．数量经济技术经济研究，2018，35（06）：3-20.）

（二）工业互联网发展的阶段

1. 萌芽起步阶段（2012—2013 年）

早在 2012 年，美国通用电气就提出了工业互联网的概念。工业互联网来源于通用航空发动机可预见性维护的产业模式，在美国政府和企业界的大力支持下，逐渐形成了航空、医疗、生物制药、半导体芯片、材料等产业的多种应用案例。在这一阶段，工业互联网既包含工厂、工厂外网、标识解析等满足效率安全和实时可靠的基础业态，也包含智能化生产、网络化协同、数据同步、人工智能改造等由工业运营产生的新型业态，在波澜壮阔的市场前景下，成为产业升级的核心手段。

2. 稳步发展阶段（2014—2016 年）

2014 年 3 月底，通用电气联合美国电话电报公司（AT&T）、思科（Cisco）、IBM 和英特尔（Intel）共同成立工业互联网联盟（Industrial Internet Consortium），意在建立一个致力于打破行业、区域等技术壁垒，促进物理世界与数字世界融合的全球开放性会员组织，并通过主导标准设立来引领技术创新、互联互通、系统安全和产业提升。中国也积极布局工业转型发展，充分利用制造业第一大国与互联网创新活跃的优势，加快工业和互联网融合发展，从单点信息技术应用向全面的数字化、网络化、智能化演进。

3. 深入发展阶段（2017 年至今）

2017 年，《国务院关于深化“互联网 + 先进制造业”发展工业互联网的指导意见》发布，工业互联网正式升级为国家级战略。工业互联网专项工作组分别在 2018 年和 2021 年陆续出台《工业互联网发展行动计划（2018—2020 年）》与《工业互联网创新发展行动计划（2021—2023 年）》，明确提出到 2023 年工业互联网新型基础设施建设量质并进，新模式、新业态大范围推广，产业综合实力显著提升。2019 年和 2020 年，工业互联网连续 2 年写入政府工作报告。工信部在 2020 年全国工业和信息化工作会议上指出，实施“5G+ 工业互联网”512 工程，加快制造业数字化、网络化、智能化转型，持续推进车联网、工业互联网及人工智能创新应用先导区建设。在这一阶段，工业互联网创新发展工程累计带动相关投资近 700 亿元，培育了一大批公共服务平台及系统解决方案供应商。中央与地方联动培育打造了 28 个跨行业、跨领域的综合性平台，培育了 30 万个以上面向特定行业、特定场景的工业 APP，全面覆盖研发设计、生产制造、运营维护和经营管理等关键制造环节重点需求。

专栏 3－3 工业互联网：从生产场景向全产业链延伸

二、工业互联网的内涵与外延

（一）工业互联网的内涵

制造业高级化发展与新一轮科技革命交汇融合，催生出了旨在促进制造业数字化转型升级的新模式、新抓手：工业互联网。加快推动工业互联网平台走向成熟和完善，赋能制造业数字化转型，是时代必然，大势所趋。

工业和信息化部《工业互联网创新发展行动计划（2021—2023）》[①]《工业互联网平台建设及其推广指南》[②] 和中国工业互联网研究院《中国工业互联网产业经济发展白皮书（2021 年）》[③] 指出，工业互联网是数字技术，包括新一代信息通信技术，与工业经济深度融合的新型基础设施、应用模式和工业生态，通过对人、机、物、系统等的全面连接，构建起覆盖全价值链的全新制造和服务体系，为工业乃至产业提供数字化、网络化、智能化发展的实现途径，是第四次工业革命的重要基石。

因此，工业互联网是以数字技术和数字平台为基础、以数据资源为关键生产要素，通过数字技术和工业经济深度融合，实现数字化、网络化和智能化改造的工业生态。

（二）工业互联网的外延

工业互联网的外延存在两种情形。

按照应用模式划分，工业互联网包括平台化设计、智能化制造、网络化协同、个性化定制、服务化延伸和数字化管理。

工业和信息化部认为，工业互联网融合应用推动了一批新模式、新业态孕育兴起，提质、增效、降本、绿色、安全发展成效显著，初步形成了平台化设计、智能化制造、网络化协同、个性化定制、服务化延伸、数字化管理六大类典型应用模式。[④]

平台化设计是依托工业互联网平台，汇聚人员、算法、模型、任务等设计资源，实现高水平高效率的轻量化设计、并行设计、敏捷设计、交互设计和基于模型的设计，变革传统设计方式，提升研发质量和效率。

智能化制造是互联网、大数据、人工智能等新一代信息技术在制造业领域加速创新应用，实现材料、设备、产品等生产要素与用户之间的在线连接和实时交互，逐步实现机器代替人生产。

网络化协同是通过跨部门、跨层级、跨企业的数据互通和业务互联，推动供应链上的企业和合作伙伴共享客户、订单、设计、生产、经营等各类信息资源，实现网络化的协同设计、协同生产、协同服务，进而促进资源共享、能力交易和业务优化配置。

个性化定制是面向消费者个性化需求，通过准确获取和分析客户需求、敏捷产品开发设计、柔性智能生产、精准交付服务等，实现用户在产品全生命周期中的深度参与。

服务化延伸是制造与服务融合发展的新型产业形态，指的是企业从原有制造业务向价值链两端高附加值环节延伸，从以加工组装为主向“制造 + 服务”转型，从单纯出售产品向出售“产品 + 服务”转变，具体包括设备健康管理、产品远程运维、设备融资租赁、分享制造、互联网金融等。

---

① 关于印发《工业互联网创新发展行动计划（2021—2023 年）》的通知 . 中华人民共和国工业和信息化部网站，2021-12-22.

② 《工业互联网平台建设及推广指南》解读 . 中华人民共和国工业和信息化部网站，2018-07-20.

③ 中国工业互联网产业经济发展白皮书（2021 年）. 中国工业互联网研究院网站，2023-03-26.

④ 《工业互联网创新发展行动计划（2021—2023 年）》解读 . 中华人民共和国工业和信息化部网站，2021-02-10.

数字化管理是企业通过打通核心数据链，贯通生产制造全场景、全过程，基于数据的广泛汇聚、集成优化和价值挖掘，优化、创新乃至重塑企业战略决策、产品研发、生产制造、经营管理、市场服务等业务活动，构建数据驱动的高效运营管理新模式。

按照组成部分划分，工业互联网包括网络体系、平台体系、数据体系和安全体系。

工业和信息化部认为，工业互联网包含网络、平台、数据、安全四大体系，既是工业数字化、网络化、智能化转型的基础设施，又是互联网、大数据、人工智能与实体经济深度融合的应用模式。①

网络体系是基础。工业互联网网络体系包括网络互联、数据互通和标识解析三部分。网络互联实现数据要素传输，包括企业外网和企业内网。典型技术包括传统的工业总线、工业以太网和创新的时间敏感网络（TSN）、确定性网络、5G 等技术。企业外网根据高性能、高可靠、高灵活、高安全网络需求进行建设，用于连接企业各地机构、上下游企业、用户和产品。企业内网用于连接企业内人员、机器、材料、环境和系统，主要包含信息（IT）网络和控制（OT）网络。数据互通是通过对数据进行标准化描述和统一建模，实现信息传输的相互理解，数据互通涉及数据传输、数据语义语法等不同层面。标识解析体系实现要素的标记、管理和定位，由标识编码、标识解析系统和标识数据服务组成。中国标识解析体系包括五大国家顶级节点、国际根节点、二级节点、企业节点和递归节点。

平台体系是中枢。工业互联网平台体系包括边缘层、IaaS、PaaS 和 SaaS 四个层级，相当于工业互联网的“操作系统”，有四项主要作用：第一，数据汇聚。网络层面采集的多源、异构、海量数据传输至工业互联网平台，为深度分析和应用提供基础。第二，建模分析。提供大数据、人工智能分析的算法模型和物理、化学等各类仿真工具，结合数字孪生、工业智能等技术，对海量数据进行挖掘分析，实现数据驱动的科学决策和智能应用。第三，知识复用。将工业经验知识转化为平台上的模型库和知识库，加速共性能力沉淀和普及。第四，应用创新。面向研发设计、设备管理、企业运营和资源调度等场景，提供各类工业 APP 及云化软件。

数据体系是要素。工业互联网数据有三项特性。第一，重要性。数据是实现数字化、网络化、智能化的基础，没有数据的采集、流通、汇聚、计算、分析，各类新模式和数字化转型就会成为无源之水、无本之木。第二，专业性。工业互联网数据的价值在于分析利用，分析利用则必须依赖行业知识和工业机理展开。第三，复杂性。工业互联网运用的数据来源于“研、产、供、销、服”各环节，包含“人、机、料、法、环”各要素以及 ERP、MES、PLC 等系统，维度和复杂度远超消费互联网，面临采集困难、格式各异、分析复杂等挑战。

安全体系是保障。工业互联网安全体系涉及设备、控制、网络、平台、工业 APP 和数据等多方面网络安全问题，其核心任务是通过监测预警、应急响应、检测评估和功能测试等手段确保工业互联网健康有序发展。与传统互联网安全相比，工业互联网安

① 《工业互联网平台建设及推广指南》解读. 中华人民共和国工业和信息化部网站，2018-07-20.

全风险具有三项特点。第一，涉及范围广。工业互联网打破了传统工业相对封闭可信的环境，针对工业互联网的网络攻击可直达生产一线。第二，造成的影响大。工业互联网涵盖制造业、能源等实体经济领域，安全事件影响严重。第三，企业防护基础薄弱。中国广大工业企业安全意识、防护能力仍然薄弱，整体安全保障能力有待进一步提升。

三、工业互联网与产业互联网

（一）工业互联网与产业互联网的区别

一方面，工业互联网与产业互联网的产业门类不同。产业互联网覆盖了农业、工业和服务业等所有产业，而工业互联网主要侧重于工业。

另一方面，工业互联网与产业互联网的目标定位不同。产业互联网强调产业的重新分工和要素重组，通过“商业模式创新 + 利益机制优化”，实现产业链上下游大中小企业的融合发展；工业互联网则专注于制造业企业自身的智造与转型升级。

（二）工业互联网与产业互联网的联系

一方面，工业互联网为产业互联网提供了各个产业领域网络化和智能化升级必不可少的基础设施。由于渗透力强，工业互联网从制造业向外延伸，成为各行业转型升级的关键基础设施，帮助各行各业广泛实现产业上下游、跨领域的互联互通，打破“信息孤岛”，促进融合共享。

另一方面，产业互联网为工业互联网的变革提供了配套产业生态，具备支持工业互联网推动制造业数字化、智能化发展的能力。全球各大经济体将制造业数字化转型作为抢占新一轮发展制高点、把握时代主动权的关键抓手。美国凭借其工业互联网在云计算、人工智能、芯片、智能传感器等方面的优势，以通用电气等龙头制造公司为牵引，加快与先进制造业深度融合，致力于在产业互联网发展中保持领导地位。欧盟于 2022 年出台的“2030 数字罗盘”计划提出，到 2030 年四分之三的欧盟制造业企业应使用云计算服务、大数据和人工智能等工业互联网先进技术，90% 以上的中小企业应至少达到基本的数字化水平。日本于 2016 年开始定向谋划推动互联工业，聚焦人工智能、数字人才和数据流通等领域发展，以优势突破撬动制造业数字化转型。

专栏 3－4　工业互联网：现代化产业体系的实现路径

本章小结：中国视角

互联网平台与人们的生活消费场景相结合，诞生了消费互联网。中国消费互联网取得了举世瞩目的成绩，涌现了一大批世界知名互联网企业，已经深刻影响了人们的衣食住行。但是，当中国网民数量、手机用户均超 10 亿后，进一步增长空间已触达天花板，消费互联网的增量红利逐渐消退，互联网的下半场——产业互联网呼之欲出。产业互联网通过整合产业链上下游企业资源，改进流程，提升效率，优化资源配置，降低融资成本，为整个产业链上的企业降本增效，形成多方共赢的盈利模式。与产业互联网不同，作为数字技术与工业经济深度融合的重要路径、现代化产业体系的基础支撑，工业互联网帮助制造业实现智能化生产、网络化协同、个性化定制和服务化延伸，是中国制造业从“制造”向“智造”转型的关键抓手。

中国作为全球最大的消费国，巨大的消费市场是中国消费互联网繁荣的根本原因，也成为产业互联网繁荣发展的沃土。中国是全世界唯一拥有联合国产业分类中全部工业门类的国家，是全球行业门类最完整、产业链条最长的国家；中国也是全球拥有丰富数据要素和先进数字技术的国家之一，产业互联网发展基础良好，市场空间广阔，应用场景丰富。然而，中国产业互联网的发展路径和底层技术差异很大，各行业自身技术特点不同，技术水平、创新能力以及产业链在不同行业的控制能力也不尽相同。因此，产业互联网不能简单复制消费互联网的发展路径。更具生命力、更可持续的产业互联网需要结合自身产业升级的需求以及数字化所面临的痛点和难点，针对企业“降本增效”所面临的实际问题，循序渐进地加以解决，努力探索出一条从易到难、聚点成网、可持续的符合自身产业升级路径和经济社会发展特点的产业互联网发展新道路。

随着全球数字化浪潮的到来，中国高度重视工业互联网发展，2017 年提出深入实施工业互联网创新发展战略。2019 年 11 月，工信部印发《“5G+ 工业互联网”512 工程推进方案》，提出打造 5 个产业公共服务平台，加快垂直领域“5G+ 工业互联网”的先导应用，内网建设改造覆盖 10 个重点行业，形成至少 20 大典型工业应用场景等。《中华人民共和国国民经济和社会发展第十四个五年规划和 2035 年远景目标纲要》明确提出，“加快建设新型基础设施”“积极稳妥发展工业互联网和车联网”。经过多年的发展，中国工业互联网从无到有、从小到大，具有一定影响力的工业互联网平台超过 240 家，跨行业、跨领域平台达到 28 家，国家、省、企业三级协同联动的技术监测服务体系基本建成。中国正向着工业互联网方向阔步前进。

标识性概念

消费互联网　　　　产业互联网　　　　工业互联网

思考题

1. 在中国互联网飞速发展的二十年中，互联网产业出现了百度、阿里巴巴和腾讯等巨头，消费互联网市场趋于稳定与饱和，而对实体资源有充分把控能力的企业仍有很大探索空间。这些企业正开始尝试与产业互联网融合，创造全新的价值经济，助推互联网行业迈向产业互联网时代。试分析产业互联网与消费互联网有哪些区别与联系？

2. 随着消费互联网发展红利逐渐减退，产业互联网的热度不断攀升，以腾讯为代表的互联网企业纷纷布局转型产业互联网，腾讯高层在多个场合提到“互联网的下半场属于产业互联网”。试分析发展产业互联网的意义何在？

3. 消费互联网进入红利收缩期，商家已面临诸多挑战，如产品同质化严重和销售渠道萎缩等。利润越来越低，成本越来越高，资金压力越来越大。为此，国家层面出台政策，加强产业数字化转型思考和战略部署，积极推动产业互联网发展，加速产业链上下游要素资源有效整合，帮助制造业企业打通新渠道，拓展新销路。试分析产业互联网如何实现产业链上下游资源整合？

4. 工业和信息化部原副部长杨学山提出，工业互联网应该姓“工”；e-works 的黄培博士认为工业互联网应该是“工业互联的网”；有人认为工业互联网应该是“工业物联网”；有人认为工业互联网应该是“产业互联网”，原因在于其认为“industrial”要翻译成“产业”而不是“工业”。试分析工业互联网的本质及内涵是什么？

5. 工业互联网平台的广泛应用使其承载的业务繁多复杂，连接的设备也多种多样。因此，工业互联网平台在推进工业企业智能化和协同化生产的同时，存在着较大的安全风险。为此，2021 年 12 月，在工信部网络安全管理局指导下，工业互联网产业联盟、工业信息安全产业发展联盟、工业和信息化部商用密码应用推进标准工作组共同发布《工业互联网安全标准体系（2021 年）》。试分析，与传统互联网安全相比，工业互联网安全风险具有哪些特点？

延伸阅读

[1] 魏毅寅，柴旭东. 工业互联网：技术与实践. 北京：电子工业出版社，2017.

[2] 王可，李连燕. “互联网 +”对中国制造业发展影响的实证研究. 数量经济技术经济研究，2018（06）：3-20.

[3] 马述忠，贺歌，郭继文. 数字农业的福利效应：基于价值再创造与再分配视角的解构. 农业经济问题，2022（05）：10-26.

第四章 贸易数字化与数字化贸易

本章导读

贸易数字化与数字化贸易是数字贸易的核心组成部分，随着全球数字贸易的蓬勃发展，界定贸易数字化和数字化贸易的内涵外延是理清数字化转型路径、深化数字化变革的重要前提。通过本章的学习，读者可以了解贸易数字化与数字化贸易的产生背景与发展过程；明确贸易数字化与数字化贸易的内涵与外延；掌握贸易数字化的三种情形，分别是从传统贸易到电子商务、从传统贸易到数字贸易以及从电子商务到数字贸易；学习数字化贸易的主要内容，包括数字内容贸易、数据贸易和数字服务贸易。

第一节 贸易数字化

一、贸易数字化的产生与发展

（一）贸易数字化的产生

随着互联网的成熟与开放，大量企业开始进行贸易数字化转型。在传统贸易中，制造业和服务业企业的发展严重依赖传统销售渠道，往往面临着信息来源少、订单周期长、汇率风险大、利润空间低等问题。互联网的出现和发展可以帮助企业实现贸易方式的转变，克服传统贸易困境。企业能够便捷地在互联网中获得大量信息，进而有效降低信息搜寻、复制、传输等成本，并在全球范围内获得客户。例如，戴尔（Dell）等大型企业通过在互联网上建立网站、展示产品并开展交易，加强与买家的联系。此外，互联网也催生出一系列平台企业，能够有效促进各类双边或者多边主体的交互与价值共创，为众多企业特别是中小微企业提供数字化转型的机遇。诸如亚马逊、eBay和阿里巴巴等平台能够为不同国家的企业和消费者提供线上交易的场所，并将消费者评论反馈给企业，帮助企业改进产品，实现价值共创。

理论命题 4－1

互联网使用不仅会促进出口企业将资源分配给具有核心竞争力的产品，还会促进出口企业通过淘汰老产品、引入新产品实现差异化竞争。

（参见：Shuzhong Ma，Zengxi Hu. “Internet Penetration and Multi-Product Exporters: Firm-Level Evidence from China,” *The World Economy*，2022，46（05）：1444-1470.）

（二）贸易数字化的发展

第一阶段：贸易数字化的主要形式是贸易信息的线上交换。企业通过互联网收集有效信息，并在此基础上完成线下贸易的其他环节。该阶段只涉及单纯的信息交换与撮合，不涉及线上交易，支付、物流和通关等环节均在线下完成，交易数据无法沉淀，交易主体以企业为主，消费者参与较少。

第二阶段：随着互联网技术的发展与成熟，贸易数字化的范围开始扩大。一方面，实现数字化转型的贸易环节增加。在依托互联网实现信息撮合的基础上，企业能够利用平台进一步开展线上磋商、广告投放乃至线上交易等活动，这意味着更多的贸易环节（诸如询盘、营销、支付等）从线下转为线上。另一方面，贸易主体增多。除了企业，消费者也可以直接线上购买产品。在该阶段，电子商务蓬勃发展，随着 B2B 和 B2C 贸易的大量开展，交易数据开始沉淀，为贸易数字化下一阶段的发展奠定了良好的基础。

第三阶段：随着人工智能、大数据、云计算等数字技术飞速发展，贸易数字化程度进一步加深，数据价值被不断挖掘。数据作为重要的生产要素之一，在贸易中的重要性逐渐凸显。美国国际贸易委员会（The United States International Trade Commission，简称 USITC）报告提出，数据要素的开发利用能够帮助企业提高生产和贸易的效率。在线上交易过程中，海量数据逐渐沉淀，使得卖方能够利用大数据等技术开展数据分析，精准匹配多样化、个性化需求，提高贸易效率。例如，线上零售商可以定期收集和分析客户信息，以更好地了解客户的偏好，并研发个性化的产品。①

二、贸易数字化的内涵与外延

（一）贸易数字化的内涵

数字经济时代，推动贸易数字化转型、谋求数字贸易发展正逐渐成为国际热点之一。《区域全面经济伙伴关系协定》（Regional Comprehensive Economic Partnership，简称 RCEP）、《全面与进步跨太平洋伙伴关系协定》（Comprehensive and Progressive Agreement for Trans-Pacific Partnership，简称 CPTPP）等国际协议中均包含贸易数字化相关规则，例如，《区域全面经济伙伴关系协定》中设置了专门的电子商务章节，提出“促进缔约

---

① USITC. Digital Trade in the U.S. and Global Economies, Part 1. Washington：USITC，Investigation No. 332-531，USITC publication No.4415，2013:1-2.

方之间的电子商务，以及全球范围内电子商务的更广泛使用，致力于为电子商务的使用创造一个信任和有信心的环境”。《全面与进步跨太平洋伙伴关系协定》中提出要“避免对电子交易施加任何不必要的监管负担”。

作为数字贸易的一部分，贸易数字化有着与数字贸易相同的载体——信息网络和数字平台。

国务院2019年发布的《中共中央 国务院关于推进贸易高质量发展的指导意见》和商务部2021年发布的《“十四五”对外贸易高质量发展规划》对贸易数字化的特有属性进行了阐述，提出“要加快数字贸易发展，提升贸易数字化水平，形成以数据驱动为核心、以平台为支撑、以商产融合为主线的数字化、网络化、智能化发展模式”。其中，“数据驱动为核心”是指，贸易数字化的过程是数据不断产生并沉淀的过程。贸易环节产生的数据能够反过来促进贸易效率的提升，例如平台可以利用消费者浏览数据，分析其需求偏好并开展个性化商品推荐，提升交易成功率，体现了数字化的特征。“平台为支撑”是指，电子商务以双边平台为依托，数字贸易以多边平台为依托，交易主体层面，平台可以利用互联网将世界各国的买方与卖方联系起来，构建双边或多边贸易网络，体现了网络化的特征；交易方式层面，平台能够借助互联网技术和以数字技术为支撑的数字基础设施，推动各主体产品与服务的在线交易。“商产融合为主线”是指，通过平台资源整合和一体化服务，实现产销对接、供需对接、产业融合、产贸融合、线上线下融合，实现传统实体单一流通渠道向现代全网络流通渠道升级。[①] 大数据和云计算技术等数字技术能够整合消费数据等产业链各环节的数据，实现供需的智能化匹配。一方面，可以为不同消费者提供个性化产品推送；另一方面，可以将消费端需求信息反馈至生产设计环节，实现产品的个性化与智能化定制，体现了智能化的特征。

综上所述，贸易数字化是以信息网络和数字平台为重要载体、以数据驱动为核心、以商产融合为主线的贸易活动的数字化、网络化和智能化转型。

（二）贸易数字化的外延

贸易数字化包括三种情形，分别是传统贸易转型为电子商务、传统贸易转型为数字贸易和电子商务转型为数字贸易。本章第一节第三至第五部分将分别对三种不同情形的贸易数字化进行解释与举例说明。

三、从传统贸易到电子商务

贸易数字化的第一种情形是传统贸易向电子商务的转型。从世界范围看，传统贸易向电子商务的转型开始于20世纪六七十年代，其特征是传统商务与贸易活动的信息化[②]，而信息化是数字化的早期表现形式。主要体现为在转型过程中，信息通信技术被应用于贸易领域，贸易活动的信息化程度不断加深。

其转型过程主要体现在以下几个方面：

---

① 构建平台经济新生态 商产融合激发实体经济更大活力．中华人民共和国商务部网站，2019-03-22.

② 蓝庆新，窦凯．美欧日数字贸易的内涵演变、发展趋势及中国策略．国际贸易，2019（06）：48-54.

（一）信息通信技术的使用

20世纪50年代前，企业间的信息交换往往需要借助信件、邮件等传统媒介，具有耗时久、效率低下等缺点。20世纪60年代末，以电子数据交换技术为代表的信息通信技术使得企业间的信息交换更为便利，“无纸贸易”成为可能。20世纪90年代以来，互联网技术的快速发展与广泛应用，推动贸易发生信息化的深刻变革，企业可以通过网页展示产品内容，实现线上结算，降低交易成本，提升交易效率。

（二）交易主体数量的增加

传统贸易过程中，交易主体数量受限。一方面，买方受到地理距离等贸易因素的限制，只能接触到有限范围内的卖方与产品；另一方面，卖方受到相同因素的限制，只能将产品销售至有限范围的市场中，且卖方往往面临较高的行业进入壁垒和市场进入成本，导致其市场进入难度较大。

电子商务的出现能够打破时空的限制，吸引更多交易主体参与贸易。具体表现为：对于买方而言，消费者可以接触到更多国家和地区的产品信息，拥有更多的消费选择，与此同时，电商平台B2C、B2B等销售模式能够减少中间商参与环节、降低中间成本，因此线上产品更具价格优势，更丰富的商品选择空间和更低的商品价格吸引更多买方参与线上消费。对于卖方而言，电子商务平台有助于企业突破传统贸易因素，如地理距离、语言差异等因素的限制，将商品销售至更广的国家市场。与此同时，电子商务的进入门槛较低，电商平台的在线商品展示、广告投放等功能可以帮助企业有效降低贸易成本、提高贸易效率，更大的市场空间和更低的进入成本吸引更多传统企业向电子商务转型。

（三）交易渠道的增加

传统贸易大多为企业间贸易，较少涉及个人消费者，多数消费者只能通过线下零售的方式购买产品，贸易模式较为单一。在电子商务时代，随着信息通信技术的成熟以及消费互联网的普及与应用，B2B、B2C、C2C等多种交易模式开始出现并发展成熟，可以为买方提供更多的消费选择，有效刺激需求增长，也可以为企业提供更多的销售渠道，扩大企业收入来源。

四、从传统贸易到数字贸易

贸易数字化的第二种情形是传统贸易向数字贸易的转型。这一阶段，传统贸易借助大数据、云计算、人工智能等数字技术直接转型为数字贸易。其转型过程主要表现在以下几个方面：

（一）数字技术的使用

信息通信技术的应用推动传统贸易向电子商务的转型，而数字技术的创新与应用则推动传统贸易向数字贸易的转型。相较于信息通信技术，数字技术具有可以更广泛、更高效地利用数据等优势。一方面，企业可以利用数字技术收集、整理、分析交易数据，精准匹配多样化消费需求，提高交易的效率。另一方面，依托数字技术形成的数字化平台为多边交易的开展提供了支持。

（二）平台作用的提升

数字经济时代，传统贸易企业在数字化转型过程中存在诸多困难，传统企业受到数字技术水平限制，导致其数据获取和处理能力较低，较难通过自身进行数字化转型。而多样化的数字贸易平台可以有效帮助传统贸易企业克服数字化转型过程中的诸多难题，加速其转型速度、提高转型效率，主要表现为：一方面，作为面向世界各地的市场主体的多边贸易平台，数字贸易平台不仅能够帮助企业开拓销售渠道，更能够利用数字化技术精准匹配买卖双方需求，降低企业市场寻求难度、提高企业产品销量。另一方面，数字贸易平台不仅能够基于供应链管理为传统贸易企业的数字化转型提供一揽子数字化外贸解决方案，还可以利用其具备的消费端数据，从需求侧积极对接智能制造，协助网络协同制造和大规模个性化定制的高效实现。

（三）个性化需求的满足

传统贸易过程中，企业批量化、标准化生产商品，导致消费者的个性化需求难以得到满足。数字贸易更加重视消费者需求，大数据、人工智能以及云计算等数字技术，能够充分收集并处理数据，能够将研发、智能制造、智能定价、智能客服等环节囊括到贸易过程中，且更加重视消费者的需求，使得价值链的每个环节都积极地反映消费者偏好。以 ChatGPT 为例，ChatGPT 是人工智能技术驱动的自然语言处理工具，其能够通过预训练和统计规律生成回答，还能进行智能互动，甚至能完成撰写邮件、视频脚本、文案、翻译、代码等任务。

专栏 4－1　贸易决定因素对传统贸易与数字贸易的异质性影响

五、从电子商务到数字贸易

贸易数字化的第三种情形是电子商务向数字贸易的转型。数字贸易是电子商务概念的发展和延伸[①]，是电子商务发展的高级形态，电子商务是数字贸易发展的阶段性呈现。

电子商务与数字贸易的区别在于：第一，电子商务以现代信息网络为载体，数字贸易以数字化平台为载体。第二，电子商务倚重信息通信技术实现高效交换，数字贸易倚重人工智能、大数据和云计算技术实现精准交换。第三，电子商务依托的是双边平台，而数字贸易平台是多边平台。

① 蓝庆新，窦凯. 美欧日数字贸易的内涵演变、发展趋势及中国策略. 国际贸易，2019（06）：48-54.

随着技术的进步发展，电子商务不断实现贸易数字化并最终蜕变为数字贸易，其蜕变过程主要体现在三个方面：

（一）贸易标的的扩展

电子商务的贸易标的以实体货物为主，表现为卖方可以通过电商平台完成产品展示、订单确认、在线支付等环节，并在线下完成实体商品的运输与交付。随着电子商务向数字贸易的转型，贸易标的的种类不断增加。除实体货物外，卖方能够利用数字技术研发新型数字化贸易标的，包括电子书、数字专辑和社交网络服务等数字内容产品与数字化服务，例如出版商不仅可以通过平台售卖纸质杂志，也可以发行电子杂志、期刊，为消费者提供线上订阅、推送服务。

（二）数据价值的深入挖掘

电子商务阶段侧重于利用信息通信技术实现商品和服务的交换，随着 B2B 和 B2C 贸易的大量开展，交易数据开始沉淀。21 世纪以来，大数据、云计算、人工智能等技术的腾飞为电子商务向数字贸易转型提供了重要契机，数据的重要性日益凸显，电子商务蜕变为数字贸易后开始依托数字技术深入挖掘数据价值。其中，大数据技术能够收集并处理散落在供应链各环节的数据；云计算技术能够帮助企业有效处理大数据，并对供应链环节进行动态优化；人工智能技术能够帮助企业有效开拓大数据的应用途径。数字贸易利用数字技术搭建数字化平台，挖掘大数据的价值，在数据分析的基础上规范引导有关各方的行为，具有内生化的治理功能和能力。例如，平台可以根据数据分析发现潜在的不规范交易行为，如刷单、售卖假货等，以此来监测企业贸易活动，规范交易秩序。

（三）产业互联网的出现

电子商务对应的是消费互联网的普及与应用，数字贸易对应的是产业互联网的普及与应用。在电子商务向数字贸易的转型过程中，数据要素的大量沉淀以及数字技术的进一步发展能够为消费互联网向产业互联网转型提供前提保障。数据要素可以在不同产业环节之间流动，从而提高整个产业链的信息联通程度和效率，也有助于将消费者的需求反馈到产业的各个环节之中。数字技术可以收集、处理数据并挖掘大数据中蕴含的丰富价值，能够从整个产业链的角度实现资源整合和价值链优化，从而降低运营成本。

第二节 数字化贸易

一、数字化贸易的产生与发展

数字化贸易的产生和发展途径主要可以总结为以下两类：

第一，传统贸易标的的数字化。随着大数据、云计算等数字技术的发展，数据创建、访问、复制和传播等环节的成本逐渐降低。货物贸易层面，实体书籍、报纸、录像、音乐光碟和磁带等实体内容产品逐渐被电子书、新闻软件、流媒体软件和音乐应用等数字化内容产品所取代。2019 年 8 月，中国新闻出版研究院发布的《2018—2019 中国数字出版产业年度报告》显示，2018 年国内数字出版产业整体收入规模为 8 330.78 亿元，比上年增长 17.8%。其中：互联网期刊收入达 21.38 亿元，电子书达 56 亿元，数字报纸（不含手机报）达 8.3 亿元。服务贸易层面，部分线下服务也借助数字技术完成了数字化转变，在线娱乐、在线阅读、在线教育、远程医疗、无人酒店等数字化、智能化服务新模式蓬勃发展。例如，印度企业印孚瑟斯（Infosys）可以为美国苹果、微软等企业提供线上软件咨询服务；教师可以通过直播、录播等形式开展课程教学、讲座、论坛等教学和学术活动，使得教育资源能够覆盖到更多的地区与群体。据世界贸易组织（WTO）2018 年报告显示，参加哈佛大学和麻省理工学院在线课程的学生 71% 都来自外国。①

第二，新型数字化贸易标的的出现，包括数字服务贸易与数据贸易。数字化服务贸易是数字经济时代新出现的数字化贸易形式，以数据存储服务、搜索引擎服务、社交网络服务等为标的。就数据贸易而言，随着大量平台交易数据的沉淀，数据本身逐渐成为重要的贸易标的之一。例如，社交网络平台通过为用户提供服务以获取用户数据信息，并利用所获取的用户数据进行商业广告投放、个性化订购服务推送等商业活动以获得盈利，用户数据成为数字经济平台获得收入的标的。随着数据价值的不断提升，跨境数据贸易和“全球数据价值链”贸易将成为未来数字化贸易的一项重要内容。

二、数字化贸易的内涵与外延

（一）数字化贸易的内涵

21 世纪以来，数字化贸易在国际贸易中的比例不断上升。据联合国贸易和发展会议（United Nations Conference on Trade and Development，简称 UNCTAD）统计，2017 年的全球数字产品贸易，有超过一半以上的产品都是以电子传输形式交付的无形产品。②

由于数字化贸易属于数字贸易，因此有着与数字贸易相同的载体与核心——以信息网络和数字平台为重要载体，以数据为核心要素。例如，消费者可以通过互联网等信息网络线上订购电子书，还可以通过应用市场等数字平台购买应用软件。

数字化贸易以无形贸易标的交易为特征。《浙江省数字经济发展“十四五”规划》与《中共浙江省委浙江省人民政府关于大力发展数字贸易的若干意见》提出数字化贸易活动包括数字服务贸易、数字技术贸易、数据及衍生品贸易等。《北京市关于促进数字贸易高质量发展的若干措施》中则将数字化贸易划分为信息技术服务贸易、数字内容贸易、服务外包三大类。《全面推进上海数字商务高质量发展实施意见》认为数字化贸易包括数字内容贸易、数字应用和技术贸易、数字服务贸易三类。从上述分类可以看出，数字化贸易强调数字化的形式，其贸易标的均具有数字化、无形化的特征。

---

① World Trade Organization（WTO）. World Trade Report 2018. The Future of World Trade: How Digital Technologies are Transforming Global Commerce，2018.

② Banga R. “Growing Trade in Electronic Transmissions: Implications for the South,” UNCTAD Research Paper, 2019, 29.

综上所述，数字化贸易是以信息网络和数字平台为重要载体，以数据为核心要素，以无形贸易标的交易为特征的新型贸易活动。

（二）数字化贸易的外延

基于数字化贸易的定义，本教材依据标的种类将数字化贸易划分成数字内容贸易、数据贸易和数字服务贸易三种类别：

第一，数字内容贸易。数字内容贸易以计算机软件、移动应用、音像制品、电子和数字出版物等无形的数字内容产品为标的。

第二，数据贸易。数据贸易是以数据为标的，通过数字化订购或数字化交付实现的贸易，如数据要素贸易、数据产品贸易等。

第三，数字服务贸易。数字服务贸易包括数字化服务贸易和服务贸易数字化，教材第五章将详细介绍数字服务贸易相关内容。

第三节　数字内容贸易

一、数字内容贸易的内涵与外延

（一）数字内容贸易的内涵

20 世纪 90 年代以来，世界各国纷纷出台一系列政策措施以推动数字内容产业的建设与数字内容贸易的发展，如欧盟的“电子内容计划”（eContent Programme）、美国的“信息高速公路计划”（Information Superhighway）、日本的“电子化日本”（E-Japan）等。在美、日、韩等国家，数字内容产业已然成为支柱型产业，为国民经济发展带来强大的推动力。以日本为例，日本动画协会发布的《动漫产业报告 2021》显示，2020 年日本动漫产业市场规模达 2.4 万亿日元（约合人民币 1 257 亿元）。

OECD 报告指出数字内容是创意、文化、版权和内容产业的一个子集，需要从技术和产业生产相结合的角度予以定义。[①] 2011 年中国国家发展改革委发布的《产业结构调整指导目录（2011 年本）》将“数字音乐、手机媒体、动漫游戏等数字内容产品的开发系统”纳入鼓励类产业。可以看到，数字音乐、动漫游戏等标的都以数字化的形式存在，且归属于创意、文化、版权和内容产业。因此本教材认为数字内容贸易的标的是通过数字编码和制作而成，用于商业销售或分销的数字内容产品，是内容产业与数字技术的交叉融合。

中国文化部在《文化建设“十一五”规划》中提出“积极发展以数字化生产、网络化传播为主要特征的数字内容产业”，可见数字内容贸易需要通过网络平台以数字化传

① OECD. “Digital Broadband Content: Digital Content Strategies and Policies,” OECD Digital Economy Papers, No. 119, OECD Publishing, Paris, 2006.

输的形式实现。

综上所述，数字内容贸易是以数字编码和制作而成的数字内容产品为标的，以数字化形式交付的贸易。

理论命题 4－2

数字内容产业的市场需求曲线是非线性的，数字内容的网络效应使消费者效用随其用户的增多而不断增加，数字内容的系统效应和体验效用使消费者效用随其使用次数的增多而不断增加。

（参见：谢志刚．信息产品需求特性与垄断性市场结构．中国工业经济，2005（05）：35-42.）

（二）数字内容贸易的外延

数字内容贸易的标的包括软件、网络视听产品和数字出版物等。

由于数字内容贸易的标的正不断丰富，国际范围内的统计分类存在诸多差异。美国国际贸易委员会认为数字内容贸易的标的是网上提供的信息，包括音乐、视频、游戏、新闻、书籍和其他出版物。[①]《美国—墨西哥—加拿大协定》中认为数字内容产品是指经过数字编码、为商业销售或分销而制作的、可通过电子方式传输的产品，如计算机程序、文本、视频、图像、录音或其他。也有学者认为数字产品或数字传输内容主要包括四大类，分别是软件，电影和图片，声音和音乐，视频、计算机和娱乐节目。[②] 本节第二至四部分将介绍三种代表性的数字内容贸易形式，包括软件贸易、网络视听产品贸易和数字出版物贸易。

二、软件贸易

软件贸易是以与软件相关产品为标的的贸易。传统软件贸易主要采取永久授权的交易方式，用户在购买软件产品后需要自行解决售后问题，软件产品的交付则需要以光盘等实体载体为依托。

随着数字经济时代的到来，大数据、云计算等数字技术对软件贸易产生了颠覆式的影响。软件交付不再是一次性交易，而是可以根据用户需求予以定制并不断更新。大数据技术可以帮助企业收集、整理并分析数据资源，了解线上用户的个性化、多样化需求，并针对需求提供软件产品和服务。云计算技术有助于企业将通过网络获取的计算、数据和设计等资源转化为自身优势，以此来优化软件产品设计，提升企业竞争力。此外，云计算、云存储技术允许软件以数字化的形式储存与交换，有助于提升软件跨境贸

① USITC. Digital Trade in the U.S. and Global Economies, Part 1. Washington: USITC, Investigation No. 332-531, USITC publication No. 4415, 2013: 1-2.

② Wunsch-Vincent S. *The WTO, the Internet and Trade in Digital Products: EC-US Perspectives*. Bloomsbury Publishing, 2006.

易的效率，进而促进全球软件贸易发展。

在数字贸易时代，软件即服务（Software as a Service，简称 SaaS）等新型贸易形式出现，软件逐渐从产品形式向服务形式转变。客户可以根据实际工作需求，通过互联网平台向软件商订购个性化软件服务，并根据订购量和订购期支付相应费用。中国信息通信研究院发布的《云计算白皮书（2022 年）》显示，根据 Gartner 统计，2021 年以基础设施即服务（Infrastructure as a Service，简称 IaaS）、平台即服务（Platform as a Service，简称 PaaS）、软件即服务为代表的全球公有云市场规模达到 3 307 亿美元，增速达到 32.5%。需要注意的是，尽管在 SaaS 贸易过程中会出现软件定制等服务，但由于其主要贸易标的是软件本身，因此在定义过程中仍将 SaaS 等新型贸易方式归为软件贸易而非数字服务贸易。

三、网络视听产品贸易

网络视听产品贸易是以视频、音频相关产品为标的，借助网络广播、网络视听平台等数字化媒介交付的贸易。随着数字贸易时代的到来，传输媒介的更迭允许视频、音频以更简单、更方便的方式传播，同时催生出许多新型网络视听产品如交互式电影等，为消费者带来更多视听体验。电视剧、电影、纪录片、直播、动漫等网络视听产品贸易逐渐成为数字内容贸易的重要内容之一。《2021 中国网络视听发展研究报告》显示，截至 2020 年 12 月，中国网络视听用户规模达到 9.44 亿，较 2020 年 6 月增长 4 321 万。

以电视与电影行业为例，传统电视与电影行业采用线性传播逻辑，即观众需要在固定的时间与地点观看影视节目。随着互联网技术的发展，流媒体平台的出现使得电视与电影的线性传播方式发生了重大变化，各类平台推出更多不同时长、不同类型的视听内容产品以满足消费者多样化的视听需求，例如奈飞推出脱口秀、电视剧、纪录片、交互式电影等多样化的节目，能够打破时间与传播容量的限制，允许消费者随时随地订阅与观看。

专栏 4－2 人工智能对音乐产业链的影响

四、数字出版物贸易

数字出版物贸易是以数字化出版物为标的的贸易。随着电子文档、云存储等技术的发展，数字出版物的出现使得阅读不再受到传统纸质载体的约束，改变了人们的阅读行为与习惯。新闻出版总署《关于加快我国数字出版产业发展的若干意见》指出，数字出版是指利用数字技术进行内容编辑加工，并通过网络传播数字化内容产品的一种新型出版方式。数字出版物主要包括电子图书、数字报纸、数字期刊、网络文学、网络教育出版物、网络地图、数据库出版物等。据 Technavio 报告预测，2022—2026 年期间，全球数字出版物的市场份额将会增加 1 059.6 亿美元，复合年增长率将达到 13.01%，其中市场增长的 42% 可能来自亚太地区。

电子书是数字出版物贸易的重要标的之一，电子书的流行得益于阅读终端的普及和海量线上优质内容资源的提供，电子书阅读的出现改变了人们的阅读方式。[①] 以亚马逊 Kindle 为例，Kindle 致力于在提升阅读体验的同时，通过与各类出版机构合作，为读者提供广泛而优质的数字内容，其在售电子书种类繁多，涵盖科技、社科、少儿、小说、网文、漫画等不同品类，能够有效克服传统纸质书价格高、受制于运输库存等缺点。

专栏 4－3 数字阅读产业发展新趋势

第四节 数据贸易

一、数据贸易的内涵与外延

（一）数据贸易的内涵

进入数字经济时代以来，数据在流动、分享、加工处理的过程中不断创造价值，数据贸易正成为数字内容贸易的重要组成部分之一。此外，数据价值创造过程逐渐成为数字平台的重要收入来源。2020 年 3 月，联合国统计委员会第 51 次会议更是将“数据如何纳入国民账户体系”明确列入国民账户体系（The System of National Accounts，简称 SNA）研究议程，可见数据要素的价值正不断提升。

数据要素本身正逐渐成为重要的贸易标的，与此同时，由数据加工、储存等过程所衍生的诸多数据产品正逐渐催生数据贸易新业态。国家统计局在《数字经济及其核心产业统计分类（2021）》中提出数字经济产业包括数据资源与数字产权交易。《浙江省数字经济发展“十四五”规划》与《中共浙江省委浙江省人民政府关于大力发展数字贸易的若干意见》指出数字贸易业态包含数据及衍生品（数据确权、加工、存储）的流通交易。

① 张昭. 数字出版背景下电子书平台运营模式及发展趋势探究. 中国编辑，2022（05）：76-80.

综上，数据贸易是以数据为标的，通过数字化订购或数字化交付实现的贸易。

(二) 数据贸易的外延

数据贸易包括数据要素贸易和数据产品贸易。

2020 年 4 月，中共中央、国务院发布《关于构建更加完善的要素市场化配置体制机制的意见》，提出要加快培育数据要素市场，探索建立统一规范的数据管理制度，提高数据质量和规范性，丰富数据产品。2020 年 11 月，《中共中央关于制定国民经济和社会发展第十四个五年规划和二〇三五年远景目标的建议》明确提出“建立数据资源产权、交易流通、跨境传输和安全保护等基础制度和标准规范，推动数据资源开发利用”。基于此，本教材认为数据贸易主要包括数据要素贸易和数据产品贸易。其中，数据要素贸易以数据要素为标的，数据要素指未经加工处理的原始数据；数据产品贸易以数据产品为标的，数据产品是数据要素经加工后形成的产品，如数据模型、算法等，以数据的形式存在。

二、数据要素贸易

数据要素是数字贸易时代的重要贸易标的。在数字经济时代，数据要素产生于个人、企业和政府等主体的数字足迹，具有巨大价值。数据要素贸易的实质在于数据要素的流动与共享，标的是数据要素本身。例如，社交软件、搜索引擎等平台以用户信息形成的数据要素为贸易标的，以合法的方式将消费者数据出售给广告商，广告商通过数据分析向目标客户投放广告，并以此盈利。

为了适应数据要素贸易的需求，数据交易场所应运而生。大数据交易所的功能之一便是促进数据要素的交易与流动，2015 年 4 月 14 日，全国首家大数据交易所——贵阳大数据交易所正式挂牌运营并完成首批大数据交易，此后北京国际大数据交易所、广州数据交易所等一系列大数据交易所相继成立，其交易数据涉及政府、医疗、金融、企业、电商、能源等诸多领域。然而在开展数据要素贸易的过程中，已然存在诸多问题，诸如数据确权、数据监管、数据要素流动限制等，如何克服数据要素交易障碍，推动数据要素流动，是发展数据要素贸易所需要面对的重要话题之一。

专栏 4-4 中国数据产权制度建设难题

三、数据产品贸易

数据产品是指生产者对数据要素经过深度的分析、整合及处理后而形成的具有交换价值和技术可行性的产品。例如，联合国贸易和发展会议报告提出，农民将收集的原始数据提供给跨国农业企业后，跨国农业企业可以利用所得数据开发出能够优化生产力和产出的规则系统，最后将所开发的系统卖回给提供原始数据的农民。这一过程中，跨国农业企业所研制的规则系统就是数据产品，是利用数字技术对原始数据加工形成的，具有高于原始农业数据的价值与生产力。

在数据产品贸易的过程中，仍然存在一些难题亟须解决。一方面，存在数据产品定价问题，数据易复制、易传输的特征很难阻止消费者对数据产品进行复制、分享，从而难以对数据产品进行确权与保护，更会带来定价和交易上的困难。另一方面，存在数据产品确权问题，如何划分数据产品的所有权、使用权等权限，不仅关乎数据产品所有者的合法权益，也是数据产品合法化交易的前提。

四、数据价值链贸易

数字经济时代，随着数据贸易的开展，一条包括数据采集、数据存储、数据建模和分析以及数据可视化的全新价值链正逐渐形成。“数据价值链”是传统价值链在数字经济时代的发展与延伸，是数据被不断加工增值的过程。

在微观层面，数据价值链产生于企业的各项生产环节。传统价值链关注企业各个有形的生产环节，强调产品的逐级生产与传递，具有单向性的特征。数据价值链则强调无形数据在生产各环节间的流动和增值，每个环节都涉及数据的采集、整理、分析等。在数据价值链中，数据不仅可以正向流动，也可以逆向流动。例如产品设计环节的数据可以为生产、组装环节所运用，销售环节的数据可以逆向反馈到生产、设计等环节，帮助企业根据需求调整产量、产品设计、包装等。①

在宏观层面，国家间也存在数据价值链贸易。在全球数据贸易过程中，数据要素可以被加工为具有价值的数据产品，这是一个数据增值的过程，底层的原始数据价值较低，随着价值链环节的增加，数据所蕴含的价值也会提升。无法创造数据价值或者创造能力较低的国家将会处于劣势。

联合国贸易和发展会议报告《2019 年数字经济报告——价值创造和获取：对发展中国家的影响》指出，从地理上看，新兴的全球“数据价值链”将大多数国家定位为数据提供者，而只有少数几个国家和平台能够将大部分数据转化为增值数据产品。虽然一些发展中国家通过提供经济数据以换取先进技术，但长此以往，它们非但不会在数据价值链中迎头赶上，反而可能会固化其自身的从属地位。这意味着大多数国家特别是最不发达国家将成为原始数据的出口国和增值数据产品的进口国，而这些国家却几乎没有能力改变这种关系。发展中国家在制定发展战略过程中应促进数据价值链的升级，并增强国内加工处理数据的能力。

---

① 李晓华，王怡帆．数据价值链与价值创造机制研究．经济纵横，2020（11）：54-62.

本章小结：中国视角

作为数字贸易的重要组成部分，贸易数字化和数字化贸易在拥有相同载体、强调数据核心作用的同时，又存在一定区别。贸易数字化是一种转型过程，而数字化贸易是一种贸易活动。互联网的成熟与数字技术的进步可以加深贸易数字化程度，贸易数字化主要包括传统贸易向电子商务、电子商务向数字贸易以及传统贸易向数字贸易三种转型情形。传统贸易标的的数字化以及新型数字化贸易标的的出现推动了数字化贸易的产生与发展，数字化贸易主要包括数字内容贸易、数据贸易以及数字服务贸易。

中国具有良好的贸易数字化转型优势。联合国贸易和发展会议发布的《2018年全球电子商务评估报告》显示，美、中、英三国电子商务销售成交额全球领先，且大型B2C电子商务企业主要分布于美国和中国，2018年中国以1 000亿美元的B2C跨境电子商务销售额领跑全球，占全球交易总额的24.75%，超过美国（21.03%）和英国（9.9%）。可见中国是全球领先的电子商务大国，巨大的国内外市场为数字化转型提供了良好的机遇，中国正抓住机会推动传统贸易、电子商务的贸易数字化转型，提升在数字贸易领域的国际竞争力和话语权。

然而相较于贸易数字化，中国的数字化贸易发展优势不足，主要表现为服务贸易和文化输出能力不足。数字内容产品的创造与创新依赖于先进的技术，数据资源的开发利用也需要以大数据、云计算技术为支撑，然而相较于发达国家，中国在数字技术、软件研发等领域的优势仍不显著。为此，一方面，中国正努力营造良好的数字贸易创新环境，加快培养专业数字化人才；另一方面，中国也在不断完善数据安全、知识产权、数据产权、数字版权等领域的法律法规，保护企业、个人的合法权益，激发创新积极性，不断推动数字化贸易的发展。

标识性概念

贸易数字化　　　　数字化贸易

思考题

1. 2019年，《中共中央 国务院关于推进贸易高质量发展的指导意见》中提出要不断“提升贸易数字化水平”，可见贸易数字化正为贸易发展带来新的增长空间。试分析中国开展贸易数字化转型的优势以及应如何进一步实现贸易数字化转型。

2. 盗版问题的存在影响并制约着软件贸易的发展，随着数字技术的进步，软件复制、传播的速度更快、方式更简单，盗版现象也随之增加。软件商业联盟的调查显示，2014年中国的软件盗版率为70%，盗版产品的价值总和超过80亿美元。请结合软件贸易的相关内容，分析盗版现象出现的原因，并给出解决这一问题的对策建议。

3. 贵阳大数据交易所是中国第一家以大数据命名的交易所，于2015年4月14日正式挂牌运营，在全国率先探索数据流通交易价值和交易模式。2022年贵阳大数据交易所进入优化提升阶段，抢抓数据价值化新机遇，探索数据要素资源化、资产化、资本化改革新路径，大力培育数据要素流通产业生态。请查阅相关资料，试结合数据贸易相关内容，分析大数据交易所有哪些功能。

4. 随着电子书、电子报纸等数字出版物的出现，读者对传统的纸质书籍、报纸、杂志的需求量越来越小，中国新闻出版研究院于 2015 年发布的《2014 年新闻出版产业分析报告》中指出，全国报纸总印数为 463.9 亿份，降低了约 3.8%，报纸出版总利润为 76.4 亿元，降低了 12.8%。试从数字出版物贸易角度解析杂志社、出版商等主体如何应对这一现象所带来的挑战。

5. 面对联合国贸易和发展会议报告指出的全球价值链贸易问题，即多数国家属于数据提供者且较难转变原有地位，请试从数据贸易角度探究发展中国家应如何在全球数据价值链贸易中提高竞争力并提升在全球数据价值链中的地位。

延伸阅读

[1] 徐翔，厉克奥博，田晓轩. 数据生产要素研究进展. 经济学动态，2021（04）：142-158.

[2] Goldfarb A, Tucker C. " Digital Economics," *Journal of Economic Literature*, 2019, 57（1）：3-43.

[3] Patrick Bajari, Victor C, Ali H, et al. " The Impact of Big Data on Firm Performance: An Empirical Investigation," *AEA Papers and Proceedings*, 2019, 109: 33-37.

[4] Daron Acemoglu, David Autor, David Dorn. " Return of the Solow Paradox? IT, Productivity, and Employment in US Manufacturing," *The American Economic Review*, 2014, 104（5）：394-399.

[5] Malkawi B H. " Digitalization of International Trade," *Journal of Law and Technology*, 2019, 23：1-15.

第五章 数字服务贸易

本章导读

数字技术的应用和发展推动了数字服务贸易新模式的出现，服务贸易由传统服务贸易向数字服务贸易转变的趋势愈发明显，据国务院发展研究中心披露的数据，从2011年到2020年间中国数字服务贸易占服务贸易的比重由36.7%提升至44.4%，数字服务贸易已经成为扩大对外开放的重要引擎。通过本章的学习，读者可以快速了解数字服务贸易产生与发展的过程，掌握数字服务贸易的内涵与外延，学会辨析数字化服务贸易与服务贸易数字化的概念并理解两者所面临的机遇与挑战，从而深入理解研究数字服务贸易。

第一节 数字服务贸易的产生与发展

一、数字服务贸易产生的背景

第一，技术变革促进了数字服务贸易的产生。世界贸易组织发布的报告中指出技术变革是推动服务由不可贸易到可贸易的主要驱动力。一方面，技术变革改变了原有服务贸易的贸易方式。第五代移动通信技术（5G）具有大带宽、低时延的特点，它的出现使人们在虚拟网络中高速即时的交流得以实现，拓展了传统服务行业进行线上贸易的可能性。技术变革推动传统服务贸易依托信息网络和数字平台向数字化转型，如旅游、金融、教育、医疗等行业的数字化转型有助于传统服务贸易精准度和效率的提升。另一方面，技术变革拓展了原有服务贸易的贸易标的。技术的进步不仅提高了服务贸易的便利性，也为新型服务贸易标的的出现提供技术支持与保障；同时，技术的进步伴随着数据的增加和流动，催生了以数据为核心的新型服务贸易标的，如数据存储服务、搜索引擎服务、社交网络服务等。

第二，供需双方的数字化需求催生了数字服务贸易的出现。数字经济时代的服务贸易需要数字化的帮助。一方面，供给方的数字化转型需求亟须数字服务贸易的帮助。供给方提高分工协作效率、降低内部的信息获取成本与沟通成本的需求催生了数字化服务贸易；供给方为了更大程度触达需求市场，加大对大数据、云计算等数字技术的有效应用，为数字服务贸易的产生提供土壤。另一方面，消费者的数字化需求亟须数字服务贸易的帮助。数字服务贸易的发展有助于打破信息壁垒，促进信息传播，降低需求方的目标搜索难度，为需求方提供了更加多样的选择，满足消费者的个性化、多样化需求。尤其是新冠疫情的出现加剧了服务贸易数字化的紧迫程度，为数字服务贸易提供了良好的发展契机，促进了数字服务贸易的发展。在线办公、在线医疗、在线教育等应需而生，加速了服务贸易数字化进程。在线教育既促进了教育资源共享，也满足了疫情期间远程教育的需求。直播、在线视频以及流媒体服务等方式使人们可以远程沟通协作，克服了疫情背景下的空间局限。

第三，区域经济一体化促进了数字服务贸易的产生。荷兰经济学家丁伯根（Tinbergen）在 1954 年最早提出了区域经济一体化的定义，即国家或区域之间相互协作与统一，通过将阻碍经济活动运作的因素加以弱化、消除，以实现更优的经济结构。① 数字服务贸易在发展过程中可能存在数字服务税、数据跨境流动限制、不同技术标准、数据隐私保护等多重阻碍因素，区域经济一体化的发展在弱化和消除这些阻碍因素的同时，为数字服务贸易提供了更加稳定和更加便利的发展环境，促进各成员国在数字服务贸易领域的沟通与协作。在区域经济一体化的过程中，区域一体化协定的签署为数字服务贸易的发展提供了国际政策支持，通过规则导向与强制机制促进数字服务贸易在更加安全开放的市场环境中发展。例如，《数字经济伙伴关系协定》（Digital Economy Partnership Agreement，简称 DEPA）的签订有助于促进区域范围内的数据自由流动，保护个人数据和在线消费者权益，提升了数字服务贸易的安全性；《区域全面经济伙伴关系协定》在第八章规定削减各成员影响跨境服务贸易的限制性、歧视性措施，为缔约方之间进一步扩大服务贸易创造了条件，同时所带来的区域内开放的市场环境为数字服务贸易的发展打下了良好基础；《全面与进步跨太平洋伙伴关系协定》赋予跨境服务提供者市场准入自由，允许缔约方企业在满足监管标准的前提下自由进入市场和自主决定经营方式，这将推动亚太区域的服务及技术、数据等要素的自由流动，进而加深成员国之间数字服务贸易的交流与合作。

理论命题 5－1

互联网技术的采用可以改善制造业企业的财务状况，破解“服务化悖论”，即增加服务性投入不会恶化制造业企业的绩效。

（参见：许光建，马述忠．“服务化悖论”还是问题吗？：2008 年以来中国互联网经济爆发式发展的新证据．浙江大学学报（人文社会科学版），2022，52（02）：44-56.）

---

① Tinbergen J. *International Economic Integration*. Amsterdam: Elsevier，1954.

二、数字服务贸易发展的阶段性表现

（一）服务贸易方式数字化改造阶段

贸易方式数字化是传统服务贸易数字化改造阶段最主要的特点。卫星通信、互联网等信息技术的应用，使广告服务、管理咨询服务等传统服务贸易借助早期信息通信技术实现了贸易方式的数字化；随着移动通信技术、大数据和人工智能等数字技术的产生与应用，医疗、教育等即时性、精准性要求更高的传统服务贸易也突破了时空局限，实现了数字化。线上线下同步进行的贸易方式使得远程服务、非接触经济得以快速发展。基于贸易方式的数字化，传统服务贸易以更为主动的方式参与到全球价值链当中，充分释放潜力。数字金融、数字教育、数字医疗是金融、教育、医疗与数字化相结合的产物，为传统服务贸易带来了新的生机与活力。

理论命题 5－2

全球数字服务贸易网络存在贸易集聚效应，互联网基础设施及其连通性和数据跨境自由流动对全球数字服务贸易网络的形成具有正向促进作用。

（参见：吕延方，方若楠，王冬. 全球数字服务贸易网络的拓扑结构特征及影响机制. 数量经济技术经济研究，2021，38（10）：128-147.）

（二）数字服务贸易新标的全面涌现阶段

贸易对象数字化是新兴数字服务贸易全面涌现阶段最主要的特点。在此阶段，以数字技术为核心的服务不断涌现，具体体现为以分布式存储技术、存储虚拟化技术等为基础的云存储服务，如百度云、阿里云；以及以 Web2.0 技术为基础，为用户提供在线沟通交互平台的社交网络服务，如微信、小红书等。

值得注意的是，两个阶段并非承接关系，而是丰富与拓展的关系，服务贸易方式数字化改造阶段先出现，之后数字服务贸易新标的全面涌现阶段才出现，但传统服务贸易数字化的改造并未因此结束，两个阶段同时存在。

专栏 5－1　数字技术对金融服务贸易出口的影响

第二节　数字服务贸易的内涵与外延

一、数字服务贸易的内涵

随着以互联网为代表的信息通信技术和以大数据、云计算为代表的数字技术与服务贸易的深度融合，数字服务贸易在全球范围内快速发展。根据联合国贸易和发展会议相关数据，2021 年，全球数字服务贸易出口规模占全球服务贸易出口规模的比重达到 62.8%，数字服务贸易在服务贸易发展中发挥着引领性的重要作用。各大国际组织都在努力推进对数字服务贸易定义的研究，然而，此前关于数字服务贸易的界定多依附于数字贸易，尚未形成国际公认的内涵与外延。

数字化服务贸易与服务贸易数字化通过信息网络作用于服务的供给者和需求者，提升数字服务贸易的便利性。覆盖面广、可靠性高、延时性低的信息网络为数字服务贸易提供良好的运营环境，保障服务的供给者高效实现服务数字化和提供数字化服务标的的同时，也保障服务的需求者能够有效地接受服务。数字平台为服务的供给者与需求者搭建连接的桥梁。数字平台为服务的供给者提供了远程触达市场的机会，快速的信息交互在打破服务的供给者与需求者之间时空局限的同时，也让供给者能够及时获取并满足个性化的服务需求；另外，数字平台使得消费者可以足不出户获得自己所需要的服务，让消费者获取数字服务更加便利，同时也扩大了消费者的选择范围。因而，信息网络和数字平台是数字服务贸易的重要载体。

以 5G、物联网、大数据、人工智能等为代表的数字技术推动贸易方式和贸易标的的数字化。数字技术的有效应用以及相互创新融合，拓展数字服务贸易新场景，激发数字服务贸易发展潜力。服务贸易方式在数字技术赋能下实现了变革创新：在跨境支付方面，大数据与人工智能的有效融合应用能够快速识别异常交易与欺诈行为，使跨境支付更加高效安全；在境外消费方面，5G 与虚拟现实技术的有效结合使服务的贸易方式线上化空间更广，数字技术的有效使用通过为消费者提供远程消费机会扩大了境外服务消费的规模；在商业存在方面，云服务、在线支付等技术的深入渗透极大地提高了跨国提供服务的可能性，过去需要跨境设立商业机构为东道国消费者提供服务的贸易方式逐渐线上化；在自然人流动方面，随着大数据、云计算、区块链等技术的深入应用，以数字技术为核心的贸易标的不断涌现，为原来自然人流动服务贸易提供更多样的线上实现途径。[①] 服务贸易标的在数字技术赋能下实现了数字多元化：一方面，数字技术的发展使得传统不可贸易的服务逐渐可贸易，丰富了服务贸易标的的种类；另一方面，数字技术的应用带来全新的数字服务需求，催生了大量以数字技术为核心的数字化服务贸易标

① 参见中国信息通信研究院发布的《数字贸易发展白皮书（2020 年）》、《经济参考报》文章《数字贸易重构全球服务贸易》、《经济日报》文章《数字经济助推高水平服务贸易》的阐述。

的。因而，数字技术的有效使用是数字服务贸易发展的重要推动力。①

数字服务贸易的供给端和需求端在与数字技术的深入融合下实现了数字化。就服务的供给端而言，数字服务贸易中数字技术的应用推动服务供给端生产与组织管理的数字化改革，促进供给端的数字化创新；就服务的需求端而言，数字服务贸易通过为需求端提供便捷的消费方式和多样的种类选择促进需求端的数字化消费。因而，服务供给端数字化创新和需求端数字化消费是数字服务贸易的重要特征。

综上所述，数字服务贸易是指以信息网络和数字平台为重要载体，以数字技术有效使用为推动力，以服务供给端数字化创新和需求端数字化消费为特征的服务贸易。

二、数字服务贸易的外延

数字服务贸易包括服务贸易数字化和数字化服务贸易，前者如数字医疗、数字教育、数字金融等，后者如数据存储服务、搜索引擎服务、社交网络服务等。

服务贸易数字化是指以信息网络和数字平台为重要载体，以传统服务为主要贸易标的，以需求端数字化消费为主要特征，通过数字技术赋能实现传统服务贸易的数字化、网络化和智能化转型。教育、医疗等传统服务因数字化转型实现交付，跨境贸易的可能性大大提升。在数字医疗方面，数字技术突破了传统医疗地理区域的限制性和医疗信息的封闭性，极大地便利了患者就诊，助力全球医疗进步；在数字教育方面，数字技术改变了传统教育面对面的教学模式，打破了时间、空间、主体等限制，极大地丰富了教学资源，促进了教育资源的全球流动与有效分配。根据《中国统计年鉴》，2018—2020年，我国数字医疗进口额由 1.45 亿元增长至 2.35 亿元，数字教育进口额由 2.01 亿元增长至 4.23 亿元。服务贸易数字化除了上述提到的医疗、教育等服务贸易的数字化转型，还包括金融、旅游、管理咨询等服务贸易的数字化转型。

数字化服务贸易是指以信息网络和数字平台为重要载体，以新型服务为主要贸易标的，以供给端数字化创新为主要特征，依托数字技术实现数据流动的服务贸易活动。除了上述提到的数据存储服务、搜索引擎服务和社交网络服务外，数字化服务贸易还包括软件开发服务、卫星传输服务、互联网安全服务等。软件开发服务实现软件的需求与技术开发之间的拆分，软件开发服务提供商以自身研发技术优势为应用软件的需求者提供开发服务，从而能够降低开发成本，提高开发效率。根据中国工业和信息化部的数据，2022 年中国软件开发服务出口规模达 524.1 亿美元，较 2021 年增长 3.0%。

根据联合国贸易和发展会议的数据，2020 年中国数字服务贸易额为 2 947.6 亿美元，较 2019 年增长 8.4%，占服务贸易总额的比重达 44.5%，成为服务贸易新的增长点。数字服务贸易的发展为经济高质量发展带来动力。

---

① 按照世界贸易组织于 1994 年签署的《服务贸易总协定》，服务贸易有四种提供方式，分别为跨境交付、境外消费、商业存在和自然人流动。

专栏 5-2　数字服务贸易助推经济高质量发展

第三节　数字化服务贸易

数字经济催生了新型服务形态，比如数据存储服务、搜索引擎服务、社交网络服务等。这些服务是特定于数字经济时代的特定需求所产生的崭新服务形态，属于数字服务贸易的重要组成部分。

数据存储服务（Data Storage Services，简称 DSS）是将数据加工过程中产生的临时文件或需要查找的信息以某种格式记录在计算机内部或外部存储介质上，提供数据存储方案与策略的服务。数据存储的关键是维护数据的永久性和真实性，因此，可靠的存储系统必须满足存储空间足够大和可扩展性的特点，才能满足数字经济时代海量数据的保存需求。例如，云存储是基于云计算发展起来的新型存储方式，是数据存储的主要方式之一。云存储使得数据不再受本地存储的局限，促进了提取数据的便利性，同时也使得协同办公的数据存储需求得到了满足。

搜索引擎服务（Search Engine Services，简称 SES）是运用数字技术将信息从互联网上采集起来，利用搜索引擎的算法对信息进行组织和处理后，为用户提供检索并将检索的相关信息展示给用户的服务。依托互联网上的检索技术，搜索引擎服务的出现有助于提高消费者获取搜集信息的速度，提高消费者搜索与获得目标信息的效率，为消费者提供更好的网络使用环境。例如，谷歌作为全球最大的搜索引擎公司，其搜索引擎拥有网站、图像、新闻组和目录服务四个功能模块，具有覆盖面广、准确度高的特点，同时支持 132 种语言，帮助用户更快找到所需信息。

社交网络服务（Social Networking Service，简称 SNS）是基于 Web2.0 而产生的，通过数字平台帮助个体与具有相似兴趣、活动、背景的其他个体或具有现实社会关系的个体建立社会性网络的服务，具有即时通信、交友、娱乐、信息搜索等多种功能。社交网络服务的出现，为用户提供了一种具有社会功能、融入真实社会交往活动的互动网络平台。典型的社交网络服务平台包括微信、微博、脸书、推特（Twitter）等，微博与推特基于内容建立社会性网络，为用户提供公众化传播的开放社交网络服务；微信与脸书基于现实社会关系建立社会性网络，为用户提供非公众化传播的封闭社交网络服务。

一、消费互联网与服务需求端数字化消费

（一）消费互联网与需求端数字化消费

首先，消费互联网的发展促进了需求端数字化消费的增长，具体有以下三个作用机制。

第一，消费互联网的发展带来了消费便利化提升。消费互联网的发展为需求端数字化消费提供了更加便捷的消费渠道，扩大了产品与服务可供选择的种类与数量。在满足消费者对于需求多样化与偏好个性化需求的同时，也提升了整个消费的体验过程。与传统的消费过程相比，在数字化消费过程中安全便捷的网络支付平台和高效便捷的物流配送服务，使人们足不出户便可轻松获取自己所需要的产品和服务。消费的便利性大大提升了需求端数字化消费的增长。

第二，消费互联网的发展带来了消费成本降低。消费互联网带来的扁平化信息缓解了信息不对称的问题，降低了消费的信息成本。与传统的消费模式相比，消费互联网的发展扩大了信息搜集的来源，提高了信息的搜集效率，降低了信息搜集的成本。消费者可以在任意地点通过网络购买其所需要的产品和服务，时间成本与交通成本大幅降低。此外，消费互联网的不断发展也降低了商品的生产成本、流通成本，使得商品的价格有所降低，最终促进需求端数字化消费的增长。

第三，消费互联网的发展带来了数字化消费习惯的养成。随着消费互联网的发展，消费者的消费习惯逐渐由线下转为线上，尤其是新冠疫情的持续加速了这种消费习惯的转变，便捷的物流服务与完善的售后保障更加强化了这种习惯的养成。数字化消费习惯为未来需求端数字化消费的增长打下了良好基础。

其次，需求端数字化消费的增长促进了消费互联网的完善升级，具体有以下两个作用机制。

第一，需求端数字化消费拓展了消费互联网的应用场景。需求端数字化消费使得各类应用场景蓬勃涌现，对信息的收集与共享的消费需求促进即时通信、搜索引擎的发展；数字化、个性化的消费习惯促使消费互联网拓宽对数据存储、云计算等技术的应用；数字化消费的安全性以及进阶性需求推动软件开发、互联网安全的产生与发展。数字化消费需求促进消费互联网应用场景的拓展，进而促进消费互联网的完善升级。

第二，需求端数字化消费增加了商家与消费者及消费者之间的互动。消费互联网以消费需求匹配为核心，需求端数字化消费更有利于提升消费需求匹配的能力。在数字经济时代下，一方面，考虑购买商品的消费者可以轻易找到与商品相关的评论以及评价，另一方面，商家可以将消费者的消费轨迹作为数据资源用于制定和设计销售策略及销售模式。消费者之间的联系与互动越趋紧密，增强了人与人之间的连接，使得消费互联网的信息流通更为顺畅，商品与消费者的信息匹配更加高效，促进消费互联网的完善升级。

（二）需求端数字化消费与服务需求端数字化消费

服务需求端数字化消费是需求端数字化消费在服务领域的拓展延伸。服务需求端数字化消费更强调个性化、互动化的特点，能够减少传统服务需求差异性、难以评估的限

制。一方面，在服务贸易过程中，不同群体具有不同层次的需求，差异化程度显著。通过服务需求端数字化赋能推动服务供给的柔性化与丰富化，在服务质量、服务水平、服务方式等方面更能满足个性化的需求。另一方面，服务需求端数字化后，服务贸易中所具有的强烈的互动性使得服务过程可视化、可追踪、可评论，从而有利于解决服务领域的信息不对称问题，提高服务需求的可评估性。平台通过提供信息共享空间与对话交流功能，强化供需双方的互动交流与反馈，进而促进服务数字化的高质量发展。

二、服务需求端数字化消费与数字化服务贸易

一方面，服务需求端数字化消费丰富了数字化服务贸易的种类。服务需求端数字化消费提高了用户渗透率，精准捕捉的用户消费需求为数字化服务的发展提供了方向，服务需求端数字化消费使得数字化服务的潜能得以挖掘，因而涌现出许多新兴数字化服务，例如软件、社交平台、搜索引擎、云计算以及卫星定位等，丰富数字化服务贸易种类。

另一方面，服务需求端数字化消费提高了数字化服务贸易的效率。需求端的数字化消费能够减少数字化服务贸易的中间流程，降低数字化服务贸易的成本，提高贸易效率。需求端的数字化消费有利于需求信息与数据的收集，便于有效提供符合消费偏好的服务，提高贸易成交率。已有的服务产业基础优势，包括产业网络和消费网络，为数字化服务贸易创造广阔的应用场景。服务需求端数字化消费促进数字技术的不断进步，使数字化服务贸易得到充足的技术保障，提高数字化服务贸易的效率。

第四节 服务贸易数字化

传统服务贸易依托信息网络和数字平台向数字化转型，例如数字医疗、数字教育、数字金融等。这些服务贸易均是从传统服务贸易中发展而来的，是从服务的供给端所进行的数字化创新，属于数字服务贸易的重要组成部分。

数字医疗是通过5G、人工智能等数字技术实现传统医疗的所有环节和全部流程数字化的医疗模式。数字医疗的出现使得传统医疗信息与服务跨越时空，让广大患者从现有的复杂医疗服务流程中解脱出来，更多地通过线上方式便捷地获得医疗服务。大宽带、高速率、低延时5G技术在医疗领域的应用，能够保障高精度医学影像和医疗数据高速无损地跨境传输与共享，促进远程操纵手术的实现，是数字医疗领域的一大突破。数字医疗的发展使得各种检查数据和检验结果的解读得以简化，医疗记录的数字化保存不仅方便医师对患者健康情况及医疗记录进行及时的查询与使用，也有利于提高患者对医疗决策的参与程度。

数字教育通过数字技术及科学规范的管理，对学习、教学、科研、管理和生活服务有关的所有信息资源进行整合并进行全面的数字化，以构成统一的用户管理、统一的资源管理和统一的权限控制。数字教育能够优化教育资源配置，驱动教学范式变革，提

升教育治理水平。例如，学生与教师可随时通过网络接入校园网及互联网学习与备课教学，境外学生可通过网络实时在线学习并实现课堂互动；通过互联网，学生可以购买全球的在线教学服务，教师可以线上完成跨境聘任教学。定制化的教育资源和个性化的教学服务大大提高了同学们的学习效率，移动课堂的出现突破传统课堂的时空边界，学生可获取全球学习资源，丰富学生的教育场景，实现学习者随时随地随需的学习，提高学生的知识获取能力和自主学习能力。

数字金融是传统金融机构与互联网公司利用数字技术实现融资、支付、投资和其他新型金融业务的金融模式。① 数字金融具有便利性、高效性和共享性等特征，提升了金融资源配置的效率。在现代经济高质量发展要求的推动下，数字金融已成为经济发展的重要支撑。数字金融可以缓解流动性约束和融资约束，可以促进金融体系的改革和发展。② 数字技术的不断创新使其对传统金融可以产生颠覆性影响的同时，还可以促进金融结构体系的完善，拓展了传统金融服务的边界。例如，第三方跨境支付平台提供多币种、多终端的一站式跨境收付款服务，同时为需求者提供全球收单、汇兑、融资等其他金融服务，极大地便利了境外收付款需求者。

专栏 5-3　数字金融赋能企业转型升级

一、产业互联网与服务供给端数字化创新

（一）产业互联网与供给端数字化创新

首先，产业互联网促进供给端数字化创新具体有以下三个作用机制。

第一，产业互联网通过精准捕捉消费者偏好来优化供给产品和服务。产业互联网以消费者大数据和产业大数据集成驱动资源整合，推动传统服务向数字化、定制化、个性化转变，使企业可以通过服务增值、平台集聚、软硬件一体化扩展等方式获取消费者属性数据，捕捉消费者偏好，打破企业与消费者之间的信息壁垒，因而可以迅速精准定位市场需求缺口，提供更加符合需求的产品与服务，从而促进供给端数字化创新。

第二，产业互联网通过数字技术的技术扩散和溢出效应促进供给端数字化创新。大数据、人工智能等数字技术能够推动默会知识和未充分利用信息的显性化和要素化，并以极低成本推动这些知识和信息的积累、交流和扩散，使得创新活动的开展更加广泛

---

① 黄益平，黄卓．中国的数字金融发展：现在与未来．经济学（季刊），2018，17（04）：1489-1502.

② OZILI P K. "Impact of Digital Finance on Financial Inclusion and Stability," *Borsa Istanbul Review*, 2018（4）：329-340.

化、深入化。产业互联网借助数字技术更为显著的技术扩散和溢出效应，形成知识与信息的共享氛围，例如线上高质量知识分享、专业问答等。不断优化的共享氛围能够降低企业创新成本，拓宽创新渠道，促进供给端数字化创新。

第三，产业互联网通过万物互联整合优化内外部资源。产业互联网覆盖设计、生产、营销、物流、经营、管理、决策等多个场景，通过设备数据联网等途径将供需终端汇聚在平台，实现万物互联，促进资源的整合优化。企业充分整合利用内外部资源有利于加大创新资源的获取能力，提高创新效率，从而促进供给端数字化创新。

其次，供给端数字化创新有利于产业互联网完善升级，具体有以下三个作用机制。

第一，供给端数字化创新依托大数据，提高产业互联网平台的运营管理能力。供给端数字化创新依托捕捉到的产业链上下游数据，不断优化生产流程和经营模式，提升产业互联网平台的运营管理能力，进而促进产业互联网的完善升级。例如，阿里金融是基于互联网数据主要为小微企业提供信贷服务的新型金融服务模式，依靠交易数据对小微企业进行信用分析与评级，从而确定贷款限额并能够实时监测其经营情况，提高小额信贷平台的运营能力。

第二，供给端数字化创新提高信息传递效率，强化万物互联。一方面，供给端数字化使企业生产要素逐渐数字化，在加快了企业内部信息传递的同时，也促进了企业之间的信息资源开放共享，为整合优化资源配置提供了条件。另一方面，在生产要素数字化的基础上，企业在进行供给端数字化创新的过程中，积极发挥自身力量获取利用共享资源，推动数据存储与管理系统的标准化，推进产业互联网平台各主体的互联，也加快了资源开放共享的进程，提高资源整合能力，促进产业互联网的完善升级。

第三，供给端数字化创新优化产业链流程，提高产业链效率。供给端数字化创新赋予产业个性化定制、智能化生产等特征，正在加速向产业各环节渗透，驱动产业组织变革和生产变革。同时，供给端数字化创新可以使得企业对产业链上下游的痛点、价值诉求、利益诉求、运作规则更加清晰，提升了产业链主体企业的洞察能力和敏捷度，从而可以优化产业链流程，提高产业链效率，促进产业互联网的完善升级。

（二）供给端数字化创新与服务供给端数字化创新

服务供给端数字化创新是供给端数字化创新在服务领域的拓展延伸。消费者导向和标准化导向是服务供给端数字化创新的重要特点。一方面，消费者导向概念认为厂商可以通过充分理解目标客户的期望，不断创造出符合其价值期望的产品。① 更具个性化的服务需求促使服务供给端在数字化过程中关注不同消费者的需求，更加注重精准捕捉客户细分需求，提升自身核心竞争力并且获取回报，最终创造并向消费者提供独特的价值，即满足客户的个性化服务。另一方面，服务供给具有差异性，难以标准化的服务供给阻碍了服务贸易的实现，因此服务供给端数字化创新的过程中更加注重利用数字技术推动服务标准化设计及提供的实现，增加服务的可贸易性。

---

① Narver J C, Slater S F. "The Effect of a Market Orientation on Business Profitability," *Journal of Marketing*, 1990, 54（4）: 20-35.

二、服务供给端数字化创新与服务贸易数字化

一方面，服务供给端数字化创新加速了服务贸易数字化的进程。服务供给端数字化创新是服务贸易数字化进程的重要推动力，服务供给端数字化创新不仅能够进一步推进现代服务业的细分化、数字化、网络化发展，促进服务新业态与新模式的涌现，同时也可以提高服务的可贸易性，降低服务贸易的成本，扩大服务贸易数字化的规模。根据《数字贸易发展与合作报告 2023》，2022 年中国数字服务贸易进出口总值为 3 710.8 亿美元，同比增长 3.2%。

另一方面，服务供给端数字化创新丰富了服务贸易数字化的种类。服务供给端的数字化创新为服务贸易数字化提供了更加便捷的渠道与方式、更加个性化的多样选择，丰富了服务贸易数字化的种类。例如，在数字教育领域，虚拟现实技术、流媒体技术等技术创新带来虚拟现实教育、直播课堂等多种形式；在数字金融领域，全生命周期客户管理系统等个性化定制金融服务系统的出现，使得企业可以根据客户需求进行服务流程、增值服务项目等差异化定制；在数字医疗领域，5G 的创新应用支撑数字阅片、远程会诊、远程手术等服务的实现，使数字医疗的种类更加丰富。

第五节 数字服务贸易的机遇与挑战

一、数字化服务贸易的机遇与挑战

（一）机遇

数字技术的进步为数字化服务贸易带来机遇。数字技术的进步为数字化服务贸易提供技术支持，有助于丰富数字化服务贸易的数量与种类。以 5G、物联网、大数据、人工智能等为代表的数字技术的进步，使得消费者对于云存储服务、互联网游戏服务、生成式人工智能服务等数字化服务需求得以实现并不断产生新需求，推动数字化服务贸易规模的增加。消费者需求的增加还可以拉动供给端数字化服务的创新，促进数字化服务贸易标的的增加，在为消费者提供了更加多样的数字化服务种类选择的同时，也为数字化服务贸易的进一步发展带来机遇。

各国战略层面的高度重视为数字化服务贸易带来机遇。数字经济的发展促进全球经济变革，数字化服务贸易作为全球服务贸易的重要组成部分，其发展受到了许多国家的高度重视。为抢占战略制高点，众多国家出台了与数字化服务贸易相关的发展战略或发展规划。例如，美国从战略高度推动数据跨境流动、数字服务市场开放，设立数字经济议程和云法案为其数字化服务贸易发展创造更好的外部条件；欧盟委员会在于 2020 年发布的《塑造欧洲数字未来》的战略文件中指出要建立欧洲健康数据空间，这一举措不仅为欧洲范围内的数据存储服务发展带来机遇，也为数字化服务贸易提供更高的安全保障。

（二）挑战

数字鸿沟的存在为数字化服务贸易带来挑战。一方面，数字鸿沟阻碍了数字化服务贸易的便利化。数字鸿沟是指不同国家之间及国家内部不同地区和群体之间，在获取数字技术、利用信息网络和数字平台能力方面的差距。国家或地区之间的数字鸿沟会导致差异双方之间的市场难以联通与融合，同时数字化服务贸易基于一定的数字技术基础，数字鸿沟带来的数字化服务供求双方的数字技术基础差异会增加交易的实现难度。另一方面，不断加剧的数字鸿沟将进一步增加后发国家数字化服务贸易的发展难度。发达国家在数字化服务贸易中对关键技术攻关的投入更大，这样的做法进一步拉大了国家间的数字鸿沟。同时发达国家数字化服务贸易所占据的市场份额不断扩大制约了后发国家数字化服务贸易的发展空间，为数字化服务贸易的均衡发展带来挑战。

数据要素流动统一制度的缺失为数字化服务贸易带来挑战。一方面，数据作为数字服务贸易的关键要素，缺少统一标准的数据要素流动制度不利于数据的跨境传递与集成，同时也不利于跨境数据流动监管，从而阻碍数字服务贸易的发展。另一方面，缺少数据要素流动统一制度不利于数字化服务提供商的跨境运营，面对不同国家的不同数据要素流动制度，数字化服务提供商需一一做出相应调整。以苹果公司中国 iCloud 为例，苹果中国的 iCloud 数据中心原本建立在境外并由爱尔兰公司 Apple Distribution International 实际运营，即所谓的“境外数据中心 + 境外运营”的模式。2017 年正式实施的《中华人民共和国网络安全法》第三十七条规定：“关键信息基础设施的运营者在中华人民共和国境内运营中收集和产生的个人信息和重要数据应当在境内存储”，使得苹果不得不对自身经营模式做出改变，在中国设立数据中心以满足中国法律要求。国家与地区之间数据要素流动制度的不同阻碍了未来数字化服务贸易国际规则的构建，进而限制了数字化服务贸易的发展。

二、服务贸易数字化的机遇与挑战

（一）机遇

数据要素的市场化改革为服务贸易数字化带来机遇。数据要素市场化配置是指数据要素供求通过市场交易来实现，数据要素价格在价值决定基础上通过市场来形成。《“十四五”数字经济发展规划》明确提出要加快数据要素市场化流通，中国正加速推动数据要素市场化改革。数据作为新型生产要素，是数字化、网络化、智能化的基础[①]，数据要素的市场化改革有助于经济的数字化转型，通过促进已有数据的高效流动提高信息资源配置效率，从而缓解外部宏观环境变化对经济所带来的巨大冲击。数据要素的市场化改革促进数据的流动共享，建立更加明确的权利归属划分和利益分配体系，为传统服务贸易企业的数字化转型带来机遇。

数字营商环境的优化为服务贸易数字化带来机遇。数字营商环境在数字贸易中拥有基础性的地位，因而数字营商环境对服务贸易数字化的发展至关重要。其中，数字基

---

① 《中共中央 国务院关于构建数据基础制度更好发挥数据要素作用的意见》。

础设施不断完善，如网络接入度的提高、智慧物流的普及等，促进市场主体间的远程沟通，突破时间局限，在节约交易成本的同时也使得服务贸易数字化成为可能。数字政务服务革新可以减小数字服务贸易活动中的阻力，数字政务办理效率与服务事项覆盖度的提高能够促进服务贸易数字化的高效进行。

（二）挑战

监管制度的不健全为服务贸易数字化带来挑战。一方面，监管制度的不健全为数据安全带来挑战。服务贸易数字化的发展将使得数据流动规模更大，不健全的监管制度不利于服务贸易数字化的数据安全，可能导致消费者数据和企业商业机密泄露，阻碍服务贸易数字化的发展。另一方面，监管制度的不健全为传统服务实现数字化交付带来挑战。在数字技术的深入应用下，传统服务都在寻找与数字技术结合而实现可贸易的创新契机，监管制度跟不上服务贸易数字化的发展步伐将不利于服务贸易数字化的安全有序开展，同时传统监管制度有可能会对服务贸易数字化带来阻碍。

政策不确定性为服务贸易数字化带来挑战。一方面，服务贸易政策的不确定性会阻碍服务贸易企业的数字化转型进程，如阻碍出口企业出口规模的扩大和出口技术复杂度的提升、加大服务贸易企业的融资成本和资金需求、降低服务贸易企业的创新效率，进而为服务贸易数字化的发展带来挑战。另一方面，跨境数据流动限制、数字服务企业的市场准入限制以及数字服务税等数字服务贸易壁垒的存在会使得服务贸易企业的中间品投入成本与交易成本不断提高，在抑制传统服务贸易发展的同时也会阻碍传统服务贸易的数字化转型，增加了服务贸易的风险，降低了服务贸易数字化的可能性。在服务贸易数字化过程中，贸易壁垒的隐蔽性不断提升，增加了跨国服务贸易与数据传输的风险，削减了服务贸易数字化的主动性，降低了服务贸易数字化的积极性与安全性，进而为服务贸易数字化的发展带来了巨大的挑战。

专栏 5-4　中国数字服务贸易高质量发展的制约因素

本章小结：中国视角

本章主要介绍了数字服务贸易。数字服务贸易随着数字技术的深入应用而产生，数字技术的蓬勃发展推动了数字技术与服务业的深度融合，不仅驱动传统服务实现数字化即服务贸易数字化，也促进了以数字技术为核心的新型贸易标的的产生即数字化服务贸易。数字服务贸易规模不断扩大，已经成为服务贸易的重要组成部分和全球经济发展的重要推动力。

2018年数字服务贸易出口约占全球服务贸易总出口的50.15%，数字服务贸易在一国服务贸易发展中的地位日益提高。根据联合国贸易和发展会议数据可知，2005—2019年各国的数字服务贸易规模迅速攀升，中国数字服务出口额从174亿美元增长至1 436亿美元，年均增长率达到16.3%，占服务贸易出口总额的比重从22.1%提高至50.7%。2021年10月，商务部发布了《“十四五”服务贸易发展规划》(以下简称《规划》)。《规划》指出，要“持续优化数字服务贸易，进一步促进专业服务、社交媒体、搜索引擎等数字服务贸易业态创新发展”。长期以来中国在货物贸易方面积累了较好的优势，但在服务贸易方面的竞争力偏弱。在中国数字产业高速发展的当下，通过发展数字服务贸易带动服务贸易发展，充分利用数字经济带来的红利，是提升中国服务贸易竞争力及发展水平的较好选择。

尽管中国数字服务贸易的全球价值链地位有所提高，但是在关键数字服务贸易领域与美国等发达国家仍存在着较大差距。同时，在个别行业中也被同为新兴国家的印度和巴西超过，如数据金融服务、文化娱乐服务等。[①] 未来中国应该大力发展软件开发服务、云存储服务等高端数字服务贸易，不断加强数字基础设施建设、研发投入以及数字技术与服务贸易的融合，以提升数字服务贸易行业的比较优势。

标识性概念

数字服务贸易

思考题

1. 抖音的海外版TikTok自2017年上线收到了多个国家的禁令，TikTok作为一款影响力辐射全球的社交媒体软件，存在长期复制国内版抖音、忽视不同国家差异性等问题。试分析中国社交网络服务贸易的可持续发展战略。

2.根据第51次《中国互联网络发展状况统计报告》，截至2022年底，中国农村网民规模为3.08亿，互联网普及率为61.9%；城镇网民规模为7.59亿，互联网普及率为83.1%，中国城乡之间存在较大的数字化差距，与此同时，城乡之间的数字服务普及也存在差距，根据《数字中国发展报告（2022年）》，2022年，中国城镇居民数字医疗线上预约挂号使用率比农村居民高14.1个百分点。试分析数字鸿沟与数字服务贸易之间的关系。

3. 2023年6月19日，浙江大学医学院附属邵逸夫医院通过5G网络控制距离5 000公里的国产微创图迈四臂腔镜机器人实施了左肝外叶切除手术，是全球首例5G超远程国产机器人肝脏切除手术，远程手术的实现是远程医疗的一大进步。远程医疗作为数字医疗的一部分，随着数字技术的不断变革而逐渐成熟。试简要分析数字技术对数字医疗发展的作用。

---

① 高红伟. 中国数字服务贸易的国际竞争力分析. 统计与决策，2023，39（04）：158-162.

4. 当前全球数字服务贸易发展极不平衡，根据《数字贸易发展白皮书（2020 年）》，2019 年全球高达 76.1% 的数字服务出口集中于少数发达国家，而中国仅占 4.50%，中国数字服务贸易的发展仍存在数字基础设施不完善、政策法律法规不健全以及国际话语权不高等问题，与发达国家的数字服务贸易仍存在较大差距。试分析如何解决当前中国数字服务贸易在发展中存在的问题。

5. 习近平主席在 2021 年中国国际服务贸易交易会全球服务贸易峰会上的致辞中指出，“服务贸易是国际贸易的重要组成部分和国际经贸合作的重要领域，在构建新发展格局中具有重要作用。”《“十四五”服务贸易发展规划》中指出要深化服务贸易改革开放，加快服务贸易数字化进程，促进传统服务贸易数字化转型。试分析中国大力发展数字服务贸易的战略意义。

延伸阅读

［1］吕延方，方若楠，王冬．全球数字服务贸易网络的拓扑结构特征及影响机制．数量经济技术经济研究，2021，38（10）：128-147.

［2］李威，熊庆年，蔡樱华．试论“慕课”条件下高等教育国际化中的教育主权问题．高等教育研究，2015，36（02）：22-26.

［3］Zhu W, Li X, Wang H, et al. “Digital Service Trade and Income Inequality: A Panel Data Analysis for 100 Countries,” *Applied Economics Letters*, 2023, 30（11）：1457-1461.

第六章 数据及本地存储与跨境流动

本章导读

随着人类对于各种数据的挖掘、搜集、处理和分析能力的提高，数据，尤其是大数据已经成为重要的基础性战略资源，在国民经济发展中被赋予极为重要的地位。2019 年 6 月，二十国集团（G20）在大阪峰会上提出“信任的数据自由流动”主张，意味着数据跨境流动已成为全球数字经济治理中最受关切的议题。通过本章的学习，读者可以快速掌握数据、信息、知识、数据主权、数据本地存储和数据跨境流动的内涵和外延，辨析数据、信息和知识之间的关系，理解实施数据本地存储的主要原因和障碍以及推进数据跨境流动的主要原因和障碍，从而为深入理解全球数据治理体系打下基础。值得注意的是，由于本教材旨在探讨数字贸易学的内容和基本框架，对“数据”“信息”“知识”等概念的定义和讨论均限定在数字贸易范围内进行。

第一节 数据、信息与知识

一、数据的内涵与外延

（一）数据的内涵

随着数字经济时代的到来，全球数据量呈现爆发式增长。根据美国国际数据公司（International Data Corporation）发布的《数据时代 2025》白皮书，到 2025 年全球数据量将达到 163ZB。数据已经成为数字经济的核心生产要素，成为体现一国战略资源的“新油田”。对数据的收集、传输、解释和处理是一国发展数字经济的关键环节。

联合国欧洲经济委员会（United Nations Economic Commission for Europe，简称 UNECE）指出，“数据是信息的物理表示”，可用于记录客观事物的性质、状态和相互关系等。同时，UNECE 和中华人民共和国国家标准《电子商务数据交易 第 1 部分：准则》（GB/T40094.1-2021）分别认为“数据可适用于交流、解释和处理”以及“数据可适用于通信、解释和处理”。其中，“交流”和“通信”都较为宽泛，并不能完全反映数字经济时代数据流动的特征，而“传输”这一说法则更为合适。因此，数据应可用于“传输”、“解释”和“处理”。

2020年3月，《中共中央 国务院关于构建更加完善的要素市场化配置体制机制的意见》提出，要健全劳动、资本、土地、知识、技术、管理、数据等生产要素“由市场评价贡献、按贡献决定报酬的机制”，明确表示数据是一种新型生产要素。另外，数字贸易活动中的数据一般规模很大，属于大数据范畴。而大数据有“3V”特点，即规模性（Volume）、多样性（Variety）和高速性（Velocity），因此数字贸易活动中的数据也具有上述特征。

综上所述，数据是利用数字技术对客观事物进行记录的物理表示，是以电子化形式存在并可用于传输、解释和处理的生产要素，具有规模性、多样性和高速性特征。

专栏 6-1 中国面临的大数据应用风险

（二）数据的外延

数据的外延主要存在以下两种情形。

作为物理表示，数据可以分为结构化数据和非结构化数据。结构化数据是指可以使用关系型数据库表示和存储的二维形式的数据，如商业交易记录、平台用户画像和移动通信网络定位。非结构化数据是指数据结构不规则或不完整、没有预定义的数据模型、不方便使用数据库二维逻辑表来表现的数据，包括视频、音频、图像和文本等形式，如云课堂、数字音乐、卫星图像和平台商品评论。

作为生产要素，数据可以分为社交网络数据、商业系统数据和物联网数据。社交网络数据如电子邮件、博客和互联网搜索；商业系统数据如电子商务、银行记录和医疗记录；物联网数据如传感器数据、设备系统日志和工业网络日志。

二、信息的内涵与外延

（一）信息的内涵

在20世纪中期，美国数学家、信息论创始人克劳德·艾尔伍德·香农（Claude Elwood Shannon）就指出，信息是“熵的减少，是能够用来消除不确定性的东西”[1]。而后，美国应用数学家、控制论创始人诺伯特·威纳（Norbert Wiener）认为“信息是人和

① Shannon C E. “The Mathematical Theory of Communication,” *The Bell System Technical Journal*, 1948（27）：379-423.

外界相互作用的过程中相互交换的内容的名称”①。1985 年 12 月，美国联邦政府管理和预算局（United States Office of Management and Budget，简称 OMB）在 A-130 号法律文件中将信息定义为“任何传播内容或知识的表示，比如任何媒体或形式存在的事实、数据或见解”。在数字经济时代，“信息”的内涵已经悄然发生改变，我们有必要赋予其新的时代理解。

经济合作与发展组织和 UNECE 均认为“信息与事实、事件、事物、过程和想法有关”。即信息来源于数据，但必须要对数据进行加工处理并且加入个人价值判断后才能形成信息，在这个过程中人类的逻辑思辨必不可少。

综上所述，信息是关于事实、事件、事物、过程和想法（包括观念）的经过加工和价值判断后具有逻辑意义的数据。以浙江大学为例，浙江大学位于杭州是事实，浙江大学于 1897 年在杭州创建是事件，浙江大学自身是事物，自 1897 年以来浙江大学在杭州的发展历程是过程，有关浙江大学的社会评价是想法。

（二）信息的外延

按照是否科学，是否能够减少数字经济活动的不确定性、揭示数字经济活动的基本规律，信息可被划分为两类：一类是准确的，另一类是不准确的。准确的信息能反映数字经济活动的真实趋势，呈现基本数字经济规律；而不准确的信息则会干扰人们对数字经济活动基本规律的预判，并产生对数字经济发展趋势的误读。以平台商品评论为例，通过对海量消费者评论数据的加工和价值判断，可以得到以下结论：消费者购买商品时最看重价格。这一论断是否科学和准确，有待进一步实证检验。

在实践中，数据和信息常常被混淆使用。主要存在三种情形：第一，数据等同于信息。例如，《中华人民共和国电子商务法》第 25 条中就出现了“数据信息”这一提法。第二，信息包含数据。例如，在《中华人民共和国环境保护税法》第 15 条第 2 款中有“污染物排放数据”等“环境保护相关信息”的表述。《中华人民共和国监察法》第 25 条中出现了“数据等信息”这一表述。第三，数据包含信息。在《快递暂行条例》第 34 条中，信息被认为是“电子数据”，属于“数据”中的一种。同时有学者认为，数据本身是无意义的，只有在对决策产生影响时，数据才成为信息。②

本教材认为，数据包含信息，信息来源于数据，信息是在对数据进行加工处理并且加入个人价值判断后形成的。

三、知识的内涵与外延

（一）知识的内涵

在大数据时代，“数据海量、信息爆炸、知识难求”普遍存在。信息虽提炼出了数据中具有逻辑意义的内容，但信息的价值往往会随时间开始衰减，只有使信息沉淀下来转化为知识，才能更长久地发挥其作用。简单而言，数据和信息只能回答你的某一经济

---

① Wiener N. *Cybernetics or Control and Communication in the Animal and the Machine*. MIT press, 2019.

② 周屹，李艳娟. 数据库原理及开发应用. 2 版. 北京：清华大学出版社，2013.

活动“是什么”“在哪里发生”“谁干的”等初级问题，而无法回答“为什么发生”“会有什么问题”等深层次问题。由此可见，知识对于理解经济活动的本质十分重要。因此，我们有必要明确知识的内涵。

理论命题 6-1

消费者数据被转变为知识后，可以无限重复使用，不仅会促进创新，推动经济增长，而且还不会产生与消费者隐私相关的负面效用。

（参见：Lin William Cong，Danxia Xie，Longtian Zhang. “Knowledge Accumulation, Privacy, and Growth in a Data Economy,” *Management Science*，2021，67（10）：6480-6492.）

联合国 2016 年发布的《联合国系统的知识管理》指出，信息在经过鉴别、验证和组织进入思考模式后才能形成知识。

国际标准化组织（International Organization for Standardization，简称 ISO）认为知识是“通过经验或教育获得的事实、信息、真理、原则或理解”。同时，中华人民共和国国家标准《知识管理 第 2 部分：术语》（GB/T23703.2-2010）定义知识为“通过学习、实践或探索所获得的认知、判断或技能”。由此可知，知识是通过经验及实践获取的。而在这个过程中，对信息的鉴别和验证是形成知识的基础。在数字经济时代，数字经济活动累积的经验为知识的形成提供了丰富的土壤。2022 年 1 月，国务院发布《“十四五”数字经济发展规划》，无论是指导思想，还是基本原则，抑或是发展目标，都是在中国数字经济创新发展事实基础上加以提炼的。

综上所述，知识是经过鉴别、验证并组织进入思维模式的主观且有价值的信息，通常源于数字经济活动累积的经验。

（二）知识的外延

知识主要包括可直接获取的显性知识和不可直接获取的默会知识。在数字技术助推下，默会知识具有明显的显性化趋势。如对消费者偏好和行为的感知原本是存在典型个体差异的，属于默会知识的范畴。然而，随着数字技术的进步，数字化工具和手段的运用使得个体间的感知差异逐渐弱化，人类对消费者偏好和行为的刻画和表达能力从整体上得到提高，使得原本的默会知识进一步显性化。

基于上文有关数据与信息关系的辨析，本教材认为数据包含信息，此处进一步加入“知识”这一概念。知识是经过鉴别、验证并组织进入思维模式且有价值的信息，它从信息中提炼，即信息包含知识（如图 6-1 所示）。

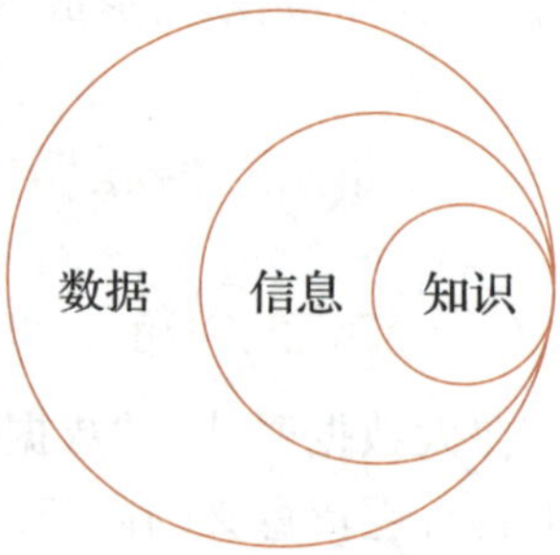

图 6-1　数据、信息和知识的关系

第二节 数据主权

一、数据主权的内涵与外延

（一）数据主权的内涵

1576年，法国政治思想家、法学家，近代资产阶级主权学说创始人、近代西方著名的宪政专家让·博丹（Jean Bodin）首次提出了“国家主权”的概念，认为“国家主权是一个国家的固有属性，是一种以国家为范围的对内最高统治权和对外独立权，以国家的地理疆界为界限，不可转让、不可分割、不受限制”①。随着互联网的诞生与发展，人类进入了信息时代。美国依托其领先的信息技术和管理方式掌握了绝大部分互联网的控制权，使其他国家感受到了国家安全所面临的威胁。于是，越来越多的国家开始强调其本国的“信息主权”。“信息主权”认为一国拥有对国内的信息传播系统和传播数据内容进行自主管理的权利。紧接着，随着移动互联网、物联网、云计算等数字技术的快速发展，人类迈入了数字经济时代。海量的大数据使得一国已无法仅凭其信息主权来处理数据跨境流动问题，数据的使用权和监管权问题开始被频繁提及，“数据主权”的说法应运而生。

数据广泛地存在于终端、网络、系统之中且处于多利益主体控制之下，这意味着所有的数据不可以被任意地、公开地使用，机构系统的内部数据、个人设备中的私有数据，以及存储于受控网络平台中的特定数据都具有一定的排他性。②结合数字经济的发展实践，本教材认为数据主权的行为主体被限定在一定规则约束下，同时该主体对其内部数据具有排他性权力。

综上所述，数据主权是指在一定规则约束下行为主体对其内部数据所拥有的排他性权力。

（二）数据主权的外延

数据主权包括国家数据主权、组织数据主权和个人数据主权。其中，国家数据主权是强主权，反映的是国家对本国数据所拥有的治理权，如政府通过立法决定境内数据能否跨境自由流动；组织数据主权和个人数据主权是弱主权，是在国家数据主权下组织和个人对其自身收集和产生的数据所拥有的所有权，如平台对用户浏览记录的合法利用，消费者对自身隐私数据的合理处置。

依据《中华人民共和国数据安全法》和《深圳经济特区数据条例》，数据主权可以被划分为国家数据主权、组织数据主权和个人数据主权。有别于传统的领土、领海、领空主权，国家层面的数据主权指向的是非传统安全，其特殊之处在于没有物理空间边界，业已被总体国家安全观所统摄，反映的是一国对本国数据所拥有的治理权。而组织数据主权和个人数据主权则是私营部门主导的数据保护措施，反映了在国家数据主权下

---

① Bodin J, Jean B. *Bodin: On Sovereignty*. Cambridge University Press, 1992.

② 李晓东．数据的产权配置与实现路径．人民论坛，2022（02）：69-71.

组织和个人对其自身收集和产生的数据的所有权。

国家数据主权是强主权，着重强调国家对于数据的治理权。例如，欧盟 2020 年 2 月发布的《欧洲数据战略》（A European Strategy for Data）和 2022 年 5 月通过的《数据治理法》（Data Governance Act），就是强主权模式的体现。而组织数据主权和个人数据主权是弱主权，一般由私营部门主导，着重强调数据主体的数字权利。例如，欧盟于 2018 年 5 月出台的《通用数据保护条例》就是一种弱主权模式的体现。其旨在把对个人数据的控制权由私营数据控制者交还给数据主体，强调对个人权利的保护。

理论命题 6－2

通过提高跨境并购的成本和降低跨境并购能够获得的潜在收益，实施数据保护法规会对数字企业的跨境并购产生负面影响。

（参见：马述忠，吴鹏，房超. 东道国数据保护是否会抑制中国电商跨境并购. 中国工业经济，2023（02）：93-111.）

专栏 6－2 《通用数据保护条例》概述

二、数据主权与数据本地存储

数据主权涉及国家、组织和个人的现实利益，是一国实施数据本地存储的主要原因。具体而言，出于维护国家数据安全、保障企业数据安全和保护个人隐私安全的需要，数据本地存储正在成为各国进行网络空间治理的一个重要选项。

（一）实施数据本地存储的原因：维护国家数据安全

国家数据安全是许多国家推动数据本地存储的根本理由。若不对跨境流动的重要数据施加限制，可能会产生重大安全隐患。例如，2022 年 4 月中国国家安全机关公布了一起为境外刺探、非法提供高铁数据的重要案件。调查报告显示，上海某科技公司为牟取利益，持续采集、传递中国铁路信号数据给某境外公司，而该境外公司与某西方大国间谍情报机关、国防军事单位和多个政府部门均有长期合作关系，这无疑给中国的国家安全和经济社会发展造成了重大风险隐患。而数据本地存储要求与国家安全相关的数据必须存储在国内服务器上。如果数据留在境内，网络安全主管部门可以依据国内法律法规强制信息系统所有者或运营者采取足够的安全措施。因此，诸多国家实施数据本地存储以期在最大程度上免受国外监视，减少国家情报泄露风险。例如，俄罗斯、越南和印度尼西亚等国均认为数据本地存储可以最大程度保护本国数据免受国外的监控。

（二）实施数据本地存储的原因：保障企业数据安全

组织数据主权主要指企业数据主权。保障企业数据安全也是实施数据本地存储的重要原因。数据是每家企业最宝贵的资产之一，企业数据不仅包括企业研究成果、运营、商标、盈利等数据，还包括企业合法收集到的客户原始数据及对其加工后得到的衍生数据。例如，许多数据科技公司通过提供电子邮件、搜索引擎和社交软件等免费服务获取大量的客户原始数据。企业数据一旦被传输至境外，企业自身就难以再对这些数据进行有效约束和控制。当企业数据从数据保护水平较高的国家向数据保护水平较低的国家流动时，后者很难确保数据流动过程的安全性以及在流动后妥善保管和使用企业数据，导致企业的数据权益无法得到有效保护。即使数据接收国具备较高的数据保护水平，也难以完全履行数据保管义务，企业仍面临潜在的黑客攻击威胁，稍有不慎就会发生企业数据泄露事故。因此，保障企业数据安全的考量会促使一国将数据留存在境内，实施数据本地存储。

（三）实施数据本地存储的原因：保护个人隐私安全

保护个人隐私安全是实施数据本地存储的重要依据。在大数据时代，个人数据主权遭到前所未有的侵害，隐私泄露和数据胁迫事件频发。各国数据保护体系不一致、保护标准不统一，导致个人对跨境隐私侵权事件防范难、维权难。例如，英国剑桥分析公司（Cambridge Analytica）非法使用 9 000 万名脸书用户的个人资料，包括种族、性格、信仰等在内的各类隐私信息，影响美国大选，陷入脸书用户数据恶性泄露丑闻，2018 年 5 月宣布破产，结束营业。2018 年 7 月，新加坡《联合早报》报道，新加坡近 150 万名病患的个人资料遭网络黑客盗取。数据本地存储原则上要求数据境内存储，若跨境传输，则需通过安全评估或获得信息主体的告知同意，这可以有效规避跨国隐私泄露问题。具体而言，数据本地存储要求个人信息存储在境内；或是在获得“专业机构个人信息保护认证”、满足“与境外接收方订立合同”的条件下出境，且他人不得以违反本人意愿的方式对个人信息进行处理及跨境传输。因此，为了保护个人隐私安全，一国会更倾向于实施数据本地存储。

理论命题 6－3

就消费者数据国际保护而言，增加数据使用透明度可以有效保护消费者隐私、提高消费者效用；一个国家单方面的数据监管会加剧数据使用扭曲和产出扭曲，降低全球福利。

（参见：Yongmin Chen，Xinyu Hua，Keith E. Maskus. “International Protection of Consumer Data,” *Journal of International Economics*，2021（132）.）

三、数据主权与数据跨境流动

基于数据主权的角度，可以看到对国家数据主权的过度主张、对本国数据产业的过度保护和对公民个人数据权的过度申索，已经成为阻碍数据跨境流动的三个主要因素。

（一）推进数据跨境流动的障碍：国家数据主权的过度主张

国家数据主权是指一国对其境内数据所拥有的排他性权力，而诸多国家为了主张这种排他性控制权，采取一系列举措客观上阻碍了数据跨境流动。例如，从 2018 年开始，德法便强力主张“欧洲数字主权”，通过创建欧洲云使在欧盟的政府和企业将数据存储在位于欧盟的服务器上，以强化对数据和数字基础设施的主权控制，客观上减少了数据跨境流动。德国前总理默克尔更是指出“数据主权至高无上”。国家若过度主张数据主权，则往往会对数据施加十分严格的主权控制。① 例如，许多国家要求本国数据只能存储在境内，从而确保国家控制数据，维护一国对本国数据的排他性控制权，但这无疑阻碍了数据跨境流动。

（二）推进数据跨境流动的障碍：本国数据产业的过度保护

对本国数字产业的过度保护会阻碍数据跨境流动。由于各国的数字经济发展并不均衡，一些数字产业发展相对弱势的国家为强化本国数字产业的竞争力，采取了一系列限制数据跨境流动的措施。具体而言，过去十几年里，数字经济“马太效应”渐显，众多发展中国家为了应对来自发达国家数字产业的竞争，满足本国数据产业的发展需要，对数据本地存储做出了不同程度的要求，对特定等级的数据跨境流动加以限制，以避免本国丰富的数据资源包括社交网络数据、商业系统数据和物联网数据流出。但是，对数字产业的过度保护会导致一国实施过于严格的数据保护措施，严重阻碍数据跨境流动。例如，中国贸易促进委员会研究院于 2020 年 4 月发布的《欧盟营商环境报告 2019/2020》显示，为了保护欧盟内部的数字产业发展，欧盟出台并大力推行《通用数据保护条例》，使得 60.7% 的被调查企业的数据跨境业务受损。

（三）推进数据跨境流动的障碍：公民个人数据权的过度申索

对公民个人数据权的过度申索客观上对跨境数据流动形成了阻碍。公民个人数据权建立在“个人信息自决理论”基础上，即为保障人格的自由发展，个人需要掌控其自身数据对外披露的程度和使用情况，有权知晓其个人数据在多大程度上被公开、向谁公开以及如何被公开。个人数据权要求非经数据主体同意，其他主体不得私自传输该主体的数据，这对数据跨境流动施加了很大的限制，增加了数据跨境的合规难度。例如，欧盟于 1995 年 10 月出台的《保护个人在数据处理和自由流通中权利的第 95/46/EC 号指令》（Directive 95/46/EC on the Protection of Individuals with Regard to the Processing of Personal Data and on the Free Movement of Such Data）中规定，“成员国应当规定只有在以下情形才能处理个人数据：a）数据主体明确表示同意”。特别地，跨境的数据往往是达到一定

---

① Peterson Z N J, Gondree M, Beverly R. “A Position Paper on Data Sovereignty: The Importance of Geolocating Data in the Cloud,” 3rd USENIX Workshop on Hot Topics in Cloud Computing（HotCloud 11）, 2011.

数量的大数据，如果过度申索公民个人数据权，要求数据跨境须寻求每个数据主体的同意，会大大增加数据跨境流动成本，阻碍数据跨境流动。

第三节 数据本地存储

一、数据本地存储的内涵与外延

（一）数据本地存储的内涵

2013 年美国“棱镜门”事件曝光后，全球对数据安全的担忧蔓延滋长。同时，国家之间的“数字鸿沟”往往会导致数据流向数字技术强国，倒逼处于相对劣势的国家采取数据本地化的防御姿态。在此背景下，多国提出了不同程度的数据本地存储要求。在数字贸易领域，数据本地存储是发展最快的一个概念，涉及互联网治理、国际贸易规则、国家安全等热门话题。

2019 年 12 月，印度出台的《个人数据保护法案》（The Personal Data Protection Bill）规定，“个人敏感数据应该储存在印度境内”；2021 年 11 月，中国施行的《中华人民共和国个人信息保护法》要求“应当将在中华人民共和国境内收集和产生的个人信息存储在境内”；2022 年 7 月，俄罗斯出台的关于修订联邦《个人数据保护法》的第 266-FZ 号联邦法律（Federal Law No.266-FZ）规定，“为维护俄罗斯联邦宪法制度原则、道德、健康、权利和公民合法利益以及保障国防和公民安全，个人数据的跨境传输可能会被禁止或限制”。这些法律对个人数据的本地存储做出了规定。

2017 年 7 月，澳大利亚出台的《审慎标准 CPS 231》（Prudential Standard CPS 231）规定，“来自银行、保险和养老金行业的重要数据应当在境内存储”；2018 年 8 月，巴西总统批准了《通用数据保护法》（The General Data Protection Law），规定“来自特殊部门如金融行业和公共领域的重要数据应当存储在境内”。这些法律对企业或机构数据的本地存储做出了规定。

中国于 2021 年 9 月施行的《中华人民共和国数据安全法》和 2017 年 6 月施行的《中华人民共和国网络安全法》均要求，在中华人民共和国境内运营中收集和产生的个人信息和重要数据应当在境内存储；2016 年 8 月，菲律宾出台的《数据隐私法实施细则和条例》（Implementing Rules and Regulations of the Data Privacy Act）要求，“对公众与私有数据管理员和处理人员掌握的数据实行本地存储”。这些法律对个人数据和企业或机构数据的本地存储均做出了规定。

综上所述，数据本地存储是指一国依据法律或法规将在其境内运营中收集和产生的数据存储在境内的方式和结果。

（二）数据本地存储的外延

按照适用情形划分，数据本地存储大致分为基本原则和例外两类。其中，禁止境内数据出境、在境内存储和处理数据等构成基本原则；而在满足一定条件时，如在境内服务器或数据中心保存数据副本，经数据主体同意或规制机构许可的境内数据出境构成例外。如《中华人民共和国个人信息保护法》第 40 条规定，确需向境外提供的，应当通过国家网信部门组织的安全评估。

《中华人民共和国个人信息保护法》中，“在中华人民共和国境内收集和产生的个人信息应存储在境内”是基本原则，而“满足经专业机构进行个人信息保护认证或与境外接收方订立合同等条件之一即可出境”是例外。印度《个人数据保护法案》中，“关键个人数据不得出境”是基本原则，而“对于关键个人数据之外的个人数据，满足经数据主体同意、根据机构批准的标准合同条款或集团内部规则进行转移、经印度个人数据保护部门批准等条件之一即可出境”是例外。

专栏 6-3 中国对数据本地存储的要求

二、实施数据本地存储的主要障碍

由于数据本地存储有利于一国的数据主权保护，诸多国家都在推动其实施，但是具体的实施程度与实施效果在各国之间差异很大。跨境数据权属争议和国家数据治理能力不足已经成为一国实施数据本地存储的主要障碍。

(一) 跨境数据权属存在争议

跨境数据权属争议是阻碍一个国家实施数据本地存储的重要原因。数据权属是指数据的所有权归属问题。云计算、云存储和区块链等数字技术的快速发展导致难以界定数据所有权归属于哪个国家，也就难以实施数据本地存储。具体而言，一方面，在云计算、云存储等“云”领域，跨境数据不仅可以快速移动，还可以被拆分为不同的部分与其他数据混合，进入不同的司法管辖范围，难以判断数据所有权归属于哪个国家，对一国实施数据本地存储造成了极大障碍。例如，一些数字平台企业的总部、数据存储中心和数据处理中心分布在不同的国家，会直接引发数据权属争议，导致相关国家很难对该平台上的数据实施本地存储。另一方面，在区块链中，尤其是在完全去中心化的公有链中，数据并非储存在某一个单独的服务器中，而是由所有的区块链用户同时存储所有数据，任一节点都不能对数据进行加工和排他性控制，即任一节点都不享有数据所有权，各节点所在国家无法阻止数据出境，也就难以实施数据本地存储。

(二) 国家数据治理能力不足

国家数据治理能力不足会阻碍一国实施数据本地存储。国家的数据治理能力主要表现为：国家是否有足够的技术能力来有效识别并及时切断危及国家安全和社会稳定的数据流动；国家是否能够通过立法、行政等手段，将数据在产生、使用和流动过程中对国家、社会和个体产生的危害降低到合理限度；国家是否能进行有效的数据出境安全评估和跨境数据监管执法。

上述数据治理能力较弱的国家则难以满足实施数据本地存储的条件。具体而言，第一，数据本地存储要求相关国家具备高效运营当地数据中心和保护数据库免受黑客入侵的技术能力，而数据治理能力较弱的国家不具备足够的技术能力，难以管控危及国家安全和社会稳定的数据流动，也就难以实施数据本地存储。第二，数据本地存储要求一国推行合理有效的数据安全管理制度和数据跨境流动法律法规，在维护本国数据主权的同时，尽可能降低对个人、企业和国家经济的负面影响，但数据治理能力较弱的国家难以制定兼顾安全和发展需要的数据安全管理制度，在起草、审议和实施数据跨境流动相关法律法规方面能力不足，也就无从实施数据本地存储。第三，数据本地存储要求加强跨境数据监管，监管中涉及人权、经济发展和国家安全等若干目标，对一国的数据监管和执法机构提出了很高的要求，而数据治理能力较弱的国家不具备完善的数据出境安全评估配套措施和足够的跨境数据监管执法能力，也就无力实施数据本地存储。

第四节 数据跨境流动

一、数据跨境流动的内涵与外延

（一）数据跨境流动的内涵

1974 年，美国学者戈特利布·艾伦（Gotlieb Allan）在《美国国际法学》（*American Journal of International Law*）上发表《通过通信和计算机系统的跨境信息传输：问题、方法和指导原则》（The Transborder Transfer of Information by Communications and Computer Systems: Issues and Approaches to Guiding Principles）一文，率先指出“跨境数据流动是指存储在计算机中的数据通过电子手段实现跨境流动”①，由此引发了学界对于数据跨境流动问题的关注。进入 21 世纪后，与数据跨境流动相关的研究越来越多，但对于数据跨境流动的确切内涵，学界尚未能达成普遍共识。

《中华人民共和国个人信息保护法》第 40 条规定，数据“确需向境外提供的，应当通过国家网信部门组织的安全评估”，欧盟《通用数据保护条例》对于数据跨境流动的充分性认定机制中也包含了安全评估，要求评估数据接收国是否具备与欧盟相当的数据保护水平。因此，数据跨境流动需建立在一国依据法律法规对其进行安全评估的基础上。

同时，《中华人民共和国网络安全法》第 37 条和《中华人民共和国个人信息保护

① Gotlieb A, Dalfen C, Katz K. “The Transborder Transfer of Information by Communications and Computer Systems: Issues and Approaches to Guiding Principles,” *American Journal of International Law*, 1974, 68（2）: 227-257.

法》第38条均指出，数据跨境流动表现为将“在中华人民共和国境内收集和产生的”数据“向境外提供”。因此，数据跨境流动表现为一国将在其境内运营中收集和产生的数据提供给境外主体。

综上所述，数据跨境流动是指一国依据法律或法规在安全评估基础上将在其境内运营中收集和产生的数据提供给境外主体的过程和结果。

（二）数据跨境流动的外延

按照流动形式划分，数据跨境流动既包括数据跨越国界的情形，又包括数据虽未跨越国界，但可以被境外主体访问查看的情形，只要确实达到数据出境效果即为跨境流动。

2016年12月中国信息通信研究院发布的《大数据白皮书（2016年）》和2017年8月全国信息安全标准化技术委员会发布的《信息安全技术数据出境安全评估指南（征求意见稿）》均指出，数据跨境流动并不完全等同于数据跨越国境，这与部分文献表述存在差异。实际上，境外主体获得境内数据的方式可以是数据跨越国境，也可以是境外主体通过访问境内数据载体来访问查看数据。

二、推进数据跨境流动的主要原因

虽然数据本地存储有利于维护数据主权，但是包括中国在内的许多国家都提出应当保障数据依法安全有序自由流动。这是因为数据跨境流动可以捕捉国际贸易需求、降低国际贸易成本和推动国际监管协调，有利于一国的数字贸易发展。

（一）捕捉国际贸易需求

数据跨境流动可以使企业基于消费大数据掌握境外消费者偏好，捕捉国际贸易需求。通过数据跨境流动，从事国际贸易活动的企业可以快速便捷地获取别国海量的消费者数据，利用本国的数字技术和设备来处理数据，从中提炼出丰富的消费者需求信息。企业可以基于这些需求信息打造柔性生产体系，打造多元化、定制化的生产模式，以满足消费者的个性化、差异化需求。也就是说，数据跨境流动可以使出口企业以大数据预测别国消费需求，实现“以需定产”。尤其是对出口软件、音乐等数字内容产品的企业而言，其产品时效性很强，需要不断升级换代以吸引消费者，而数据跨境流动可以使企业快速掌握海外消费者需求，持续推出新产品。

（二）降低国际贸易成本

推进数据跨境流动可以降低国际贸易成本，提高中小企业存活率。2016年，美国国际贸易中心报告显示，就全球而言，数据跨境流动使国际贸易成本平均降低26%，使得用互联网交易的中小企业存活率提升到54%，高出线下企业30%。第一，数据跨境流动可以降低外贸企业的运营成本。在较为宽松的数据跨境流动政策下，企业对数据存储中心选址的自由度大大提高，可以将数据存储中心设在能源价格较低、兼顾安全和成本因素的位置，从而有效减少运营成本。第二，数据跨境流动可以降低外贸企业的营销成本。企业可以利用其掌握的消费者偏好数据来实现定向引流，以减少大规模的广告投入，减少企业营销成本。第三，数据跨境流动可以降低外贸企业的沟通成本。企业可以通过购买出口目的国的数据来增进对目的国国家政策、市场状况的了解，以最大程度规避国际贸易谈判中的语言障碍、心理障碍和商务礼仪障碍等沟通障碍，减少沟通成本。

（三）促进国际监管协调

推进数据跨境流动有利于推动跨境信息交换和跨境监管执法互助，有利于国家之间的监管协调。在处理跨境网络经济犯罪案件时，数据跨境流动有利于一国的执法人员从另一国的监管机构处及时获取所需要的数据，缩短境外取证时间，提高案件办理效率，促进特殊情况下证据的共享。而如果各方都过于强势地主张数据主权，执法人员的境外取证将面临困难，这无益于国际监管协调，不利于国际贸易争端的解决。

理论命题 6－4

数据跨境流动协议的签署能够显著促进国际服务贸易的开展，并通过克服地理距离限制以促进国际货物贸易。

（参见：Shuzhong Ma，Yuting Shen，Chao Fang. “Can Data Flow Provisions Facilitate Trade in Goods and Services? Analysis Based on the TAPED Database,” *The Journal of International Trade & Economic Development*，2024，33（03）：343-368.）

专栏 6－4　中国推动数据跨境流动的举措

本章小结：中国视角

在数字经济时代，数据是推动数字经济发展的关键生产要素，对数据进行加工处理并且加入个人价值判断后形成信息，而信息经过鉴别、验证并组织进入思维模式后成为知识，以指导现实中的数字贸易活动。但并不是所有的数据都可以被任意地、公开地使用，这是因为行为主体对其内部数据具有排他性权力，即拥有数据主权。在数据主权原则指导下，一国处置其境内收集与产生的数据有基本原则和例外两种情形。其中，作为方式和结果的数据本地存储包括以在境内存储与处理数据为基本原则和在境内保存数据副本为例外情形。作为过程和结果的数据跨境流动包括两种例外情形：数据跨越国界和数据被境外主体访问查看。由此可以得到数据主权、数据本地存储和数据跨境流动三者之间的关系（如图6-2所示）。

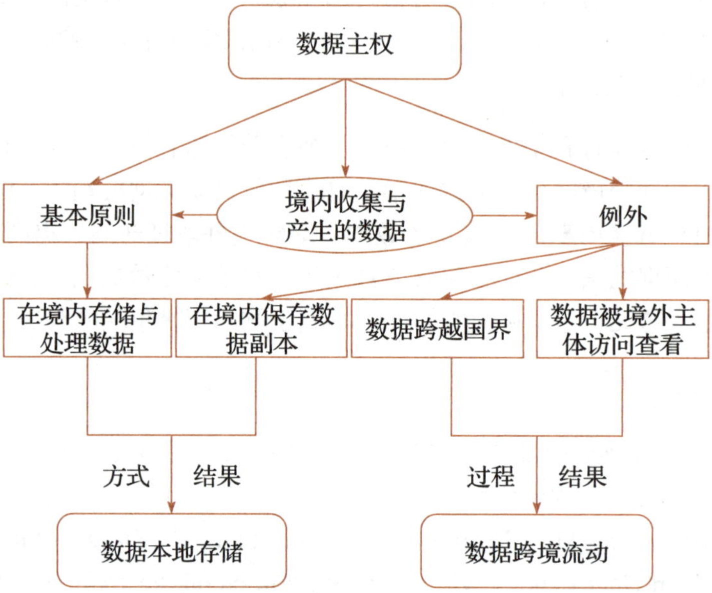

图6-2 数据主权、数据本地存储和数据跨境流动的关系

2020年，中国数据规模的全球占比达到了18%，到2025年，该占比将达到27.8%，这意味着中国拥有十分丰富的数据资源。要充分利用好这些数据资源，由此引领数字经济全球化，关键在于促进数据要素在全球范围内的流动，因为数据的价值在流动过程中才能得到完整体现。与此同时，中国强调“数据跨境流动应遵循安全、自由的原则”，让数据跨境流动在本国法律框架下有序进行，以维护国家安全和发展利益，保护个人和组织的合法权益。为此，中国正在努力探索既有利于数字经济发展，又能够维护各国数据主权的数据跨境流动规则，以提供网络空间治理的中国方案。

标识性概念

数据	信息	知识	数据主权
数据本地存储	数据跨境流动		

思考题

1. 中央全面深化改革委员会第二十六次会议指出，“数据作为新型生产要素，是数字化、网络化、智能化的基础，已快速融入生产、分配、流通、消费和社会服务管理等各个环节，深刻改变着生产方式、生活方式和社会治理方式”。试举例说明数据是如何融入生产和消费等环节的。

2. 2018年8月，华住集团旗下酒店的部分客户隐私数据被窃取并在境外网站兜售，虽然兜售没有成功，但还是引起了大众对企业数据安全的担忧。2020年8月，河北省邯郸市圆通物流公司报案称，其公司员工违规操作导致大量客户隐私数据存在泄露风险。企业数据泄露问题层出不穷，严重损害了个人的数据主权。您认为应该如何确保企业数据安全呢？

3. 2021 年 6 月滴滴向美国证券交易委员会提交首次 IPO 申请，仅 20 多天后就在纽约证券交易所上市。但上市仅两天后，滴滴即被启动审查。2021 年 7 月滴滴发布公告称，已暂停新用户注册，将按照有关部门要求下架整改。2022 年 5 月滴滴正式发布公告，宣布从纽约证券交易所退市。2022 年 7 月国家互联网信息办公室依据《网络安全法》《数据安全法》对滴滴处人民币 80.26 亿元罚款。请尝试从国家数据主权角度解读这一事件。

4. 麦肯锡研究发现，2014 年数据跨境流动直接创造价值 2.3 万亿美元，间接促进了其他类型的跨境交流，为全球经济创造价值 2.8 万亿美元。到 2024 年底，全球数据跨境流动的潜在价值将达到 29.7 万亿美元。欧洲国际政治经济研究中心发布的一系列研究报告指出，数据跨境管控导致欧盟损失了 0.48% 的 GDP，印度损失了 0.25%、中国损失了 0.55%。请解释数据跨境流动为什么能够推动经济增长？

5. 数据跨境流动驱动了中国经济的发展。在 2009—2018 年的 10 年间，跨境数据流动对中国 GDP 增长的贡献度高达 15%。但同时，数据跨境流动也会带来严重的数据安全风险。例如，深圳华大基因有限公司未经许可将部分中国人类遗传数据从网上传递出境，给中国的国家安全带来了隐患。为统筹经济发展与数据安全之间的关系，中国提出了一系列推动数据依法有序自由流动的举措，试举例说明。

▸ 延伸阅读 ◂

[1] Indira Mahalingam Carr, Katherine Williams. "Electronic Data Interchange, Data Protection and the European Community," *Journal of Law and Information Science*, 1994 (5): 24-34.

[2] Paul M Schwartz. "European Data Protection Law and Restrictions on International Data Flows," *Iowa Law Review*, 1995 (80): 471-496.

[3] Thomas Hoeren. "Electronic Data Interchange: The Perspectives of Private International Law and Data Protection Law," *Computers & Artificial Intelligence*, 1992 (1): 329-344.

第七章 智能制造

本章导读

21世纪以来，以大数据、云计算等为代表的数字技术与先进制造业深度融合，在全球范围内引起广泛关注与普遍重视。金融危机后全球产业格局发生重大调整，世界各国都在积极应对数字技术渗透所带来的产业发展机遇，争夺智能制造发展高地。相比传统制造业，智能制造是贯穿于数字经济生产活动各个环节的新型生产方式。智能制造有离散型智能制造、流程型智能制造、网络协同制造、大规模个性化定制和远程运维服务五种模式。从需求侧来看，网络协同制造和大规模个性化定制能够直接反映消费者偏好，与数字贸易联系密切。通过本章的学习，读者可以快速了解智能制造产生的背景与发展的阶段性表现；理解智能制造的内涵和外延；从需求侧深入学习网络协同制造和大规模个性化定制两种智能制造模式，理解智能制造与数字贸易的关系；同时对全球智能制造发展的战略及其未来方向也有一定的了解。

第一节 智能制造的产生与发展

一、智能制造产生的背景

21世纪以来，全球新一轮科技革命和产业变革突飞猛进，为传统制造业提供了新的发展机遇。以5G、大数据、云计算等为代表的数字技术与先进制造业相结合，逐步形成了数字化生产、先进制造等全新概念。2008年全球金融危机后，世界经济增长大幅放缓，工业体系和竞争格局迎来重大变革，各国纷纷加快谋划和布局，加大科技创新投入，以期重塑制造业竞争优势。在此背景下，智能制造应运而生。

（一）内部动力：数字技术与先进制造业深度融合

数字技术领域和制造业领域都发生了深刻的变革。在数字技术领域，5G、大数据、云计算等数字技术不断向传统产业渗透，产业数字化得以迅速发展。在制造业领域，3D 打印和工业机器人等制造业新兴业态实现了突破式发展，制造业展现出了服务化的倾向。这些变革催生传统制造业的新一轮革命，推动生产方式变革升级，为制造业的创新发展和转型升级提供了新的重要机遇，特别是作为工业化和数字化高度融合产物的智能制造得到了长足发展。

数字技术与先进制造业深度融合并不断演化，形成新的生产方式、协作模式和经济增长点。第一，基于信息物理系统（Cyber-Physical Systems，简称 CPS）的智能车间、智能工厂等正在引领生产方式变革。传统模式下，制造业生产时常出现时延不稳定、数据孤岛以及大量资源浪费的现象。而数字技术的迅速发展不断赋能新型工业化，使得以柔性化、智能化乃至高端化为目的的制造业转型升级不再被数据传输的延迟所阻碍。第二，大规模个性化定制、协同研发设计、网络众包①等全新业态正在重塑协作模式。随着数字技术在经济社会领域的广泛渗透，应用数字技术的门槛逐渐降低，数字技术在制造业中的应用场景逐步向供应链物流等方面进行拓展。利用跨越空间地域限制的协同创新平台，制造业企业可以提高响应速度，高度协同产业链上下游企业，获取技术支持，推动新产品的共同研发及产业化。第三，人工智能、工业机器人等智能技术和设备不断拓展制造业新领域，形成新的增长点。人工智能等智能技术与传统领域跨界融合，科技发展的新增长点不断涌现，例如无人驾驶领域；通过不断解锁新应用场景，工业机器人等智能设备成为制造业生产方式转型的关键支撑，例如新能源市场的爆发式增长不断加深工业机器人的应用，形成新的增长点。

（二）外部环境：金融危机后各国战略布局重大调整

2008 年金融危机的爆发使得全球经济进入深度调整期。以西欧为代表的发达国家群体经济发展陷入泥潭，新兴经济体发展速度也开始放缓，世界银行在其《全球经济展望》中不断调低全球经济发展预期。主要工业国面临制造业产能过剩，老龄化趋势难以逆转的困境。因此，寻求经济增长的新动力对于陷入了结构性、持续性低迷的全球经济尤为重要。与此同时，全球化竞争越来越明显，伴随中国等新兴国家的崛起，全球科技和产业竞争格局剧变。而智能制造能够改变企业核心竞争力所依赖的资源基础，变革传统市场竞争范式、资源基础和全球产业竞争格局，重塑国际分工。②这对于面临增长动力不足、经济复苏乏力等问题的众多工业国家来说是重塑制造业竞争新优势的重要机遇。

面对萎靡不振的全球经济形势、复杂的国际环境以及激烈的全球科技和产业竞争，以西方发达国家为代表的主要经济体通过实施“再工业化”战略，加大了在数字技术创新领域的投入，以期能刺激本国经济迅速回暖，重塑国际竞争力。美国围绕“新一代机器人”“工业互联网”等布局智能制造战略，于 2009 年最早提出了《重振美国制造业框架》，后又陆续发布了《国家制造业创新网络初步设计》《制造业促进法案》等政策。以

---

① 网络众包是一种基于互联网平台的任务分配和执行模式，能把过去需要分配给特定个人完成的任务通过互联网平台以自由自愿的形式外包给非特定的大众完成。

② 黄群慧，贺俊．中国制造业的核心能力、功能定位与发展战略：兼评《中国制造 2025》．中国工业经济，2015（06）：5-17.

政策为基础，美国提出了以工业互联网为智能制造核心的“先进制造伙伴计划”，并成立了智能制造领导联盟。德国于 2011 年提出“工业 4.0”战略，并发布了《保障德国制造业的未来：关于实施“工业 4.0”战略的建议》，其核心要义是构建高度灵活的个性化与数字化的智能制造模式，并指明了颠覆传统制造业模式的智能工厂等发展方向。日本政府 2015 年发布《机器人新战略》并提出“世界机器人创新基地”“世界第一的机器人应用国家”等发展目标。在西方发达国家智能制造布局的压力下，一些发展中国家也在积极参与全球产业再分工，谋划重塑制造业竞争新优势。以中国为例，为了推动智能制造更好地发展，把握新一轮全球数字技术和产业革命的机遇，中国提出了以《国务院关于深化制造业与互联网融合发展的指导意见》《“十四五”智能制造发展规划》等为代表的发展战略，为智能制造发展保驾护航。

二、智能制造发展的阶段性表现

（一）智能制造初级阶段

智能制造初级阶段的主要表现为数字化制造。数字化是智能制造的基础，制造业迈向智能制造时，第一步就是要进行数字化的转型和升级。该阶段主要以计算机为基础，以产品设计和生产环节为作用对象，聚焦于生产流程的数字化。从产品设计流程上来看，使用计算机及其相应软件进行模拟设计替代了传统的手工图纸，产品设计效率得到了极大提高。从产品生产环节来看，部分制造设备和程序实现了自动化，一些精密和复杂的生产和加工流程通过自动化机器进行生产，繁杂重复的人力工作得到了替代，产品生产效率得到了极大提高。

该阶段的代表性技术为数控技术。数控技术是指通过计算机自动控制机械加工工具的技术。采用数控技术的机床叫作数控机床。作为装有程序控制系统的自动化机床，数控机床会根据写好的程序，在无须人类干预的情况下完成制造过程。数控技术应用场景十分广泛，不仅可以应用于石油化工、国防军工、船舶等重工业领域，还可以应用于新能源、纺织、电子、汽车等行业，为这些国民经济发展的重点行业迈向智能制造奠定了重要的数字化制造基础。

（二）智能制造中级阶段

智能制造中级阶段的主要表现为网络化制造。该阶段以互联网为代表的信息通信技术为基础，以企业间的协同生产运作为作用对象，强调企业合作与信息共享。从技术基础来看，互联网的普遍运用使得制造业的生产要素、人员、流程等关键环节和节点紧密连接，突破了地理空间对企业生产经营的约束，实现了企业间的协同合作与发展。从制造目的来看，相比智能制造初级阶段的数字化制造，网络化制造以网络的方式实现资源的共享与集成，从聚焦于企业内部生产转移到聚焦于企业间协同生产，制造业的上下游实现信息的全链路打通，在纵向和横向以及端到端方面实现集成发展。

基于网络分布式的计算机辅助设计（Computer Aided Design，简称 CAD）和计算机辅助制造（Computer Aided Manufacturing，简称 CAM）系统是该阶段的重要体现。网络分布式系统是指由多个独立的计算机节点组成的系统，这些计算机节点通过互联网互相连接，协同完成一系列任务的系统。CAD 指运用电脑软件制作并模拟实物设计，展现新开发商品的外形、结构、色彩、质感等特色的过程。CAM 指大量使用产品生命周期管理计算机软件的产品组件制造过程。利用分布在不同企业和地点的计算机系统互连而成的分布式网络，CAD 和 CAM 的企业集群业务协作成为可能，在建筑设计、电子和电气、机械设计、软件开发等各个领域得到广泛应用，体现了该阶段强调以互联网为支撑，突破时间空间对企业发展的限制，实现企业合作、信息共享和协同运行的重要特点。

（三）智能制造高级阶段

智能制造高级阶段的主要表现为智能化制造。随着数字技术的不断演化，人工智能技术开始成为数字技术发展的重点，制造业与其积极融合，不断转型升级，最终实现智能制造的最终形态。该阶段以人工智能为代表的数字技术为基础，以产品制造全流程和全生命周期作为作用对象，实现生产运作系统的自感知、自决策和自执行，核心为“智能”。相比初级阶段的数字化制造，智能化制造利用 3D 打印等新型制造方式进行特殊形状与结构的产品设计，极大地替代了人的脑力与体力，赋予了制造过程分析、推理与执行能力。相比中级阶段的网络化制造，智能化制造通过大数据技术充分挖掘制造潜力，利用物联网实现各智能主体间的互联，不仅限于企业间的协同，而且实现人、机、网的高度融合。智能化制造作为最终阶段，无论是在企业生产过程，还是设计制造环节，企业的全链路全生命周期的所有节点和流程全部一体化、集成化。所有流程的数据要素集中汇聚在一起形成大数据系统，智能系统对数据进行分析，从而在全链路中进行自我反馈和改良，并在此过程中催生新产品、新技术、新生态，实现制造业乃至整个社会生产力的提升。

德国“工业 4.0”是该阶段的重要体现。“工业 4.0”着重于将工业技术、产品销售与消费者反馈视为一个综合系统，通过人工智能技术创建人因工程学[①]的智能工厂，并在商业流程及价值流程中集成客户以及商业伙伴，提供完善的售后服务。“工业 4.0”指出智能工厂是未来发展的方向，在智能工厂中，自动化运行的智能终端在产品的生产、零部件的装配以及要素的合理配置等方面发挥着基础性的作用。工厂的每一个环节都会生成实时数据，形成大数据系统。智能工厂基于大数据系统对工厂每个环节进行实时分析和优化，并通过该系统将分析结果反馈到产品的生产和工艺流程当中，实现全链路智能互联。

理论命题 7-1

通过调整要素配置结构和提升生产率，工业智能化会重塑企业地理格局，对于不同地理区位，这种重塑效应具有异质性，人力资本水平和市场化环境也扮演了重要角色。

（参见：王林辉，姜昊，董直庆．工业智能化会重塑企业地理格局吗．中国工业经济，2022（02）：137-155.）

① 人因工程学是一门重要的工程技术学科，是研究人和机器、环境的相互作用及其合理结合，使设计的机器和环境系统适合人的生理及心理等特点，达到在生产中提高效率、安全、健康和舒适目的的一门科学。

专栏 7-1 中国智能制造的三个阶段

第二节 智能制造的内涵与外延

一、智能制造的内涵

美国纽约大学的赖特（P. K. Wright）和卡内基梅隆大学的伯恩（D. A. Bourne）在1988年首次提出了智能制造这一制造业未来形态的构想，其指出智能制造是“在制造软件系统、集成知识工程、机器人视觉和机器人控制等的基础上，抽象化工人技能和专家知识，实现在无人操作下的（小型）自动化生产”[①]。21世纪以来，人工智能技术与先进制造业不断结合演变，推动生产方式的变革和升级，使得20世纪80年代对于智能制造的构想得以逐步实现。智能制造作为新一轮科技革命和产业变革的交汇点，是第四次工业革命的核心驱动力。随着世界各国纷纷布局智能制造战略，智能制造这一概念被普遍接受并被赋予新的内涵。例如德国的“工业4.0”战略赋予智能制造以新内涵，包含柔性化制造，高度灵活生产和服务系统，贯通生产、流通和销售环节的数据联通。

《智能制造发展规划（2016—2020年）》和《“十四五”智能制造发展规划》均指出，智能制造是基于新一代信息通信技术与先进制造技术深度融合的产物。《国务院关于加快培育和发展战略性新兴产业的决定》指出新一代信息技术主要包括新一代移动通信、下一代互联网核心设备、物联网、云计算等前沿技术。相较于新一代信息技术而言，数字技术更能全面覆盖智能制造所需的数字化、网络化和智能化技术。一方面，以互联网为代表的信息通信技术是以大数据、云计算、区块链等为代表的数字技术的基础。另一方面，以数字技术为基础，形成了以5G为代表的网络基础类设施、以数据中心为代表的算力类基础设施和以智能能源基础设施为代表的融合类基础设施等，上述这些数字基础设施无疑是智能制造的基础。而先进制造技术是传统制造技术不断吸收机械、电子、信息、材料、能源和现代管理等高技术成果，将其优化、集成并综合应用于生产和服务流程，从而实现优质、高效、低耗、清洁、精益、敏捷、灵活生产，并取得理想经济效益和社会效益的制造技术的总称。[②]先进制造技术是信息通信技术、综合自动化技术、现代企业管理技术和制造技术的有机结合，更是智能制造演化发展的重要来

---

① Wright P K, Bourne D A. *Manufacturing Intelligence*. Boston: Addison-Wesley, 1988:100-102.

② 周佳军，姚锡凡．先进制造技术与新工业革命．计算机集成制造系统，2015,21（08）：1963-1978.

源。因此，本教材认为智能制造是数字技术与先进制造技术深度融合的产物。

此外，《智能制造发展规划（2016—2020年）》还强调了智能制造的全面性质。智能制造被定义为贯穿于设计、生产、管理、服务等制造活动的全方位新型生产方式，具备自感知、自学习、自决策、自执行和自适应等多重功能。智能制造通过充分利用大数据技术挖掘制造潜力，以物联网实现各智能主体之间的连接，不仅局限于企业之间的合作，也实现了人、机、网络的深度整合。在企业的生产过程和设计制造环节中，将所有节点和流程完全整合为一体，并在整个生产链路中进行自我反馈和不断改进，从而推动新产品、新技术和新生态的涌现。

综上所述，智能制造贯穿于数字经济生产活动的各个环节，包括设计、生产、管理和服务，是基于数字技术与先进制造技术深度融合，具有自感知、自决策、自执行、自适应、自学习等功能的新型生产方式。

二、智能制造的外延

智能制造有离散型智能制造、流程型智能制造、网络协同制造、大规模个性化定制和远程运维服务五种模式。其中，离散型智能制造、流程型智能制造和远程运维服务是从供给侧定义的；网络协同制造既是从供给侧又是从需求侧定义的；大规模个性化定制是从需求侧定义的。

《"十四五"智能制造发展规划》指出智能制造涌现出离散型智能制造、流程型智能制造、网络协同制造、大规模个性化定制、远程运维服务等新模式新业态。《工业和信息化部办公厅关于开展2018年智能制造试点示范项目推荐的通知》对这五种模式所含的要素条件进行了详细的阐述。其中，离散型智能制造、流程型智能制造和远程运维服务强调通过先进技术应用实现生产设备网络化、生产过程无人化，并具备对爆炸性增长的制造信息处理的能力，并没有强调需求侧的数据要素，因而仅是从供给侧定义的。大规模个性化定制则基于消费者的个性化偏好，因此是从需求侧定义的。与以上形态不同的是，网络协同制造要求通过协同云平台实现制造资源和需求的有效对接，因而既是从供给侧又是从需求侧定义的（见图7-1）。

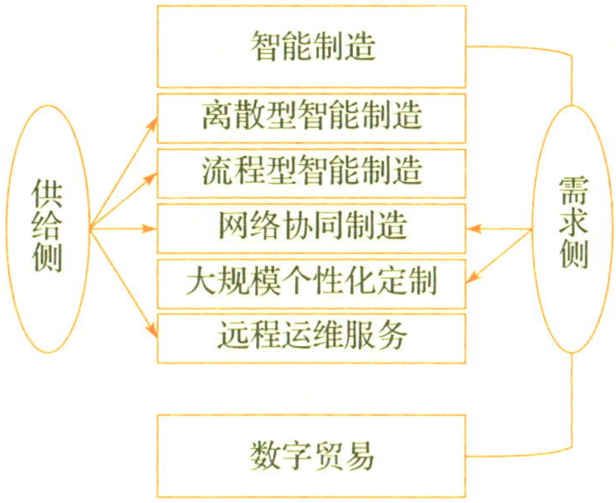

图7-1 智能制造的五种模式

从需求侧解读，智能制造是与数字贸易密切相关的一个概念。就网络协同制造而言，通过协同云平台，实现制造资源和需求的有效对接，实现面向需求的企业间/部门间创新资源、设计能力的共享、互补和对接。就大规模个性化定制而言，它是指应用大数据技术对用户的个性化需求特征进行挖掘和分析，通过个性化定制平台与企业研发设计、计划排产、柔性制造、营销管理、供应链管理、物流配送和售后服务等数字化制造系统实现协同和集成。

在智能制造的模式中，离散型智能制造、流程型智能制造和远程运维服务仅与生产企业相关，与消费者距离较远，无法直接反映消费者偏好，与数字贸易联系较弱。但网络协同制造和大规模个性化定制则由于与消费者直接相关，能够直接反映消费者偏好，与数字贸易联系密切。因此，下一节将基于需求侧，以网络协同制造和大规模个性化定制为例重点解析智能制造。

专栏 7-2 基于供给侧的智能制造模式

第三节 基于需求侧的智能制造

一、基于供给侧与需求侧的网络协同制造

随着以互联网为代表的信息通信技术的迅猛发展，传统工业企业正在积极转型，同时互联网企业也在融合工业元素，创造新产品和服务。然而，互联网主要侧重于消费服务，难以满足制造业的生产需求，因此互联网与制造业融合的供需双方存在认识差异等问题，成为实现协同化智能制造的障碍。为了应对这一挑战，中国政府于 2015 年发布了《国务院关于积极推进“互联网 +”行动的指导意见》，其中明确了“互联网 +”协同制造作为关键行动，旨在推动互联网与制造业融合，提升制造业数字化、网络化和智能化水平，加强产业链协作，发展基于互联网的协同制造新模式。在这一背景下，网络协同制造的概念应运而生。网络协同制造通过建立网络化协同制造公共服务平台，让众多企业嵌入产业链，实现各环节的紧密协同，包括生产、质量控制和运营管理系统的全面互联，实现资源的集聚和对接，从而提高产业链资源整合能力。

网络协同制造的架构涵盖企业内协同的纵向集成、企业间协同的横向集成以及贯穿产业链的端到端集成。第一，企业内协同的纵向集成指的是一个企业内部不同功能的不同系统之间的相互操作，实现数据实时的传递和共享，避免信息孤岛现象。第二，企业间协同的横向集成是指不同工厂或企业间独立的生产管理系统之间能够通过网络协同，实现资源的实时调度，确保数据实时传递和共享。第三，贯穿产业链的端到端集成是指产业链上下游组织之间的协作，通过网络协同，消费者和制造业企业可以共同进行产品设计和研发，配置原材料、资本和设备等生产资源，组织动态的生产制造，缩短产品研发周期，满足市场需求的差异化。

实现网络协同制造需要一定的要素条件。第一，网络协同制造平台是基础，它能

够实现需求和制造资源的共享、互补和对接，以及实现企业间生产资源的合理调配。第二，资源共享是前提，通过充分利用各企业的资源，实现整体制造方案的最优生产。第三，人工智能等数字技术是支撑，如大数据计算、机器学习等技术应用，能够实现生产制造与服务运维数据的共享，增强资源和服务的动态分析与配置水平。第四，扁平化高透明度的组织模式是保障，协同云平台中的各企业和部门以制造任务为核心，根据自身资源条件提供制造服务。第五，提高效率和效益是目标，网络协同制造是市场驱动的结果，提升效率和效益是制造业走向网络协同制造的关键因素。

沈阳机床（集团）有限责任公司是网络协同制造的经典案例。该公司围绕机床用户需求，通过 iSESOL 网络协同制造平台，建立了面向传统制造业的网络化协同中心，实现设计、供应、制造和服务等环节的并行协同和优化。第一，在面向机加产品和工艺的设计协同方面，沈阳机床在网络协同制造平台上发布产品的设计方案，通过平台寻找设计方案需求方，同时也可以充分了解市场需求，获取设计方案的经济效益。第二，在面向机加过程的制造协同方面，当产品完成工艺设计后，沈阳机床可以依托网络协同制造平台选择其下游协同制造企业。下游企业通过接入相关沈阳机床的制造执行系统，可以获取生产过程的相关数据。通过生产计划和完工数据的汇聚和分析，一个产品在下游不同企业的前后工序可以更好地衔接，以实现同一产品在制造过程上的协同。第三，在面向机加生产过程的供应链协同方面，利用网络协同制造平台的上游企业资源，可以为相关产品的生产过程提供原材料和毛坯支持，提供设备采购等生产准备工作支持，帮助下游企业快速投入生产过程。同时，通过物流协同技术实现物流的精准配送，以实现精益生产模式。第四，在机加行业装备的服务协同方面，基于网络协同制造平台，沈阳机床可以对机加装备的全生命周期提供支持，包括制造加工解决方案设计、安装调试、使用支持、维护保养、设备回收转让等全过程。

专栏 7-3 网络协同制造平台上网络效应的影响因素

二、基于需求侧的大规模个性化定制

传统的商业模式以线下交易为主，但随着数字化平台的崛起，制造业商业模式逐渐由消费者大数据驱动，将多样化、个性化需求充分融入产品研发、设计与生产过程。在大规模个性化需求的引领下，直接连接消费者和制造商的制造模式开始崭露头角。通过消除冗长的流通和价格协商环节，将制造商和消费者直接联系，以最低价格提供高品质、可定制化的产品。在这一背景下，大规模个性化定制这一智能制造概念应运而生。

大规模个性化定制指的是基于数字技术和柔性制造技术，以模块化设计为基础，通过大批量生产提升效率和降低成本，进而提供能满足消费者个性化需求产品的一种智能制造模式。不同于传统制造模式，大规模个性化定制以消费者为中心，由订单来驱动大规模生产，将销售过程前置化。在这个模式下，制造企业不再自上而下地控制生产，而是从消费者需求出发，通过互联网实时通信，实现订单接收、合作生产、原材料采购、产品设计和生产组装等环节的协同，以确保最终产品满足大规模消费者的个性化需求。

大规模个性化定制有如下要素条件：第一，基于互联网的个性化定制服务平台是大规模个性化定制的基础。基于个性化定制平台，通过定制参数选择、三维数字建模、虚拟现实或增强现实等方式，实现与用户深度交互，快速生成产品定制方案。第二，大数据技术是大规模个性化定制的支撑。通过建设个性化产品数据库，应用大数据技术对用户的个性化需求特征进行挖掘和分析，可以极大地提高生产能力和需求的匹配效率。第三，制造系统的集成和协同是大规模个性化定制的保障。个性化定制平台与企业研发设计、计划排产、柔性制造、营销管理、供应链管理、物流配送和售后服务等数字化制造系统实现协同与集成，形成基于数据驱动的完善的企业研发、设计、生产、营销、供应链管理和服务体系，保障消费者个性化需求得以快速、低成本满足。

青岛红领集团依托大数据在全球范围内第一个实现西装的大规模个性化定制，从传统的同质化量产模式转型为聚焦消费者的智能制造模式。早在 2013 年，红领集团的个性化西装定制柔性生产线就已成型，通过提供定制化平台采集消费者需求并获取个性化的偏好信息，基于工业大数据驱动整个设计和生产流程，在智能工厂中完成产品个性化设计、模块化制造，并最终将成品交付到消费者手中。消费者在手机上利用该集团开发的 APP“魔幻工厂”自行定制服装细节，不仅可以在该平台上实现自主化设计，还可以选择个性化元素，从而满足其个性化需求。同时，在线设计师通过 3D 激光测量仪采集每个消费者的尺寸数据，并直接储存到后台数据库中。后台的大数据技术会通过分析该数据实现不同体型的完美适配，并直接与生产系统自动对接。随后，这些个性化需求将统一传输到后台数据库，形成数字模型，由计算机完成版型设计，并分解成一道道独立工序下达给各智能车间流水线。最后，各流水线上的部件完成后进入组合环节，成衣后打上唯一代码并交付物流部门进行配送。

专栏 7－4　大规模个性化定制与中国企业全球价值链跃迁

第四节 智能制造与数字贸易

一、智能制造引领数字贸易

（一）智能制造引领数字贸易变革方向

智能制造引领数字贸易变革方向体现在如下三个方面：

第一，贸易标的的演变。智能制造时代下，企业生产和贸易的内涵正在发生重要变化，大数据成为推动智能制造的关键因素。在企业智能制造生产过程中积累的数据、在智能制造过程中总结而成的技术经验等都成为数字化贸易的新标的。智能制造的不断发展丰富了数字贸易的内涵，引领数字贸易标的的演变。

第二，贸易模式的变革。数字城市集群在智能制造时代崛起，已经成为城市治理和经济发展的重要引擎。数字城市将在数字贸易中扮演更为重要的角色。通过整合各种信息与通信技术，融合不同部门、不同行业的数据，形成城市数字化平台，实现网络协同和大规模个性化定制，智能城市之间基于智能制造需求的相互贸易将成为主流趋势，从而催生新的信息网络或数字平台，推动贸易数字化，引领贸易模式的变革。

第三，贸易格局的改变。在智能制造领域领先的企业、国家和地区将在数字贸易中获得竞争优势。随着智能制造的广泛应用，高效、智能化设备逐渐替代人力，降低生产成本，减少对劳动力的需求，从而形成产业链的优势。这将有助于改变全球贸易格局，推动数字化产业链的发展。

（二）智能制造提供数字贸易变革动力

智能制造提供数字贸易变革动力体现在如下三个方面：

第一，从供给端来看。离散型智能制造、流程型智能制造和远程运维服务通过优化企业设计、工艺、制造、管理、物流等环节的产品全生命周期，提升资源配置、工艺优化、过程控制、产业链管理、节能减排及安全生产等方面的智能化水平，不仅能够缩短产品设计研发周期，还能够降低企业运营成本，提高生产效率和产品质量，从供给侧培养对数字贸易的适应性和灵活性。

第二，从需求端来看。大规模个性化定制通过优化模块化设计方法、个性化定制平台和个性化产品数据库，形成基于数据驱动的完善的企业研发、设计、生产、营销、供应链管理和服务体系，从需求端快速、低成本地满足数字贸易中消费者的大量个性化需求。

第三，从供给和需求端结合来看。网络协同制造通过优化网络化制造资源协同云平台，高度集成企业间、部门间创新资源、生产能力和服务能力，共享生产制造与服务运维信息，从技术上打通数字贸易供给和需求端的壁垒，智能化、柔性化赋能数字贸易。

理论命题 7－2

通过劳动力跨区域流动和跨部门流动，机器人渗透会对低技术劳动力产生挤出效应，进而对城乡居民收入产生差异化影响。

（参见：马述忠，吴鹏，潘钢健．机器人渗透对城乡收入影响的异质性研究：基于劳动力流动视角．浙江大学学报（人文社会科学版），2023，53（07）：20-38.）

二、数字贸易助推智能制造

（一）数字贸易提高智能制造的市场匹配效率

市场匹配是智能制造中基础的一环，在个性化需求迸发的时代，需求创造供给才真正成为可能，数字贸易可以打通供需两端，快速将需求端的消费者偏好的变动传递给供给端的制造业，使得工厂及时有效地生产出个性化的智能产品，为大规模个性化定制和网络协同制造的实现提供可能。

具体而言，随着数字技术的迅猛发展，消费者对产品和服务的个性化需求被进一步激发。数字贸易可以突破时空限制，有利于企业迅速、全面地获取市场信息，提高供求双方的搜寻效率，解决供需双方信息不对称问题。[①] 一方面，商品信息展示工具、实时翻译工具等在数字贸易平台的上线以及日趋多元的营销场景使广告宣传、询盘磋商的效率大幅提高；另一方面，平台上沉淀的海量数据可以帮助企业更准确、及时地掌握消费市场的情况，持续提升匹配的效率。在数字贸易中，大量企业乃至个人都可以通过网络共享信息、资源，进行生产经营合作，分散的贸易流量和消费者偏好等信息通过平台汇集成一个整体，这为数字贸易中的产品差异化生产和个性化服务定制提供了更多可能性，也为实现智能制造提供了更充分的消费者信息集成。

（二）数字贸易保障智能制造产业链运行

产业链稳定是智能制造的基础，只有保证产业链的正常有序运行，智能制造中的全链路智能化才可能成为现实。数字贸易通过平台化的认证、大数据的反馈以及云计算的模拟，可以及时、充分发现产业链中的不稳定之处，并基于数字化的调度予以化解，从而实现产业链的稳定运行，为供给端离散型智能制造、流程型智能制造和远程运维服务的发展提供可能。

数字贸易保障智能制造的产业链稳定运行主要体现在两个方面：一方面，传统生产和贸易流程烦琐，生产要素采购、支付结算、出货跟单等环节存在的各种问题往往超出了单个智能制造企业所能独立承受的阈值。其中某一环节的波动甚至断裂，对该企业智能制造系统整体实现的影响也是不可估量的。数字贸易能够促进劳动力、资本、技术、管理等生产要素的集约化投入，推动研发设计、材料采购、产品生产、市场营销、物流

---

① 岳云嵩，李兵．电子商务平台应用与中国制造业企业出口绩效：基于“阿里巴巴”大数据的经验研究．中国工业经济，2018（08）：97-115.

运输等产业链各环节的集约化管理，降低环节分散带来的风险，保障智能制造产业链运行。另一方面，数字贸易能有效减少因中间组织与智能制造企业之间的接触所增加的中间环节，提高贸易效率。数字贸易能有效促使智能制造企业和消费者直接进行沟通，交换信息，达成交易，从而弱化了贸易中介的作用，缩减了相应的中间环节，避免了因接触过多中间环节带来的风险，保障智能制造产业链运行。

（三）数字贸易赋能弱势群体融入智能制造

数字贸易平台的出现大大降低了贸易门槛，在传统贸易处于弱势地位的群体如中小企业等，都可以通过数字贸易平台满足各种各样消费者的个性化需求。在此过程中，中小企业可以迅速根据消费者的个性化定制进行生产，并可以通过数字贸易平台实现上下游企业的协同，从而促进弱势群体融入智能制造。

贸易中的弱势群体指的是相对于规模庞大的企业而言，在传统国际贸易中容易被忽视的贸易群体，如中小微企业、个体商户等。尽管部分贸易弱势群体的产品和服务质量很高，但其却因渠道垄断、信息不对称和贸易成本过高等问题难以融入由大型智能制造集团主导的大规模个性化定制等业务。数字贸易充分利用数字技术优势，能有效降低包括信息成本、交易成本、合同成本和通关成本等在内的各个贸易环节的成本支出[①]，大大降低了贸易门槛，为贸易弱势群体建立国际竞争优势并进行智能化转型提供了新的机遇。

本章小结：中国视角

基于数字技术与先进制造业深度融合，智能制造应运而生。智能制造初级阶段、中级阶段和高级阶段的表现分别为数字化制造、网络化制造和智能化制造，呈现递进和迭代关系。数字经济中的各个环节都有智能制造的参与，智能制造通过自身的自感知、自决策、自执行、自适应、自学习等功能将生产、流通、交换、消费等各个环节紧密联系在一起。智能制造有五种模式：从供给侧来看包括离散型智能制造、流程型智能制造和远程运维服务，从需求侧来看包括大规模个性化定制，从供给和需求侧来看包括网络协同制造。在智能制造的模式中网络协同制造和大规模个性化定制则由于与消费者直接相关，能够直接反映消费者偏好，与数字贸易联系密切。数字贸易可以提高智能制造的市场匹配效率，保障智能制造的全链路运行，赋能弱势群体融入智能制造，从而推动智能制造发展。

中国拥有巨大的科技创新潜能和庞大的国内市场，这将使得中国有望成为全球智能制造的引领者。一方面，全球最完备的工业制造业体系为中国引领世界，制定智能制造标准提供了保障。另一方面，中国正在逐渐引领数字技术的跃迁，这为成为智能制造的

---

① 鞠雪楠，赵宣凯，孙宝文．跨境电商平台克服了哪些贸易成本？：来自“敦煌网”数据的经验证据．经济研究，2020，55（02）：181-196.

引领者提供了内在动力。尽管中国在智能制造布局上具有独特的竞争力，但是中国发展智能制造还是存在不少亟须解决的重要问题：第一，需要进一步促进产业数字化和数字产业化的转型；第二，需要进一步提高基础研发能力，提高数字技术自主创新能力；第三，需要进一步解决工业软件、网络安全以及制造标准的话语权问题；第四，需要进一步加强复合型人才的培育工作。

标识性概念

智能制造

思考题

1. 红领集团利用大数据系统对十几年海量的客户数据进行系统的整合和分析，建立了版型数据库、工艺数据库等，能满足众多消费者个性化设计需求，有超过 1 000 万亿种设计组合和 100 万亿种款式组合可供选择。红领集团通过构建企业自己的工商一体化的 C2M 平台，形成了以消费者为主的按需生产、订单导向型的生产模式，成为大规模个性化定制的经典案例。以红领集团为例，分析制造业实现大规模个性化定制的路径。

2. 在供给侧结构性改革中，化工企业利用数字技术，推动行业智能化转型，从而化解过剩产能。以中国国民经济的基础产业钢铁业来说，得益于智能化转型，落后产能逐渐被淘汰、新增产能得到控制，钢铁企业也走出了困境。从供给侧来看，智能制造的模式有离散型智能制造、流程型智能制造和远程运维服务三种。这三种模式与供给侧结构性改革密切相关。举出每一种智能制造模式在相关行业应用的例子，并分析智能制造在实现供给侧结构性改革中的作用。

3. 国际货币基金组织在《世界经济展望》报告中指出处于全球供应链重要环节的国家暴发疫情，导致全球供应链中断的时间比预期更长。例如，2021 年年底时，世界吞吐量第三大集装箱港口宁波舟山港，周边地区出现多例新冠确诊病例，该港口的卡车和仓库运营受到限制，货物积压面临恶化风险，耐克、阿迪达斯和优衣库等众多跨国公司的中国供应链断裂。而智能制造可以通过连通产业上下游，将生产、存储、需求等相应数据进行线上化，做好物流供应链的提前安排，从而防止供应链断裂。请分析智能制造对全球供应链有什么影响？

4. 自 2015 年以来，中国先后出台了如《“十四五”智能制造发展规划》《“十四五”数字经济发展规划》等与智能制造密切相关的规划。此外历年的政府工作报告也着重提出了智能制造的发展战略。分析以上提到的政策文件，梳理中国智能制造的未来发展趋势。

5. 中国已经进入全面推动智能制造的实施阶段，发展成效也初步显现。数据显示，“十三五”以来，中国智能制造供给能力不断提升，智能制造装备市场满足率超过 50%；支撑体系逐步完善，构建了国际先行的标准体系，发布国家标准 300 余项；培育具有行业和区域影响力的工业互联网平台近 100 个。但与高质量发展的要求相比，智能制造发展仍存在供给适配性不高、创新能力不强、应用深度广度不够、专业人才缺乏等问题。请分析中国可以从哪些方面入手解决这些问题？

延伸阅读

［1］李廉水，石喜爱，刘军．中国制造业40年：智能化进程与展望．中国软科学，2019（01）：1-9+30.

［2］张映锋，张党，任杉．智能制造及其关键技术研究现状与趋势综述．机械科学与技术，2019，38（03）：329-338.

［3］制造强国战略研究项目组．制造强国战略研究·综合卷．北京：电子工业出版社，2015：4-14.

［4］周济．智能制造："中国制造2025"的主攻方向．中国机械工程，2015（17）：2273-2284.

［5］Wright P K, Bourne D A. *Manufacturing Intelligence*. Boston: Addison-Wesley, 1988.

第二篇

数字贸易生态圈

第八章 数字营商环境

本章导读

营商环境既会影响微观主体的贸易决策，又会影响宏观经济的发展质量。21世纪初传统营商环境研究已形成一套成熟的评价指标体系，伴随数字贸易兴起，数字营商环境成为数字经济时代的重要议题。为与传统营商环境区分，数字营商环境需要明确的概念界定和科学的评价指标体系研究。通过本章的学习，读者可以洞悉数字营商环境的内涵和外延，掌握数字营商环境的评价指标体系，理解数字营商环境对数字贸易的重要意义及其优化路径，为了解数字贸易生态圈打下基础。

第一节 数字营商环境的内涵与外延

一、数字营商环境的内涵

营商环境是影响市场主体决策和经济发展质量的关键因素。[①] 得益于世界银行等机构的推动，21 世纪初有关传统营商环境评价指标体系的研究趋于成熟。

在传统营商环境评价指标体系趋于成熟的同时，数字技术正广泛融入市场经济活

专栏 8-1 世界银行营商环境评价指标体系

① 涂正革，程焮，张沐. 中国营商环境地区差异及时空演变特征研究. 数量经济技术经济研究，2022，39（07）：3-25.

动。根据中国互联网络信息中心发布的第 49 次《中国互联网络发展状况统计报告》，截至 2021 年 12 月，中国电子商务类移动应用的数量达 24.8 万款，占全部移动应用数量的 9.8%。数字经济的兴起使营商环境发生了结构性变化。一方面，数字技术能够改造优化传统营商环境，提高经济效率，降低交易成本；另一方面，与数字经济新业态匹配的新型营商环境应运而生。随着“数字营商环境”的概念被频繁提及，其内涵亟待界定。

国务院 2019 年 10 月通过的《优化营商环境条例》第一章第二条指出，营商环境是指“企业等市场主体在市场经济活动中所涉及的体制机制性因素和条件”。与上述概念本质相同，本教材认为：一方面，数字营商环境是营商环境的子集，与营商环境相同，都强调企业所面临的外部体制机制性因素和条件。另一方面，数字营商环境是特殊的营商环境，针对企业数字经济活动，而非一般经济活动。因此，数字营商环境是指企业等市场主体在市场数字经济活动中所涉及的体制机制性因素和条件。

中央网信办《数字营商环境自评估指南》指出，数字营商环境包括“数字 + 营商环境”和“数字营商 + 环境”。与该评估指南一致，本教材认为：一方面，数字营商环境包括利用数字技术改造优化后的传统市场环境，即“数字 + 营商环境”。这是因为随着数字经济的不断发展，传统市场环境越来越不适应市场主体需求，必须借助数字技术进行深层次改造。另一方面，数字营商环境也包括面向和适应市场数字经济主体创新发展需要的新型营商环境，即“数字营商 + 环境”。这是因为在底层技术、发展要素和市场秩序方面，数字经济与传统经济存在客观差异，营商环境中必然会衍生出有别于传统环境的数字经济专属环境。

综上所述，数字营商环境是指企业等市场主体在市场数字经济活动中所涉及的体制机制性因素和条件，包括“数字 + 营商环境”和“数字营商 + 环境”，前者是指利用数字技术改造优化传统市场环境，后者是指面向和适应市场数字经济主体创新发展需要的新型营商环境。

二、数字营商环境的外延

“数字 + 营商环境”包括数字基础设施建设水平，如网络接入度、智慧物流便利化程度和数字金融覆盖面；数字政务服务环境，如数字政务办理效率和服务事项覆盖度。“数字营商 + 环境”包括数字市场规模，如数字经济规模和数字贸易规模；数字市场秩序，如数字市场准入条件、在线权利保护力度和数字市场竞争环境；数字安全保障能力，如网络安全性和数据安全性；数字创新创业环境，如数字创新政策出台频率和数字人才培养体系完善程度。

数字基础设施建设水平和数字政务服务环境是利用数字技术改造优化传统市场环境，属于“数字 + 营商环境”范畴。一方面，信息基础设施和智慧物流基础设施等数字基础设施的建设水平直接决定了改造优化传统市场环境可采用的技术范围。另一方面，数字政务服务环境是经过数字技术改造优化的传统政务环境，能大幅降低企业等市场数字经济主体的合规成本。例如，较高的数字政务办理效率能有效节约市场主体办理事务的时间，实现服务事项全覆盖的一体化数字政务平台也能显著减少经营者多部门辗转的情况。

数字市场规模、数字市场秩序、数字安全保障能力和数字创新创业环境是面向和适应市场数字经济主体创新发展需要的新型营商环境，属于“数字营商＋环境”范畴。第一，数字市场规模的扩大能有效降低企业等市场数字经济主体的运营难度。例如，数字经济市场规模的扩大有利于要素和产业聚集，这能为数字贸易企业带来更多交易机会和更低贸易成本。第二，良好的数字市场秩序，包括合理的市场准入设置、完善的权利保护机制和政府对平台自治的科学引导，都可以有效促进市场数字经济主体公平竞争，防止寡头垄断。第三，数字安全受损会造成严重后果，威胁市场数字经济主体的生存和发展。例如，根据 2022 年 6 月中国国际发展知识中心发布的《全球发展报告》，2021 年入侵网站和窃取数据等数字安全事件在全球造成的损失高达 6 万亿美元。第四，良好的数字创新创业环境，包括频繁出台的数字创新政策和日益完善的数字人才培养体系，有利于提高市场数字经济主体的创新水平和发展活力。例如，高等院校的新学科建设可以培养大量数字人才，而作为数字经济的重要发展要素，数字人才既可以专注技术研发，促进数字技术创新，也可以投身创业，为数字市场注入活力。

第二节　数字＋营商环境

一、数字基础设施建设水平

（一）数字基础设施建设水平的评价指标

按是否存在实体设施这一简单标准，数字基础设施建设水平包括硬件基础设施建设水平和软件基础设施建设水平。其中，硬件基础设施主要包括信息基础设施和智慧物流基础设施，其作用是为软件基础设施提供底层技术支撑，并补齐货物配送等交易中不可或缺的线下环节。软件基础设施主要包括以大数据和人工智能为代表的前沿数字技术和平台，是数字贸易得以存在和发展的核心数字基础设施。

基于数字基础设施建设水平的构成，其评价指标分为硬件基础设施和软件基础设施两部分，具体评价内容如表 8－1 所示。

表 8－1　数字基础设施建设水平的评价指标

一级指标	二级指标	评价内容
数字基础设施建设水平	硬件基础设施	人均基站数量 移动电话普及率 固定宽带普及率 企业计算机使用率 智慧物流覆盖率 智慧物流服务满意度
	软件基础设施	前沿数字技术科研成果 前沿数字技术应用规模 平台发展水平

在硬件基础设施部分，前四项为信息基础设施评价内容，包括人均基站数量、移动电话普及率、固定宽带普及率和企业计算机使用率。上述评价内容涉及的信息基础设施既包括最基础的电话通信设施，又包括更为先进的互联网通信设施，能全面地反映信息基础设施的接入质量。

在硬件基础设施部分，后两项为智慧物流基础设施评价内容，包括智慧物流覆盖率和智慧物流服务满意度。其中，评价智慧物流覆盖率时，要考察智能投递柜网点密度、无人机配送覆盖率等。评价智慧物流服务满意度时，要考察智能投递、无人机配送等新型物流方式的准时率和客户投诉率等。

在软件基础设施部分，前两项为前沿数字技术发展水平评价内容，包括前沿数字技术科研成果和前沿数字技术应用规模。其中，评价前沿数字技术科研成果时，要考察大数据、云计算、人工智能、区块链、身份验证等领域科研论文、专著、专利等类型成果的数量和质量。评价前沿数字技术应用规模时，要考察相关技术企业备案数、相关技术覆盖率等。

在软件基础设施部分，评价平台发展水平时，要考察电子商务、金融服务等各类平台的用户规模、年度业务总量、活跃用户占比等指标。此外，涉及金融服务平台的评价时，要通过考察支持移动支付的商家比例、平台间移动支付的壁垒程度等，重点评价金融服务平台移动支付功能的发展水平。

（二）数字基础设施建设水平对数字贸易发展的作用

在传统营商环境下，贸易活动主要依赖市场主体线下接触和互动，这使其受制于各种因素导致的市场分割。例如，不达标的传统物流基础设施会降低贸易效率，增加贸易标的的损坏风险，增加运输成本，过程费时费力，极大地打击了市场主体的贸易积极性。但是在数字营商环境下，数字基础设施可以为数字贸易提供通信、物流、产业升级和平台层面的技术支撑，助力其突破时间和空间限制。

理论命题 8-1

在线下经营面临制度性和自然性市场分割时，企业倾向于通过线上渠道开展销售活动。

（参见：马述忠，房超. 线下市场分割是否促进了企业线上销售：对中国电子商务扩张的一种解释. 经济研究，2020，55（07）：123-139.）

第一，信息基础设施为数字贸易提供了最为基础的通信技术支撑。5G 基站、移动电话等信息基础设施有利于实现市场主体的远距离实时沟通，节约交易成本。

第二，智慧物流基础设施为数字贸易提供了运输技术支撑。智能投递柜、无人机等智慧物流基础设施不仅可以缩短运输时间，还可以通过远程操控技术，实时保障路途中贸易标的的安全。另外，功能完备的智慧物流基础设施还可以满足冷链运输的需求，助力果蔬生鲜等过去因自身特质导致运输成本过高的贸易标的拓展市场。

第三，以人工智能、云计算和区块链为代表的前沿数字技术为数字贸易提供了产业升级的技术支撑。随着数字贸易的发展，企业等市场主体要做到精准服务和高效运营，必须投身以前沿数字技术为支撑的新业态和新模式，如基于人工智能和大数据的“货找人”精准商品推送等。

第四，作为数字服务中介，各类平台直接推动了数字贸易的产生和发展，特别是电子商务平台和金融服务平台对数字贸易的贡献最为显著。其中，电子商务平台可以提供虚拟交易场所，将数字贸易买卖双方集合起来。金融服务平台可以聚集资本要素，为市场数字经济主体，特别是小微企业提供更方便快捷的融资渠道，缓解信贷约束，同时其移动支付功能解决了数字贸易过程中的结算难题，补全了交易链条的关键环节。

二、数字政务服务环境

（一）数字政务服务环境的评价指标

数字政务服务环境包括数字政务平台和智慧政府的服务能力。一方面，数字政务服务环境反映了政府服务与数字技术的结合程度，是数字技术改造优化传统政务的成果，其关键在于数字政务平台的建设。另一方面，当数字政务结合以人工智能为代表的前沿数字技术后，具有更强管理服务能力的智慧政府应运而生。

基于数字政务服务环境的构成，其评价指标分为数字政务平台和智慧政府两部分，具体评价内容如表 8-2 所示。

在表 8-2 的数字政务平台部分，核心评价内容是政府是否开发数字政务平台，以此为基础，还可以根据其余评价内容考察数字政务平台无纸化、一站式和公开性的程度。其中，服务事项覆盖度指数字政务平台上各类服务清单的覆盖面与完整度。办事指南准确度指数字政务平台上公告指南的可靠程度。在线办理成熟度指数字政务的在线办理效率，包括利用数字政务平台办理一项事务所需的平均时长、平均环节数量和用户满意度。服务信息公开度指数字政务平台能否实现办理服务时全流程信息的公开透明以及办理出现失误时责任的可追溯性。

表 8-2 中，智慧政府的评价内容包括政府决策时是否使用人工智能、物联网等技术汇集数据和挖掘信息，以及政府部门是否实现数据共享、平台整合和业务融合。两项内容分别评价了智慧政府服务过程中前沿数字技术的应用深度和相关体制机制的改进程度。

表 8-2 数字政务服务环境的评价指标

一级指标	二级指标	评价内容
数字政务服务环境	数字政务平台	政府是否开发数字政务平台 数字政务平台的服务事项覆盖度 数字政务平台的办事指南准确度 数字政务平台的在线办理成熟度 数字政务平台的服务信息公开度
	智慧政府	政府决策时是否使用人工智能、物联网等技术汇集数据和挖掘信息 政府部门是否实现数据共享、平台整合和业务融合

（二）数字政务服务环境对数字贸易发展的作用

对于企业等数字贸易主体，申请营业执照和退税缴税等活动往往不可避免，传统政务在上述过程中存在环节多、材料杂、时间长的顽疾，且在地区和部门上有严格的限制。但是在数字政务服务环境下，数字政务平台与智慧政府可以突破地区和部门限制，提高政务服务能力，增进数字贸易效率。

一方面，数字政务平台可以将传统政务流程和纸质办事指南转移至线上，实现环节整合，节约合规成本。一旦出现处理不当的事宜，政府还可以及时通过数字政务平台发布公告和解决方案，这能增强数字贸易主体对政府的认可与信任度，提高其使用数字政务平台的积极性。[①] 例如，2022 年 3 月贵州省毕节市政务服务中心通过数据共享和标准化事项等措施，开展了“一件事一次办”主题服务。此后两个月的时间内，当地涉及“一件事”事项的平均跑动次数由 3.25 次降至 1 次，申报材料减少 26.86%，涉企“一件事”平均办结用时从 6.2 天压缩至 1.8 天。

另一方面，智慧政府可以借助人工智能和大数据等前沿数字技术进一步提高对企业等数字贸易主体的政务服务效率。数字贸易相关业务的审批可以由智能政务系统按照既定规章制度自动审批，用户可以随时在移动端或电脑端查询服务进度与反馈结果。智慧政府信息系统还可以有效收集数字贸易相关的经济指标，并进行实时对比分析，为政府促进数字贸易发展提供决策支撑。相关数据的及时公开发布也能帮助数字贸易主体获取可靠的全局性信息。

专栏 8－2　智慧政府与传统政府的区别

第三节　数字营商＋环境

一、数字市场规模

（一）数字市场规模的评价指标

数字市场规模包括数字市场整体规模和市场内部各细分产业规模。二者都是重要的数字营商环境要素，其联系在于，各个细分产业的规模越大，加总后整体的数字市场

① 陈岚．电子政务公众参与影响因素的实证研究．现代情报，2012，32（09）：121-124.

规模也越大，同时更庞大的市场又能吸引、容纳更多不同产业的市场主体，形成良性循环。

基于数字市场规模的构成，其评价指标分为整体规模和细分规模两部分，具体评价内容如表 8-3 所示。

表 8-3 数字市场规模的评价指标

一级指标	二级指标	评价内容
数字市场规模	整体规模	数字市场交易总额 数字市场就业人员总数
	细分规模	代表性产业交易额 代表性产业就业人员数量

整体规模的评价内容包括数字市场交易总额和数字市场就业人员总数。其中，数字市场交易总额是整体规模指标的核心评价内容，评价时要考察网络零售总额、企业电子商务交易总额和数字贸易总额等具体内容。数字市场就业人员总数则是数字市场整体规模在就业维度的体现。

细分规模的评价内容包括代表性产业交易额和代表性产业就业人员数量。需要注意的是，代表性产业既包括利用数字技术对自身进行改造的各类传统产业，如在线医疗和在线教育，又包括大数据和短视频等各类“天然”的数字产业。

（二）数字市场规模对数字贸易发展的作用

据梅特卡夫定律[①]，得益于互联网等数字技术的应用，数字市场规模扩大对经济发展产生的影响更积极。对数字贸易而言，市场规模的扩大既能够为相关主体提供海量贸易机会，又能为其提供必要的配套产业。

一方面，可观的数字市场整体规模可以为数字贸易主体提供海量的交易机会，实现更多微观层面买卖双方的供需匹配。借助平台和大数据算法，大量买方和卖方的存在能产生规模经济，数字市场可以帮助买卖双方借助 B2B 和 B2C 等交易方式，减少中间环节，提高贸易匹配效率。就买方而言，尤其是个体消费者，更大规模的数字市场能提供更多差异化产品，满足个性化需求。就卖方而言，具有一定规模的数字市场有利于其对接和打通供应链上下游。

另一方面，数字市场各细分产业规模扩大，有利于推动数字贸易产业集群发展，形成相应的配套产业，实现产业层面的供需匹配。配套产业既包括提供大数据和云计算等技术支持的前沿数字技术产业，又包括提供网络宣发和数字化包装等服务的辅助产业。数字贸易主体只有依靠数字市场才能完成与一系列配套产业的高效匹配，市场内各细分产业规模越大，数字贸易主体对接配套产业的搜寻成本越低。

---

① 梅特卡夫定律由乔治·吉尔德（George Gilder）于 1993 年提出，以计算机网络先驱、3Com 公司创始人罗伯特·梅特卡夫（Robert Metcalfe）姓氏命名，以表彰他在以太网上的贡献。梅特卡夫定律是指一个网络的价值等于该网络内节点数的平方，与联网用户数的平方成正比，网络用户数越多，整个网络和该网络内每台计算机的价值越大，网络经济渗透率越高。

二、数字市场秩序

(一) 数字市场秩序的评价指标

数字市场秩序既包括以行政、立法和司法手段施行的强制性监管措施，又包括政府对平台和行业自治的引导措施。一方面，行政命令、法律条文是数字市场秩序的重要表现形式，以行政、立法和司法手段施行的强制性监管措施是直接规制市场主体的强秩序。另一方面，在数字经济时代，不断出现的新兴业态与快速调整的市场结构强化了对平台和行业自治秩序的需求。例如，美团平台每天产生约 300 万条新评论，其中的 99.6% 都直接通过人工智能技术完成平台内部审核，以拦截违规信息。① 因此，政府对平台和行业自治的引导措施是间接规制市场主体的软秩序。

基于数字市场秩序的构成，其评价指标分为监管措施和自治引导两部分，具体评价内容如表 8－4 所示。

表 8－4　数字市场秩序的评价指标

一级指标	二级指标	评价内容
数字市场秩序	监管措施	数字市场企业准入设置
		数字市场从业人员资格资质设置
		数字市场负面清单应用情况
		数字市场反垄断举措
		电信网络诈骗治理成效
	自治引导	对平台自治机制的引导
		对行业自治机制的引导

在表 8－4 的监管措施部分，前三项评价内容考察了数字市场的准入条件，包括数字市场企业准入设置、数字市场从业人员资格资质设置和数字市场负面清单应用情况。其中，评价数字市场企业准入设置和数字市场从业人员资格资质设置时，要考察的内容较为相似，包括政府对资质能力和经营记录等方面的要求。科学完备的准入设置应在能保障市场有序运行的前提下尽可能降低市场门槛。评价数字市场负面清单应用情况时，要考察政府是否落实负面清单这一较为先进的制度。在确认落实制度的前提下，还可进一步考察负面清单的内容质量。因为各类市场主体可依法平等进入负面清单未涉及的领域，所以负面清单内容越少，市场准入限制越低，市场活力越强。

专栏 8－3　负面清单制度的内容及基本精神

① 江小涓，黄颖轩．数字时代的市场秩序、市场监管与平台治理．经济研究，2021，56（12）：20-41.

在评价数字市场反垄断举措时需注意，一方面，要考虑的垄断行为包括滥用市场地位、签订排他性服务合同和价格制定违法等。另一方面，具体的监管举措既包括立法和司法等法治手段，也包括制定规章制度和限制行为等行政手段。

在评价电信网络诈骗治理成效时，要从侦破率等具体指标入手，同时必须囊括对新型网络诈骗的治理情况。新型网络诈骗的形式众多，且犯罪分子多会制作钓鱼网站，常见的形式包括冒充客服谎称刷单返利、冒充卖家以押金等名义要求网购消费者重复汇款、运营诈骗 APP 提供虚假网贷等。

在表 8－4 中，自治引导的评价内容包括政府对平台和行业自治机制的引导措施。一方面，评价政府对平台自治机制的引导措施时，应涉及的机制包括消费者权利保护机制、内容审核机制和纠纷处理机制。其中，评价政府对平台消费者权利保护机制的引导措施时，要考察政府是否引导平台制定有利于消费者的服务协议、是否引导平台利用数字技术打击不良经营行为。评价政府对平台内容审核机制的引导措施时，要考察政府是否推出适用于不同类型平台的内容审核原则或参考标准。评价政府对平台纠纷处理机制的引导措施时，要考察政府是否引导平台设立内部投诉维权专线、是否引导平台制定详细的纠纷处理规则。另一方面，评价政府对行业自治机制的引导措施时，要考察政府是否鼓励建立行业协会商会、是否推广行业自治典型案例等。

（二）数字市场秩序对数字贸易发展的作用

不同于传统市场秩序依赖政府直接维护的特点，良好的数字市场秩序既意味着科学完备的监管体系，又意味着政府对平台和行业自治的合理引导，因此能更好适应数字贸易发展的实际需要。

一方面，以行政、立法和司法手段施行的强制性监管措施直接保障了数字贸易活动的有序开展。第一，科学完备的数字贸易准入设置有利于以中小微企业为代表的市场数字经济主体迸发活力，推动市场中“创造性破坏”的进程[①]，激发新业态和新模式的诞生。第二，数字贸易反垄断举措的落实可以有效减少出现垄断寡头和发生价格战、资源战和广告战等恶性竞争现象的可能性。第三，治理数字贸易活动中的诈骗行为，包括各种新型网络诈骗和无良商家在数字贸易过程中售卖假冒伪劣产品的行为等，可以助力数字贸易诚信交易机制的建立。

另一方面，政府对平台和行业自治的引导措施，有利于维护平台和行业的内部秩序，拓宽数字贸易主体的维权途径，降低数字贸易主体的维权成本。政府对数字贸易平台自治的鼓励与引导，可以促进平台建立与完善消费者权利保护、商品信息审核、纠纷处理等内部治理机制，促使平台借助大数据和人工智能等技术提前发现交易风险，降低涉嫌违规商品或商家的搜索排名，清退失信用户，并及时为发生纠纷的数字贸易主体提供协商场景和处理方案。政府对数字贸易行业自治的鼓励与引导，可以促使行业主动提高内部标准，规范企业行为，有利于提高数字贸易主体协商和维权途径的多样性。

---

① 董志强，魏下海，汤灿晴. 制度软环境与经济发展：基于 30 个大城市营商环境的经验研究. 管理世界，2012（04）：9-20.

三、数字安全保障能力

（一）数字安全保障能力的评价指标

数字安全保障能力既包括网络安全保障能力，又包括数据安全保障能力。网络安全重点关注的是对恶意篡改网络系统和扩散计算机病毒等非法网络入侵行为的防御能力，数据安全重点关注的是对数据泄露的防范力度。

基于数字安全保障能力的构成，其评价指标分为网络安全和数据安全两部分，具体评价内容如表 8－5 所示。

表 8－5 数字安全保障能力的评价指标

一级指标	二级指标	评价内容
数字安全保障能力	网络安全	网络安全立法水平 网络安全技术水平 网络安全事件发生情况 企业为满足网络安全合规付出的成本
	数据安全	数据安全立法水平 数据安全技术水平 数据安全事件发生情况 企业为满足数据安全合规付出的成本

表 8－5 中，网络安全评价内容的前三项为网络安全立法水平、网络安全技术水平和网络安全事件发生情况。其中，评价网络安全立法水平时，不仅要考虑相关法条是否存在并生效，还要考察具体措施或规定的严格程度，如政府对企业使用公开密钥和密码体系的限制程度、要求企业对源代码的披露程度等。评价网络安全技术水平时，要考察已有网络安全企业或平台具备的技术手段，如访问控制和硬件保护等。评价网络安全事件发生情况时，要考察计算机病毒大规模传播、网站安全事故和分布式拒绝服务攻击等事件发生的数量及造成的损失。

此外，评价网络安全保障能力不能仅考察相应措施的严厉程度，还要考察网络安全保障措施的净收益，因此表 8－5 中网络安全的评价内容还包括企业为满足网络安全合规付出的成本，主要是经济成本和时间成本。

在表 8－5 中，数据安全评价内容的前三项为数据安全立法水平、数据安全技术水平和数据安全事件发生情况。其中，评价数据安全立法水平时，不仅要考察相关法条是否存在并生效，还要考察具体措施或规定的严格程度，如对消费者隐私保护、数据本地存储和数据跨境流动等事宜的具体要求。评价数据安全技术水平时，要考察已有数据安全企业或平台具备的技术手段，如数据脱敏和云上数据活动监控等。评价数据安全事件发生情况时，要考察敏感数据泄露和数据滥用等事件发生的数量及造成的损失。

此外，为考察数据安全保障措施的净收益，数据安全的评价内容还包括企业为满足数据安全合规付出的成本。

（二）数字安全保障能力对数字贸易发展的作用

网络系统的应用和数据资源的流动是数字贸易区别传统贸易的优势，但也意味着非法网络入侵和数据泄露等数字安全事件可能发生，并造成严重经济后果。因此，对参与数字贸易活动的各类市场主体，数字安全保障能力发挥了独特而重要的作用。

一方面，网络安全保障能力对企业等数字贸易主体至关重要，网络安全防线一旦失守，会导致无法挽回的后果。例如，2000 年 5 月，来自菲律宾的爱虫病毒通过电子邮件，仅在十天内就侵袭了全球超过 5 000 万台电脑并致其网络崩溃，总共造成了 55 亿美元以上的损失。可见，较强的网络安全保障能力有利于巩固数字贸易的既有发展成果，并促使其有序进行和持续发展。

另一方面，数据安全保障能力与消费者、企业乃至国家的生存发展息息相关。数字贸易中存在大量消费者隐私数据、企业运营数据及相关衍生数据的流动，因此必须通过行政、立法等手段确保上述数据得到安全保管和妥善使用。否则一旦发生敏感数据泄露等数据安全事件，不仅消费者的隐私安全将受到严重威胁，企业的生存和发展将遭受毁灭性打击，而且一些重要数据的泄露甚至会危及国家安全。

四、数字创新创业环境

（一）数字创新创业环境的评价指标

数字创新与数字创业相辅相成，依赖的环境要素相似，既包括为其提供外生支持的相关政策，又包括为其提供内生动力的数字人才。因此，评价数字创新创业环境可以从政策扶持力度和人才培养体系两方面入手。需注意，数字创新创业环境关注的是现有体制机制能在何种程度上激发企业等市场主体的创新创业活力，而非既有数字创新创业成果的数量或质量。

基于数字创新创业环境的构成，其评价指标分为政策扶持力度和人才培养体系两部分，具体评价内容如表 8 - 6 所示。

表 8 - 6　数字创新创业环境的评价指标

一级指标	二级指标	评价内容
数字创新创业环境	政策扶持力度	鼓励数字技术发展的政府规划数量 政府对数字技术科研的投入力度 数字市场相关的综合试验区数量 创新保护举措数量及成效
	人才培养体系	新学科建设水平 政府对数字人才培养的投入力度 数字人才创新培养模式情况

表 8 - 6 中，政策扶持力度的评价内容包括鼓励数字技术发展的政府规划数量、政府对数字技术科研的投入力度、数字市场相关的综合试验区数量和创新保护举措及成效。前两项评价内容主要刻画了政府对数字技术发展的政策扶持力度。其中，鼓励数字技术发展的政府规划种类很多，例如政府牵头建设的数字技术试验区、“科创走廊”创

新创业生态圈等。政府对数字技术科研的投入力度包括相关人员全时当量和经费支出，在统计时还可以将人员与经费分为基础研究类、应用研究类和试验发展类，以更详尽地了解政府对数字技术创新的投入结构与政策重心。不同于旨在推动技术开发与成果转化的数字技术试验区，数字市场相关的综合试验区包括数字经济示范区、数字自由贸易区、跨境电子商务综合试验区等多种类型，强调技术和制度等层面的多维度协同创新发展。此外，评价创新保护举措数量及成效时，要重点考察政府对知识产权的保护力度，如是否建设知识产权维权平台、知识产权侵权行为的平均赔偿额度等。

人才培养体系的评价内容包括新学科建设水平、政府对数字人才培养的投入力度和数字人才创新培养模式情况。其中，评价新学科建设水平时，要关注与数字产业相关的高等教育发展情况，可以统计设立电子商务、数字贸易等数字经济相关专业和大数据、云计算、人工智能等数字技术相关专业的高等院校数量。评价政府对数字人才培养的投入力度时，要“引”“育”并重，统计政府用以引进先进数字人才和培养本地数字人才的经济投入。评价数字人才创新培养模式情况时，主要考虑是否存在产学研三位一体、国际联合培养等新模式，以及模式推动下成功实现人才科研成果转化的典型案例数量。

（二）数字创新创业环境对数字贸易发展的作用

在传统营商环境下，良好的创新创业环境有利于企业等市场主体绩效的提高。[①]在数字营商环境下，得益于数字贸易的天然技术优势和普惠性特征，数字创新创业环境的积极效用会得到充分发挥。

一方面，对数字创新创业的政策扶持可以激发企业等数字贸易主体的优势与活力。第一，政府对发展数字技术的规划和投入能激励主营大数据、云计算等产业的市场主体落地并致力于技术突破，而数字技术带来的高效沟通和统筹能力，正是数字贸易主体相比于传统市场主体的天然优势。第二，设立数字市场相关的综合试验区有利于打造完整的数字贸易产业链和生态链，缓解数字贸易主体的融资约束，降低数字贸易活动成本，激发数字贸易增长活力。例如，2016 年 9 月至 2019 年 8 月，中国第三批跨境电商综试区的设立使综试区所在城市内各行业的跨境电商出口平均增长了大约 21%。[②]第三，对数字贸易主体的创新保护可以激发中小微企业和个体的创新活力，促进业态升级，提高产品质量，加快数字贸易发展进程。

理论命题 8－2

市场一体化水平的提高可以通过扩大市场规模和提高市场竞争程度，从而促进企业数字创新数量和质量水平的提升。

（参见：胡增玺，马述忠．市场一体化对企业数字创新的影响：兼论数字创新衡量方法．经济研究，2023，58（06）：155-172.）

---

① “中国城市营商环境评价研究”课题组，李志军，张世国，等．中国城市营商环境评价的理论逻辑、比较分析及对策建议．管理世界，2021，37（05）：98-112+8.

② 马述忠，郭继文．制度创新如何影响我国跨境电商出口？：来自综试区设立的经验证据．管理世界，2022，38（08）：83-100.

另一方面，数字人才是数字贸易持续发展的保障。数字贸易过程中产品营销、物流配送和数据跨境流动等环节的正常运行，都依赖数字人才的知识技能和技术创新。特别是对于还处在研发试验阶段的前沿数字技术，其遇到的难题更需要数字人才攻坚。同时，数字贸易的普惠性特征也降低了数字人才参与的成本和难度，放大了培养人才带来的经济效益。

第四节　数字营商环境优化

一、优化路径一：保护数字贸易主体权利

数字贸易主体是数字营商环境的服务对象，旨在保护数字贸易主体权利的体制机制是数字市场秩序的重要体现，同时，完善的权利保护措施还能吸引更多主体的加入，扩大数字市场规模。因此，保护数字贸易主体权利是数字营商环境的优化路径之一，具体措施如下：

第一，完善数字贸易立法，参与国际规则制定。一方面，在国内立法上，政府要利用网络、电话和纸媒等渠道征集企业、消费者等数字贸易主体对既有法规的意见和建议，建立科学的采纳反馈机制，完善有关知情权、经营自主权等数字贸易主体权利的内容，解决直播电商、短视频电商等数字贸易新业态下更为复杂的权利保护问题，通过立法手段维护国内数字市场秩序。另一方面，政府要积极参与数字贸易国际规则的多边谈判和细则制定，促成数字贸易主体权利相关议题的国际共识，缓解由规则内容碎片化、区域差异化导致的数字贸易主体维权难题，建立具有普适性的数字贸易国际通行准则，助力国际数字市场秩序的成型和升级。

第二，建立统一高效的数字贸易治理机制。一方面，在数字贸易监管体系上，政府要通过信息关联、移动监管、算法监督等方式，构建跨部门、跨区域甚至跨国的联动协作监管平台，形成多元主体合作监管格局，预防贩卖消费者隐私、强制技术转让、平台"二选一"、高额平台佣金等侵犯数字贸易主体权利的行为，实现数字市场秩序的监管升级。另一方面，在数字贸易司法体系上，政府不仅要加大对侵犯消费者隐私权、窃取知识产权等行为的治理力度，还要将数字贸易活动中新型侵权行为和诈骗模式纳入治理范畴，实现数字市场秩序的司法升级。

第三，鼓励平台自治和行业协会商会自治。一方面，在平台自治上，政府要利用技术补贴、金融优惠等激励措施，鼓励数字贸易平台完善产品内容审核算法、升级内部纠纷处理机制、落实评罚结合的流量分配体系和声誉机制，使其通过内部自治的方式给予诚信用户优惠，及时清退失信用户，改善平台内部的数字市场秩序。另一方面，在行业协会商会自治上，政府要鼓励行业协会商会开展信用档案管理、信用咨询和商账追收管理等自治服务，通过树立典型案例等方式，推广较为成功的数字贸易行业协会商会自治模式，改善行业内部的数字市场秩序。

专栏 8-4 如何提高数字贸易行业协会商会的自治能力

二、优化路径二：降低数字贸易活动成本

数字贸易活动成本是企业等数字贸易主体决策的核心影响因素，较低的数字贸易活动成本可以对市场交易和创新创业行为产生正向激励，有利于扩大数字市场规模，改善数字创新创业环境。同时，降低数字贸易活动成本，要求在数字贸易体制机制上有所作为，提高数字基础设施建设水平，改善数字政务服务环境，这对数字营商环境优化具有直接影响。因此，降低数字贸易活动成本是数字营商环境的优化路径之二，具体措施如下：

一方面，提高数字基础设施建设水平。第一，为提高信息基础设施建设水平，政府要在实现网络全面覆盖和智能数字设备全面普及的基础上，基于应用导向机制，鼓励相关企业升级既有技术，不断提高网络传输速率和增大数据容量，降低网络接入成本和数据跨境流动成本。第二，为提高智慧物流基础设施建设水平，政府要在利用数字技术改造提升铁路、公路、港口等传统物流基础设施的基础上，普及无人运输机、数字货仓等智慧物流技术，鼓励数字贸易主体建设智慧海外仓，克服“最后一公里”难题，降低运输成本。第三，为提高平台技术水平，政府要在大力发展人工智能、云计算等前沿数字技术的基础上，鼓励开放型全球数字贸易平台建设，助力其开发并不断升级“货找人”算法，鼓励建设金融服务平台等对数字贸易具有辅助作用的平台，实现软件基础设施升级，降低搜寻成本、融资成本和支付成本。

另一方面，改善数字政务服务环境。第一，在数字政务平台建设上，政府要积极推进政务无纸化进程，减少数字贸易主体申请营业许可、退税缴税等活动所需材料，整合数字政务平台功能，发布具有公开性、完备性和时效性的在线办事指南，减少数字贸易主体的合规成本。第二，在智慧政府运转决策上，政府要完善顶层设计，利用大数据、人工智能等数字技术，推动跨层级、跨地区、跨部门的数字政务联动协作机制，提高政府对数字贸易发展趋势引导的决策能力，采用更加科学合理的政策规划、行政管理和财税手段，降低各类数字贸易主体的活动成本。第三，在智慧政府信息服务上，政府要积极建设公共信息平台，在社交媒体等平台开设官方账号，定期发布经严格采集整理得到的数字贸易统计数据，不断提高政府数字信息服务的时效性和专业性，降低数字贸易主体获取有效信息的成本。

三、优化路径三：集聚数字贸易发展要素

相比传统贸易，数字贸易旨在聚集数据、资本和人才等发展要素，通过吸引市场主

体、助力创新创业等方式，对数字营商环境产生更积极的影响。因此，集聚数字贸易发展要素是数字营商环境的优化路径之三，具体措施如下：

第一，助力数据跨境流动，保障数据要素聚集。在数据流动限制上，政府要完善数据流动监管体制和法律体系，平衡网络数据安全与数字贸易发展之间的关系，通过落实梯度式数据流动安全评估、企业白名单、数字贸易专属数据通道等机制，提高数字安全保障能力。在明确数据流动限制、保证数据流动安全的前提下，政府要减少不必要的干预措施，尽可能保障数据有序高速流动，防止“一刀切”政策和过于严格的数据流动限制导致数据要素聚集受阻和数字市场扩张受限。

第二，完善财政金融工具，促进资本要素聚集。一方面，在财政工具上，政府可以通过起航补助、专项基金、分担平台增值费用等手段，鼓励传统贸易企业借助数字技术升级运作模式，支持中小微企业技术创新和业态升级，对获得金融支持的数字贸易主体进行定期评估，制定有序退出机制，淘汰落后主体，保障资本要素的有效聚集和市场规模的有序扩大。另一方面，在金融工具上，政府要发展金融科技和普惠型金融平台，助力区块链等技术融入金融业务场景，提高资本流转效率和金融机构数字化程度，鼓励金融平台自发开展针对数字贸易主体的普惠金融业务，落实专用通道、延长授信、利息减免等优惠制度，实现精准金融支持。

第三，建设人才引育体系，推动人才要素聚集。一方面，在人才引进上，政府要完善技术移民优惠、全球人才招引、人才绿色通道等先进的人才引进机制，壮大数字贸易人才队伍。另一方面，在人才培育上，政府要建立科学的本土数字贸易人才培养机制，鼓励高等院校设立与数字贸易发展配套的学科专业，开展跨学科综合性教学。此外，在人才价值转化上，政府要以产学研结合为方针，建立高等院校、人力资源机构和数字贸易企业三位一体的人才联动机制，加速人才要素聚集和人才成果价值转化，以数字人才为切入点改善数字创新创业环境。

本章小结：中国视角

数字营商环境是指企业等市场主体在市场数字经济活动中所涉及的体制机制性因素和条件，包括“数字＋营商环境”和“数字营商＋环境”。前者是指利用数字技术改造优化传统市场环境，包括数字基础设施建设水平和数字政务服务环境。后者是指面向和适应市场数字经济主体创新发展需要的新型营商环境，包括数字市场规模、数字市场秩序、数字安全保障能力和数字创新创业环境。数字营商环境对数字贸易的发展具有重要作用，保护数字贸易主体权利、降低数字贸易活动成本和集聚数字贸易发展要素是优化数字营商环境的主要举措。

根据世界银行《2020 年营商环境报告》，在全球 190 个经济体中，中国营商环境排名从第 46 位升至第 31 位。中国整体营商环境排名的提高，离不开不断优化的数字营商环境。一方面，在“数字＋营商环境”上，大数据、5G、人工智能等数字基础设施相关技术被中国政府列入新基建重点发展领域。同时，自2020年1月起，中国开始实施《优化营商环境条例》，其中不乏推进线上一体化政务平台建设等有利于改善数字政务服务环境的举措。另一方面，在“数字营商+环境”上，根据中华人民共和国商务部发布的《中国电子商务报告（2020）》，2020年中国电子商务交易额达37.21万亿元，其中网上零售额为11.76万亿元，同比增长超过10%，数字市场规模不断扩大。2019年1月《中华人民共和国电子商务法》实施，内容涉及主体权利、线上支付和数据安全等领域，填补了相关法律空缺，数字市场秩序和数字安全保障能力得到改善。此外，2022年11月国务院同意在廊坊、沧州和运城等33个城市和地区新设跨境电商综试区，至此跨境电商综试区已达165个，这是对数字创新创业环境的重要政策扶持。

但不容忽视的是，中国的数字营商环境发展依然存在短板，例如企业数字化转型缺乏人才和资本、各类主体的数据孤岛难以打通、平台信用治理困难重重、农村电商“最后一公里”仍是薄弱环节等。因此，为进一步建设和治理数字营商环境，中国必须坚持新发展理念，以“数字+营商环境”与“数字营商+环境”协同发展为目标，实现包容性增长和高质量发展。

标识性概念

数字营商环境

思考题

1. 2019年6月，中国工信部向中国电信、中国移动、中国联通和中国广电发放5G商用牌照，这标志着中国正式进入5G商用时代。请简述5G技术的优势，并分析其对数字营商环境改善可能产生的积极影响。

2. 2021年9月，杭州被国务院确定为国家首批营商环境创新试点城市。2022年1月，杭州出台创新试点实施方案，其中旨在优化经常性涉企服务、提高跨境贸易便利化水平的42项改革措施极大改善了本地的数字政务服务环境。请您结合相关实践，谈谈杭州的数字政务服务环境优化有哪些值得借鉴的经验。

3. 面对新冠疫情的严峻考验，中国数字市场展现出了强劲韧性，整体规模增长稳定。例如，2020年中国电子商务交易额同比增长4.5%，跨境电子商务交易额实现超过30%的增长。请您基于细分规模视角，结合具体代表性产业，谈谈中国数字市场规模为什么能够在新冠疫情的冲击下实现稳定增长。

4. 在中央广播电视总台主办的2022年“3·15”晚会中，一些直播电商平台上售卖翡翠的商户被曝出不仅在砍价环节自导自演、层层设套，还以次充好，导致劣币驱逐良币，严重扰乱了数字市场秩序。请以直播电商这一新业态为例，结合所学知识，谈谈如何防范、打击平台商户扰乱数字市场秩序的行为。

5. 为持续优化营商环境，不断解放和发展社会生产力，加快建设现代化经济体系，推动高质量发展，中国政府制定并发布了《优化营商环境条例》，该条例自2020年1月1日起施行。请您查阅该条例全文，并以具体条例内容为例，分析该条例的施行对中国数字营商环境优化的重要意义。

延伸阅读

[1] 夏后学，谭清美，白俊红．营商环境、企业寻租与市场创新：来自中国企业营商环境调查的经验证据．经济研究，2019，54（04）：84-98.

[2] 史宇鹏，王阳．营商环境与企业数字化转型：影响表现与作用机制．北京交通大学学报（社会科学版），2022，21（02）：14-28.

[3] 周伟．数据赋能：数字营商环境建设的理论逻辑与优化路径．求实，2022（04）：30-42.

[4] Robert E Hall，Charles I Jones. "Why Do Some Countries Produce So Much More Output Per Worker Than Others?" *The Quarterly Journal of Economics*, 1999, 114（1）：83-116.

第九章 数字贸易生态圈

本章导读

随着全球数字贸易的蓬勃发展，众多数字贸易交易主体、服务机构等不断聚集，数字贸易生态圈逐渐形成。数字贸易参与主体的分工协同、数字贸易标的的高效流通、数字贸易规模的稳步扩张和数字贸易过程的有效监管，都离不开数字贸易生态圈的合理架构和动态平衡。因此，打造能够维持动态平衡状态的数字贸易生态圈逐渐成为数字贸易发展的战略目标之一。通过本章的学习，读者可以快速了解数字贸易生态圈产生的背景、发展的阶段性表现及其内涵和外延，理解数字贸易生态圈的整体架构、生态圈内各物种在其中扮演的角色以及数字营商环境与生态圈的关系，为进一步学习数字贸易生态圈相关知识奠定基础。

第一节 数字贸易生态圈

一、数字贸易生态圈的产生与发展

（一）数字贸易生态圈产生的背景

随着全球数字贸易的蓬勃发展，众多数字贸易交易主体、服务机构等不断聚集，数字贸易生态圈在传统贸易生态链框架的基础上逐步发展形成。融合国内贸易与国际贸易的分工特点，传统贸易生态链的组成单元包括核心参与主体与支撑部门。其中，核心参与主体可以分为进口方与出口方，进口方包括进口企业、进口中间商及个人消费者，出口方包括生产企业及出口中间商；支撑部门则包括政府机构、金融机构及物流公司等（具体见图 9-1）。

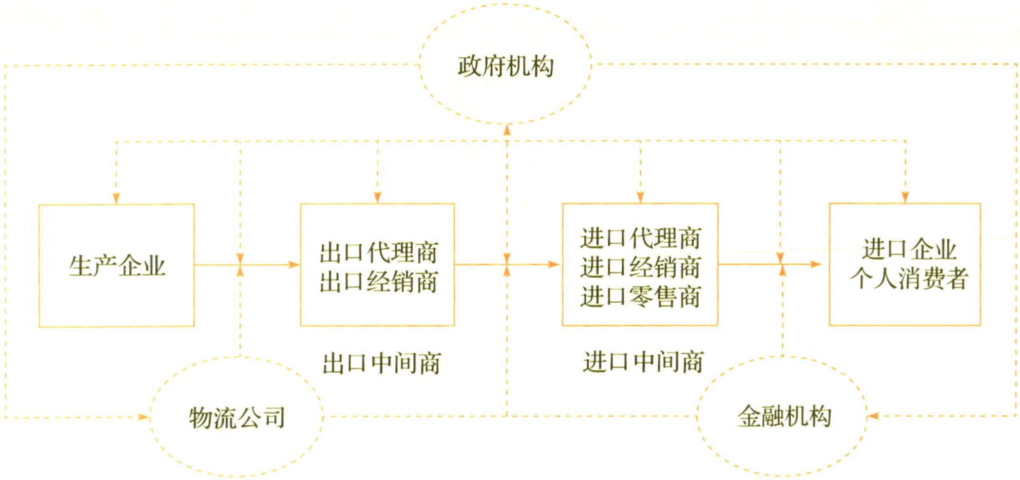

图 9-1 传统贸易生态链

由于数字贸易和传统贸易的行为主体和交易流程有所不同，因此，传统贸易生态部分参与成员的地位与形态在数字贸易生态中发生了改变，数字贸易生态运作模式也与传统贸易生态运作模式有所差别。具体而言：

第一，传统贸易进出口中间商的地位在数字贸易生态中显著降低。对于进口中间商而言，一方面，数字贸易平台能够代替传统贸易进口中间商发挥市场定位和信息传递作用，并为消费者提供更加个性和多样的选择，深度消除交易各方信息壁垒；另一方面，传统贸易生态下进口中间商所承担的办理保险、报关等事宜在数字贸易中由专业化分工的数字贸易服务部门负责，免除了进口方额外的运营成本，因此进口中间商的地位显著降低。对于出口中间商而言，一方面，在传统贸易生态下，出口中间商可为买家提供产品信息并为其解答疑惑，而在数字贸易生态下，卖家则能够直接为买家提供高效服务，如在线展示商品信息、及时进行售后反馈等；另一方面，在传统贸易生态下，出口中间商是连接企业和目标市场的重要纽带，尤其是对于中小企业而言，出口中间商能够为其减少搜寻成本、降低交易风险。而在数字贸易生态下，数字贸易平台对中小企业的接受度极高，并且可以通过其丰富的资源帮助中小企业扩大业务规模、积累销售经验，因此出口中间商的地位受到显著冲击。

第二，传统贸易生态支撑部门的形态在数字贸易生态中发生了改变。在政府监管方面，数字贸易订单的小额化、分散化特征使得其难以受制于传统贸易监管体系，数字贸易交易过程中涉及的个人、企业和国家数据流动则增加了政府跨境数据流动监管的难度，因此数字贸易发展给政府监管带来了较大挑战；在金融机构方面，与传统贸易的复杂支付流程不同，电子支付、数字货币等新型支付手段和媒介大大简化了货币支付程序，区块链技术的使用更是为支付过程的安全性提供了保障；在物流公司方面，为了实现小额化、分散化货物的高效流转和及时配送，海外仓、保税仓等新型仓储形式出现，货运“线上到线下”（Online to Offline，简称 OTO）平台等智慧物流平台也一步步搭建形成，助推了“点对点”配送和异地发货的实现，促进了智慧物流体系建设。

专栏 9-1 大数据技术在智慧物流中的应用：以货运 OTO 平台为例

第三，数字贸易生态运作模式与传统贸易生态运作模式有所差别。传统贸易生态链流程较长，涉及的中间环节较多，导致生态链的运作效率较低；并且，由于传统贸易生态各参与主体功能独立，各主体间存在一定交流壁垒，因此生态链的前后互动性不高，难以整合产业链、供应链资源并形成功能完整、互联互通的生态系统。相反，在数字贸易生态下，数字技术的应用疏通了各参与主体沟通交流的渠道，可以有效促进买卖双方的点对点交流，缩短生态链中间环节；大数据和云计算技术则为产业链、供应链上下游的数据、信息和知识资源整合提供了支撑。以数字贸易平台为中心，数字贸易生态将各参与主体紧密联系起来，并协调配置各生产环节的有效资源，加强各生态参与主体发展的可持续性，从而形成一个智能互联、运转稳定、资源共享的数字贸易生态圈。

（二）数字贸易生态圈发展的阶段性表现

第一，初步建设阶段。在此阶段，一方面，数字贸易生态圈的核心物种为尚处在萌芽期和发展期的跨境电子商务平台，由于其在发展初期仅能提供有限的数字化信息交流服务，且往往为了迅速扩大平台交易规模而降低平台进驻壁垒，因此，跨境电商平台会吸引许多刚起步的中小卖家，难以吸引已经具有一定规模的卖家。中小卖家利用跨境电商平台已经具有的信息优势进行交易，由于其数量不断增加，会逐渐产生网络外部性。另一方面，由于为线上交易提供服务支撑的链条尚未发展成熟，因此平台和卖家在运营过程中可能会遇到阻碍，需要进行反复摸索才能形成较为统一的生态圈运行规则和互联互通的产业链、供应链。数字贸易生态圈初步建设阶段是生态圈各物种形成良性互动和持续交流的初级阶段，为生态圈的进一步延伸拓展奠定基础。

第二，延伸拓展阶段。在数字贸易生态圈基本架构和运行规则形成的基础上，生态圈进入了延伸拓展阶段。在此阶段，一方面，由于市场需求日益扩大以及跨境电商平台管理服务水平不断提高，许多大型卖家逐渐进入生态圈，能够为买家提供更加多样的商品和服务。同时，由于大型卖家拥有更多信息优势和运营经验，跨境电商平台对其倾注更多资源，希望由其带动整个平台进步。另一方面，为线上交易提供服务支撑的支持物种和寄生物种逐渐进入生态圈内，从而拓宽了数字贸易生态圈的边界，使得生态圈的功能进一步完善，也促使跨境电商平台逐渐向数字贸易平台过渡。然而，由于各支持物种和寄生物种的进驻时间尚短，还难以与生态圈内其他物种形成紧密配合。因此，此阶段生态圈的运行效率有待提高。数字贸易生态圈边界的延伸拓展、物种多样性的增加和功能的完善，有助于进一步推动生态圈内各物种的互联互通。

第三，结构调整阶段。随着数字贸易生态圈内物种日益增多，各物种间的交流协作不断增强，跨境电商平台基本完成了向数字贸易平台的转变，数字贸易生态圈进入了结构调整阶段。在此阶段，一方面，数字贸易平台为争夺更优质的客户，会为实力强劲的大型卖家提供更多政策支持，因此，已经具有一定规模和领导力的大型卖家进一步占据了大部分市场资源，其余中小卖家则围绕剩余市场资源展开竞争。另一方面，支持物种和寄生物种逐渐明确自己在生态圈中的定位，加快物流、支付、监管、法律、认证等体系的构建完善，并与核心物种实现互联互通。然而，由于大型卖家的资源垄断，市场秩序缺乏一定公平性，长此以往可能会导致整个生态圈的动态失衡。

第四，动态平衡阶段。在数字贸易生态圈各物种完成功能调整后，生态圈实现了一定程度的全面发展，生态圈内部物种结构逐渐稳定。然而，在结构调整阶段已经出现的大型卖家资源垄断问题尚待解决，且随着市场竞争的加剧和市场需求的升级，生态圈内各物种均可能面临需求更迭冲击和技术发展瓶颈。因此，各物种会高效合理利用自身资源，努力寻求创新发展路径，以维持物种内部和生态圈整体的动态平衡状态。例如，作为核心物种的数字贸易平台会合理分配信息资源，针对大型卖家出台一系列限制措施以维持市场秩序稳定，并全力整合生态圈产业链、供应链的上下游资源，防止进一步的市场失衡、效率降低和能量消耗；作为关键物种的卖家会进行创新尝试、扩大目标市场边界，其中头部卖家带头推动资源共享和适度竞争的良好格局的形成；作为支持物种和寄生物种的各类服务支撑部门会继续提高服务效率、拓展服务边界。最终，数字贸易生态圈将保持系统的动态平衡，在应对外部环境变化冲击时具有较强的灵活性，从而持续创造价值。

二、数字贸易生态圈的内涵与外延

（一）数字贸易生态圈的内涵

生态圈又称生态系统，最早是生物学领域的概念，由英国学者阿瑟·乔治·坦斯利（Arthur George Tansley）于 1935 年首次提出，其认为生态圈是指在给定的自然空间中，由身处其中的生物和周围的环境共同构成的整体系统，系统中自然生物与外部环境之间相互作用、互为制约。[①] 随着社会经济发展与产业组织演进，许多学者将生态圈概念引入了经济学领域。1996 年，美国学者詹姆斯·穆尔（James Moore）提出“商业生态系统”的概念，其认为商业生态系统是一个经济协同体系，在其中的商业组织和个体商户处于既竞争又合作的状态。[②] 2004 年，马科·伊恩斯提（Marco Iansiti）和罗伊·莱维恩（Roy Levien）在商业生态系统的概念基础上，将系统各参与者称为“物种”，并且认为各参与者若想要在商业生态系统中占据有利地位，则必须与其他参与者进行资源共享，维持动态稳定关系，进而促进生态系统的可持续性发展。[③]

在商业生态系统理论扩展到经济学领域后，其在工业生态、货物贸易、区域经济、

---

① Tansley, A G. “The Use And Abuse of Vegetational Concepts and Terms,” *Ecology*, 1935, 16（3）: 284-307.

② Moore J, Curry S R. “The Death of Competition,” *Fortune*, 1996.

③ Iansiti M, Levien R. *The Keystone Advantage: What The New Dynamics of Business Ecosystems Mean for Strategy, Innovation, and Sustainability*, Harvard Business Press, 2004.

产业集群等传统经济贸易领域得到了广泛应用。而后，随着互联网技术的创新与应用，商业生态系统理论也逐步扩展到了电子商务、跨境电商和数字贸易等领域。电子商务生态系统与跨境电商生态系统都是由以互联网为交流中介的具有价值利益关系的企业或组织，通过合作联盟等方式构成的商业生态系统①，生态系统中各交易主体通过各种形式进行动态竞争、资源共享与互联合作，并保持长期的稳定平衡状态②。由于数字贸易生态与电子商务及跨境电商生态的基本构成相似，是其发展的更高级形态，因此，本教材可以在上述概念基础上，进一步诠释数字贸易生态圈的内涵。

综上所述，数字贸易生态圈又称数字贸易生态系统，是指由具有价值利益关系的各数字贸易市场主体及周边环境构成的整体系统。在这个整体系统中，各数字贸易主体既竞争又合作，并与周边环境相互作用、互为制约，完成全流程数字贸易活动，在较长时间内保持动态平衡状态。

（二）数字贸易生态圈的外延

如果将数字贸易生态圈中各数字贸易市场主体称为“物种”，那么根据其扮演的角色可以分为核心物种、关键物种、支持物种和寄生物种四种类型（具体见图 9－2）。

核心物种是数字贸易生态圈的运转核心，为生态圈各物种提供管理服务，扮演着资源整合与协调角色，不仅是汇聚各方数据和资源的中枢，更是实现价值创造的核心，例如开放型全球数字贸易平台、跨境电子商务平台等。

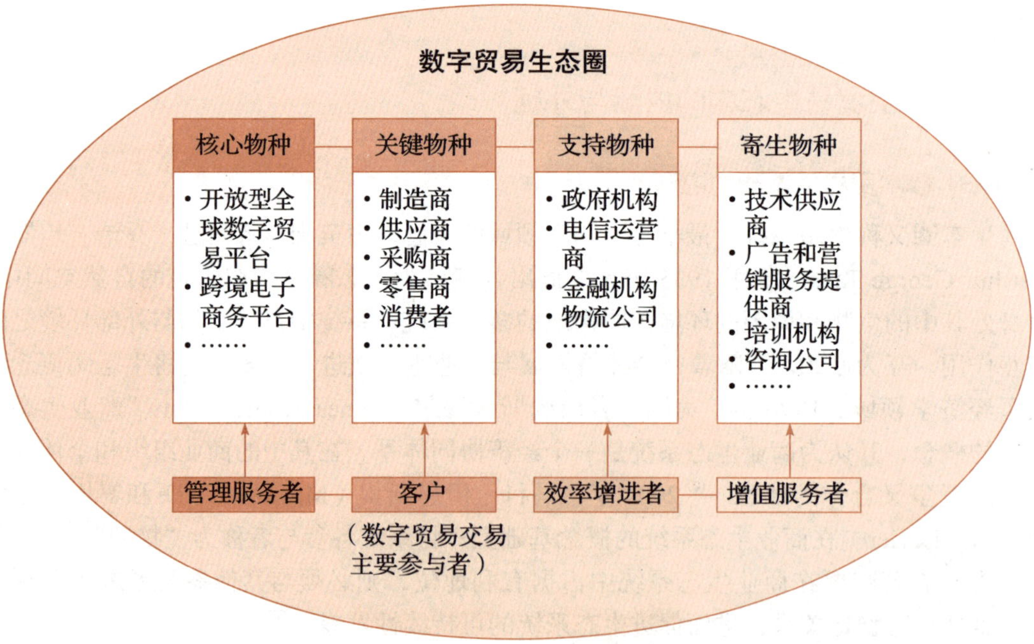

图 9－2 数字贸易生态圈的外延

① 刘志坚．基于产业集群的企业生态网络研究．经济与管理研究，2006（01）：61-64.

② Wang Y, Jia F, Schoenherr T, et al. “Supply Chain-Based Business Model Innovation: the Case of a Cross-Border E-Commerce Company,” *Sustainability*, 2018, 10（12）：4362.

关键物种是数字贸易交易的主要参与者，是数字贸易生态圈中其他物种的客户，源源不断地为生态圈的运作输送动能，是核心物种的主要服务对象，例如制造商、供应商和零售商等卖家、采购商和消费者等买家。

支持物种在数字贸易交易过程中为核心物种和关键物种提供最直接的服务，可以不依存于数字贸易生态圈，但其融入会使系统整体更加富有效率，自身也可以从中获得更多利益，例如政府机构、电信运营商、金融机构、物流公司等。

寄生物种在数字贸易交易过程中为生态圈内其他物种提供增值性服务，其与支持物种的最大区别在于其必须依存于数字贸易生态圈，例如技术供应商、广告和营销服务提供商、培训机构、咨询公司等。

第二节 数字贸易生态圈的圈层结构

一、核心层

数字贸易生态圈的最内层为核心层，由核心物种和关键物种组成。以中国跨境电商平台天猫国际为例，天猫国际平台本身、在平台销售商品和服务的各类卖家、在平台购买商品和服务的消费者以及为卖家提供商品的供应商等，均位于数字贸易生态圈的核心层，因此数字贸易交易标的的生产制造和交易等价值创造过程亦发生在核心层。由于数字贸易的买卖双方有时会位于不同国家或地区，存在一定的语言、文化和地理距离，因此核心物种作为双方交易的唯一渠道，对交易的达成起着关键影响；与此同时，若没有关键物种，平台的存在便失去了意义，因此核心物种和关键物种在生态圈的核心层互相依赖而生存。

综上所述，数字贸易生态圈的核心层是价值创造的中心，是生态圈的“奇点”，也是生态圈得以运转的“马达”。核心层内数字贸易交易的达成、商品和服务的不断流转及资源的汇聚积累均为其他圈层源源不断地输送能量，并引领和激励着其他圈层的发展和扩张。

二、环心层

数字贸易生态圈的第二层为环心层，政府机构、电信运营商、金融机构、物流公司等支持物种均位于此层。环心层内各机构可以帮助核心层各物种克服数字贸易交易过程中的各类障碍，保证交易过程的安全顺利，推动交易订单的高效完成，同时提高交易市场效率，保护交易双方隐私。并且，环心层内各机构还能通过制定信用管理规则、构建信息交流体系来解决核心层中各物种间信息不对称等问题，增强各物种在交易过程中的可信度，帮助建立平台、企业和个人消费者的信任网络。

例如，阿里巴巴集团旗下的蚂蚁金服和菜鸟物流均位于生态圈的环心层，其中蚂蚁金服能够为平台、企业以及个人消费者提供简便的在线金融服务，菜鸟物流则联合申通、圆通、中通和韵达构建遍布全国的仓储物流网络，二者都能够为核心层的价值增值提供最直接的支持并获益。

综上所述，数字贸易生态圈环心层与核心层紧密相连，帮助核心层实现价值增值，是数字贸易生态圈不断扩展边界、壮大规模的重要动力来源。

三、相关层

数字贸易生态圈的第三层为相关层，技术供应商、广告和营销服务提供商、培训机构、咨询公司等寄生物种均位于此层。相关层中各机构和企业不直接参与数字贸易的核心交易过程，但是能够通过为核心层和环心层的各物种提供专业化和针对性的服务，间接推动数字贸易交易的进行。这些服务是由于数字贸易的出现而衍生出的专项服务，对数字贸易生态圈具有很强的依赖性，例如，连连数字旗下的连连智能营销与雨果跨境旗下的雨课均位于生态圈相关层。其中，连连智能营销能够针对跨境国际营销中的媒体渠道、广告投放、创意策划等诸多痛点，为跨境电商打造连接全球媒体资源以及帮助选品和一站式全平台投放的营销云系统服务；雨课则能够提供亚马逊、全球速卖通、eBay等数字贸易平台的精品视频培训课程，为数字贸易领域输送人才。

综上所述，相关层在生态圈的相对外围，能够帮助完善生态圈功能和基本架构，是助力数字贸易交易顺利进行的催化剂。

四、外部层

数字贸易生态圈的外部层又称数字贸易生态圈内环境，主要指生态圈内各物种周边的产业环境，是介于宏观数字营商环境和微观企业内部环境之间的中观经济环境，包括产业壁垒、产业生产经营规模、产业内及产业间竞争情况、产业内供需情况、产业发展前景等。

产业环境的平稳与否和各物种的持续发展息息相关。若产业环境稳定，则各产业部门能够充分运用数字技术发展实现产业升级，促进产业环境进一步优化，进而推动各产业生产经营规模有序扩张、生产效率提高、竞争秩序向好和供给需求平衡，助力在此产业环境中生存的物种实现稳定发展。若产业环境混乱，则可能使得各产业部门生产经营面临的不确定性增加，导致产业规模收缩、产业内及相关产业间竞争不平衡加剧和产业发展滞后，致使产业所在圈层和圈层内各物种难以维持动态平衡状态。综上所述，数字贸易生态圈的外部层既是滋养各物种生存、成长的土壤，又充满了多变的不确定性因素，时刻对各圈层的平衡稳定提出挑战。综合本节相关内容，将数字贸易生态圈模型归纳如下（见图 9－3）：

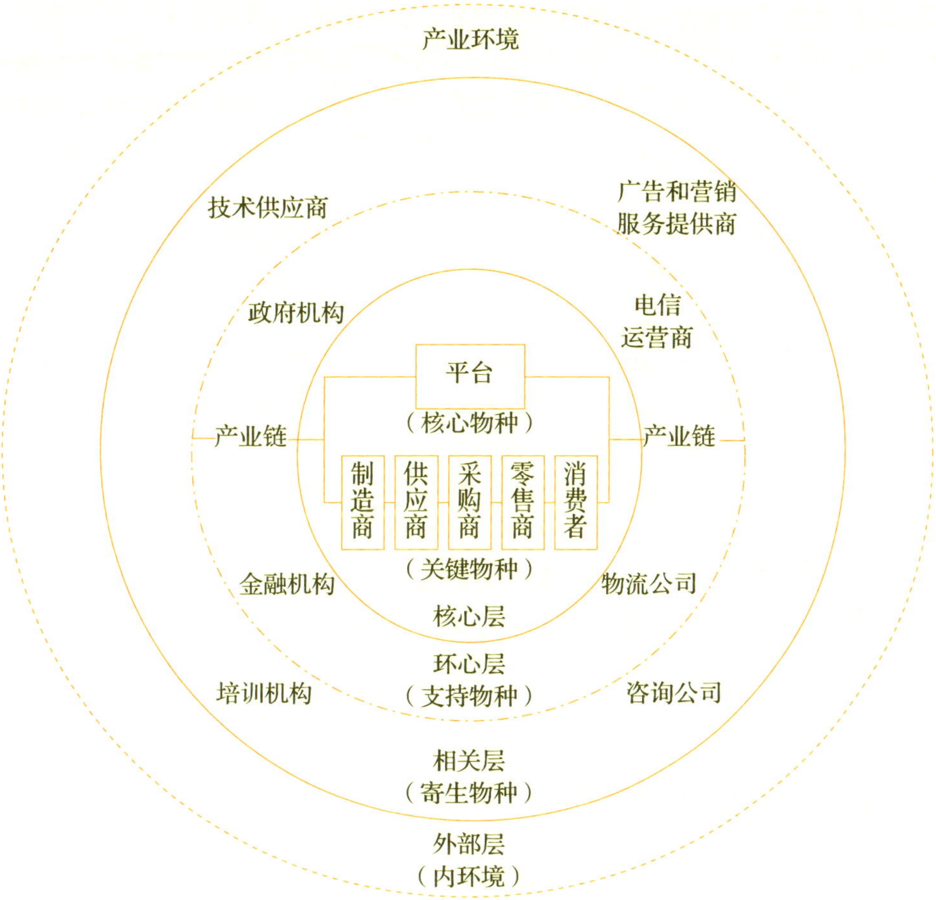

图 9－3 数字贸易生态圈模型

第三节 核心物种在数字贸易生态圈中扮演的角色

一、角色定位：管理服务者

核心物种通过提供商务平台和管理服务，在数字贸易生态圈内进行资源整合与协调，扮演着管理服务者的角色，典型代表为开放型全球数字贸易平台和跨境电子商务平台。具体而言：

第一，作为数字贸易交易双方的连接中枢，核心物种可以帮助削弱各类交易壁垒，降低交易双方搜寻成本，促进数据的流动与交换，提高交易成功的可能性。例如，敦煌网为来自不同国家和地区的买家提供英语、西班牙语、葡萄牙语等多种版本的语言系统，大大降低了各方语言沟通障碍。与此同时，核心物种可以通过较低的平台进驻门槛和巨大的潜在市场空间吸引全球卖家进入生态圈，增加买家可选商品和服务种类，并为双方提供智能匹配、在线交流等形式的多元化、个性化服务。

第二，作为数字贸易生态圈的资源整合者，核心物种可以对数字贸易产业链、供应链上下游资源进行整合和协调，为链条中的不同环节提供数据资源共享服务和数字信息技术支撑，以此带动产业链、供应链的智能化转型。例如，全球速卖通通过整合产业链上下游资源，广泛应用大数据、云计算、人工智能等数字技术，为用户提供包括全球性销售渠道、物流运输、在线支付等在内的一站式智能服务。

第三，作为数字贸易弱势群体的保护者，核心物种可以帮助中小卖家以更低的成本、更快的速度进入目标市场，使其获得与大卖家同等的市场竞争机会，并为其降低跨境交易中存在的不确定性，降低贸易风险，形成良性循环。根据亚马逊发布的《2021年英国中小企业影响报告》，2020 年有超过 6.5 万家英国中小卖家在亚马逊上销售产品，其中约 65% 将产品出售给世界各地的客户，且所有中小卖家的平均销售额超过 30 万英镑，比上一年平均增长 20 万英镑。

第四，作为数字贸易交易的协调者和监管者，一方面，核心物种可以通过规则制定维护交易双方的利益公平，协调各方需求，及时为交易双方打通沟通交流渠道，以维持生态圈的稳定运转；另一方面，核心物种可以通过严格审核平台内卖家经营资质，对其发布的商品或服务信息建立检查监控制度，防止平台秩序被扰乱。与此同时，核心物种能够对交易过程进行严密监管，合理收拢买卖双方权限，保证交易环境的安全性和交易主体重要信息的隐私性。

二、如何保持动态平衡状态

核心物种作为数字贸易生态圈的管理服务者，不仅要保持其行业内部，即平台之间的动态平衡状态，还承担着维持整个生态圈动态平衡的职责。具体而言：

一方面，平台经济独特的竞争方式使得其行业内部呈现头部平台规模庞大、行业集中度高的特点，会导致平台垄断和资本无序扩张的问题，这会扰乱正常的市场竞争秩序，也会损害平台内买卖双方的合法权益。如限制卖家只能与自己合作或不与特定竞争对手合作的“二选一”要求，以及利用消费者个人数据和数字技术手段刻画用户画像以实施价格歧视的“大数据杀熟”行为等。因此，为保持行业内部的动态平衡，第一，各平台应积极接受社会各界的监督，停止实施“二选一”、大数据杀熟、算法共谋等滥用市场支配地位的行为，避免资本无序扩张；第二，各平台应加强与其他平台的互联互通，防止系统封闭，确保生态开放共享；第三，各平台应主动避免技术扼杀和规则算法滥用，以推动行业创新发展，确保经济社会安全及各方合法权益。

专栏 9－2 平台单寡头垄断市场结构的成因

另一方面，数字贸易生态圈内物种多样、结构复杂，各物种难以准确自我定位并与其他物种建立良好关系。因此，为维持整个生态圈的动态平衡，第一，核心物种应发挥自身管理协调能力，帮助其他物种在生态圈内进行合理定位，维持生态圈内部结构稳定和功能完善；第二，核心物种不应通过制定特定交易规则、协议或设计技术方案等方式对交易附加不合理条件，且应对买卖双方违约行为进行合理合规处置，以保障生态圈内的正常交易秩序；第三，核心物种应加强与其他圈层各物种的交流合作，并关注中小卖家的成长，帮助中小卖家扩大国内外市场经营规模、增强自身实力。

理论命题 9－1

跨境电子商务平台对违约行为的事前干预和事后查处收效不同：事前干预会减弱普通卖家获利能力，不利于公平竞争；事后查处会缩短消费者与卖家之间的心理距离，有利于防范交易风险并改善整体福利。

（参见：Shuzhong Ma，Yuxi Chai，Fu Jia. " Mitigating Transaction Risk for Cross-border E-Commerce Firms: A Multiagent-Based Simulation Study," *International Business Review*，2022，31（04）.）

第四节　关键物种在数字贸易生态圈中扮演的角色

一、角色定位：客户

关键物种作为数字贸易交易的主要参与者，在数字贸易生态圈中扮演着其他物种的客户的角色，典型代表有制造商、供应商和零售商等卖家以及采购商和消费者等买家。关键物种在接受生态圈其他物种服务的同时，还能够促进其他物种发展。具体而言：

一方面，在寻找交易对象和达成交易意向的过程中，关键物种既需要传统贸易和数字贸易共有的交易匹配、市场定位等服务，又需要数字贸易新衍生出的在线商品展示、在线沟通交流等服务。数字贸易生态圈的核心物种可以为关键物种提供包括网络平台接入、商品信息上传、在线咨询沟通、订单接收等在内的多种服务，并能够以自身具有的丰富资源帮助卖家选择低风险目标市场、开拓新目标市场、精准定位目标群体、提高运营效益。相应地，作为客户的关键物种能够通过不断达成交易订单帮助核心物种创造价值、提高效益、扩大规模，从而形成二者互相促进的良好格局。

理论命题 9－2

为了降低贸易风险，跨境电商企业在进行出口市场选择时，不仅倾向于风险更低的目的国市场，而且倾向于开拓新的目的国市场。

（参见：马述忠，胡增玺．跨境电子商务对我国企业出口市场组合风险的影响．财贸经济，2022，43（07）：149-164.）

另一方面，在完成交易订单的过程中，关键物种既需要传统贸易和数字贸易共有的支付结算、物流运输等服务，又需要数字贸易新衍生出的数据保护等服务。数字贸易生态圈的支持物种和寄生物种可以为关键物种提供网络连接、在线支付、定点配送、数字营销、隐私保护、信息咨询等多元化服务，并通过核心物种的资源整合和协调调度形成服务供应链，提高关键物种发布需求和获取服务的效率。相应地，作为客户的关键物种不仅仅是服务的接受者，还是服务供应链发展的促进者，其服务种类需求日益增多、服务质量要求不断提高，促使服务供应链不断延伸、升级。因此，关键物种内部的个体差异、多元化需求以及对服务满意度的反馈都会影响支持物种与寄生物种的成长与发展。

二、如何保持动态平衡状态

在数字贸易生态圈中，由于核心物种天然占据主导者地位，各物种的权力结构安排难以对称，因此并非所有关键物种都能从数字贸易生态发展中获利；并且，关键物种内部各成员，尤其是买卖双方之间，常存在对立和博弈，一旦双方或多方关系恶化，便会使得交易秩序陷入混乱。在此情况下，关键物种要实现自身利益最大化、保持动态平衡状态，需要从以下两方面入手：

第一，受核心物种影响最大的卖家应降低对核心物种的绝对依赖，提高价值创造能力、价值获取能力以及与核心物种的互补性。具体而言，卖家可以采取多重身份、多栖定制和平台镶嵌等战略。其中，多重身份战略是指向不同市场扩展业务范围，开辟多条增收渠道，规避单一商品销售方式和收入获取渠道的脆弱性风险，进而降低对平台的依赖性；多栖定制战略是指通过跨平台学习，增强针对平台特点进行差异化商品和服务开发的能力，从而提高与平台的互补性；平台镶嵌战略是指在现存平台生态中嵌入一个共生的子平台，延伸平台的原有边界，拓展平台的原有功能，吸引更多用户进入生态圈，从而提高与平台的互补性。①

第二，卖家与买家之间应相互尊重、相互理解，建立良好的沟通互动关系。具体而言，卖家应合理利用大数据等新兴技术，在保护买家隐私的前提下充分、及时了解买家需求，以提供多元化、个性化的商品和服务；同时，卖家应拓展宣传渠道，充分利用社交媒体扩大自身影响力，并避免信息误导、虚假评论、“刷单”等扰乱市场秩序的行为，帮助形成公平、公正的市场竞争环境。相应地，买家应以健康成熟的消费心理正确看待商品和服务的价格与价值，降低欺诈风险；同时，买家应对已购商品和服务做出真实、客观的评价反馈，在遇到交易纠纷时尽量保持冷静沟通，以保证买卖双方的良性互动。

---

① 王节祥，陈威如，江诗松，等. 平台生态系统中的参与者战略：互补与依赖关系的解耦. 管理世界，2021，37（02）：126-147.

第五节　支持物种在数字贸易生态圈中扮演的角色

一、角色定位：效率增进者

支持物种在数字贸易交易过程中为核心物种和关键物种提供最直接的服务，使系统整体更加富有效率，在数字贸易生态圈中扮演着效率增进者的角色，典型代表有政府机构、电信运营商、金融机构、物流公司等。具体而言：

第一，政府机构履行的市场监管、法规制定等职能是维持数字贸易生态圈顺利运转的根本保证。各国政府机构通过制定数字贸易发展战略、出台相关政策法规、加强规范监管工作等，能够营造公平的市场竞争环境，保障生态圈各物种的合法权益，提高数字贸易的便利化水平，增进生态圈的运转效率，促进生态圈的良性循环和交易环境的不断优化。

第二，电信运营商提供的稳定网络连接服务对于数字贸易生态圈的高效运转十分重要。数字贸易各环节的网络接入是交易订单能够顺利完成的最基础要求，网络传输速度越快，各环节交易效率越高。随着数字技术的飞速发展和 5G 时代的到来，各电信运营商正积极寻求行业变革，重构 IT 系统基础设施，努力实现从基础连接到万物智联的跨越。

第三，金融机构提供的融资、投保、支付等服务是提高数字贸易交易质量、提升数字贸易交易效率的重要助力。与数字贸易有关的金融机构包括传统金融机构和新型金融机构，其中传统金融机构主要指商业银行和保险机构，新型金融机构主要指第三方支付机构。商业银行为生态圈其他物种提供在线融资、投资和信息中介等服务，提高了金融服务质量和效率；保险机构运用大数据等技术对货物安全进行实时监测，并为卖家提供综合化、定制化投保服务；第三方支付机构直接与商业银行进行对接，为买卖双方提供快捷便利的在线支付服务，降低了交易的时间成本，提高了交易效率。

第四，物流公司提供的运输和仓储等服务是跨境商品准时、安全送达目的地的基础保障。运输公司可以利用大数据、云计算等技术，通过智能化互联手段，直接连通买卖双方，实现货物运输的高质高效；仓储公司也不断创新经营模式，在全球各地分布仓储库点，如海外仓、保税仓等，以满足数字贸易的小额化、分散化商品储存需求，提高配送效率。

二、如何保持动态平衡状态

第一，由于数字贸易是新兴贸易形式，数据安全、知识产权保护和市场秩序监管较薄弱，数字贸易产品跨境征税体系也未建立健全，政府机构可能会面临数据流动需求和监管之间的矛盾、知识产权方面的分歧、市场内平台垄断等不良竞争现象以及数字征税规范难以在各国统一的问题。在此情况下，政府应大力推动信息保护与监管制度建成和完善，逐步消除与其他各国政府在网络内容审查、阻隔措施、数据存储、源代码开放、技术标准等方面的分歧，明确数字贸易市场概念边界，建立完善的市场监管体系，并在保证税收公平的原则下建立数字贸易产品跨境征税体系。

专栏 9－3　中国维持数字贸易生态圈动态平衡的政策组合

第二，由于电信运营商属于资本密集型产业，重资产占比较高，业务往往横跨多个行业，因此其追求数字化变革、追赶各物种日益提高的网络连接要求的过程较为艰难。在此情况下，电信运营商应提高核心竞争力和可持续发展能力，进而为数字贸易生态圈的动态平衡贡献力量。一方面，电信运营商应全力打造以 5G 为中心的数智化基础设施，提供高质量的信息服务；另一方面，电信运营商应积极构建开放合作生态，与生态圈其他物种，尤其是核心物种进行资源互补、业务协同，从底层基础设施建设到具体应用场景设计，拓展数字贸易生态圈的功能边界。

第三，由于数字贸易同时涉及在线交易和跨境交易，因此对支付结算的便捷性和安全性要求较高，若交易纠纷事件频发，可能会导致核心物种信誉度下降，关键物种也可能因此退出此生态圈。商业银行可以大力发展供应链金融等新兴数字金融服务，为跨境企业提供全流程跨境金融服务；保险机构可以针对买卖双方量身定制整体避险方案，全面降低买家所购货物运送过程中的延误、破损、丢失风险和卖家可能面临的各类经营风险；第三方支付机构可以为客户提供个性化支付结算服务，并帮助商业银行进行数字货币推广，打破跨平台数字支付壁垒，提高支付安全性和隐私性。

第四，随着数字贸易规模不断扩大，物流企业数量快速增加，但与此同时，物流行业也存在服务质量参差不齐、服务流程有待规范、软硬件亟待升级等问题。在此情况下，物流企业应制定并遵守严格的服务标准，建立客户导向文化，同时重视在物流技术应用方面的投入，不断提升服务质量；物流企业可以搭建智慧物流信息管理平台，促进各个服务环节的协同作业，以及与其他物种的互相协作和信息共享，逐步规范服务流程；物流企业应持续推动信息化和智能化改革，尝试采用自动化仓储系统、无人机配送、智能路线规划等先进的物流技术与设备，同时加强与科技公司和科研机构的合作，加快实现软硬件设施的升级与创新。

第六节　寄生物种在数字贸易生态圈中扮演的角色

一、角色定位：增值服务者

寄生物种在数字贸易交易过程中为生态圈内其他物种提供增值性服务，在数字贸易生态圈中扮演着增值服务者的角色，典型代表有技术供应商、广告和营销服务提供商、培训机构、咨询公司等。具体而言：

第一，技术供应商所拥有的区块链、大数据、云计算、人工智能等技术能够帮助各物种突破发展中的技术瓶颈。例如，亚马逊云科技（Amazon Web Services）作为全球云计算的开创者和引领者，提出了面向跨境电商的多个技术架构指导，包括跨境数据湖、供给需求预测、数字化工作平台等，助力跨境电商从“野蛮生长”走向“精细化运营”；华为云推出全球多区域高速互联的跨境电商解决方案，搭配华为云高性能云数据库，能够为跨境电商打造高效搜索引擎，端到端保障其数据安全，并帮助其实现商品信息全生命周期管理。

第二，广告和营销服务提供商能够帮助在线销售的商品和服务进行有效宣传。随着数字技术发展和消费者需求观念改变，搜索引擎营销、社交媒体营销、内容营销和联盟营销等数字营销方式逐渐出现，大大降低了营销的时间和空间限制，减少了营销成本，扩大了营销受众。数字营销不仅有助于买家更快速地寻找到符合自身需求的商品和卖家，还有助于卖家更准确地把握买家消费心理变化，提高产品认可度和品牌声誉。

第三，数字贸易培训机构在提高数字贸易相关从业者工作能力的同时，也可以提高潜在卖家进入生态圈的可能性和现存卖家的经营活力。通过提供语言、技术、商务管理、数字贸易规则等培训课程，一方面，培训机构可以帮助生态圈培养适应全球市场变化的国际化专业人才，促进生态圈内人才的吸纳与交流；另一方面，培训机构可以通过帮助潜在卖家深入了解数字贸易交易流程、规则和风险，降低其试错成本，并帮助现存卖家突破销售瓶颈、提高销售业绩。

第四，数字贸易咨询公司主要为生态圈各物种提供法律、代理、认证等服务，并实时发布与更新行业新闻、政策解读等信息。通过咨询公司的帮助，一方面，各物种可以合理规避交易过程和经营过程中可能面临的法律风险，并节省信息查询的时间成本；另一方面，卖家可以加快实现经营资质、产品品质和数据保护能力等认证，并及时了解行业内部热点动态和政府最新政策要闻，进而增强自身竞争力、降低综合运营成本。

二、如何保持动态平衡状态

第一，技术供应商们掌握生态圈各物种的海量数据和信息，而个别技术供应商通过客户数据、信息非法牟利的行为，可能导致各物种对技术供应商这一群体的信任度下降；与此同时，许多技术供应商逐渐到达了自身的技术创新瓶颈，难以实现下一步突破。在此情况下，一方面，监管部门应出台更加强有力的政策防止信息泄露事件发生，技术供应商应更恪守行业规则并对内部员工进行严格监管；另一方面，各技术供应商可以加强与其他物种的跨领域、高强度协同创新，建立技术研发“朋友圈”，吸收各领域先进人才，推动产业集聚，并积极对接国家科技战略，努力突破创新瓶颈，保持动态平衡。

专栏 9－4 云计算产业集聚模式与其创新效应

第二，虽然数字化媒介不断为数字营销发展赋能，但部分广告和营销服务提供商仅简单将广告预算从传统媒体转移到数字媒体，未建立起用户数据收集、分析和利用体系，且忽视了用户体验与互动性，导致其数字化转型流于表面。在此情况下，广告和营销服务提供商应深入了解搜索引擎营销、社交媒体营销、内容营销等不同数字营销渠道的优势和限制，尽快建立用户数据池以通过数据分析追踪广告效果、用户行为和市场趋势，并创造趣味性、互动性更强的数字广告内容，不断优化数字营销策略。

第三，随着数字贸易的飞速发展，相关培训机构也如雨后春笋般涌现，但其所提供的课程和服务质量却参差不齐，更有部分培训机构打着培训的名义招摇撞骗，破坏了数字贸易生态圈的平衡。在此情况下，一方面，相关市场监管部门应及时进行整顿清肃，防止不良培训机构破坏生态圈的动态平衡；另一方面，培训机构应将线下、线上课程相结合，坚持需求导向，积极进行课程研发，致力于提供科学、便捷的一站式学习方案。

第四，由于咨询行业进入门槛较低，行业管理不规范，因此咨询公司的专业水准高低不一、服务质量难以保证。在此情况下，一方面，相关部门应加快制定统一的行业标准，保证咨询公司服务的专业化、精细化以及咨询公司所提供信息的时效性、真实性；另一方面，咨询公司应立足于客户需求，借助大数据技术为客户提供个性化服务，增强客户黏性，实现公司的长效发展，并且最大限度地利用现有资源、对接优质资源、实现资源增值，努力保持与同行企业的良性竞争。

第七节 数字营商环境与数字贸易生态圈

一、数字营商环境：数字贸易生态圈的外部生存环境

(一)“数字＋营商环境”：生态圈运转的基础性保障

一方面，数字基础设施建设中的信息基础设施建设可以通过对网络通信设施进行更新迭代，保障生态圈内各物种线上连接的稳定性；智慧物流基础设施建设可以通过优化交通基础设施和运载、仓储设备，保障生态圈内各物种线下连接的高效性；软件基础设施建设可以通过数字技术创新助力商务沟通、在线支付、网络借贷等平台的开发建设，保障各物种内部和物种间交流、交易的便利性。

另一方面，数字政务服务环境反映了政府服务与数字技术应用的结合程度。其中，

数字政务平台可以优化政府横向部门设置，减少政府纵向行政层级，实现扁平化治理，保障生态圈内各物种办理资格认定、经营许可等事宜的高效性。智慧政府则能够在人工智能、大数据等技术的支持下实现政务服务的精细化、智能化、便利化，并通过数据挖掘等技术手段建立智能决策系统，保障数字贸易相关政府部门决策制定的合理性和及时性。

（二）"数字营商＋环境"：生态圈扩张的外部驱动力

第一，数字市场规模的扩张可以为数字贸易生态圈内各物种提供更多交易机会，助力卖家为买家提供更多个性化、差异化的产品，实现生态圈物种内部的供需匹配。与此同时，数字市场规模越大，卖家的市场机会越多、经营成本越低，进而能吸引更多支持物种和寄生物种进入数字贸易生态圈，实现生态圈物种间的供需匹配。

第二，良好的数字市场秩序可以为数字贸易生态圈内各物种提供公平有序的市场竞争环境，引导各物种互相监督，减少垄断等现象出现的可能性。与此同时，良好的数字市场秩序有助于生态圈中诚信交易机制的建立，能够促进生态圈有序扩张。

第三，良好的数字安全保障能力能够保证数字贸易生态圈各物种的运营数据安全和隐私数据安全，减少数据滥用等事件的数量及其造成的损失，从而维护生态圈内各物种的合法权益，吸引更多关键物种进入生态圈。

第四，数字创新创业环境的优化可以有效激发数字贸易生态圈内各物种的优势与活力。数字创新创业的支持性政策有利于保护生态圈内各物种创新，从而激活个人与中小企业的创新能量；跨境电商综试区、数字自贸区等试验区的建立有利于数字贸易生态圈内产业链、供应链的打造，从而以点带面促进生态圈边界有序扩张。

二、数字贸易生态圈：驱动数字营商环境优化的动力

数字贸易生态圈的不断扩张和良性循环对数字营商环境的要求越来越高，驱动数字营商环境不断优化，具体而言：

第一，数字贸易生态圈集合了各方资源，并在生态圈各物种和各圈层间流转和共享，激励数字基础设施建设水平和数字政务服务效率不断提高。在数字基础设施建设方面，生态圈不仅能够推动高效的物流网络和仓储体系建设，提高整个国家或地区的货物流转效率，并助推全国、跨地区数字贸易物流网络的形成，还能够通过生态圈内统一支付规则体系的建设促进一国或地区数字贸易支付体系的建立和完善，扩大数字货币的应用范围，提高数字货币的接受度和认可度；在数字政务服务方面，生态圈能够促进先进数字技术的孕育和数字化人才的培养，并为政府部门提供技术经验、输送专业人才，助力数字政务平台和智慧政府的建设和完善。

第二，数字贸易生态圈内产业链和供应链的不断延伸、链条上下游资源的有效整合和各物种的协调合作，能够推动数字市场规模的不断扩大和数字市场秩序的稳步改善。一方面，生态圈通过对产业链、供应链的整合，可以把遍布世界各地的生态圈物种紧密连接起来，实现各圈层、各交易环节数据互联互通，进一步加强创新性知识交流和先进

技术合作，进而促进数字市场规模的扩张；另一方面，在区块链、大数据、云计算等前沿技术的协助下，生态圈虽汇聚大量数据信息资源，但很少产生信息冗余和混乱的情况，同时，通过核心物种的统筹和生态圈层的划分，可以使得各物种在进入生态圈后迅速找到自己的定位，并通过已有链条与上下游企业或其他圈层企业进行沟通互动和信息交流，有助于维持良好稳定的数字市场秩序。

第三，政府制定的数字贸易政策体系不仅要能有效刺激数字贸易发展，更应该能够对生态圈各物种的知识产权、商业机密和个人信息进行有效保护，因此数字贸易生态圈的发展能够倒逼政府提高数字安全保障能力。一方面，数字贸易生态圈可以作为政府数据安全立法的政策试点区域，扮演先行者角色，通过在完整的数字贸易交易流程中试行新政策，获取相关经验并提出合理的政策完善建议，进而助推一国或地区数据安全规则体系的形成；另一方面，数字贸易生态圈边界的不断扩张，可以促使政府制定更加严格和完善的数字贸易监管制度和相关法律法规体系，防止数据的肆意流动造成个人、企业甚至国家重要信息的泄露，提高各物种在交易过程中的信任感，从而营造更加安全、平稳、和谐的数字贸易交易环境和氛围。

第四，数字贸易生态圈具有的包容性使得原本在传统贸易中处于弱势地位的中小企业能够进入生态圈，通过数字贸易平台面向全世界的消费者，高效地参与数字贸易并且从中获利，进而推动数字创新创业环境的不断优化。在数字贸易生态圈建设初期，广大中小卖家和个体商户是进驻数字贸易平台的主要群体，在生态圈形态不断升级的过程中，也有越来越多的个人消费者作为卖家进入生态圈。因此，数字贸易生态圈的建设可以进一步发挥数字贸易普惠优势，释放数字贸易潜在需求，促进数字贸易包容性发展，激发数字创新创业活力。

本章小结：中国视角

数字贸易生态圈在传统贸易生态链基础上不断迭代和发展。分布于生态圈核心层的核心物种和关键物种、环心层的支持物种和相关层的寄生物种，分别扮演着管理服务者、其他物种的客户、效率增进者及增值服务者的角色。各物种在生态圈内既竞争又合作，并与生态圈内部产业环境及外部数字营商环境相互作用、互为制约，完成全流程数字贸易活动，在较长时间内保持动态平衡状态。

由于数字贸易正逐渐成为全球贸易发展的重要引擎和国际合作竞争的前沿领域，因此打造数字贸易生态圈将成为国际贸易新的竞争优势。中国作为数字贸易大国，既面临着贸易竞争优势转变带来的挑战，也拥有利用数字贸易生态圈建设提高全球数字贸易地位的潜力。在消费结构升级、数字技术发展、一体化物流网络全国性覆盖的驱动下，中国数字贸易生态圈经历了初步建设阶段和延伸拓展阶段，正持续推动自身结构调整，并向保持动态平衡的最终阶段稳步推进。

中国在推动数字贸易生态圈建设的过程中，采取了许多关键性举措，可以为世界各国，尤其是发展中国家提供借鉴：第一，中国积极制定数字贸易相关扶持政策，与周边国家建立互联互助的合作交流网络，进而降低数字贸易生态圈进出壁垒，减少来自不同国家的生态圈物种间的沟通成本，推动构建区域性生态圈与数据流动监管体系；第二，中国加快推动新型基础设施建设与信息技术高端人才培养，促进数字贸易新技术的“引进来”和“走出去”，鼓励建设广泛适用于各生态圈的技术标准与信息标准体系，为数字贸易生态圈扩张打下扎实的技术支持基础；第三，中国加强对本土企业的支持力度，助力建设开放性全球数字贸易平台，不断提升生态圈核心物种的国际影响力和资源分配能力，增强生态圈的包容性与普惠性，并在此基础上为生态圈内中小企业谋福利；第四，中国推进与发达国家、数字丝绸之路沿线国家以及《区域全面经济伙伴协定》各国的互联协作，促进生态圈内各物种的国际化发展，代表发展中国家向世界发声，为全球数字贸易生态圈的建设贡献中国力量。

标识性概念

数字贸易生态圈

思考题

1. 2020 年 5 月，新冠疫情期间，通过阿里巴巴国际站的线上 3D 看厂、视频会议同传等功能，深圳市硕腾科技有限公司拿到了高达 346 万美元的有史以来单笔最大海外订单。这种交易双方未曾谋面便达成订单的情况，在传统贸易中几乎不可能发生。试分析在此案例中，订单的达成直接依赖于哪些数字贸易生态圈物种？请说明各物种在此案例中所扮演的角色。

2. 每年的“双十一”“6·18”等电商购物节都是平台、卖家和消费者的共同狂欢。与此同时，“虚假红包诈骗”“预购诈骗”“快递诈骗”“先涨后降”“直播间售卖假劣”等各种恶性事件却频频发生，破坏了平台秩序和消费者购物体验。请以电商购物节为例，试分析在此类特殊时点，生态圈内各物种该如何应对上述乱象，维持生态圈的动态平衡？

3. 多边央行数字货币桥项目由中国人民银行、香港金管局等共同发起，旨在构建高效的多边央行数字货币支付平台，推进参与国央行数字货币国际化。实践证明，在生态圈内通过该项目进行交易时，支付结算效率大大提升。请结合金融机构和技术供应商在生态圈内扮演的角色，延伸思考我国应如何借助数字人民币的国际化，参与构建对我国数字贸易发展有益的全球数字贸易生态圈？

4.《区域全面经济伙伴关系协定》（RCEP）于 2022 年 1 月 1 日正式生效，而 RCEP 中的“海关程序和贸易便利化”“电子商务”“服务贸易”“中小企业”“经济技术合作”等章节的内容都与数字贸易生态圈的发展息息相关。请结合政府机构这一支持物种在生态圈内扮演的角色，试分析 RCEP 将如何助力各协定国政府制定数字贸易发展战略，进一步推动数字贸易生态圈建设？

5. 2022 年 11 月，深圳市商务局发布《深圳市数字贸易高质量发展三年行动计划

（2022—2024 年）》（以下称《行动计划》），提出要从开展新基建、培育市场主体、打造服务平台、完善治理体系等方面推动数字贸易高质量发展，构建数字技术创新引领的数字贸易生态圈。请结合数字营商环境与数字贸易生态圈之间的关系，试分析《行动计划》将如何影响深圳市数字贸易生态圈的建设与扩张？

延伸阅读

[1] Subramaniam M, Iyer B, Venkatraman V. " Competing in Digital Ecosystems," *Business Horizons*, 2019, 62（1）：83-94.

[2] 李广乾，陶涛．电子商务平台生态化与平台治理政策．管理世界，2018，34（06）：104-109.

[3] 王节祥，陈威如，江诗松，等．平台生态系统中的参与者战略：互补与依赖关系的解耦．管理世界，2021，37（02）：126-147.

第十章 开放型全球数字贸易平台

本章导读

数字经济背景下，平台逐渐成为最重要的商业组织形态，对促进国民经济发展起到举足轻重的作用。随着 B2B 与 B2C 复合趋势的进一步凸显、企业数字化转型的复杂化和数字服务需求的多样化，跨境电子商务平台逐渐向开放型全球数字贸易平台转变。开放型全球数字贸易平台的蓬勃崛起惠及了更多贸易主体，推动了普惠贸易的实现。通过本章的学习，读者可以快速掌握平台、开放型全球数字贸易平台、跨境电子商务平台、普惠贸易的内涵与外延，了解开放型全球数字贸易平台的产生背景与阶段性表现，为深入理解全球数字贸易平台的 B2B2C 模式奠定基础。

第一节 平台的内涵与外延

一、平台的内涵

随着数字技术的快速发展与广泛渗透，全球化分工合作进一步加深，以互联网平台企业为代表的平台经济迅速崛起。截至 2020 年底，全球市值排名前 10 的企业中数字平台企业市值比重已达到 74.8%，规模达到 8.87 万亿美元。[①] 平台成为数字经济发展的强力引擎。

2021 年 2 月，《国务院反垄断委员会关于平台经济领域的反垄断指南》（简称《反垄断指南》）印发，指出平台的实质是一种商业组织形态。作为数字服务中介或互联网应用的一种组织形态，一方面，平台是企业在市场经营过程中面向消费者群体的一种商业选择；另一方面，平台是传统企业在数字化转型过程中所接纳和依赖的一种商业选择。

---

① 互联网平台治理，正在成为全球议题！. 人民论坛网，2021-12-20.

数字技术是新工业革命时期产业发展的新引擎，是数字经济形成和发展的助动力[①]，包括一切与电子计算机相伴相生的科学技术，既涵盖万维网等传统数字技术，又涵盖5G、人工智能和大数据等前沿数字技术。数字技术不仅能够改变生产和消费模式，还可以产生新的数字产品和服务。以数字技术为支撑的数字基础设施是当前和未来平台建设的重要支撑，如以物联网设施为代表的网络类基础设施和以数据中心为代表的算力类基础设施等。

《反垄断指南》指出，平台的参与者为相互依赖的双边或者多边主体，既包括互联网中最普遍、最基础也是最小单元的用户，如卖家、买家、供应商、采购商和服务商，也包括平台经营者自身等非平台用户。《反垄断指南》认为平台主体之间的相互作用是一种“交互”。这是因为平台主体能在营销、交易等环节相互影响，产生并借助数据这一数字经济时代的核心生产要素来降低信息不对称，提升交易效率。《反垄断指南》还将特定规则纳入平台的定义中，如平台经营者必须认真履行法定义务，遵守国家法律法规，积极承担主体责任，管控平台上的入驻用户。因此，平台的参与者是相互依赖的双边或多边主体，且需要在特定规则下交互。

此外，《反垄断指南》认为平台的核心目标是实现价值共创。一方面，平台可以提供不依赖数据赋能的传统数字服务，如支付服务等，这类数字服务的最终价值既要考虑到平台用户的使用黏性，又要考虑到平台经营者的技术基础和经营能力。另一方面，平台可以提供基于数据的新型数字服务，以帮助不同主体打破传统边界，在实现商业生态系统广泛互联的基础上不断共享创新，如精准营销等。以阿里巴巴国际站为例，其通过基于大数据的综合服务优势实现平台与用户的价值共创和协同进化，从而提升中小企业的核心竞争力。

综上所述，平台是指基于数字技术促使相互依赖的双边或者多边主体在特定规则下交互并实现价值共创的商业组织形态。

专栏10-1 平台经济反垄断监管的新问题

二、平台的外延

平台包括一切能够促进各主体商品与服务交易的数字服务中介，具体包含电子商务类平台，如淘宝等零售购物平台；生活服务类平台，如美团等外卖平台；娱乐服务类平

---

① 余东华，李云汉．数字经济时代的产业组织创新：以数字技术驱动的产业链群生态体系为例．改革，2021（07）：24-43.

台，如微博等社交平台；信息服务类平台，如澎湃等新闻平台；金融服务类平台，如支付宝等支付平台；以及计算服务类平台，如阿里云等云计算平台。

参考欧盟委员会的相关定义，本教材认为众多平台外在表现为数字服务中介。这既包括在不同企业间提供数字服务的第三方平台，又包括以独立站为典型代表的在企业内部不同部门间提供数字服务的自建平台。其中，独立站是指基于数字技术建立的，拥有独立域名，内容、数据、权益私有，具备独立经营主权和经营主体责任，由社会化云计算能力支撑，并可以自主、自由对接第三方软件工具、宣传推广媒体与渠道的新型平台，是电子商务类平台的重要组成部分。

2021 年 10 月国家市场监督管理总局发布的《互联网平台分类分级指南（征求意见稿）》提出，对平台进行分类需要考虑平台的连接属性和主要功能。在此基础上，本教材结合平台上各主体交易的具体标的和鲜活的经济事实，认为除了商品交易外，平台还可以按照服务模式分为生活服务（连接人与服务）、社交娱乐（连接人与人）、信息资讯（连接人与信息）、金融服务（连接人与资金）和计算应用（连接人与计算能力）等五类。

第二节　全球数字贸易平台的产生与发展

一、全球数字贸易平台产生的背景

（一）B2B 与 B2C 复合趋势显性化

随着互联网产业的兴起与繁荣，越来越多的消费者和企业推崇“让购物跨越国界”的消费理念和市场目标，逐步探索新的交易方式和交易渠道。B2C 模式助推了跨境电子商务的发展，但伴随着小额高频 2B 订单的增多，B2B 模式也迅速崛起。随着贸易线上化程度的不断提高，小额化、多元化和短期化订单爆发式增长，跨境电子商务 B2B 模式逐步拓宽业务范围，在一定程度上也呈现出 B2C 模式的某些特征。以助力中小企业出海为核心业务的阿里巴巴国际站，通过联合菜鸟和阿里云等团队，不断拓展自身业务范围，以解决通关、退税和金融服务等方面的难题。对于消费电子产品等特定行业而言，日趋丰富的消费者个性化需求使得批量化供给的缺点被放大，B2B2C 模式逐渐显现。

对于跨境电子商务平台而言，其本身的缺陷无法满足 B2B 与 B2C 复合趋势下的个性化需求，主要体现在以下方面：第一，跨境电子商务平台大多支持单一的 B2B 或 B2C 模式，难以解决批量化供给与个性化需求之间的矛盾。部分跨境电子商务平台对行业和自身认识不足，仅仅将跨境业务作为一种收入来源，而不愿持续地投入资金和技术，难以实现综合服务能力的提升。第二，跨境电子商务平台难以精准处理繁多的商品交易数据，无法捕捉消费者的个性化需求，使得平台上的买卖双方之间存在信息不对称等问题。以农产品跨境电子商务为例，国内农产品经营者和生产者对于自身的发展情况有比较深入的了解，但对国外消费者的需求感知存在滞后性。国外消费者有明确的消费需求，但对生产端的具体状况知之甚少。第三，跨境电子商务平台模糊的市场定位，导致了流通商品严重的同质化竞争，这使得部分商家以牺牲商品品质为代价进行降价出售，严重损害了消费者的相关权益。大部分企业对自身认知不足，且市场定位模糊，造成了类似商品的大幅集中，平台提供的服务大同小异，使得平台用户的体验感大幅下降。

（二）企业数字化转型挑战复杂化

在全球经济格局加速演变的背景下，数字化转型成为企业生存和发展的必然选择。作为国民经济细胞，企业的数字化转型是产业升级的微观基础，也是全球经济可持续发展的新动力来源。然而受限于核心技术落后和专业人才短缺等问题，企业在数字化转型过程中遇到的挑战也更为复杂，主要体现在以下方面：第一，多数企业数据资产积累薄弱，应用范围偏窄。多数企业仍处于数据应用的感知阶段而非行动阶段，尚未构建覆盖全流程、全产业链和全生命周期的工业数据链，内部数据资源无法互联互通，外部数据资源难以高度融合，数据的应用范围局限于舆情感知和风险控制等有限场景。第二，部分企业转型方向不明确。面对复杂多变的市场环境，部分企业难以发掘未来竞争的着眼点和商业模式，数字化战略部署表现出被动性和盲目性特征，不能为企业发展提供指导性方案。对于大多数企业而言，数字化转型战略难以跨越企业层级流动，且难以跨越业务领域进行拓展，往往在由上至下的传导中失真。第三，部分企业自身能力不足，难以打造核心竞争力。数字技术难以独立掌握、数据信息难以独立获取、数字人才难以独立培育等难题对于企业而言，是短期内难以跨越的鸿沟。2021 年中国信息通信研究院发布的《数字经济就业影响研究报告》指出，中国数字化人才缺口已接近 1 100 万。

跨境电子商务平台受限于自身技术和盈利模式，无法解决企业数字化转型面临的复杂挑战，主要体现在以下方面：第一，传统的大型跨境电子商务平台以 B2B 业务为主，较为单一的模式要求对企业进行绑定，为其提供基础性服务，而无法解决个性化需求。第二，企业需要在全球范围内最大限度地调动有利于数字化转型的生产要素，更好地洞悉市场需求，从而有针对性地提供产品和服务。跨境电子商务平台受制于本身的双边局限性，并不完全具备有效整合全球市场和资源的能力，且无法承受随之而来的高额推广成本。第三，企业在数字化进程中会面临短期利润减少的难题，其希望平台能够提供更为廉价的服务以减少自身的短期损失。与之矛盾的是，跨境电子商务平台需要从服务中获取利润，与企业的廉价服务需求存在冲突。第四，企业希望减少平台上的竞争，从而降低数据信息获取和数字人才招聘的难度。与之矛盾的是，跨境电子商务平台希望通过引进更多竞争性企业以获取更大的利润。自 2016 年 9 月以来，跨境电子商务平台为争夺中国制造商，相继推出有针对性的企业出海计划，大批传统制造商之间的资源竞争更为激烈。

（三）企业数字服务需求多样化

数字技术和实体经济的融合推动了生产模式的创新，价值创造过程也从传统单向链式过程转向网络化协同共创模式。在这一过程中，企业产生的全方位服务需求日益增多，主要体现在以下方面：第一，消费场景与消费群体细分需求日益强烈。在消费升级的背景下，不同年龄段、不同地区和不同偏好的消费者呈现出日益多样化的消费诉求，企业需要更精准地定位消费群体并实现场景细分。如垂直鲜花电商深耕鲜花市场，专业度高，但供应链成本压力较大，需要通过细分目标消费群体和消费场景，以实现有限资源的优化配置。第二，外贸流程的优化与调整需求日益强烈。外贸操作系统包括推销、询盘、签订合同、进口商开信用证和报关通关等二十多个环节，涉及关、检、汇、税等政府部门。复杂的外贸环节、专业化的外贸术语和巨大的经济政策不确定性，成为外贸企业和从业人员亟待解决的难题。第三，进出口产品质量安全监测是关系到平台和企业合规经营的要义，也是企业在目标市场能否获得优势的关键。在中国消费者协会以及北京、上海、深圳等消费者协会组织的 2020 年商品质量测试中，线上采样商品的不达标率为 38.70%，商品质量难以得到保障。

跨境电子商务平台因为自身的短板和不足，无法满足日益多样化的数字服务需求，主要体现在以下方面：第一，全方位服务需求严重超出了跨境电子商务平台原本的功能设计和承载能力。跨境电子商务平台大多支持单一的商业模式，无法提供企业发展所需的一揽子数字化服务。大部分跨境电子商务平台仍以丰富商品、获取利润和完善系统等基础服务内容为工作重点，尚未对平台的承载能力和发展创新进行规划。第二，外贸操作流程的优化需要跳出思维局限，在与政府部门充分协商和沟通的基础上展开。以信息通信技术为核心的跨境电子商务平台，并不具备整合供应链条上所有部门与资源的能力，且与关、检、汇、税等政府部门的沟通效率较低。第三，质量检测环节并未实现线上化，且关键环节涉及各国质量标准和各类专业性的安全监测，跨境电子商务平台并未触及相关内容。第四，平台上数字化工具质量较低，难以提升客户体验。一方面，数字化工具质量参差不齐，如引流工具所带来的流量转化率较低。另一方面，数字化工具效果可视化程度较低，尽管可能带来可观的利润，但用户并不能确认使用数字化工具的效果。

二、全球数字贸易平台发展的阶段性表现

（一）跨境电子商务平台阶段

随着经济全球化程度的不断加深，消费者的个性化需求日渐增多，加之互联网技术的不断更迭，跨境电子商务平台呈现出日新月异的发展局面，纵观其发展历程，可分为以下三个阶段：

第一，萌芽期，时间为 1998—2004 年。这一阶段的跨境电子商务平台并不参与交易过程，也无线上交易方式，仅仅扮演信息收集的角色，支付、物流和通关等环节均线下完成，无法沉淀真实的交易数据。亚马逊和 eBay 在欧洲市场的登陆，揭开了跨境电子商务平台发展的序幕。此时的亚马逊平台商品品类较为单一，仅限于图书类。阿里巴巴国际站则主要提供信息撮合服务，通过推广国内中小企业的产品，达到帮助其出口的目的。

第二，成长期，时间为2004—2015年。随着线下交易向线上转移，信息平台在线上物流配送兴起的背景下逐渐蜕变为可以实现信息数字化的线上交易平台。这一阶段，从事跨境贸易的交易双方可以利用跨境电子商务平台提供的线上交易功能，逐步实现交易流程的线上化。随着越来越多的卖家入驻，单一的在线交易模式不足以支撑多元化的发展需求，行业内部竞争也日趋激烈。此时的亚马逊平台逐渐开拓出适合自身发展的道路，不断拓展产品的经营范围，进军服装箱包和电子通信等领域，并与第三方电商平台卖家进行合作。敦煌网则开创了中国跨境B2B线上交易的先河，助力中小企业更好地开拓国际市场。B2C出口领域的速卖通和兰亭集势等平台使得中小企业直接跨境销售成为现实，B2C进口领域的洋码头和天猫国际等平台使得消费者直接跨境购物成为现实。

第三，成熟期，时间为2015—2019年。信息通信技术更新加快，催生出消费者多样化的服务需求，跨境电子商务平台向规模更大、业务更广的方向拓展。此阶段从事跨境贸易的交易双方能够利用平台上积累的交易数据和技术手段，实现供给和需求之间的高效匹配，并借助平台所提供的低成本和专业化的供应链服务完成线上交易。此时的亚马逊平台通过收购视频公司和游戏公司等途径，不断完善自身的商业版图，可以为买卖双方提供销售和评级等多种详细的资料数据。阿里巴巴国际站信保业务的全面上线使得交易全链路数据基本实现沉淀，且平台汇聚的两千多种数字化工具可以提供全方位的供应链服务。

（二）开放型全球数字贸易平台阶段

随着数字贸易的深入发展和数字技术的广泛应用，数字服务提供商可以通过平台方式集聚供需双方，形成专业性或综合性的全球数字贸易平台。开放型全球数字贸易平台与跨境电子商务平台均是虚拟的互联网交易平台，可以为传统贸易中的弱势群体参与国际贸易提供帮助。二者的不同之处主要体现为全球数字贸易平台具备提供一揽子数字化外贸解决方案的能力，能够打破各类贸易壁垒，促进线上统一大市场的形成和发展。具体而言，开放型全球数字贸易平台区别于跨境电子商务平台的特征主要包括以下内容：

第一，多边化。跨境电子商务平台以“卖全球、买全球”为主要愿景，并没有多边化的特点，且数字资源整合和治理能力较差，无法满足贸易弱势群体数字化转型的资源要求。开放型全球数字贸易平台面向全球范围内的市场主体，能够弱化国别属性，致力于实现“全球卖、全球买”的愿景，具备整合全球数字资源的能力和条件。以阿里巴巴国际站为例，其建立在全球市场的基础之上，通过不断拓展优质的贸易渠道，可以帮助世界各地的商家直接面对来自世界各地的消费者。

第二，数字化。跨境电子商务平台以传统商品为主，且受限于技术应用短板和数据管控，无法进行大量的数字内容产品交易。开放型全球数字贸易平台上的交易标的包括数量庞大的数字内容产品，且外贸全流程实现了高度的数字化。以敦煌网为例，其在全面整合关务系统、国际物流系统、支付服务系统和金融服务系统等四大模块的基础上，通过打通全贸易链条上的各个服务环节，可以为外贸企业提供一站式外贸综合服务解决方案，实现外贸全流程的数字化。

第三，智能化。跨境电子商务平台无法进行精准营销，只能通过绑定的方式提供基础性服务。开放型全球数字贸易平台基于大数据、云计算和人工智能等数字技术，可以为买卖双方提供智能化的精准营销和交易履约等服务。以贸易弱势群体为例，其在开放型全球数字贸易平台上可以依据自身需要，有针对性地选择服务内容。以亚马逊为例，其借助平台所积累的海量交易数据和资源，通过搭建数字化和智能化的营销渠道，能够精准了解客户的潜在需求，实现与用户的全方位互动。

第四，生态化。跨境电子商务平台受限于自身的资源整合能力，只能提供某一单元的服务内容，无法提供一揽子数字化外贸解决方案。开放型全球数字贸易平台可以整合社会资源，与政府部门、高等院校和行业协会等一道参与数字贸易的发展建设，提供一揽子数字化外贸解决方案，且方案中的各类服务内生于平台生态圈。以敦煌网为例，其积极利用西安等地丰富的高校教育资源，力推校企合作和产学结合，不断推动高校教育中的职业技能教育，促进数字贸易人才培养向体系化、标准化和规范化发展。

开放型全球数字贸易平台作为信息匹配平台和价值创造平台，可以借助自身整合全球数字贸易资源的能力，引领数字贸易发展呈现新态势。然而，开放型全球数字贸易平台仍然面临多方面的挑战。数字内容产品的易拷贝、易修改和易传播等特性使得盗版现象普遍存在，严重损害了数字贸易提供商和平台运营商等利益相关者的权益。除此之外，数字创新能力不足、行业规则不完善和市场秩序难维持等因素也制约了开放型全球数字贸易平台的进一步发展。

专栏 10-2　中国数字内容产品盗版现象

第三节　开放型全球数字贸易平台与跨境电子商务平台

一、开放型全球数字贸易平台的内涵与外延

（一）开放型全球数字贸易平台的内涵

在跨境电子商务向全球数字贸易蜕变的背景下，数字技术对经济社会发展产生了重大影响。2019 年 12 月，浙江大学中国数字贸易研究院发布的《中国中小企业跨境电商白皮书》（以下简称《白皮书》）认为，全球数字贸易平台是一种多边贸易平台，其面向世界各地的市场主体（卖家、买家、供应商、采购商、服务商等）。全球数字贸易平台能够云集世界各国的采购商和供应商，使所有商家成为利益共同体，极大地减少了贸易

主体间的摩擦，进一步弱化了国别属性。

《白皮书》指出，相比于跨境电子商务平台而言，通过人工智能、大数据和云计算等数字技术，全球数字贸易平台能够匹配全球买卖双方需求，促使交易双方实现精准交换。全球数字贸易平台能够借助数字技术的有效使用，加速商品在全球范围内的自由流动，助力“全球卖、全球买”的实现。以敦煌网为例，其依托数字技术建立的数字贸易智能生态体系，能够实现信息层面和资金层面的循环优化，加速商品自由流动，并利用沉淀的海量数据进行不同类型的供需双向精准匹配，打造数字经济时代的外贸新生态。

相比于跨境电子商务平台仅能提供一系列外贸解决方案，全球数字贸易平台可以为全球范围内的买卖双方提供多样化的“本地制造”和定制服务，通过引入第三方服务商，提供具有生态化特征的一揽子数字化外贸解决方案。此外，全球数字贸易平台利用掌握的消费端数据，可以实现消费侧和供给侧的精准匹配，进而促进网络协同制造和大规模个性化定制的高效实现。

开放型全球数字贸易平台具有内生化治理功能和能力。一方面，开放型全球数字贸易平台是全球数字贸易平台发展的产物，能够帮助市场主体基于现实需求实现自我发展和自我完善。另一方面，开放型全球数字贸易平台可以立足于现实条件和需求，开启发展模式和发展理念的创新与突破，并依托现有效用不断辐射社会各个领域，加快数据等要素的合理流动，推动构建更为开放的全球经济秩序。

开放型全球数字贸易平台可以通过有效使用物联网等数字技术，不断扩大资源调配范围，并通过聚集供应链上下游企业，形成网络聚集效应，助推形成更为开放与包容的数字贸易。开放型全球数字贸易平台可以让各类中小企业与消费者直接相连，通过减少交易环节等渠道将发展成果惠及各类贸易群体，助推形成更加普惠、平衡与共赢的数字贸易。

综上所述，全球数字贸易平台是指面向世界各地的市场主体（卖家、买家、供应商、采购商、服务商等），通过数字技术的有效使用，促使交易双方实现精准交换，助力“全球卖、全球买”，不仅能基于供应链管理提供一揽子数字化外贸解决方案，还能从需求侧积极对接智能制造的多边平台。开放型全球数字贸易平台具有内生化治理功能和能力，旨在构建开放型世界经济，推动数字贸易朝着更加开放、包容、普惠、平衡、共赢的方向发展。

（二）开放型全球数字贸易平台的外延

开放型全球数字贸易平台可以按照交易主体和运营模式进行类别划分。

按照交易主体划分，开放型全球数字贸易平台包括 B2B2C 平台、B2B 平台、B2C 平台和 C2C 平台。例如，正式成立于 2006 年的 TradeKey① 是 B2B 平台的典型代表，其致力于进行数据的采集和分析，凭借独特的商业匹配引擎和高效的推广工具，为全球 240 多个国家的供应商和采购商搭建了沟通桥梁。B2C 平台的典型代表是亚马逊，其正

① TradeKey 是沙特阿拉伯公司，全球运营中心位于巴基斯坦，服务器在美国，2009 年 9 月进入中国，在北京成立了官方代表处。

式成立于1994年，是全球商品品种最多的网上零售商，销售产品覆盖图书、影视、服饰、食品和玩具等多个行业，可以为消费者提供更高品质的购物体验。成立于1995年的eBay是一个可以让全球消费者在网上买卖物品的购物网站，也是全球最大的C2C平台。eBay以要求较为严格著称，其特点是卖家可以通过拍卖和一口价两种方式进行商品销售，且二手货交易占据较高比重。除此之外，开放型全球数字贸易平台的生态化、智能化和数字化特征，能够为B2B和B2C共生并存的贸易形态提供更为专业的技术支撑，助力B2B2C平台的形成。

按照运营模式划分，开放型全球数字贸易平台包括第三方平台、自营型平台和混合型平台。其中第三方平台是指平台方完全不直接参与销售商品，而是通过邀请贸易企业进驻平台的方式，向采购方提供商品和服务。如敦煌网全球数字贸易中心以海外运营中心作为国内产业集群在海外的支点，通过拓展不同类型的买家，帮助国内产业集群的商家完成全链路B2B2C渠道建设。自营型平台是指平台上仅有平台方销售的商品。如考拉海购在美国、德国、意大利、日本、韩国、澳大利亚等均设有分公司或办事处，能够深入产品原产地直采高品质的产品，从源头杜绝假货，在保障产品品质的同时省去诸多中间环节。混合型平台兼具第三方平台和自营型平台的特点，即平台方既作为平台基础设施的提供方，邀请贸易企业进驻，又作为普通贸易企业在平台上销售产品，如阿里巴巴国际站等平台。

二、跨境电子商务平台的内涵与外延

（一）跨境电子商务平台的内涵

随着互联网技术的不断发展，传统贸易愈发难以满足日益增长的居民消费需求和企业发展需求。在此情形下，跨境电子商务平台应运而生，对社会经济发展以及贸易变革起到了重要的推动作用。跨境电子商务平台是强调交易双方国别属性的双边平台。与开放型全球数字贸易平台强调“全球卖、全球买”不同，跨境电子商务平台更为强调“卖全球、买全球”。即相比于开放型全球数字贸易平台而言，跨境电子商务平台有着清晰的市场界限，卖家和供应商将平台视为区域性市场，买家和采购商在平台选购商品时能够明确知悉商品来源国。

与开放型全球数字贸易平台强调数字技术的有效使用相比，跨境电子商务平台强调的是信息通信技术的有效使用。即跨境电子商务平台普遍采用信息通信技术，难以实现数据的大批量捕捉和精准匹配，且数字技术使用率低，数字化能力不足。信息通信技术可以实现线下业务向线上的转变，大幅提高贸易效率，但难以实现数据的精准匹配，无法推动商业模式的创新与突破。

与开放型全球数字贸易平台相比，跨境电子商务平台综合服务能力较弱，加之受限于技术基础等因素，无法全面整合供应链上所有企业的全部需求，只能提供一系列外贸解决方案，以尽可能降低入驻企业的贸易成本。

与传统贸易相比，跨境电子商务平台的应用提高了贸易效率，促进了交易双方的高效互换。跨境电子商务平台简化了冗长的贸易链条，突破了地理距离等因素的限制，极大地提高了贸易效率。信息通信技术的使用使得贸易双方可以及时进行信息交流，且跨境电子商务平台所提供的支付和物流服务等功能极大地增强了贸易便利性，降低了从事国际贸易的门槛。

综上所述，跨境电子商务平台是指面向世界各地的市场主体（卖家、买家、供应商、采购商、服务商等），通过信息通信技术的有效使用，促使交易双方实现高效交换，助力“卖全球、买全球”，基于供应链管理提供一系列外贸解决方案的双边平台。

专栏 10－3　跨境电子商务平台发展存在的问题

（二）跨境电子商务平台的外延

与开放型全球数字贸易平台的分类类似，跨境电子商务平台也可按照交易主体和运营模式进行类别划分。

按照交易主体划分，跨境电子商务平台包括 B2B 平台、B2C 平台和 C2C 平台。例如，成立于 1996 年的焦点科技股份有限公司是国内最早专业从事电子商务开发及高新技术应用的企业之一，其面向全球提供中国产品的电子商务服务，致力于为客户提供全面的电子商务解决方案，是中国产品供应商和全球采购商共通共享的网上商务平台。成立于 2011 年的 Wish 是 B2C 平台的典型代表，其特点是淡化了品类浏览和搜索，将重点放置于关联推荐而非促销上，拥有更强的娱乐感和用户黏性，不依附于其他购物网站，自身便可以直接实现闭环的商品交易。成立于 2013 年的日本二手交易平台 Mercari 是典型的 C2C 跨境电子商务平台，其鼓励个人卖家之间的相互交易，通过分群经营的方式，快速串联出分享的生态圈。

按照运营模式划分，跨境电子商务平台包括第三方平台、自营型平台和混合型平台。例如，天猫国际具备典型的第三方平台特点，作为阿里巴巴旗下的进口零售平台，其致力于为中国消费者提供全球的优质商品，是帮助海外品牌直接触达中国消费者、建立品牌认知的首选平台之一。而作为自营型平台的代表，兰亭集势成立于 2007 年，以销售定制婚纱礼服起家。随着公司的发展，兰亭集势将主要目标市场定位于欧洲和北美地区的发达国家，其销售的商品品类涵盖服饰、3C 产品、家居和体育用品等 14 大类，商品数量达到数万种，并支持遍布全球的 20 多种支付方式。Lazada（来赞达）作为东南亚地区最大的在线购物平台之一，可以为消费者提供完善的购物服务，为卖家提供公平的竞争环境，兼具了第三方平台和自营型平台的特点，是混合型平台的典型代表。

理论命题 10－1

在跨境电子商务平台上，适度的行业竞争有利于企业出口，过度的行业竞争不利于企业出口，行业竞争程度对企业出口绩效的影响呈“倒 U 形”；随着企业入驻平台时长的增加，出口绩效受行业竞争的影响越来越小。

（参见：Shuzhong Ma，Qihui Liang. “Industry Competition, Life Cycle and Export Performance of China’s Cross-Border E-Commerce Enterprises,” *International Journal of Technology Management*，2021，87（02/03/04）：171-204.）

第四节　普惠贸易

一、普惠贸易的产生与发展

（一）互联网技术的兴起

20 世纪 90 年代以来，飞速发展的互联网技术对贸易主体、贸易流程和贸易产品产生了深远的影响，在改变国际贸易市场结构的同时，也降低了发展中国家的贸易门槛。一方面，发展中国家能够借助互联网引导国内外投资更多地流入技术含量较高的经济活动，推动经济体系的转型升级。另一方面，通过创建信息共享平台，互联网可以为产品销售和推广提供新途径，突破地理距离等因素对贸易的限制，帮助发展中国家提高国际贸易参与水平。

中小企业可以通过互联网享受到低廉的信息成本，以便更好地获取有关东道国市场、营销和法律服务等战略信息，进一步增强自身的全球竞争力。一方面，互联网特别是平台可以帮助中小企业及时获取客户信息，深入了解客户需求和消费偏好，赋予中小企业与大型跨国公司竞争的机会。另一方面，互联网可以帮助中小企业实现报关、运输、保险和退税等业务外包，从而增加产品的研发和销售投入。

（二）电子商务的快速发展

在国际局势面临诸多不确定因素、贸易保护主义抬头以及传统外贸增速趋缓的严峻形势下，电子商务的快速发展赋能了更多中小企业，惠及了更多消费者，极大地推动了普惠贸易深入发展。具体而言，电子商务对普惠贸易发展的影响主要包括以下内容：

第一，电子商务降低了贸易成本和贸易门槛。贸易弱势群体无须自建实体商店、铺设供应渠道，可以通过电子商务以更低的成本、更快的速度进入国内外市场，获得与大型企业同等的市场机会。电子商务可以减弱不同交易方在商务接触上的时空限制和地域文化差异，帮助企业以更低的营销成本实现更精准的广告投递。传统贸易模式下，企业需要花费较多时间与人力进行市场调研，而电子商务模式享有天然的数据优势，企业可以通过数据分析细分市场，明确目标客户群体，提高运营策略的针对性。

第二，电子商务减少了贸易环节，提升了交易效率。电子商务的核心优势在于减少中间环节，提高供应链效率。在电子商务模式下，流通链路更短，响应更及时，企业可以越过多层中间商直接与终端消费者进行贸易，缩短整个供应链，从而减少渠道费用加成，提高企业利润率，在降低交易成本的同时大大减少消费者等待时间。企业售前沟通、线上支付等均在电子商务平台上完成，可以避免中间环节被各种中间商和代理商压榨利润，大幅降低交易成本，有助于提升中小企业经营效率和利润空间，激发中小企业活力。对消费者而言，电子商务更加透明的交易信息降低了信息不对称造成的贸易风险。

第三，电子商务促进了经济主体间的广泛连接，加强了贸易网络化。经济主体之间通过电子商务尤其是跨境电子商务实现广泛连接，促使贸易活动从物理空间为主转向线上线下并重发展，大幅提升了贸易机会和私人边际收益，极大加强了国际贸易网络化。电子商务助推全球消费在线化程度不断扩大，商品贸易流通链条更加畅通，商品种类更加丰富，促使发展中国家和中小企业实现贸易全球化和消费全球化。

理论命题 10－2

电子商务能够提高居民主观幸福感，且这一积极效应具有普惠性，有利于实现精神生活共同富裕。

（参见：马述忠，张道涵，潘钢健. 电子商务对我国居民幸福感的影响：基于共同富裕视角. 计量经济学报，2022，2（03）：510-532.）

二、普惠贸易的内涵与外延

（一）普惠贸易的内涵

随着电子商务特别是跨境电子商务的兴起，贸易对微观主体的普惠性逐渐受到重视。借鉴 2005 年 4 月联合国发布的《建设可持续发展的普惠金融体系：扩大准入、促进增长与减少贫困》（Building Inclusive Financial Sectors for Development：Widening Access，Enhancing Growth，Alleviating Poverty）中有关普惠金融的定义，本教材强调普惠贸易的“普惠”应是指普遍惠及社会各类群体，即普惠贸易主体包括贫困地区、少数民族地区、偏远地区的居民以及困难群众等社会各类群体。

借鉴 2015 年 12 月中国国务院发布的《推进普惠金融发展规划（2016—2020 年）》中有关普惠金融的“机会平等、惠及民生”原则，本教材强调普惠贸易要保证各主体在可负担贸易成本下拥有平等参与贸易的机会。2013 年联合国亚洲及太平洋经济社会委员会在发布的《2013 年亚太地区贸易投资报告》（Asia-Pacific Trade and Investment Report 2013）中提出了“包容性贸易和投资”的概念，呼吁亚太区各国重视消除贫困和缩小贫富差距，让更多人参与经贸活动并从中获益。基于此，本教材强调普惠贸易的本质是所有人都能有效参与并从中获益。

综上所述，普惠贸易又称包容性贸易，是指作为贸易主体的社会各阶层和群体，特别是弱势群体，在机会平等前提下都能以可负担的成本全面有效地参与并获益的贸易活动。

（二）普惠贸易的外延

在有效提高贸易强势群体（通常为大企业）贸易参与能力的基础上，普惠贸易不仅能惠及贸易弱势群体（包括中小微企业和个体商户），使其可以直接参与贸易活动，而且还能惠及广大消费者，使其可以实现全球性消费，即普惠消费。

随着数字贸易的发展，在信息网络和数字平台的助推下，社会各阶层和群体，特别是弱势群体，都具有直接参与贸易活动的可能性，从而开启贸易的普惠时代。实际上，依托全球数字贸易平台，各类贸易主体得以最大限度地突破地理环境和基础设施的限制。数字贸易通过其“全球卖、全球买”的广延性和便利性，颠覆传统的国际贸易模式，为国际贸易营造出更加普惠和包容的发展环境。

具体而言，普惠贸易的影响对象主要可以分为三类：第一类是贸易强势群体（通常为大企业），普惠贸易可以增强这类群体的贸易参与能力。如阿里巴巴和敦煌网等大型企业可以借助普惠贸易的发展，拓展自身业务范围，吸引更多类型、更多地区的消费群体。第二类是贸易弱势群体（包括中小微企业和个体商户），传统贸易对于这类群体具有较高的贸易门槛，中小微企业和个体商户可以借助普惠贸易的发展解决技术水平低和市场抵御风险能力弱等问题。第三类是广大消费者，相对于传统贸易而言，普惠贸易能够帮助消费者低成本地接触到全球各地商品。消费者拥有更为多样化的选择，可以实现全球性消费，即普惠消费。

专栏 10－4 普惠贸易为经济发展注入新动力

第五节 B2B2C：全球数字贸易平台的未来

一、为什么 B2B2C 是全球数字贸易平台的未来

B2B2C 模式使得生产商可以处于与消费者直接进行协商沟通的前台，并通过减少中间商的介入，增加生产商的利润，从而提升生产商对于技术研发和产品创新的动力，形成生产商和消费者共赢的局面。在 B2B2C 模式中，B2B 就像是动脉血管，可以协调供应链，实现货物的大批量成交；B2C 既像毛细血管一样将货物运输至终端客户，又像神经末梢一般捕捉消费者的需求变动。

B2B2C 改变了传统的电子商务模式，将生产商、平台和最终消费者三方紧密地联合起

来，可以充分整合生产和零售环节的资源，必将成为全球数字贸易平台的未来。具体而言：

第一，B2B2C 模式可以帮助全球数字贸易平台实现更加精准的供需匹配。B2B2C 模式的全球数字贸易平台可以为企业提供更有效的一揽子数字化外贸解决方案，帮助企业利用平台积累的海量数据对线上线下业务进行合理布局，实现资源的优化配置和消费端碎片化需求的精准捕捉，促进供给侧与需求侧的精准匹配。

第二，B2B2C 模式可以帮助全球数字贸易平台实现与智能制造的深入对接。B2B2C 模式的全球数字贸易平台可以帮助企业整合自身多渠道业务，全面打通以消费者为中心的数据要素流通环节，推动构建新零售商业生态闭环，实现零售场景化、零售数字化、零售智能化和零售社交化。

第三，B2B2C 模式可以帮助全球数字贸易平台提供更加完善的服务。B2B2C 模式的全球数字贸易平台可以精准捕捉并反馈消费者的个性化需求，通过创新业务模式，为消费者提供高质量的购物体验和完善的售后服务。

二、哪些全球数字贸易平台可能演变为 B2B2C

（一）亚马逊

成立于 1994 年的亚马逊，是最早开展电子商务的公司之一，已成为全球商品品种最多的网上零售商和全球第二大互联网企业，具备演变为 B2B2C 的优势与条件。具体而言：第一，数据洞察能力强。亚马逊平台拥有海量的消费数据，能够基于此进行搜索关键词分析和品牌对比分析，实现对消费者需求的精准捕捉，可以帮助企业用户基于市场需求进行产业布局的优化与调整，促进供给侧与需求侧的精准匹配。第二，生产赋能效率高。亚马逊平台不断深化的全球开店业务，可以帮助企业简化出口供应链。借助亚马逊平台所提供的数字技术服务，企业能够打通以消费者为中心的流通环节，实现产品的大规模个性化定制，增强自身构建新零售商业生态闭环的核心竞争力。第三，服务体系较为完善。亚马逊自转换为综合性平台以来，对卖家服务条款进行了数次修改，且通过不断加强商品质量监管、精细化申诉流程和优化购物体验等方式，为卖家和买家提供更为完善的服务。

亚马逊演变为 B2B2C 面临着巨大的挑战。一方面，在供应链上下游需求持续变动的背景下，亚马逊平台难以精准识别能够适应市场变化趋势的优质生产企业，且其尚未建立起完善的供应商管理系统，无法在供应商与采购商之间搭建及时沟通与反馈的桥梁，不能实现采购信息的快速共享。另一方面，亚马逊平台采用的集中运输模式，加大了库存积压的风险，且现有的物流信息系统难以实现产品生产、存储、分拣和运输的实时跟踪与及时反馈，无法满足消费者对供应链各环节的信息透明度的要求。

（二）阿里巴巴国际站

成立于 1999 年的阿里巴巴国际站，是阿里巴巴集团的第一个业务板块，也是出口企业拓展国际贸易的首选平台之一，具备演变为 B2B2C 的优势与条件。具体而言：第一，数据洞察能力强。阿里巴巴国际站拥有庞大的客户群体和海量的交易数据，能够借助数字化生态中的物流和资金流进行多方赋能。其提供的“数据管家”功能可以帮助企业精准定位客户需求，并实现产业布局的优化调整。第二，生产赋能效率高。阿里巴巴国际站的本地化服务中心可以帮助企业快速搭建团队，实现外贸全链条服务的集中化和平台化。企业可以借助阿里巴巴国际站提供的数字技术服务，以客户需求为导向，推动产品的个性化生产，实现与智能制造的深入对接。第三，服务体系较为完善。阿里巴巴国际站从商品、营销、物流和供应链等多个角度布局，通过打造在线、实时和前瞻的综合体系，为企业提供跨境交易保障和跨境物流服务，实现以提升客户体验为中心的全方位数字化改造。

阿里巴巴国际站演变为 B2B2C 面临着巨大的挑战。一方面，阿里巴巴国际站尚未拥有完备的信用评级体系，难以对入驻企业进行全面的资格审查和能力评估，使得平台上部分商家及产品的信息失真，增加了交易过程中存在的风险和不确定性，不利于交易链条的安全与稳定。另一方面，消费者逐渐青睐的新型购物方式，如直播带货等，具有互动性强、时效性高等特点，其强调浏览互动而非定向产品搜索，要求平台丰富社交属性，加大了阿里巴巴国际站打造直接面向消费者的商业模式的难度。

本章小结：中国视角

在数字经济时代，平台作为以实现价值共创为目标的商业组织形态，对促进国民经济发展起到举足轻重的作用。面对显性化的 B2B 与 B2C 复合趋势、复杂化的企业数字化转型挑战和多样化的企业数字服务需求，以信息通信技术为核心技术的跨境电子商务平台难以整合全部的企业资源，逐渐向开放型全球数字贸易平台转变。依托于平台开展的普惠贸易，可以将经济发展成果惠及贫困地区、少数民族地区和偏远地区的居民及困难群众等各类社会群体，提高其生活水平和消费水平。伴随着数字技术的突破与创新，为应对现有挑战与经济冲击，越来越多的全球数字贸易平台会演变为 B2B2C 模式，如亚马逊和阿里巴巴国际站等。

作为经济发展的重要动能之一，中国的平台经济保持着快速发展的势头。2015—2020 年，国内超 10 亿美元的平台总价值以年均 35.4% 的复合增长率增加，其中 2020 年同比增长率高达 56.3%，且呈现头部平台规模庞大、行业集中度高的特点。以阿里巴巴国际站、敦煌网和兰亭集势等为代表的平台，通过降低贸易成本、减少贸易环节、加强贸易网络化等方式，不断惠及中小企业和消费者等弱势群体。值得注意的是，中国数字贸易平台的发展仍存在一些问题。一方面，涉及数字贸易过程中资金交付和数据流动等环节的法律法规有待完善。另一方面，监测跨境数据流的手段有限且能力不足。

针对上述问题，中国要坚持完善立法基础，强化政策支持，依托高校和科研院所，推进相关标准的制定和尖端技术的攻坚克难，促进开放型全球数字贸易平台的高质量发展。

标识性概念

平台　　开放型全球数字贸易平台　　跨境电子商务平台　　普惠贸易

思考题

1. 随着平台经济规模的不断扩大，大数据平台滥用市场支配行为被频繁曝出。2021年4月，国家市场监督管理总局通过查阅有关文件资料、对竞争性平台和商家广泛开展调查等方式进行取证，最终认定阿里巴巴具有实施"限定交易"等行为，并依据《中华人民共和国反垄断法》等法律文件对其做出行政处罚，处以罚款182.28亿元。打击平台垄断行为需要各参与主体的积极配合，请结合平台内涵的相关知识，分析应如何对平台垄断行为进行监管。

2. 2022年7月21日，阿里巴巴国际站对外发布《数字化出海口——外贸纾困plus计划》，期望通过全链路确定性的数字化产品和服务，帮助外贸商家更好地应对不确定性挑战。除此之外，阿里巴巴国际站计划提供线上线下专属服务，帮助超15 000家企业成为行业优质供给，实现高质量增长。请结合开放型全球数字贸易平台的特征，分析新形势下阿里巴巴国际站等平台应如何发挥行业引领与服务作用。

3. 在新冠疫情肆虐全球的背景下，开放型全球数字贸易平台稳健发展，表现十分亮眼。数据显示，阿里巴巴国际站2020年交易额同比激增101%，商家订单数实现翻倍增长。但新冠疫情助推的逆全球化浪潮，通过限制物流和中断生产等方式，对以阿里巴巴国际站为代表的全球数字贸易平台形成了巨大阻碍。请结合开放型全球数字贸易平台的产生背景和特征，谈一谈疫情带来了哪些机遇与挑战。

4. 在消费升级和促进"三农"发展的背景下，农村电商产业规模不断扩张，成为拓展农民销路、提高农民收入的新路径。截至2022年，中国农村网络零售额超过2万亿元。直播带货等新业态不断涌现，助力农产品畅销海外市场。相比于实体产业，农村电商具备准入门槛低等特征，不受时间、地域和资金限制，是推动普惠贸易发展的重要力量。请从普惠贸易的内涵与外延出发，论述发展农村电商的重要意义。

5. 2020年7月2日，福州市跨境电商公共服务平台B2B2C业务系统上线仪式在福州市商务局举行，在全国率先实现对B2B2C出口业务的认定。该系统不仅首创了"智能审单＋四单对碰＋动销率佐证"的先进做法，还首次探索海外零售数据回归，首次齐聚B2B2C业务产业链全要素，对B2B2C业态发展具有重要意义。请结合本章第五节的知识，比较B2B2C与B2B、B2C模式的异同，并阐述B2B2C模式的优缺点。

延伸阅读

[1] Badran Mona Farid. " Digital Platforms in Africa: A Case-Study of Jumia Egypt's Digital Platform," *Telecommunications Policy*, 2021, 45 (3).

[2] Ferracane, Martina Francesca, and Erik Van Der Marel. " Patterns of Trade Restrictiveness in Online Platforms: A First Look," *The World Economy*, 2020, 43 (11): 2932-2959.

[3] Maximiliano Facundo Vila Seoane. " Alibaba's Discourse for the Digital Silk Road: The Electronic World Trade Platform and ' Inclusive Globalization'," *Chinese Journal of Communication*, 2020, 13 (1).

第十一章 全球公司

本章导读

随着数字贸易发展，传统企业组织模式越来越不适应时代诉求，全球化逐渐成为企业扩张的重要选择，全球公司应运而生。在消费互联网和产业互联网差异化作用下，相较于国际投资主导和组织边界逐渐模糊化的当代跨国公司而言，全球公司呈现出国际贸易和国际投资并行，且市场边界模糊化的特征。全球公司包括五类：以数字平台形态创立的天生全球公司；由入驻平台的电子商务企业数字化转型而来；入驻平台的提供数字化工具和手段的第三方服务商；由传统贸易企业和数字贸易企业通过搭建独立站、自建平台转型而来；由传统跨国公司通过搭建独立站、自建平台转型而来。其中，社交网络平台、搜索引擎平台和数字内容订购平台是典型的天生全球公司。了解全球公司的相关知识是十分必要的。通过本章的学习，读者可以掌握全球公司的内涵与外延，学会比较全球公司和跨国公司的核心差异，了解三种典型的天生全球公司——社交网络平台、搜索引擎平台和数字内容订购平台兴起的背景和发展的阶段性表现，为进一步深入理解数字贸易和数字贸易生态圈奠定基础。

第一节 全球公司的内涵与外延

一、全球公司的内涵

随着数字贸易的高速发展，全球公司逐渐崭露头角。一方面，天生全球公司在创立之初就统筹利用本地市场和海外市场。以抖音海外版（TikTok）典型数字内容订购平台为例，其母公司字节跳动在抖音中国版上线不足一年，就力推抖音海外版出海，构建自主可控的商业变现模式和“全球化视野＋本地化运营”，避免水土不服。截至 2021 年底，抖音海外版月平均活跃用户数已逾 10 亿，取代谷歌成为全球流量最大的互联网平台。另一方面，数字贸易平台能打破市场壁垒，极大降低贸易企业进入他国市场的成本，使单个平台能云集来自不同国家的卖方和买方，市场边界模糊化。就卖方而言，以亚马逊为例，2021 年 5 月亚马逊将可以注册并出售商品的国家和地区名单扩大到 188 个，这使得世界上几乎所有国家的卖家都可以在亚马逊出售商品。就买方而言，以阿里巴巴国际站为例，至 2022 年阿里巴巴已累计服务 16 种语言及超过 190 个国家和地区的采购商，部分入驻平台的中小企业能覆盖 40 多个国家和地区市场。上述典型经济事实表明，数字贸易平台弱化了国别属性，入驻平台的中小企业正在多边市场经营，呈现“全球卖、全球买”特点。

数字贸易多边平台能降低入驻企业参与国际贸易的成本，是造就全球公司的核心场景。一方面，作为全球公司的重要载体，数字贸易多边平台直接向消费者提供产品和服务或者帮助入驻平台的电子商务企业匹配数字化工具和手段，降低市场转换成本。另一方面，由电子商务企业数字化转型而来的全球公司，只有在数字贸易多边平台上才能低成本、高效率地面对来自世界各地的消费者，实现“全球卖、全球买”。

依托数字贸易多边平台，全球公司能统筹各细分市场，制定全球性经营战略目标，实施全球利润最大化下的差异化战略，将自身的产品或服务以合理的价格销售至全球统一大市场的每个角落。

随着数字贸易多边平台的崛起，市场边界模糊化，倒逼贸易企业不再针对单一市场布局，而是统筹考虑多个市场，向全球公司演化。有别于传统双边市场，基于数字贸易多边平台的全球公司并不提前计划在某一市场销售单一产品和服务，而是直接向全球统一大市场销售个性化产品和服务，跨市场经营成为常态。

综上所述，全球公司是指依托数字贸易多边平台，以全球性经营为战略目标，面向全球市场提供产品或服务的一种企业组织新形态，其是市场边界模糊化的产物。

二、全球公司的外延

全球公司包括五类：以数字平台形态创立的天生全球公司，包括以谷歌为代表的搜索引擎平台、以推特为代表的社交网络平台、以亚马逊为代表的货物订购平台，以及以苹果应用商城为代表的数字产品订购平台，等等；由入驻平台的电子商务企业数字化转型而来；入驻平台的提供数字化工具和手段的第三方服务商；由传统贸易企业和数字贸易企业通过搭建独立站、自建平台转型而来；由传统跨国公司通过搭建独立站、自建平台转型而来。前三类都与天生全球公司有关，要么自身就是天生全球公司，要么是依托天生全球公司平台建立；后两类都与企业数字化、网络化和智能化转型有关，既包括由贸易企业转型而来的全球公司，又包括由跨国公司转型而来的全球公司。

有别于传统企业先立足本地市场再对外扩张，在数字技术高速迭代的中美两国，诞生了一大批以数字平台形态创立的天生全球公司。与在现有生产流程中应用数字技术的传统实体企业不同，天生全球公司在初创期就以数字化方式运作，通常在多边市场以数字化产品与服务作为贸易标的，如搜索引擎服务、社交网络服务、实体货物订购服务、数字内容产品订购服务等。以爱奇艺数字内容订购平台为例，其成立不足 10 年就推出国际版出海，在 2021 年第二季度收获超 100 万海外会员，计划于 2025 年有半数付费用户来自海外。

伴随双边跨境电商平台迭代为多边数字贸易平台，众多电子商务企业完成数字化转型，蜕变为数字贸易企业，成为全球公司的有机组成部分。一方面，基于平台低成本优势，数字贸易企业直接面对全球市场买方或消费者。另一方面，借助平台上的数字化工具和手段，数字贸易企业实现全球性经营，面向全球市场提供产品或服务。

供应链服务型全球公司能为不同国家的贸易企业提供数字化工具和手段，降低企业在不同市场经营的贸易成本，提高企业市场转换的贸易效率。以顺友物流为例，其注意到速卖通平台卖家对于小件产品线上发货的物流需求，推出实惠便捷的顺邮宝产品，派送范围可达 185 个国家和地区。

随着入驻平台成本的不断提升和掌控核心竞争力的需要，部分传统贸易企业和数字贸易企业选择搭建独立站、自建平台，转型为全球公司。这是因为独立站是数字贸易发展的产物，将成为产品出口新通道。如便携储能电源生产企业铂陆帝（Bluetti）最初入驻亚马逊平台，但发现自身无法积累客户资源，决定基于 Shopify 服务搭建独立站。

面对数字经济时代的竞争压力，众多跨国公司希望实现数字化、网络化和智能化转型。部分跨国公司选择搭建独立站、自建平台，基于消费者数据优化生产与运营，发挥产业互联网的优势，开发众多东道国市场定制化解决方案。以百威啤酒为例，2022 年上半年百威亚太已覆盖亚洲 38 个经济体，在占总销量 82% 的中国市场，将 B2B 互动平台“BEES”扩展至超过 55 个城市，连接超过 30 000 名月活跃用户。

第二节　跨国公司与全球公司的比较

传统跨国公司强调母公司与东道国子公司之间的联系，是一个双边概念。随着经济全球化的深入，在内部组织调整与外部网络协同作用下，跨国公司开始出现组织边界模糊化，但其双边属性依然显著。在消费互联网阶段，具有典型双边属性的跨境电子商务平台开始兴起，通过营销环节感知消费者偏好，实现“卖全球，买全球”。随着数字经济进入下半场，消费互联网实现数字化迭代，产业互联网成为时代主旋律，推动了智能制造的发展。特别是随着网络协同制造和大规模个性化定制的兴起，基于消费者需求侧数据，企业能够实现柔性研发、生产和运营管理。跨境电子商务平台迭代为开放型全球数字贸易平台，在使市场边界模糊化的同时，也使具备多边属性的全球公司应运而生。最初的全球公司以贸易行为为主、投资行为为辅，在推动“全球卖，全球买”的同时，布局跨国投资。与此同时，面对数字化转型的竞争压力，跨国公司以搭建独立站、自建平台的形式迭代为全球公司。但无论是何种全球公司，都必将成为贸易行为与投资行为有效耦合的载体。具体而言，在消费互联网阶段，贸易行为通过替代市场寻求型对外直接投资（Outward Foreign Direct Investment，简称 OFDI），与投资行为产生间接关联，即随着贸易行为的增多，市场寻求型 OFDI 这类投资行为减少。在产业互联网阶段，全球公司成为贸易行为与投资行为有机耦合的最佳载体，二者通过全球公司产生直接关联。这表明，关注全球公司如何基于产业互联网实现贸易行为和投资行为的耦合，将是未来数字贸易研究的重要话题。跨国公司与全球公司的关系可参见图 11－1。

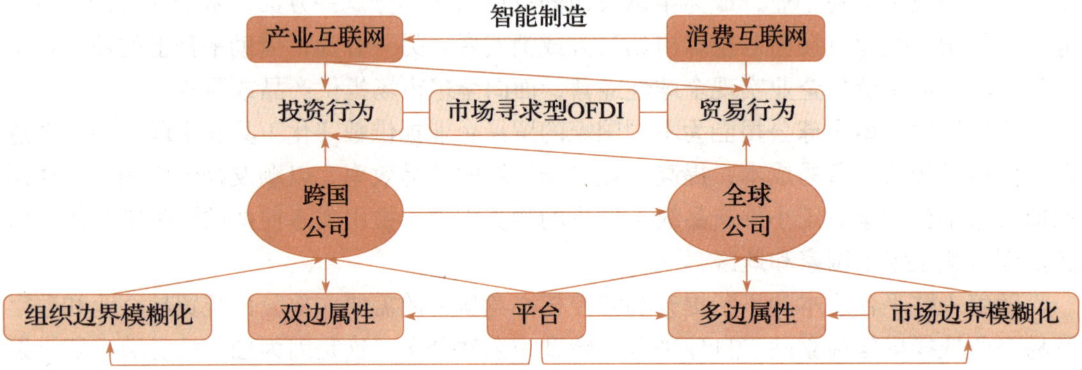

图 11－1　跨国公司与全球公司的关系

一、消费互联网与产业互联网

(一) 消费互联网和产业互联网作用下的跨国公司

在数字经济上半场，随着消费互联网的发展，跨国公司逐渐重视跨境电商平台的作用，帮助其东道国产品实现全球营销。一方面，跨国公司既可以选择在母国或东道国生产，也可以选择传统贸易或跨境电商平台出口，这意味着跨国公司 OFDI 后可以利用消费互联网将东道国产品低成本地销往其他国家。以致力于打造“中国睡谷”的麒盛科技为例，该公司于 2019 年底越南工厂投产，2020 年墨西哥工厂启动并于 2021 年投产，其自主品牌舒福德（SOFTIDE）智能床通过亚马逊平台远销全球。另一方面，在并购海外品牌之后，跨国公司利用消费互联网提高品牌全球知名度。以巨星科技为例，其通过收购万克宝（WORKPRO）等海外工具品牌，加速全球布局，入驻亚马逊和速卖通，推动万克宝成为欧美知名品牌。

进入数字经济下半场，面对数字化竞争压力，跨国公司开始利用产业互联网转型，基于平台拓展其东道国的影响力，协调东道国的生产、营销、物流、经营，以实现产业链流程优化。2014 年上线的“DJI 大疆社区”是全球首个无人机使用者和应用开发者的专业交流平台，促进了大疆无人机新产品和相关增值服务的推出。特别是随着产业互联网与消费互联网即万物互联的协同发展，跨国公司基于消费者数据实现全产业链数字化转型，向全球公司迭代。2019 年耐克（NIKE）推出个性化定制平台“NIKE BY YOU”，允许消费者定制专属运动鞋，留存消费者偏好数据。2019 年耐克收购美国大型数据分析公司 Celect，目的是帮助耐克分析云端大数据和预测消费行为模式，以推出符合市场需求的新潮产品。

(二) 消费互联网和产业互联网作用下的全球公司

消费互联网是全球公司萌芽的催化剂，助推全球公司的全球性经营，面向全世界提供产品和服务。一方面，消费互联网的核心是需求匹配，在更多商品和消费者间搭建桥梁，天然具有打破市场壁垒的价值和催生市场边界模糊化的能力，助推全球公司的产生。如天猫在成立两年后就上线国际业务，致力于为中国消费者提供全球的进口商品，帮助海外品牌直接触达中国消费者。另一方面，作为将消费经济建立在信息网络和数字平台基础上的互联网生态，消费互联网应用场景的拓展能不断丰富全球公司业务的运营空间。如商务交易类应用场景不断融入网络娱乐元素，丰富了货物订购平台的运营空间，诞生了直播带货这一全新商业模式。

进入产业互联网主导的数字经济下半场，全球公司利用产业互联网深耕研发和生产环节，实现产业链流程优化和效率增进。以面向全球定制高档西装等服装产品的青岛红领集团为例，该公司自建酷特智能产业互联网平台，基于大规模个性化定制优势为国外的服装品牌商、服装创业者、时尚设计师和服装经营者等企业端产业客户提供服装定制和柔性化解决方案。随着产业互联网与消费互联网即万物互联的协同发展，全球公司在世界范围内打通供应链的上下游，提升产品竞争力。以小米智能家居为例，其基于智能家居服务平台，搭建以用户需求数据为基础的产品制造体系，让设计师、供应商可以实现网络协作，落实个性化产品生产。

二、国际投资主导与国际贸易主导

（一）跨国公司转型全球公司之前

在转型全球公司前，跨国公司是国际投资主导的。传统国际投资理论以跨国公司为研究对象，把“企业自身优势”与“东道国区位优势”作为对外投资优势的来源，认为跨国公司是从事对外直接投资且在一个以上国家拥有或控制从事增值活动的企业，强调跨国公司的本质是在海外从事价值创造活动。此阶段的跨国公司主要有以下特征：第一，跨国公司以实力雄厚的大型公司为主体，通过对外直接投资或收购东道国企业，在许多国家建立子公司或分公司。第二，跨国公司有完整的决策体系和最高决策中心，但各子公司或分公司有自己的决策机构，可以根据自己经营的领域和不同特点进行决策活动，且子公司的重要性不断增强。第三，跨国公司从全球战略出发安排经营活动，在世界范围内寻求市场和合理布局生产以谋取最大利润，不需在同一地区既生产又销售。

相较而言，此阶段的全球公司以国际贸易行为为主、国际投资行为为辅。相较于国际投资主导的跨国公司而言，全球公司不需要在海外市场建立分公司，也不需要海外兼并，其贸易行为可以减少市场寻求型 OFDI。一方面，全球公司通过多边平台这一虚拟市场为各国提供商品与服务，相较于在不同国家市场分别经营的跨国公司，全球公司尝试基于平台整合不同国家市场。另一方面，此阶段的全球公司市场寻求型 OFDI 减少，更多表现为通过横向投资在全球范围内复制产业链生态。《中国企业全球化报告（2020）》指出，2018—2019 年中国互联网产业对外投资案例占总对外投资案例的 15.4%。其中，阿里巴巴、腾讯和字节跳动等中国互联网企业都有不俗表现。最典型的例子就是通过收购 Lazada 等海外电商平台，阿里巴巴扩展国际版图，实现批发与零售的全球布局。

（二）跨国公司转型全球公司之后

随着越来越多跨国公司转型全球公司，全球公司越来越重视国际贸易与国际投资的协同，强调数字技术与平台在其中发挥要素优化和集成作用，加强贸易行为与投资行为的关联性。具体而言，有别于仅通过市场寻求型 OFDI 实现贸易行为和投资行为的耦合，全球公司在增加投资行为比重的基础上，还通过技术寻求型 OFDI 和资源寻求型 OFDI 统筹贸易行为和投资行为，实现贸易行为和投资行为并行。一方面，全球公司通过对外投资获取数字技术，弥补自身不足，拓展自身优势。以三星公司（SamSung）为例，在自建平台迭代为全球公司的同时，三星公司分别在 2014 年收购美国物联网公司 SmartThings、在 2016 年收购美国音响巨头哈曼国际和在 2018 年收购西班牙数据分析公司 Zhilabs，基于三星客户需求合作开发应用程序和设备，改造物联网和云空间，满足不同行业和客户的需求。另一方面，全球公司还能通过国际投资获取生产资源，除了传统生产要素资源以外，还包括数据资源和数字内容资源。抖音母公司字节跳动收购海外人工智能音乐平台 Jukedeck，通过人工智能技术生成独特且无版权限制的音乐音效资源，为抖音平台用户体验个性化原创音乐提供便利。

三、组织边界模糊化与市场边界模糊化

（一）组织边界模糊化与当代跨国公司

为应对经济全球化的冲击，当代跨国公司组织结构由清晰且固定变得灵活且具有弹性，组织边界趋于模糊化。

一方面，从企业内部组织来看，母公司和子公司的边界日益模糊，海外子公司成为竞争力的重要来源。传统跨国公司理论认为，跨国公司的特有优势来自母公司。在传统跨国公司内部，母公司和子公司遵循科层关系，海外子公司依据母公司指示行事，研发自主性仅限于当地市场，子公司竞争力完全依赖于母公司。但随着通信技术进步、经济全球化发展和东道国产品差异化战略实施，跨国公司战略性调整其内部组织结构，母公司和子公司演变为扁平化网络结构，子公司在研发和创新方面发挥越来越重要的作用，知识不再是由母公司单向传递到海外子公司，而是在子公司与母公司间双向传递。一个具有代表性的例子就是从 20 世纪 90 年代起，宝洁（P&G）建立全球性研发网络，研究中心遍布欧洲、日本、拉美等地。

另一方面，从企业外部看，跨国公司与外部联系更加紧密，融入外部组织网络，边界趋于模糊化。自 20 世纪 90 年代起，跨国公司面对的环境不确定性增大，为应对市场竞争，许多跨国公司依托通信技术，与其他跨国公司达成战略联盟，共享优势技术和市场。在提高竞争力的同时，国际战略联盟使跨国公司外部边界模糊化。在 1996—1998 年间，全球建立了约 32 000 个公司联盟关系，其中 75% 具有跨国性质。

专栏 11-1 跨国公司理论演变

(二) 组织边界模糊化、市场边界模糊化与全球公司

与跨国公司相似，全球公司的组织边界也具有模糊化特征。对于与天生全球公司有关的前三类全球公司，组织边界模糊化体现为平台上的商品或服务，既可以是平台自己提供的，也可以是入驻平台的数字贸易企业或供应链服务企业提供的。如阿里巴巴国际站的外贸综合服务由一达通和其他外贸综合服务企业一起提供。对于后两类贸易企业、跨国公司等自建平台的全球公司而言，组织边界模糊化还体现为独立站和平台共存，即企业可以同时上线独立站和入驻天生全球公司，扩展自身的销售渠道，如耐克和小米等大型全球制造企业都采取这一策略。

但相较跨国公司，全球公司不仅组织边界模糊化，而且市场边界模糊化。在传统贸易时代，企业恪守市场边界是为了规避市场转换成本。由于市场规模有限，难以集成个性化需求，只能向目的国市场销售标准化产品。在数字贸易时代，伴随数字技术的兴起和运用，贸易企业能摆脱传统市场边界局限性的禁锢，演变为全球公司。基于全球大市场的个性化需求完全可以集成为规模经济，大幅降低贸易成本。

一方面，全球公司从一国市场到另一国市场的进驻成本下降，国与国的市场边界模糊化，这种基于数字贸易平台的全球大市场区别于传统国际市场的核心在于其“无边疆”性，即数据、消费者和企业都是无国界的，要素资源能有序流动。以入驻阿里巴巴国际站为例，平台上的数字化工具和服务能够帮助数字贸易企业低成本地切换市场，甚至直接发布多语言产品，向全球公司迭代。

另一方面，随着消费者个性化偏好的凸显，全球公司进驻单一市场越来越需提供个性化产品，单一市场经营的优势越来越小，企业自然就会具有寻求多边市场以满足自身实现规模经济和降低生产成本的需求。数字内容订购平台爱奇艺首选东南亚作为出海市场，原因是这一市场的用户尽管也具有本土化和个性化需求，但其与中国市场用户有很多相似之处，在一定程度上能分担数字内容采购成本。

第三节 社交网络平台：一种典型的天生全球公司

一、社交网络平台产生的背景

(一) 个性化社交需求日益凸显

持续推进的城市化使现代人远离传统农耕时代的熟人社会，不断深化的工业化促使

现代人分工更加细化，产生了个性化的社交需求，具备精准推送功能的社交网络平台无疑是匹配用户个性化需求的现代社交场所。

一方面，个性化社交使得用户能够更好地建立人际关系。随着个性化社交平台上用户使用习惯的加强，亟须形成一套真正基于用户体验的人际关系体系。例如，社交网络平台能依靠兴趣图谱和用户互动行为改进算法，实现去中心化分发理念，以创造多元、有趣和温暖的社区氛围。另一方面，在用户行为分析基础上，根据用户浏览、点赞和评论内容，社交网络平台运用大数据和人工智能技术定制用户所需内容并推荐其可能感兴趣的其他内容。这样一来，用户就不必浏览大量无关内容，耗费大量时间去寻找自己感兴趣的内容。

值得注意的是，社交网络可能导致用户受困信息茧房，持续接受虚假信息、极端主义内容。各国持续关注社交网络平台治理，整改算法不合理应用带来的“信息茧房”、“算法歧视”和“大数据杀熟”等影响网民生产生活的问题，建设良好社交网络平台环境，维护用户的合法权益。

专栏 11－2 信息茧房

（二）远距离社交技术高速发展

得益于数字技术的进一步发展，多种远距离社交技术逐渐得到广泛应用，具体包括即时通信技术、分布式社交网络技术和信息处理技术等。有别于传统线下交友，即时通信技术能降低陌生人认识的成本，使远距离社交成为可能。而分布式社交网络技术的成熟也使得社交网络平台具备实现账号互联的能力。信息处理技术的发展使社交网络平台成为用户远距离社交的必然选择。其中，信息推送和分享技术帮助社交网络平台用户精准接收自己感兴趣的内容。信息交互技术帮助社交网络平台用户进行评论和点赞互动，使得陌生人能够轻松跨越国界进行远距离交流，减少了信息沟通成本。

二、社交网络平台发展的阶段性表现

（一）萌芽期

在萌芽期，社交网络平台是基于 WEB1.0 时代网络论坛演进的产物，实现了从点对点交流向点对面交流的突破，降低了交流成本。正是基于线上沟通的熟人社交功能，社交网络平台吸引了大量用户。20 世纪末，英国 SixDegrees（六度空间）等网站的出现标志着社交网络平台的萌芽。SixDegrees 平台允许用户创建个人主页、罗列现实好友，支持更多社交功能。1998 年，中国第一个垂直关系社区平台中国同学录（5460.net）诞生，现实同学关系搬到了网上，到 2000 年中国同学录用户达到 1 000 万，出现了多个“中国同学录”的模仿网站，如搜狐校友录、网易校友录等。

（二）发展期

在发展期，社交网络平台摆脱单一国家社交限制，实现多语言支持，促进了全球范围内不同国家和地区网友的交流和互动。但这一阶段的社交网络平台没有在社交互动上取得进步，不重视动态信息快速传播，仍只关注熟人社交。

在此阶段，社交网络平台更像是互联网版的通讯录，帮助用户记录和联系现实中的朋友或同事，不能拓展用户朋友圈。社交网络平台真正在全球范围内引起大众关注源于美国在线约会平台 Friendster 的走红，该平台在 2002 年一年内发展了 800 多万注册用户。由于限制用户行为、不改善网络速度和不重视社交设计等诸多原因，大量用户对 Friendster 产生不满情绪，导致用户大幅流失。2003 年当 Friendster 在美国颇为流行时，中国留学生回国创建了仿 Friendster 的社交网络平台，2004 年第一个致力于数亿华人的社交娱乐平台“亿友网”上线。

（三）成熟期

在成熟期，社交网络平台呈现出微信息传播特征，用户仅能一次性传播文字长度相对较短的信息，并且社交网络平台逐渐能够根据用户价值取向及兴趣多维划分用户群体，用户能够通过推介和自行搜索建立朋友圈。一方面，用户已经不满足于熟人社交，随着与陌生人社交的收益不断增大、成本不断降低，陌生人社交网络平台逐步崛起。以美国为例，2004 年成立的脸书和 2006 年成立的推特都强调陌生人社交，是全球最大的两个社交网络平台。2007 年后中国大范围模仿脸书模式，从个人主页到好友动态、从用户博客到手机应用 APP。2009 年新浪微博上线，并基于新浪网本身的媒体基因和名人资源，热门话题集中在娱乐八卦、名人观点、社会新闻等方面，具备较强的传播力度和广度，拓展了陌生人社交网络，2022 年新浪微博平均月用户人数超过 2 亿人。

另一方面，越来越多的社交网络平台为了实现差异化竞争而选择与照片或短视频等数字内容相结合，以增强个性化用户的平台黏性。在美国主打照片分享的移动社交网络平台照片墙（Instagram）创始于 2010 年，2022 年日活跃用户超 10 亿。在中国主打短视频社交的抖音创始于 2016 年，2022 年日活跃用户近 6 亿，以抖音海外版形式出海，全球共有日活跃用户近 8 亿。

新冠疫情全球大流行后，得益于政府机构、新闻媒体和普通民众都在使用社交媒体发布和传播疫情的最新资讯，社交网络平台进一步发展。德国在线统计数据门户网站 Statista 调查发现，仅在 2020 年 3 月，近一半互联网用户增加了社交媒体（例如脸书、照片墙、推特）的使用频率。2020 年中国社交网络市场规模近 2 122 亿元，同比增长 17.9%，移动社交月独立设备数超 7.4 亿台。

社交网络平台的快速发展使相关政策法规相对滞后，各国政府开始重视和整顿社交网络平台上虚假言论和极端言论激化社会矛盾的乱象。以中国为例，政府一直强调重点整治不良网络社交行为和网络暴力现象，遏制不良文化传播势头，发挥社交网络平台的正向作用。2021 年 1—11 月，国家互联网信息办公室指导北京市互联网信息办公室，对新浪微博实施 44 次处置处罚，多次予以顶格 50 万元罚款，共累计罚款 1 430 万元。2021 年 8 月中共中央网络安全和信息化委员会办公室发布《关于进一步加强“饭圈”乱象问题治理的通知》，取消所有涉明星的排行榜单，特别是在社交网络平台上发布的。

第四节 搜索引擎平台：一种典型的天生全球公司

一、搜索引擎平台产生的背景

（一）个性化信息搜索需求日益凸显

社会分工使用户个性化信息需求具有必要性，数字技术使用户个性化信息需求具有可能性。这使得用户个性化信息检索需求在目的和结果上得到进一步凸显。一方面，用户搜索呈现个性化趋势。随着社会分工的愈发明确，不同用户搜索的关键词千差万别，远不是传统手工搜索在短时间内能完成的。另一方面，用户希望获得的答案也呈现个性化趋势。即使搜索同一个问题，来自不同时间、不同空间的用户想要获得的答案也不尽相同，甚至大相径庭。

特别是进入大数据时代，个性化推荐的结果很重要，越来越多用户希望能借助搜索引擎平台满足自身个性化信息偏好。绝大多数用户搜索信息时，不会特别关注搜索结果总量，而是更看重结果是否与自身的需求相吻合，用户更加偏好能将其感兴趣且有效的个性化信息优先展现的搜索引擎平台。这就要求搜索引擎平台能基于消费者过往的浏览数据、搜索数据和消费数据等大数据，提供个性化搜索服务，以降低用户的搜寻成本并减少不确定性。

理论命题 11－1

网络搜索在国际贸易中扮演重要角色，既能减少匹配环节的信息摩擦，又能降低履约环节的道德风险。

（参见：Shuzhong Ma，Chao Fang. “The Effect of Online Search on International Trade,” *Applied Economics*，2021，53（46）：5369-5384.）

（二）搜索引擎相关技术高速发展

搜索引擎技术是搜索引擎平台的核心技术支撑，基于网络爬虫、检测排序、网页处理、大数据处理、自然语言处理等数字技术，根据用户需求和推荐算法，运用特定策略，从互联网海量信息中检索出匹配信息反馈给用户，为用户提供快速、高相关性的信息服务。搜索引擎技术包括全文搜索引擎、目录搜索引擎、元搜索引擎和垂直搜索引擎四类。其中，主流搜索引擎平台采用的是全文搜索引擎，能获得与搜索内容相关的所有信息。但由于搜索到的信息过于庞杂，用户想要得到更为精确的搜索结果还需要借助搜索引擎平台的个性化推荐，以甄别出所需信息。值得注意的是，由于搜索引擎技术能基于用户数据进行训练，匹配准确度将越来越高。因此，对于用户而言，利用搜索引擎平台做个性化信息搜索是高效的选择。随着搜索引擎相关技术的高速发展，以实时搜索、移动搜索和情境搜索等功能为方向的搜索引擎平台将进一步推动用户个性化搜索的实现。

二、搜索引擎平台发展的阶段性表现

（一）萌芽期

在萌芽期，在人工搜集各类网站网址并分类呈现的基础上，搜索引擎平台通过目录搜索引擎技术为用户提供网站信息展示和快捷链接的服务，也称网址导航。1994 年第一代基于互联网的搜索引擎平台 Lycos 在美国卡内基梅隆大学诞生，以人工分类目录为主，为用户提供多种寻找网站的方式。以分类目录搜索起家的搜狐，是中国搜索引擎的鼻祖，1998 年 2 月问世，提供网站、网页、新闻、软件、游戏等查询服务。随着搜索引擎技术的发展，用户希望能直接查找内容，搜索引擎平台过渡至基于关键词的全文搜索。在此背景下，以谷歌为代表的第二代搜索引擎平台，在建立网页链接分析技术基础上，采用搜索爬虫和排序算法的组合，以关键字为核心对网页自动检索，实现海量数据自动获取与重要性排序，将最符合用户需求的结果呈现给用户，提高用户检索效率。1999 年底身在美国硅谷的李彦宏看到中国互联网及中文搜索引擎服务的潜力，携搜索引擎专利技术于 2000 年 1 月 1 日在北京中关村创建百度，这是中国搜索引擎平台的萌芽。

（二）发展期

随着网络信息的迅速膨胀，用户希望能快速且准确地查到所需信息，搜索引擎平台个性化扩张时代开启。2003 年雅虎在中国占有约 40% 的份额，百度、新浪和搜狗各占约 10%，谷歌份额小于 5%，市场集中度较低，呈现多寡头竞争局面。2004 年谷歌和百度陆续更新搜索引擎，注重用户搜索个性化、专业化、智能化，使用自动聚类分类等数字技术，采用区域智能识别及内容分析技术，增强搜索引擎查询能力，推动搜索引擎行业进一步发展。由于雅虎、新浪、搜狗仅关注指南型分类搜索，相当于传统时代的黄页搜索网站升级版，难以适应用户个性化搜索需要，市场份额不断减少，而更专注于个性化信息需求的百度和谷歌市场份额增加。2009 年，百度占 60% 以上中国市场份额，谷歌约占 30%，形成双寡头竞争状态。中国搜索引擎行业市场结构由多寡头竞争发展到“赢者通吃”，市场集中度提高。从这一阶段起，中国外贸企业开始利用搜索引擎平台寻找国外客户。

专栏 11－3　搜索引擎平台与对外贸易

（三）转折期

在转折期，由于平台监管和经营战略的原因，谷歌退出中国市场，中国乃至全球搜索引擎平台行业重新洗牌。2012年谷歌宣布正式关闭在中国的购物搜索服务。谷歌事件表明，搜索引擎平台应加强东道国市场本土化，不能违背东道国市场主流价值观，而作为外来者，谷歌不愿遵守中国法律法规和接受政府监管，只能选择退出。谷歌的退出使百度在中国的市场份额扩大，成为全球第二大搜索引擎平台和最大中文搜索引擎平台。这使中国逐渐发展成为除美国、俄罗斯、韩国外全球仅有的4个拥有搜索引擎核心技术的国家之一。2015年百度中国市场份额保持在80%左右，搜狗回升至约7%，谷歌下降至约1%，市场高度集中，百度占有绝对优势地位，中国搜索引擎行业垄断加剧。腾讯旗下“搜搜”、奇虎360旗下“360搜索”分别于2006年、2012年进入搜索引擎行业，百度用户增长受到一定影响，在搜索引擎平台的市场主导者地位面临后来者竞争。

（四）成熟期

伴随信息多元化呈现，用户对搜索引擎的数据全面、更新及时、分类细致和操作简便等功能需求进一步凸显。各大搜索引擎平台纷纷布局，谋求与用户实现深层绑定。在这一阶段的搜索引擎平台主要呈现以下特征：

第一，高度移动化。2014年后智能手机成为信息传递的主要设备，移动互联网成为信息获取的主流方式。2014年4月，UC与阿里巴巴共同发布神马搜索，以移动端APP的形式，借助UC浏览器流量入口快速切入市场。

第二，高度个性化。随着消费者对搜索内容需求增多，搜索引擎平台持续细分，以视频搜索、图片搜索、音乐搜索、论文搜索、地图搜索为典型代表的垂直搜索引擎平台已经或将谋得生存和发展的空间。例如，谷歌学术和百度学术为学者开展学术研究提供了便利。

第三，高度情境化。搜索引擎平台能感知人与人所处的环境，基于“此时此地此人”来建立模型，试图理解用户查询目的，并根据不同查询目的做不同搜索。如用户在菜市场和城市商圈分别查询“苹果”将获得完全不同的答案。自2017年谷歌开始关注情境搜索，并通过谷歌透镜（Google Lens）和大数据技术提供差异化搜索结果。

值得注意的是，各国政府关注消费者权益保护和搜索引擎平台治理，特别是搜索引擎是否会故意操纵结果，如展示更多的广告、误导消费者。2013年6月，美国联邦交易委员会发布新版消费者保护命令，要求搜索引擎能明确区分搜索结果和广告。而在2016年7月中国出台了《互联网广告管理暂行办法》，结束了互联网广告尤其是搜索引擎广告长期缺乏监管的状态。

第五节 数字内容订购平台：一种典型的天生全球公司

一、数字内容订购平台产生的背景

（一）个性化数字内容需求日益凸显

相较实体货物，消费者对于数字内容的个性化需求程度更高。这是因为实体货物除要满足消费者精神文化需求以外还需要满足消费者物质需求，而数字内容产品满足的仅是消费者的精神文化需求，与消费者文化习惯相关性更强，更注重细分的差异化市场。以用户为中心，按照用户需求提供有针对性的数字内容营销方案、个性化的数字内容产品，成为数字内容产业的重要模式。这既体现在自媒体的崛起上，也体现为用户生成内容（User Generated Content，简称 UGC）的高速发展上，即用户可以以任何形式在网络上发表自己创作的文字、图片、音频、视频等内容。

消费者越来越依赖数字内容提供方通过算法推荐给用户选择，形成带有个人偏好的数字内容清单。一方面，相较于单一的数字内容提供方而言，数字内容订购平台能提供更多样化的数字内容，更容易满足消费者个性化偏好。另一方面，对于单一类别产品而言，数字内容产品的多样性要远超实物产品，消费者选购成本相对较高，因而更依赖于数字内容平台的推荐。

（二）数字内容相关产业空前繁荣

随着传统创意文化产业与数字技术的融合，数字内容载体不断丰富，从电子书到数字音乐、数字影剧、数字游戏，数字内容相关产业在这一过程中出现了空前繁荣。一方面，为满足消费者精神需求，各国通过税收减免或产业政策鼓励数字内容产业发展。在 20 世纪 90 年代德国对数字内容产业实施税收返还，鼓励创意产业数字化转型。1998 年英国政府出台财政政策，扶持包括电子游戏、数字音乐、电子出版物在内的十三类创意产业。2006 年《中华人民共和国国民经济和社会发展第十一个五年规划纲要》提出，鼓励教育、文化、出版、广播影视等领域数字内容产业发展，丰富中文数字内容资源，发展动漫产业。另一方面，相较于实体货物，数字内容低边际成本能带动更多用户群体，提高生产者收益，推动传统文化产品生产者进行数字化转型，提高数字内容消费者福利。为能对接数字内容生产者与消费者，数字内容订购平台应运而生。以中国网络文学为例。2021 年产业规模 358 亿元，同比增长 24.1%，用户规模达 5.02 亿，占网民整体的 48.6%，同比增长 9.1%。

（三）数字内容相关技术高速发展

数字内容相关技术覆盖产业链各环节，不同领域存在很多关键和共性技术。其中，以传统图形图像处理技术与新兴虚拟显示技术为典型代表的数字内容创作技术、以数据智能分析挖掘技术为代表的数字内容管理技术、以个性化推荐技术为代表的数字内容分发与交易技术及以人机交互和智能终端为代表的数字内容消费技术，都推动传统创意文化产业数字化转型，直接或间接推动数字内容订购平台的产生和发展。增强现实和虚拟现实等新兴数字技术成为用户通向元宇宙的关键接口，支持数字内容订购平台提供更拟真的数字内容产品。

二、数字内容订购平台发展的阶段性表现

（一）萌芽期

在萌芽期，越来越多的数字内容订购平台展现出强大线上优势，培养了大量消费者。在收入较高和版权意识较强的发达国家，消费者愿意接受数字内容订购平台带来的便利。从 2002 年起已有大量美国网民消费数字内容产品，呈现递增态势。以美国数字

内容产业为例，根据 eMarketer 统计，2002 年美国网民 1.55 亿，其中有 1 630 万人购买线上内容，占总上网人口的 10.5%；到 2005 年美国网民 1.714 亿，其中有 3 580 万人购买线上内容，占总上网人口的 20.9%。

但在发展中国家，由于收入较低和版权意识不强，消费者不愿意付费购买数字内容产品，数字内容订购平台的收益主要来自广告，平台上数字内容大多是免费的，甚至是盗版的。如萌芽期的中国数字内容订购平台仅将数字内容作为吸引流量的工具，并不作为主要营收手段，且不重视数字内容版权。以数字音乐订购平台为例，1999 年九天音乐网等音乐网站成立，中国数字音乐正式起步，为网民提供免费在线试听和下载功能；2002 年，百度推出 MP3 搜索功能，对数字音乐发展产生了推动作用。但免费试听是整个数字音乐商业模式中最短的链条，由于不需要客户端、播放器、支付接口，一般成本较低，基本没有商业价值。

（二）发展期

在发展期，随着互联网产业发展，数字内容产品大量出现，涉及游戏、动画、影音、数字出版和数字化教育培训等多个领域。数字内容订购平台重视低价策略、消费者个性化需求和数字版权，并拓展多种收费模式。一方面，随着用户收入的提高和数字内容平台传播成本的降低，如何提高消费者忠诚度、实现薄利多销成为关键。以中国数字音乐平台为例，2004 年后以酷狗、酷我等为代表的 P2P 在线音乐网站成立，市场规模扩大，用户需求从在线试听变为下载。在这一阶段，酷狗音乐日均独立 IP 访问超过 500 万，同时在线最高 68 万，每天下载次数 500 万次左右。

另一方面，由于盗版或者免费的数字内容产品会损害生产者积极性，既不利于用户获取高质量产品，也不利于市场长期繁荣，平台痛定思痛，思考如何将竞争策略从成本竞争转移为产品差异化竞争。还是以中国数字音乐平台为例，2010 年后随着法律完善，市场关注点转移到版权上，2013 年前后大批网站因版权原因关闭，主流唱片公司和各网络音乐服务商合作，向用户提供差异化 VIP 服务，整个行业开始商业化模式探索。据国家新闻出版广电总局《2020 中国音乐产业发展总报告》，2019 年中国数字音乐产业规模达到 664 亿元，同比增长 8.4%；数字音乐用户规模超过 6.07 亿人，同比增长 9.2%，网络音乐用户渗透率达到 71.1%。优质内容的提升、数字平台单次消费频次的增加以及付费订阅模式的优化，不断增强用户的付费意愿，推动用户付费率大幅提升至 7.8%，同比增长 30%，但相比欧美音乐市场，数字音乐付费渗透率仍具备较大增长空间。

理论命题 11－2

数字内容平台收费模式可以分为会员制收费模式、按交易量收费模式和混合收费模式。在前两种单一收费模式下，如果平台提高会员费、数字内容价格或者缩短计算周期，增加数字内容共享可以避免消费者效用水平大幅下降；在混合收费模式下，消费者可以根据数字内容消费数量选择其中一种收费模式，与单一收费模式相比，混合收费模式更加符合消费者利益最大化原则。

（参见：陈朋，熊励，杨璐．数字内容平台收费模式对消费者行为的影响研究．管理工程学报，2018，32（03）：134-141.）

此外，处于发展期的数字内容订购平台重视社区交往功能建设，持续增强用户忠诚度。以成立于 2003 年的美国数字游戏蒸汽平台（Steam）为例，在从自营型平台向混合型平台发展过程中，不断推出好友论坛、体现玩家个性化的创意工坊、游戏直播互动和个性化评分推荐等社区功能，提高消费者忠诚度，2019 年月活跃用户数达到 9 500 万。

与此同时，版权内容使用需求增多催生便捷的版权付费使用机制，数字内容订购平台海量作品集中电子交付，相关市场呈现出高度垄断的市场结构，少数几个占据主导地位的平台拥有巨大的市场力量。以腾讯音乐、中国知网等为代表的数字内容订购平台，通过直接获取版权所有权或者独占许可使用权方式，集中海量作品版权，获得极高市场渗透率和占有率，引发了市场垄断质疑。腾讯音乐与环球、索尼和华纳等大型唱片公司签订的独家版权许可协议，2019 年初遭到国家市场监督管理总局反垄断调查。2022 年 5 月，中国知网涉嫌垄断，被国家市场监督管理总局依法立案调查。

（三）成熟期

在成熟期，新冠疫情全球大流行导致线下出行和娱乐受阻，推动数字内容订购平台进一步发展。一方面，疫情对数字内容订购平台用户习惯养成是一个前所未有的机遇，各大视频网站会员数都呈现增长态势，不仅吸引了一大批新用户的进入，而且还提高了原有用户的留存率。全球范围内，长视频影剧订购平台美国 Netflix 每季度付费订阅用户数从 2019 年第四季度的 1.67 亿增长至 2021 年第四季度的 2.21 亿，年均增长 15.1%。游戏订购蒸汽平台的用户在 2021 年急剧增加，累计超过 1.32 亿。在中国，腾讯视频会员数从 2019 年第四季度的 1.06 亿增至 2022 年第一季度的 1.24 亿；爱奇艺在 2020 年单季度订阅会员净增长 1 200 万，达到 1.19 亿，于 2022 年第一季度首次实现盈利。

另一方面，疫情推动传统内容产业数字化转型，加快线上线下融合，赋能数字内容订购平台高质量发展，并参与数字内容生产。在全球范围内，长视频影剧订购平台迪士尼宣布 2022 年的内容开支将继续增长到 330 亿美元，在好莱坞传媒集团高居首位。在中国，2021 年动漫业至少发生了 55 起投融资事件，总数高于 2019 年（42 起），和 2020 年（55 起）持平。而超过半数是由腾讯视频和哔哩哔哩视频这两个数字内容订购平台领投的。

专栏 11－4　数字内容订购平台主体创新行为

本章小结：中国视角

随着产业互联网取代消费互联网成为数字经济主旋律，企业数字化转型席卷全球，全球公司崭露头角，市场边界模糊化特征凸显。为了应对企业数字化挑战，组织边界模糊化的当代跨国公司向全球公司蜕变。在产业互联网作用下，全球公司实现贸易行为与投资行为的有机耦合。全球公司包括五类：以数字平台形态创立的天生全球公司；由入驻平台的电子商务企业数字化转型而来；入驻平台的提供数字化工具和手段的第三方服务商；由传统贸易企业和数字贸易企业通过搭建独立站、自建平台转型而来；由传统跨国公司通过搭建独立站、自建平台转型而来。其中，社交网络平台、搜索引擎平台和数字内容订购平台属于典型的天生全球公司。

全球公司的产生和发展对中国数字贸易乃至世界经济复苏和人类命运共同体构建都大有裨益。一方面，全球公司的产生和发展有利于扩大中国数字贸易优势，重构数字贸易时代全球竞争新格局。以字节跳动为代表的社交网络平台、阿里巴巴为代表的货物订购平台、百度为代表的搜索引擎平台和爱奇艺为代表的数字内容订购平台等一大批中国全球公司，扭转了传统经济时代中国跨国公司发展相对落后于发达国家的局面。另一方面，中国全球公司为后疫情时代全球经济复苏和商品或服务的供给做出了积极贡献。中国全球公司的快速发展有利于引领发展中国家共同应对全球经济面临的各种挑战，维护全球产业链和供应链稳定，为世界经济增长发掘新动力。

值得注意的是，中国全球公司的发展面临各种挑战。一方面，以美国为首的发达国家仍然掌握着国际贸易话语权，挥动霸权主义大棒，逆全球化重新抬头，阻碍中国全球公司出海。另一方面，天生全球公司带来的平台治理难题，如平台垄断造成的竞争短板、平台数据安全和诚信缺失反映的信用短板、法律法规滞后导致的监管短板亟待补齐。中国政府努力破解全球公司发展中遇到的各种问题：在微观层面，关注数据、算法、算力的治理，避免数据滥用，加强数据信息保护；在中观层面，构建良性发展的平台市场秩序，降低企业数字化成本，帮助跨国公司向全球公司数字化转型；在宏观层面，鼓励企业利用好国内、国外两个市场和两种资源，提高自身的综合竞争力，实现高质量发展。

标识性概念

全球公司

思考题

1. 创建于2014年的快时尚品牌SHEIN与ZARA等传统快时尚跨国公司有显著差异。凭借独立站模式和天生全球化策略，SHEIN一周上新产品数量约等于ZARA一年上新产品数量，截至2020年4月已覆盖全球200多个国家和地区。这表明，伴随数字经济的兴起和发展，企业全球化的经营模式发生了明显改变。从全球公司的内涵和外延出发，为什么说在数字经济时代，全球公司才是对企业出海更为准确的概括？

2. 受制于数字化转型的困境，传统大型跨国汽车制造企业海外投资进一步放缓。但以蔚来为典型代表的新能源汽车全球公司纷纷扩张投资，包括在新加坡投建人工智能与自动驾驶研发中心，以实现消费互联网和产业互联网协同。结合全球公司与跨国公司的比较，谈谈如何理解“在产业互联网阶段，投资行为与贸易行为将更多地集中耦合在全球公司这同一主体上，二者通过全球公司产生直接关联”。

3. 2020 年 8 月，中国教育部等六部门联合下发通知，启动开展未成年人网络环境专项治理行动。2021 年 11 月，新加坡《联合早报》报道，澳大利亚政府推动颁布一则新的法案，该法案要求社交网络公司在面向青少年用户开放前，须征得其监护人同意。试结合社交网络平台的相关内容，分析各国加强社交网络行为管制背景下未来社交网络平台的发展方向。

4. 2022 年 1 月 28 日，中国裁判文书网公开了“字节跳动起诉北京百度网讯不正当竞争”一案的二审判决结果，百度相关诉求被驳回，维持一审判决结果，包括发布声明消除影响，并赔偿字节跳动 50 万元。试结合搜索引擎平台的相关内容，分析政府应当如何合理管制搜索引擎平台。

5. 2021 年第四季度，腾讯视频的付费会员数为 1.24 亿，对比第三季度减少 500 万，增长率由正转负。不仅腾讯视频，爱奇艺会员数也在下跌。2021 年第四季度，爱奇艺仅有 9 700 万会员，同比下降 5.6%，环比下降 7.4%，跌破 1 亿大关。试结合数字内容订购平台的相关内容，分析后疫情时代数字内容订购平台应当如何进一步发展。

延伸阅读

［1］Allcott H, Gentzkow M, Song L. “Digital Addiction,” *American Economic Review*, 2022, 112（7）: 2424-2463.

［2］Cavusgil S T, Knight G. “The Born Global Firm: An Entrepreneurial and Capabilities Perspective on Early and Rapid Internationalization,” *Journal of International Business Studies*, 2015, 46（1）: 3-16.

［3］约翰·H. 邓宁，萨琳安娜·M. 伦丹. 跨国公司与全球经济. 马述忠，等，译. 北京：中国人民大学出版社，2016.

［4］柴宇曦，张洪胜，马述忠. 数字经济时代国际商务理论研究：新进展与新发现. 国外社会科学，2021（01）: 85-103.

第十二章 消费者行为与权益

本章导读

数字经济背景下消费者地位发生了巨大变化，消费者在数字贸易的不同环节中扮演了越来越重要的角色。消费者需求偏好呈现个性化和多元化发展趋势，不断驱动数字贸易发展。但与此同时消费者隐私泄露、企业滥用市场地位侵害消费者权益等现象频发，保护消费者隐私、维护消费者权益在数字贸易中面临着新的挑战。因此了解消费者偏好、行为和权益的相关知识显得十分必要。通过本章的学习，读者可以从价格离散和消费者搜寻、信息不对称和消费者反馈以及信息过载和消费者注意力三个方面了解并掌握数字贸易中消费者行为的主要内容，可以从消费者隐私保护和消费者福利两个方面了解并掌握数字贸易中的消费者权益。

第一节 消费者在数字贸易发展中扮演的角色

一、消费者：数字贸易关键角色

（一）数字贸易中的消费者

消费者是为了生活消费需要而购买、使用商品或者接受服务的[①]，数字贸易中的消费者也不例外，购买的最终目的是为了满足消费者或其家庭的生活需要，而不是用于生产需要。在数字贸易生态圈中，消费者作为数字贸易交易的主要参与者，属于关键物种。

数字贸易和传统贸易中的消费者在交易方式、信息环境、社群模式三个方面有较大区别：第一，数字贸易中的消费者通过有效使用数字技术，在信息网络和数字平台上进行购买、使用商品或接受服务，这和传统贸易的线下交易不同；第二，数字化的交易平台、社交平台和媒体平台等实现了对传统信息传播媒介的替代，传统贸易中信息不对称的情况得到有效改善，信息获取、加工和传播的效率、范围和效果均大幅提高，消费者

① 《中华人民共和国消费者权益保护法》第二条。

在交易中比以往拥有更大的影响力和话语权；第三，数字贸易中消费者个体行为转向群体行为，互联网和数字技术催生的线上社群使得消费者群体的交流互动更加便利，社群网络高度互联形成具有高价值的数字资源。

数字贸易中消费者数据的获取和分析方式发生了巨大变化。借助数字技术，尤其是大数据、人工智能和云计算技术，平台和企业可以通过网页浏览记录获取消费者的网络踪迹，通过搜索记录了解消费者的需求和关注对象，通过社交平台、媒体平台获取消费者的兴趣类型，通过线上订单、支付、物流等交易记录获取消费者购买历史信息。上述多源的、碎片化的数据经过清洗、加工、关联、聚类等数据处理后形成用户画像，从而能够较为精准地描述消费者的个性化需求和多维特征。

（二）消费者在数字贸易中扮演的关键角色

数字经济时代消费者不仅能够参与数字贸易的各个环节，消费者产生的数据还能够成为生产流通中重要的要素资源，消费者在数字贸易中的关键角色具体体现在以下几个方面：

第一，消费者是数字贸易的交易主体。一方面，在面向消费者的交易模式中，消费者作为商品的购买者和使用者，是整个交易链条的终端。平台和企业都是为满足消费者需求而服务的，其利益的实现以消费者需求获得满足为前提。另一方面，数字贸易平台上消费者作为贸易主体不仅可以购买，还可以在电子商务 C2C 模式中作为卖方出售商品，消费者在数字贸易中兼具买方和卖方角色。

第二，消费者是数据要素的供给主体。传统制造业、服务业在数字化和智能化转型中将数据作为新型生产要素加以重视，企业更是积极收集、加工和利用数据，其中需求侧的消费者数据是企业开发产品和服务、制订生产计划的重要依据。消费者作为平台型企业、制造企业尤其是智能制造企业生产要素的供给者，扮演了关键角色。

第三，消费者是数字内容的生产主体。消费者既是商品的使用者，同时也是数字内容的生产者。在用户生成内容型平台上，消费者可以通过文字、图像、音频和视频等形式进行创作传播，如在短视频直播平台上消费者可以上传视频，分享日常生活、商品使用体验等内容并提供购买链接。

第四，消费者是数字贸易综合服务的服务对象。以数字营销为例，数字营销作为数字化的营销方式帮助企业发现市场机会，了解消费者未被满足的需要，并在此基础上开发产品。在数字贸易平台上，市场细分是数字营销策略的基础，企业通过分析目标细分市场和目标消费者，有针对性地投放广告，使得潜在消费者获得更优质的服务，包括匹配精准度和交易效率的提高。其他数字贸易综合服务，如数字支付、智慧物流也同样将消费者作为服务对象。

二、个性化需求：数字贸易发展驱动力

（一）消费者个性化需求

在数字经济背景下，消费者的需求向个性化、多元化、层次化演变，与此同时，信息技术、数字技术的发展使得消费者的个性化需求偏好得以充分揭示。这里的消费者个

性化需求指的是消费者对商品带有个人独特性质而不与他人相同的需要。在数字贸易中个性化需求往往通过消费者搜索、浏览、点击和购买等行为表达出来，并具有以下特征：

第一，个性化需求具有独特性。个性化需求相对大众化需求具有相对差异性，反映了消费者作为个体的特性，以及消费者希望通过购买商品来展现自我的精神追求。

第二，个性化需求具有多样性。由于消费者所处的社会环境不同，形成了客观上相对独立的购物需求，所以社会环境的多样性使得个性化需求具有多样性。

第三，个性化需求具有相关性。相关性具有两层含义：一方面，在空间维度上，处在相似环境中的消费者之间的个性化需求具有一定的相关性。但随着空间范围的扩大，这种相关性会减弱。另一方面，在时间维度上，同一消费者短时间内兴趣、性格、家庭环境不会出现较大变化，所以一定时间内的个性化需求具有一定的自相关性。

（二）个性化需求驱动数字贸易发展

通过数字技术创新，个性化需求驱动数字贸易发展。作为数字贸易的载体，数字贸易平台汇集了消费者大量的个性化需求，随之而来的是海量数据的产生。为了收集、存储、加工、分析和利用消费者数据，企业主动研发大数据、人工智能等数字技术，快速精准地为消费者匹配商品，挖掘潜在交易机会，提高交易成功概率，从而促进数字贸易发展。

通过生产模式变革，个性化需求驱动数字贸易发展。以制造业为例，为顺应消费者需求个性化和多样化的趋势，制造业企业持续探索数字化、智能化的研发和生产模式，通过柔性制造和精益制造等智能化方式为消费者定制商品，实现在同一时间内大规模满足消费群体个性化需求的功能，进而从供给侧推动数字贸易的发展。

通过营销效率提升，个性化需求驱动数字贸易发展。营销是通过发现、创造和交付价值来满足目标市场中消费者需求的，所以营销活动就是由消费者需求驱动的。随着数字技术的发展，营销方式不断创新，使得消费者的个性化需求更加凸显，促进了数字贸易的交易匹配效率的提高，进而驱动数字贸易的发展。作为最接近需求侧的环节，个性化需求通过营销活动推动数字贸易发展的作用更加直接。

理论命题 12－1

在选择出口市场时，跨境电商企业倾向于消费偏好差异化程度更大的目的国。

（参见：郭继文，马述忠．目的国进口偏好差异化与中国跨境电子商务出口：兼论贸易演变的逻辑．经济研究，2022，57（03）：191-208.）

第二节　消费者行为

一、价格离散与消费者搜寻

（一）价格离散

市场价格离散指的是某一同质商品在市场中价格不完全相同的现象。在古典经济学中，一价定律认为在没有贸易摩擦的自由竞争市场中，同质商品在不同地区用同一货币定价时价格必定一样。但是在现实生活中，由于市场信息是不完备的，市场结构是不完全竞争的，因而市场中同质商品的价格往往不同，而且这种价格离散现象仍然长期存在。中国线上市场存在价格离散现象，在交通通信、医疗保健、居住、教育文化和娱乐、生活用品及服务、衣着、食品烟酒、其他用品和服务共八个商品大类中都存在。其中，衣着、食品烟酒等高频消费物的离散值相对较小，而交通通信、居住等低频消费物的离散值相对较大。①

导致价格离散的原因有许多，其中，消费者搜寻成本就是导致价格离散的重要原因。②虽然在线上零售市场中消费者搜寻成本大幅下降，但价格离散程度却没有收敛，离散现象将持续存在。这是因为除了搜寻成本外，还存在市场特征、卖家声誉以及顾客锁定等其他原因。价格离散的形成机制可以分成两种：一种是消费者接入成本不同导致垄断卖家在细分市场具有定价能力，进而导致"传统垄断型价格离散"，这是消费者搜寻成本和市场特征的反映；另一种是卖家根据消费者个性化偏好、忠诚度等进行市场分割，从而在分割后的细分市场中获得垄断定价能力，形成"市场分割型价格离散"，这是卖家声誉和顾客锁定的反映。

（二）消费者搜寻

消费者搜寻成本的客观存在会诱生价格离散，价格离散会诱生消费者搜寻行为。除了上文提到的价格离散，非均衡分布的市场信息还包括商品的质量信息、评价信息以及卖家信息等，所有的信息离散均会诱生消费者的搜寻行为。消费者搜寻是消费者购买决策过程中非常重要的步骤，和传统购物环境中的信息搜寻行为不同的是，数字贸易中消费者信息获取的成本大幅降低，渠道更加多样，便捷性和主动性大大提高。在传统贸易中通过消费者搜寻最多只能是找到合适的信息来源，在数字贸易中通过消费者搜寻能够精确定位信息，而定位信息比找到合适的信息来源更重要。

经济学中的搜寻概念有如下几种理解角度：第一种，搜寻是形容任何信息搜集活动的简明术语，搜寻的利得体现在其可能带来的经济机会上③；第二种，搜寻是在搜集市场相关信息的基础上，做出经济决策的资源配置行为④；第三种，搜寻是一种分析资源配置的过程，通过信息搜集实现潜在的市场交易⑤；第四种，搜寻是与市场中其他交易者接触之后，交易双方确定最有利价格的一种经济行为⑥。在数字贸易环境中消费者的搜寻行为属于外部信息搜寻，所以这里的消费者搜寻行为概念是消费者在数字贸易市场中，以完成购买为目的而进行的信息搜集行为。

---

① 孙震，刘健平，刘涛雄．跨平台竞争与平台市场分割：基于中国线上市场价格离散的证据．中国工业经济，2021（06）：118-136.

② Stigler G J. "The Economics of Information," *Journal of Political Economy*, 1961, 69（3）：213-225.

③ McKenna C J. " Equilibrium Wage Offers and Turnover in a Simple Search Market," *The Economic Journal*, 1986, 96（383）：785-797.

④ 谢康．微观信息经济学．广州：中山大学出版社，1995.

⑤ Diamond P . *A Search-Equilibrium Approach to the Micro Foundations of Macroeconomics*, The Mit Press, 1984.

⑥ 同②.

数字贸易中消费者搜寻可以分为浏览和直接搜索。前者目标不明确，具有探索性，以体验的方式在浏览过程中发现并获取商品信息；直接搜索的目标更加清晰，具体方式有搜索引擎、品类导航和追踪关注等。随着人工智能、搜索引擎技术的发展，平台逐渐成为消费者购物的主要渠道，平台上的搜索排序、推荐算法、页面布局和行为路径等机制设计，拓宽了搜寻的方式和策略，因此数字贸易中的消费者搜寻也是一个不断变化发展的动态概念。

数字贸易中消费者搜寻行为的影响因素包括：第一，商品价格。商品价格在消费者搜寻中起到主导作用，市场中高价商品的消费者搜寻次数大于低价商品。市场中的商品价格差异越大，消费者搜寻所需要的时间差异也就越大。不过商品价格对消费者搜寻的影响具有异质性，消费者的收入越高，其搜寻行为受到价格的影响就越小。第二，搜寻成本。消费者的搜寻成本也是其搜寻行为的重要影响因素，搜寻成本越低，其搜寻量也就越大。第三，其他因素。影响消费者搜寻行为的其他因素还包括任务因素、情景因素、个体因素、系统因素、环境因素等。

消费者搜寻的起止条件取决于消费者搜寻的成本和收益。一方面，获取信息是有成本的，消费者为了在价格离散的市场中购买到最实惠的商品，必须投入时间和精力等直接成本，还需要承担因搜寻而失去其他收益等间接成本。搜寻成本可以通过搜寻时间来衡量，这种衡量方式比其他方式更有效、更直接、更具可比性。消费者搜寻时间的机会成本越大，搜寻成本越高。搜寻成本具有边际递增的特点，在搜寻的初始阶段，消费者搜寻的机会成本很低，但随着搜寻的进一步深入，消费者的单位时间成本不断增加，导致搜寻的边际成本越来越高。

另一方面，消费者通过市场搜寻减少信息不对称、获取其他数字贸易主体的私有信息来减少不确定性，从而获得效用。搜寻收益具有边际递减的特点，由于信息是有层次性的，在初始阶段搜寻可以大幅度降低不确定性，获得较高边际收益，但随着搜寻次数和时间的增加，其边际收益会减少。

随着搜寻的深入，搜寻边际成本逐渐上升、边际效用逐渐下降，当两者相等时，消费者的搜寻终止。

二、信息不对称与消费者反馈

(一) 信息不对称

数字贸易中信息不对称体现在某一主体往往占有其他贸易主体不知道却能影响决策的信息。换句话说，与交易相关的信息在贸易主体间的分布是不均匀的，获得更多信息的贸易主体便成为信息优势方，获得较少信息的贸易主体成为信息劣势方。数字技术的发展并没有全面改善信息不对称现象。以数字贸易中商品质量信息不对称为例，对于不便以数字化形式传输的实意质量信息[①]而言，数字贸易市场和传统市场相比信息效率并没有提高。贸易主体为做出有效决策需要承担一定的信息成本以获得充分的市场信息，平台上的商品提供者作为信息优势方虽然存在一定的信息成本，但消费者作为信息劣势

① 通过实物方式传递给买方的商品质量信息为实意质量信息。

方获取信息的成本相对更高，获取信息和处理信息的不对称加剧了数字贸易中的信息不对称。导致这一现象的原因有：

第一，认知能力有限导致消费者的信息不对称。数字贸易中没有贸易主体可以掌握所有的市场交易信息，消费者在决策时的知识、技术和能力都有一定局限性。另外，在产品快速迭代更新的数字经济时代，消费者对商品的部分需求是被创造的，相关信息的获取远远滞后于商品的提供者，这些因素都导致了消费者的信息不对称。

第二，劳动和知识分工导致消费者的信息不对称。劳动分工能够促进生产效率的提高，而劳动分工的本质又是知识分工，两者在共同推动经济发展的同时，又会产生信息差异性，造成交易的信息优势和劣势。数字贸易中，由于消费者和其他贸易主体的专业分工不同，细分领域中专业和非专业主体之间的信息差距增加，造成消费者的信息不对称，从而导致交易选择时的非专业性。

第三，信息获取成本导致消费者的信息不对称。即使在数字贸易环境中，互联网也只是降低但没有消除消费者的搜寻成本。在数字贸易平台上，商品在质量、价格等方面存在很大异质性，消费者不断地搜集、分析、评价和决策导致边际搜寻成本越来越高，阻碍了消费者获取更多信息，从而导致信息不对称。

第四，信息垄断优势导致消费者的信息不对称。数字贸易中商品的提供者在专业化分工中拥有越来越多的信息优势，并且利用信息优势对其商品的信息进行操纵，形成了信息垄断。信息垄断的卖方为自身利益最大化而隐藏不利于消费者的信息，例如，卖方夸大和粉饰商品质量的行为以及卖家隐匿真实信息、传播虚假信息的行为，均导致了消费者的信息不对称。

（二）消费者反馈

数字贸易平台的信息反馈是平台上交易双方通过双向交流形成的规模巨大的口碑网络，在这个网络中消费者可以在广泛的话题下分享自己的观点和经历。消费者（浏览者）通过交换交易信息和购物观点降低来自商品及其卖家的潜在风险。信息反馈机制对数字贸易平台的运营至关重要，它搭建了消费者和企业之间信用的桥梁，在一定程度上可以有效降低市场中的信息不对称（具体见表 12-1）。

表 12-1　基于平台的消费者反馈机制

反馈机制		消费者参与度	
		高	低
卖家互动	积极	**卖家声誉** 消费者评价卖家经营表现，如 eBay 平台上买家反馈评分、淘宝网上卖家排名。	**商品推荐** 通过消费者用户画像、历史购买和浏览记录，卖家为消费者推荐商品，如平台上“浏览此商品的人还看了”或“购买此商品的人还买了”所展示的商品。
	消极	**消费者评价与用户生成内容** 消费者可以在平台上直接报告他们的经历和观点，如消费者评分和消费者评论。	**第三方反馈** 第三方平台，如 Epinions.com 和什么值得买网，总结出一些评价指标为消费者购买决策提供参考。

资料来源：王洪鹏．电子商务平台信息反馈机制的有效性研究．陕西：西安电子科技大学，2019.

数字贸易平台上的反馈机制按照消费者参与度的高低和企业互动的积极程度可以分为卖家声誉、消费者评价与用户生成内容、商品推荐以及第三方反馈。因此，基于平台的消费者反馈包括两种，分别是消费者参与度较高的卖家声誉和消费者评价。

卖家声誉是公众对企业的整体评价和长期判断，卖家声誉的形成是一个复杂的社会认知过程，伴随着企业信息在数字贸易网络中的传播和扩散。卖家声誉具有社会性、资产性、多样性和脆弱性，具有缓解信息不对称、约束投机行为、降低交易成本等作用。

消费者评价是数字贸易平台上最重要的一种反馈，是网络口碑的重要形式之一。口碑是关于企业和商品的一系列信息，其最重要的特征在于消费者之间关于商品、服务和品牌的，没有商业目的的信息交流。口碑传播和接受的主体都是消费者，起到影响消费者认知和购买决策的作用。数字贸易的口碑和传统贸易的口碑都具有很高的可信度和很强的交互性，但数字贸易中的口碑不仅传播范围更广、信息量更大、速度更快，还具有可存储、可匿名、不受时空限制等特点。

消费者评价是消费者在数字贸易平台上对其商品购买和消费体验等发表评价信息的行为。评价信息包括消费者的使用感受、质量评判以及正负倾向等，具体形式包括评分评级、文字评论、图片评论和视频评论等。由于消费者评价是公共信息，平台上的浏览者都可以通过阅读评价了解相关信息。

消费者评价的信息要素通常由评价数量、评分星级、评论内容和情感偏向构成。第一，消费者评价的评价数量指的是数字贸易平台上商品获得消费者评价的次数多少。获得的评价越多，说明商品的销量越多，且商品的关注度越高。其他消费者由于从众心理倾向于合理化自己的购买行为，评价数量不仅提供了信息还扮演了推荐者的角色，显著地正向影响消费者的购买决策。第二，消费者评价的评分星级是消费者基于其购物体验，对商品的量化评价。数字贸易平台上的量化评价一般从 1 分到 5 分，依次表示最差到最好。和评价数量体现感知效应不同，评分星级更体现出劝说效应。在消费者购买决策中，高评分能够刺激购买，低评分会抑制购买。也有学者认为，当消费者非常满意或不满时才会发表评价，所以评分星级的平均数并不能完全代表商品的真实质量。第三，评论内容是消费者评价的重要组成部分，可以从多个维度对其进行分类，如正面评论和负面评论、主观评论和客观评论、简单推荐型评论和属性价值型评论等。第四，消费者评价的情感偏向指的是消费者对商品的评价可以分为正面和负面，分别对应消费者的态度是赞同和反对。随着文本分析和人工智能等技术的使用，通过算法可以挖掘越来越多评论内容背后的感情偏向。与评论内容比较，评分星级更加容易量化消费者的情感偏向。

专栏 12-1　平台评论的有用性

贸易中可公开获取的、消费者原创的、非专业或权威人士创作的、有关商品和品牌等的媒体内容，主要来自购物平台和社交平台等。从文本特征角度出发，用户生成内容情感强度越高、口碑越正向积极，对消费者购买决策影响越大；从内容质量出发，用户生成内容质量和可信度越高，趣味性和时效性越强，对消费者购买决策的影响越显著。

三、信息过载与消费者注意力

（一）信息过载

数字经济时代信息资源呈指数级增长，由此引发了一系列问题，如信息过载、搜寻负荷加重和信息资源质量下降等。其中，信息过载指的是主体接受了超出其认知和处理能力的信息的现象，并已成为数字贸易发展中各主体所面临的重要问题。

导致数字贸易中信息过载的原因有以下几个方面：第一，贸易主体和贸易标的信息的充分展示，导致消费者在决策时所需面对和处理的信息爆炸式增长；第二，信息传播存在不可避免的噪音，导致消费者甄别信息、识别商品的难度增加了；第三，主体缺乏相应的信息处理能力，例如，消费群体的信息搜寻和处理能力相较于庞杂的商品而言较为欠缺；第四，数字技术使得信息的展现方式更加多样和多变，导致消费者处理信息的成本增加了。

数字贸易中信息过载造成的负面影响有：

第一，信息过载会导致贸易主体识别有用信息的难度增加。在数字贸易环境中，商品的提供者往往会通过广告等方式出现在消费者的视野中，其中和消费者需求不匹配的广告信息会成为干扰消费者识别潜在交易的噪音，使得消费者识别有用信息的难度增加了。

第二，信息过载会导致贸易主体搜寻贸易标的的成本增加。消费者的搜寻成本会随着信息处理数量的增加而增加，而且在信息数量过多的情况下，搜寻边际成本递增的速度会加快。例如，平台搜索结果中海量的商品图片和链接会造成消费者的信息过载，并因此增加消费者搜寻成本和交易的负担。

第三，信息过载会导致贸易主体完成交易任务的效率降低。数字贸易中信息过载会降低主体交换和处理信息的速度和专注程度，从而会对消费者完成交易任务的效率和质量产生负面影响。另外，信息过载还会导致消费者的心理负担和交易压力增大。

解决信息过载的方式有：一方面，建立平台推荐机制。数字贸易平台可以通过个性化信息推荐机制，分析消费者的个性化需求和兴趣目标，将能够吸引目标客户的信息呈现出来。具体而言，平台通过收集消费者行为数据，形成消费者画像，构建兴趣权重数据库，对消费者个性化需求进行管理和分析，在消费者浏览、搜索商品过程中实时推荐最有可能购买的商品。另一方面，提升消费者信息素养。信息素养是获取、评价和利用信息的能力，消费者可以通过提升信息素养降低信息过载造成的负面影响。

专栏 12－2 平台信息过载弱化机制：以知识共享平台为例

（二）消费者注意力

注意指的是主体将心理活动聚焦于特定事物的行为。而注意力是指在外界激励条件下，主体对客体进行一定强度和持续性关注的能力。注意是一种行为，属于心理学范畴；而注意力是一种主观能力，属于经济学范畴。数字技术的发展使得信息不再稀缺，信息如何竞争得到经济主体关注成为一个重点，在这种情况下，注意力成为稀缺资源。

消费者注意力是引导消费者主体和商品客体发生关系的中介，不仅受到消费者主体主观能动性的影响，还受到商品客体信息的影响。消费者通过配置注意力和商品客体发生作用，进而引发购买行为。有时，数字贸易存在免费购买行为，即消费者不需要承担货币成本，但事实上消费者需要以注意力为代价来换取商品。当消费者将注意力支付给卖家后，后者获得了消费者的注意力资源，这一过程是卖家获取利润的基础。

消费者注意力有以下特点：

第一，稀缺性。随着消费者注意力投入的增加，其边际效用递减，所以消费者不会无限制地投入注意力；另外，数字贸易环境中卖家总是希望更多消费者浏览其商品，所以卖家对消费者注意力有无限的需求。注意力需求的无限性和注意力供给的有限性导致了注意力资源的稀缺性。

第二，趋利性。受到主观能动性的影响，消费者只会将注意力投入能够满足其需求的商品中，所以消费者的能动性导致了注意力的趋利性。对消费者没有价值的商品，自然也失去了这些消费者的注意力，因此注意力的趋利性决定了注意力的价值属性。

第三，持续性。在购买商品时，消费者需要持续地投入注意力，这里的持续投入是对一个或多个商品的持续性关注。消费者为满足其对商品的需求，必然要将注意力连续不断地配置到有价值的货物或服务上。

第四，累积性。注意力的持续性使得消费者对某一商品的注意力得以累积，消费者对商品的认知就是消费者持续关注商品累积而成的。累积性既包括在时间层面的纵向累积，如消费者注意力长时间累积获得的购物经验；还包括在空间层面的横向累积，如数量庞大的消费者群体的注意力投入产生了品牌。另外，数字贸易环境中信息传播速度快、范围广，注意力的累积性特征更加显著。

数字贸易学不仅要考虑数据、劳动力、资本等客观资源，还需要考虑注意力等主观资源。从资源角度出发，注意力可以被理解为存在于消费者主体的一种资源，其价值体现在将资源从消费者主体向商品客体集中的同时满足前者的需求。如果商品客体失去了消费者主体的注意力，那么从满足需求的角度可以认为商品客体失去了价值。

第三节 消费者权益

一、消费者隐私保护

(一)消费者隐私

消费者隐私既是内在权利，同时也具有商品属性，可以作为经济活动的一种投入要素。消费者隐私的披露可以提高企业提供个性化服务的质量，降低企业信息搜寻成本，起到优化资源配置的效果。但是，企业可能会滥用消费者隐私，通过算法实现歧视性定价，攫取消费者剩余，造成消费者福利的损失。所以，数字贸易中消费者隐私问题集中在如何实现隐私有效保护和数据开发利用的有效统筹上。

在消费者完全理性的理想条件下，通过对消费者隐私权的清晰界定，以及消费者和企业间的市场化谈判，可以实现社会最优的隐私保护状态，并不需要政府对隐私问题进行干预。具体地，理性消费者在衡量隐私披露的收益与成本后，会选择合适的信息提供给企业。但是，在现实的隐私决策中，消费者并不完全理性。消费者常常声称自己在意隐私，却做出与之相反的行为，这种隐私态度和隐私行为相悖的现象称为“隐私悖论”。另外，隐私的偏好具有异质性，不同消费者对待隐私披露，包括信息类型和披露对象，都具有明显的偏好差别。

在完全信息的理想条件下，信息越多，市场资源配置就越高效。隐私监管不仅会限制信息自由流动，阻碍供需的匹配，还会增加信息不对称，阻碍交易的实现。但是，现实中存在个人信息市场失灵问题，例如，滴滴过度收集消费者信息，脸书用户数据被泄露给政治咨询公司剑桥分析（Cambridge Analytica）用于支持特朗普参加 2016 年美国总统大选。市场失灵的原因有：第一，个人信息市场中平台的大规模隐私收集和滥用行为不能得到有效约束；第二，个人信息市场的信息不对称，消费者不知道企业是否收集以及如何使用隐私信息；第三，隐私谈判中消费者与企业的谈判力不对等。所以，适度的政府监管有利于提高消费者隐私保护的有效性。

(二)消费者隐私保护的内涵

随着数字贸易的发展，消费者对其隐私的关注和担忧逐步增加。《2021 年全国网民网络安全感满意度调查总报告》的结果显示，中国网民对个人信息保护效果持正面评价的占 37.52%，持负面评价的占 26.62%，认为在社交应用、电子商务、网络媒体、生活服务、数字娱乐等场景中个人信息保护效果欠佳。根据 2019 年皮尤研究中心（Pew Research Center）的调查报告，80% 的美国成年人“有点”或“非常”关心企业如何使用他们的数据，81% 的美国成年人认为他们“很少”或“无法”控制自己的数据被使用的方式，81% 的美国成年人表示企业收集他们数据导致的风险超过收益。面对如此令人担忧的情况，各国纷纷出台政策保护个人隐私安全。2018 年欧盟出台《通用数据保护条例》，明确指出个人数据是个人资产，并要求企业使用个人数据需征得用户同意，即遵循“知情—同意”框架。2020 年 1 月 1 日美国《加州消费者隐私法案》（California

Consumer Privacy Act，简称 CCPA）正式实施，法案建议在收集和使用个人数据方面给予消费者更大的控制权。2021 年中国相继出台《中华人民共和国数据安全法》和《中华人民共和国个人信息保护法》，保护消费者隐私。

消费者作为数字贸易重要的参与主体，其个人数据主权的维护和权益的保障受到越来越多的重视。《中华人民共和国民法典》第 1 032 条规定："自然人享有隐私权。任何组织或者个人不得以刺探、侵扰、泄露、公开等方式侵害他人的隐私权。"在消费者隐私方面，《中华人民共和国消费者权益保护法》第 14 条规定："消费者在购买、使用商品和接受服务时，享有人格尊严、民族风俗习惯得到尊重的权利，享有个人信息依法得到保护的权利。"

综上所述，消费者隐私保护是指消费者在购买和使用商品或接受服务时，享有个人数据和信息依法得到保护的权利，任何组织或者个人不得以刺探、侵扰、泄露、公开等方式侵害消费者隐私。

（三）消费者隐私保护的外延

消费者隐私保护的对象包括消费者的姓名、性别、年龄、职业、联系方式、健康状况、家庭状况、财产状况、消费记录等与消费者个人及其家庭密切相关的数据和信息。消费者隐私保护的内容包括隐私隐瞒权、隐私使用权、隐私支配权和隐私知情权。

隐私隐瞒权是指权利主体对其隐私享有隐瞒、不为他人所知的权利，如数字贸易中消费者对其购买记录、收件地址、联系方式等隐私信息有隐瞒的权利；隐私使用权是指权利主体对自己隐私享有积极利用、以满足自己精神和物质等方面需要的权利，如消费者可以让渡自己的隐私信息以享有数字贸易平台更加优质的服务；隐私支配权是指权利主体在不违背公序良俗的条件下对自己隐私享有支配的权利，如消费者可以决定是否与数字贸易平台共享自己的数据，从而实现隐私的支配；隐私知情权是指权利主体享有知悉相关组织或个人是否收集、出售和披露自己隐私的权利，如《加州消费者隐私法案》要求企业在使用消费者个人信息时需要经过消费者同意。

专栏 12－3 互联网消费者隐私关注及其影响因素

二、消费者福利

（一）数字贸易对消费者福利的有利影响

通过缩短交易链条，数字贸易可以增加消费者福利。在传统的交易链条中，企业通过代理商、经销商、零售商等将商品销售给消费者，过程繁杂，流通效率低下，会增加商品成本，挤压利润空间。数字贸易能缩短交易中消费者和企业之间的距离，与传统线下购物相比，由于中间商减少，消费者通过与企业的直接接触获得更低的价格，使消费者福利增加。同时，企业自建网站或通过数字贸易平台为消费者提供新的购物渠道，能拓宽消费者选择的范围，从而增加消费者福利。

通过网络外部性，数字贸易可以增加消费者福利。网络外部性是指用户使用商品获得的效用与用户数量有关。网络外部性包括三种情形：直接网络外部性、间接网络外部性和交叉网络外部性。第一，直接网络外部性是指用户获得的商品价值随同一商品用户规模变化而变化。在数字贸易中，社交平台用户规模增加，平台用户就可以联系到更多的人，获得的福利就会增加。第二，间接网络外部性是指商品用户规模变化会导致其互补品数量和价格变化，对用户效用产生间接影响。在数字贸易中，计算机消费者数量越多，提供适配计算机软件的企业就越多，可用软件数量的增加就会间接增加计算机消费者福利。第三，交叉网络外部性是指一类用户的规模变化会对另一类用户的效用产生影响，与前两种情形发生在同一类用户内部不同，其强调两类不同用户的相互作用。在数字贸易平台上存在两类用户，卖家数量越多，其提供的商品种类和数量就越多，商品价格就越低，消费者福利就越高。

通过个性化服务，数字贸易可以增加消费者福利。不论是手机端还是电脑端，数字贸易平台各式各样的个性化服务随处可见。个性化服务背后的逻辑通过设定好的算法完成，其目的是发掘潜在的交易机会、增加消费者黏性。以个性化推荐为例，平台通过消费者的浏览、点击、购买和定位记录，结合当下流行趋势，将消费者可能感兴趣和购买的商品呈现在目标群体容易看到的位置。个性化推荐服务可以帮助消费者减少搜寻成本，提高购物效率，进而增加其福利。

（二）数字贸易对消费者福利的不利影响

通过滥用市场支配地位，企业可能会侵犯消费者隐私。剥削性滥用行为属于企业滥用市场支配地位行为的一种，是指具有市场支配地位的企业向消费者提出不合理的交易条件。消费者福利包含消费者隐私利益，当企业具有垄断地位时，其信息收集行为存在侵犯消费者隐私利益的可能性，在超出公平合理范围外强制和过度收集消费者信息，实质就是企业实施的剥削性滥用行为。例如，2019 年德国联邦卡特尔局裁定脸书从第三方网站和应用程序中收集消费者信息，并与其脸书账户信息进行关联融合的行为并未取得消费者同意，此等剥削性滥用行为导致消费者隐私被侵犯。

通过利用算法歧视定价，企业可能会攫取消费者剩余。算法是企业对数据进行处理、分析和利用的重要手段，如算法合谋、算法非中立、算法歧视定价等。算法能够产生一定的反竞争效果。企业利用算法实行价格歧视，会依据每个消费者的支付能力，设定个性化价格以达到充分攫取消费者剩余的效果。典型的算法价格歧视有“大数据杀熟”，即同样的商品，企业老客户看到的价格反而比新客户要高。算法歧视定价还具有隐蔽性特征，所以由此导致的消费者福利损失难以被察觉。

专栏 12-4 算法歧视行为损害消费者利益的阶段表现

通过利用垄断传导机制，企业可能会降低关联市场的消费者福利。数字贸易市场之间是相互关联的，某一市场的消费者数据，在经过加工处理后可能被另一关联市场所利用。企业在市场中具有垄断地位，拥有该市场中大量的消费者数据，通过市场垄断传导机制，可能会在关联市场形成新垄断，侵害关联市场上消费者的福利。例如，在 2017 年“欧盟谷歌反垄断案”中，欧盟反垄断执法部门认为，谷歌利用其在搜索市场的支配地位将消费者数据传导至邻近的购物市场，从而对购物市场起到限制竞争的效果，降低了购物市场中消费者的福利。

理论命题 12-2

在推动物质生活共同富裕过程中，电子商务的发展对精神生活共同富裕具有双重影响：一方面，会缩小城乡收入差距，降低生活成本，有利于推动精神生活共同富裕；另一方面，则会减少数字弱势群体和城市居民相对收入，不利于推动精神生活共同富裕。

（参见：马述忠，张道涵，潘钢健．电子商务对我国居民幸福感的影响：基于共同富裕视角．计量经济学报，2022，2（03）：510-532.）

本章小结：中国视角

消费者在数字贸易中扮演关键角色，其个性化需求驱动数字贸易的发展。相较于传统贸易，数字贸易中消费者的搜寻成本大幅降低，但仍存在一定的价格离散现象。同时数字贸易中还存在信息过载和信息不对称现象，消费者利用平台的推荐和反馈机制能有效缓解信息过载和信息不对称造成的负面影响。消费者对其隐私的关注和担忧日益增加，许多国家出台法律保护消费者隐私。数字贸易会通过缩短交易链条、网络外部性和个性化服务提升消费者福利，但是数字贸易企业，尤其是平台型企业会滥用市场支配地位、利用算法歧视定价和利用垄断传导机制，有可能会减少消费者福利。

根据第 49 次《中国互联网络发展状况统计报告》，中国网购用户在 2021 年 12 月达到 8.42 亿人，相比 2020 年 12 月增长 5 968 万，占网络总用户的 81.6%。如图 12-1 所示，中国上网用户人数不断上升，且在新冠疫情早期创造了 2015 年后的最快增长；为了解消费者的个性化需求，中国大型数字贸易平台和企业通过大数据技术、人工智能手段收集并分析消费者数据，构建消费者用户画像并利用先进的推荐算法将商品推送给潜在的目标群体，降低信息过载的负面影响，提高消费者的购物体验。如图 12－1 所示，中国用户平均每周上网时间增长趋势总体放缓，新冠疫情早期达到每周 30.8 小时的最大值。如果用上网时长衡量互联网注意力，那么中国消费者互联网注意力资源的增长空间有限，可以预见数字贸易平台和卖家对注意力资源的争夺将更加激烈。中国数字贸易平台灵活多样的营销服务能够为企业提供多种吸引消费者注意力的途径。例如，短视频直播平台通过对消费者注意力资源的整合利用将贫困地区的农产品推广到全国各地，为扶贫事业做出贡献。

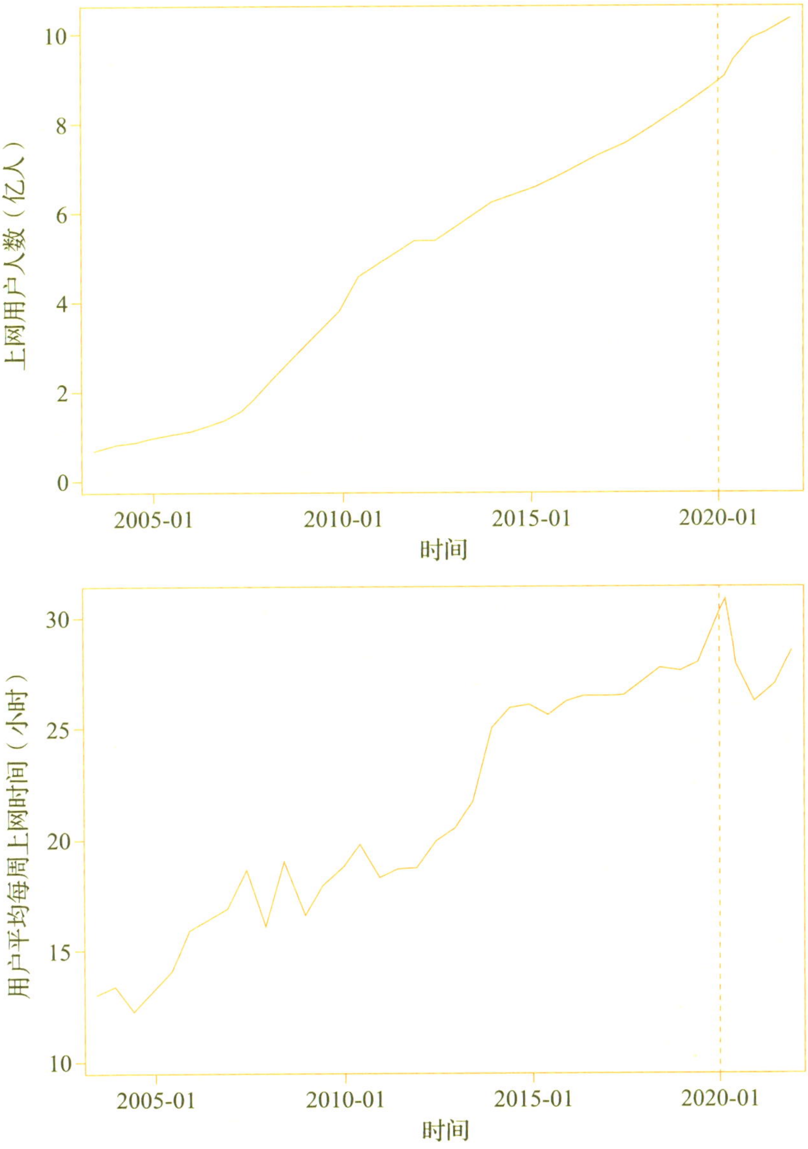

图 12－1　2003—2021 年中国上网用户人数及其平均每周上网时间

资料来源：中国互联网络信息中心发布的历年《中国互联网络发展状况统计报告》。

在消费者隐私保护方面，《中华人民共和国数据安全法》规定任何组织、个人收集数据应采取合法、正当方式。《中华人民共和国个人信息保护法》作为中国首部针对个人信息保护的专门性立法，再次明确不得过度收集个人信息。

在消费者权益保护方面，国家市场监督管理总局对阿里巴巴集团实施的“二选一”等涉嫌垄断行为进行调查，于 2021 年 4 月 10 日对其在中国境内网络零售平台服务市场滥用市场支配地位的行为做出行政处罚，并处以 182.28 亿元罚款。

综上，中国数字贸易的快速发展离不开数字贸易平台和企业对消费者需求的深入了解以及个性化服务的不断创新，同时中国数字贸易的可持续发展也离不开法律法规、行业规范对消费者权益的保护。

标识性概念

消费者隐私保护

思考题

1. 长期以来，满足个性化需求的“高效用、高成本”定制和“低效用、低成本”大规模标准化生产之间一直处于“不可兼得”的状态，以致供求之间难以真正有效匹配。中国青岛红领服饰、佛山维尚家具等企业利用互联网，在几乎可以涵盖所有个性化需求的条件下实现了大规模标准化生产。请了解相关案例并分析这一难题为什么可以在“互联网 +”背景下得以破解？

2. 根据 Jumpshot 数据分析公司 2018 年第二季度报告《电子商务市场的竞争状态》，亚马逊平台上，商品近 90% 的浏览来自关键词搜索，淘宝、京东等大型购物平台也都提供了关键词搜索功能。试从电子商务平台消费者关键词搜索的过程出发分析消费者购买商品的影响因素。

3. UGC 意为用户生成内容，它是相对于专业生成内容（Professional Generated Content，简称 PGC）的一种内容来源。简单来说，由专业个人、团队针对性输出的较为权威的内容都属于 PGC，例如电视节目、报纸刊物、媒体资讯等。而微博、知乎、抖音等平台上的内容大都属于 UGC。试分析 UGC 对消费者行为的影响。

4. 2018 年以来多起互联网平台巨头侵犯消费者隐私权的事件频繁发生，如圆通快递数据泄露、脸书数据泄露、Quora 数据泄露等，凸显出整个互联网行业在消费者隐私保护方面令人堪忧的事实。请分析数字贸易企业扩张和消费者隐私保护之间冲突的根源。

5. 2020 年 12 月，国家市场监督管理总局根据举报，依法对阿里巴巴集团控股有限公司实施“二选一”等涉嫌垄断行为立案调查。2021 年 4 月 10 日，国家市场监督管理总局依据反垄断法对阿里巴巴集团在中国境内网络零售平台服务市场滥用市场支配地位的行为做出行政处罚，责令其停止违法行为，并处以其 2019 年销售额的 4% 计 182.28 亿元罚款。请查阅“二选一”相关资料并回答“二选一”侵害了消费者的哪些权益？

延伸阅读

[1] 施炳展，金祥义. 注意力配置、互联网搜索与国际贸易. 经济研究，2019，54（11）：71-86.

[2] 李三希，武玙璠，鲍仁杰. 大数据、个人信息保护和价格歧视：基于垂直差异化双寡头模型的分析. 经济研究，2021，56（01）：43-57.

[3] 许恒，张一林，曹雨佳. 数字经济、技术溢出与动态竞合政策. 管理世界，2020，36（11）：63-79.

[4] 范晓屏，卢艳峰，韩红叶. 网购信息环境对消费者决策过程的影响：基于有限理性视角. 管理工程学报，2016，30（02）：38-47.

[5] 郭继文，马述忠. 目的国进口偏好差异化与中国跨境电子商务出口：兼论贸易演变的逻辑. 经济研究，2022，57（03）：191-208.

第三篇

数字贸易综合服务

第十三章 数字贸易综合服务概述

本章导读

数字化不断赋能贸易高质量发展，使数字贸易综合服务从电子商务综合服务中脱颖而出，形成蓬勃发展的新业态。回顾贸易综合服务产生与发展的历史，其大体历经了业态萌芽、产业启动、市场扩张和转型升级四个阶段，且伴随着电子商务、跨境电商和数字贸易的陆续出现，呈现出不同的阶段特征。通过本章的学习，读者可以了解数字贸易综合服务产生与发展的时代背景和阶段性表现，理解数字贸易综合服务的内涵与外延，掌握数字贸易综合服务在降低交易成本、提升交易效率和拓宽交易市场方面发挥的重要作用，为后续深入学习、理解数字营销、数字支付、数字物流等数字贸易综合服务奠定基础。

第一节 数字贸易综合服务的产生与发展

一、数字贸易综合服务产生的背景

（一）关键数字技术得到广泛应用

数字技术的高速发展是数字贸易综合服务诞生的技术基础。在贸易实践方面，越来越多的企业将数字技术如云计算、大数据和5G等，与贸易活动相结合，提高支付、物流、通关、商检、退税等贸易环节的效率，实现了传统外贸综合服务的转型升级。

第一，云计算技术可以使所有数据资源集中在“云”上，节约企业的存储资源，催生了数字贸易相关的技术服务。云计算被广泛应用于电子商务、金融、物流、跨境支付、市场营销等各种业务领域，帮助企业降低成本、提高效率、加快创新和拓展市场。通过云计算，企业可以快速地搭建起全球化的信息技术基础设施，实现全球化的业务拓展和交流，降低物理距离和时区的限制。以云计算技术助力数字贸易精准营销为例，云计算将全球互联网用户数据集中在同一个平台内，在平台接入一系列应用程序接口（Application Programming Interface，简称 API），并在平台上提供各类数据分析工具，为贸易企业精准营销策略提供了较为完整的解决方案。截至 2021 年，我国云计算市场规模达 3 229 亿元，较 2020 年增长 54.4%，处于快速扩张应用的阶段。①

第二，大数据技术可以对海量贸易数据，如全球海关进出口数据、供应商动态分析数据、采购商动态分析数据、替代市场和竞争市场数据等，进行可视化、动态化处理，帮助企业管理者挖掘数据价值，洞察海外细分行业市场、海外行业季节性趋势变化和海外市场商机等，为企业降本增效。以智慧物流为例，物流网络日积月累地产生了海量运输信息，物流企业可以利用大数据技术分析各地物流的配送情况，提炼信息价值，同时可以利用大数据模型对物流方案进行大量试错和改良，得出更具效率的物流改革方案。

第三，5G 技术下数据能够极高速率、极大容量、极低延时地传输，不仅改造了传统服务行业形态、丰富了服务贸易内容，还能打破服务提供者和消费者的地理界限，提高服务业的可贸易性。5G 技术助力企业不断拓展数字贸易新场景，催生贸易新规则，加速数字服务贸易迈向新阶段。在未来，5G 将大大拓展 4G 时代的数字服务种类，从 VR、AR、物联网等方面激发数字贸易综合服务潜能、推动产业发展。如被看作是 5G 产业下首个大规模落地的“杀手级”应用——5G 消息，其互联网化和极强的拓展性能很好地推动贸易服务、产业结构与数字技术的深度融合。

（二）线上交易催生贸易综合服务需求

潜在的需求创造新的供给，电子商务、跨境电商与数字贸易等线上交易的迅猛发展直接带动了相关贸易综合服务的兴起。

与传统贸易相比，基于互联网的线上交易活动属于商业领域的新生事物，其基于互联网的交易模式为商业实践带来了诸多难题，同时也带来了更多的商业机会，数字贸易综合服务正是在这样的背景下诞生的。例如，为了解决买卖双方身处异地的问题，交易的全流程都需要与互联网相融合，辅助交易活动的在线支付、智慧物流等服务应运而生；为了有效利用沉淀于互联网的潜在消费者的信息和数据，获取有价值的商业信息，协助企业制定精准商业策略，数字营销、数字金融、辅助制造等服务得到迅速发展。

（三）中小微企业渴望普惠贸易的实现

根据保罗·克鲁格曼等有关规模经济和市场一体化理论的表述，大型企业的平均管理成本一般低于中小微企业，可以构筑无形的市场进入壁垒，压缩中小微企业的生存空间。② 传统贸易综合服务的出现为中小微企业带来了转机，降低了国际市场进入壁垒，一方面，其“一站式”的服务模式简化了贸易流程；另一方面，其提供的金融、咨询、法律等衍生服务提高了贸易效率。

但是，传统贸易综合服务本质上是将贸易的部分环节转移到线上，实现更广泛的普惠贸易仍存在诸多挑战。一方面，线上交易需要更多专门的技术人才、搭建自己的信息

① 中国信息通信研究院．云计算白皮书（2022 年）．贵州省大数据发展管理局网站，2022-07-22.

② 保罗·R. 克鲁格曼，茅瑞斯·奥伯斯法尔德，马克·J. 梅里兹．国际经济学（第十一版）．北京：中国人民大学出版社，2021: 122-131.

与通信基础设施，这是很大的一笔成本开支；另一方面，贸易标的更加丰富，由实体商品扩展到各类虚拟产品，中小微企业无法与大型企业平等地获取相关技术与商业信息，这又产生了新的贸易壁垒。数字贸易综合服务可以解决上述两方面的问题，一方面，数字贸易综合服务可以通过云计算、大数据等数字技术让中小微企业平等获取数字资源，只需付一小笔费用即可使用和大企业一样的信息与通信技术服务，贸易门槛大大降低；另一方面，数字贸易综合服务可以使中小微企业通过 5G 技术同步获取最新信息资源，参与虚拟贸易标的的创新与交易，进一步释放了市场潜力。数字贸易综合服务降低了因为数字人才短缺、营销投入不足和物流成本高昂导致的新壁垒，补足了中小微企业在交易、物流、营销、认证、代运营等方面的短板，为实现更广泛的普惠贸易奠定了基础。

（四）各国对数字贸易综合服务的政策支持

发达国家最早开始出台电子商务及数字贸易的相关发展规划，希望营造良好的电商环境，引导电子商务服务业和数字贸易综合服务业的良性发展。

美国 1997 年出台的《全球电子商务框架》首次提出对在线支付实施灵活的管理政策。欧盟 1997 年推出的《欧洲电子商务行动方案》确认了电子合同中数字签名的法律效力。这些关键文本为支付服务、认证服务等提供了法律支撑。日本 2001 年推行的“电子化日本计划”强调了对国家 IT 人才的培育，为后续数字教育培训等衍生服务的发展提供了政策支持。2021 年中国制定的《“十四五”电子商务发展规划》进一步强调，“鼓励电商平台企业全球化经营，完善仓储、物流、支付、数据等全球电子商务基础设施布局”，为中国未来数字贸易综合服务发展提供了重要的政策支持。

二、数字贸易综合服务发展的阶段性表现

（一）业态萌芽阶段（20 世纪 70 年代至 1994 年）

数字贸易综合服务的技术开端要追溯到互联网服务提供商（Internet Service Provider，ISP）的出现。第一个 ISP 于 1974 年诞生自阿帕网（ARPANET）的商业版本，ISP 服务协助用户访问与发布网络信息，搭建了在线交易服务的技术基础。电子数据交换（Electronic Data Interchange，简称 EDI）技术也在此时问世，EDI 通过第三方服务商的增值服务，用电子数据交换代替商业纸质单据的交换以实现无纸化交易，标志着数字贸易综合服务的最初形态——电子交易服务的正式诞生。基于 EDI 技术的电子仓储服务在这一时期也获得了初步发展。基于计算机的实时仓库管理系统在该阶段已经出现，大量企业开始通过条形码快速储存和读取产品信息。基于 EDI 的贸易服务与数字贸易综合服务差距十分明显：一方面，企业需要置办昂贵的服务器、交付超高的信息服务费，因此只有极少数大型企业采用，具有明显的垄断性；另一方面，EDI 技术还比较原始、脆弱，无法承担更复杂的交易服务。

20 世纪 80 年代以后，美国政府取消了对互联网商业应用的限制。随着个人计算机的问世，计算机网络开始展现出交换信息、共享信息的强大能力。1994 年网页浏览器和安全套接层协议（Secure Sockets Layer，SSL）推出，网络论坛开始兴起，这些技术

的应用既提升了网络用户的浏览体验，又增强了人们对网站的信任程度，成功鼓励了越来越多的民众尝试上网，为此后涌现的在线交易服务提供了用户基础。但是这一时期互联网技术并不成熟，基于互联网开展的交易、营销等贸易综合服务仍处于雏形阶段，物流、仓储等服务还未出现。

（二）产业启动阶段（1995—2000 年）

20 世纪 90 年代后期，全球互联网进入了前所未有的繁荣时期，交易、物流、营销和支付等服务迅速与互联网结合，全球第一批互联网内容提供商（Internet Content Provider，简称 ICP）在这一时期起步。作为电子商务配套服务的核心，基于互联网技术的交易服务在该阶段基本成型并迅速发展，完整的电子商务综合服务体系逐渐形成，为未来向数字贸易综合服务升级做好了铺垫。这一时期交易平台主要对企业及其产品信息进行整合，为企业提供贸易信息展示、交易撮合等服务，增加了企业的交易机会，促进了贸易的规模扩张。

但是，此时的数字贸易综合服务业态较为原始，普及率也不高，距离如今“一站式”的服务形态还有相当大的距离。以数字营销服务为例，其在诞生之初延续了传统营销手段，利用互联网信息共享的特点，推出了横幅广告和搜索引擎广告服务，用直接展示信息的方式触及潜在消费者，营销效果仅略优于传统的电话推销和电子邮件营销。直到 1993 年记录用户行为数据的 Cookie 技术诞生，精准营销服务才具备雏形。此外，互联网在商业领域的应用还为企业带来了线上线下融合的挑战。比如在线支付服务，这一阶段全球互联网渗透率相对较低，消费者对网络购物的认知极为有限，仍然习惯于“一手交钱，一手交货”的线下零售模式，对虚拟网络中的商家严重缺乏信任。第三方在线支付平台在这一阶段受到了法律法规因素的制约，无法解决信任问题，严重制约了线上交易平台开拓市场的步伐。

（三）市场扩张阶段（2001—2013 年）

2000 年之后，随着 4G 技术在欧美日发达国家率先进入商用领域以及个人计算机的进一步普及，互联网深入参与电子商务的营销、支付和物流等服务环节，人们在购物平台停留的时间大大增加，网络购物的交易规模迅速增长，相关服务产业的市场规模也开始扩张。值得注意的是，很多数字技术虽然在该阶段开始商用，但是对数据的关注度仍较小。

第一，支付服务在这一阶段飞速发展。一方面，2000—2004 年，欧盟先后颁布了《电子货币指令》《电子签名共同框架指引》《电子货币机构指引》三个垂直指引文件，2001 年美国统一州法全国会议委员会发布了《统一货币服务示范法案》，2010 年中国颁布了《非金融机构支付服务管理办法》，均从法律和制度层面保障了第三方支付服务的广泛普及和市场扩张。另一方面，头部电商平台和支付平台实现整合，如 eBay 在 2002 年收购在线支付服务商 Paypal，中国的淘宝网紧随其后，于 2003 年 10 月上线支付宝服务，完善了平台的支付体系，解决了消费者对网络购物的汇款信任问题，大大提升了网络购物的支付效率。

第二，营销服务的手段随 Web 2.0 时代的到来变得更加多样化。脸书、Youtube、推特、照片墙（Instagram）在2004—2010年间陆续创建，互联网用户逐渐从纯粹的阅读者变为内容的创作者。在社交媒体平台兴起的背景下，横幅广告等早期数字营销手段的效果正在减弱，社群营销开始出现，个性化、精准化的数字营销方式受到人们的重视。社交媒体平台上的商品推广工作，如视频营销、直播营销和KOL营销等开始出现萌芽，管理的精度和效率大大提升。

第三，物流仓储服务市场在数字化管理软件和部分物联网技术的支持下开始大规模扩张。以数字化ERP系统为例，它在传统ERP软件基础上进一步实现了随企业规模动态扩展、多维数据集成、实时响应和多端登录等诸多功能，从供应链管理的角度提供了多部门商品信息的集成管理方法，拓展了数字技术服务在管理软件行业的市场空间。又如物联网技术，部分公司用射频识别（Radio Frequency Identification，简称RFID）标签代替传统条形码，实现了对物品位置的实时跟踪，免去了手动扫描条码的麻烦，拓展了数字技术服务在仓储物流行业的市场空间。

（四）转型升级阶段（2014年至今）

随着数字技术不断走向成熟，数据成为重要的生产资源，数字贸易成为服务商的重要服务对象。对数据进行广泛的挖掘和利用以提升管理和组织效能，是数字贸易综合服务有别于电子商务和跨境电商综合服务的重要特征。在数字技术的支持下，由交易服务、支撑服务和衍生服务组成的数字贸易综合服务体系在这一时期趋于稳定。

交易服务方面，呈现出以下四个发展趋势：第一，移动端购物成为主流网购方式，人们将更多的碎片时间分配给网络购物平台，扩张了交易服务的应用市场。第二，线上交易平台与传统零售企业融合，平台运用大数据等技术精准协调供应链上下游关系，代运营服务蓬勃发展。第三，数字技术提供商跨界布局各类服务业，参与服务价值链的更多环节。第四，互联网巨头加快布局全球市场，利用自身强大的数字服务能力连通跨境贸易的相关机构，为外贸企业赋能。

支撑服务方面，数据驱动成为服务业发展的新引擎，也是传统产业数字化转型的关键步骤，物流、通关、认证、支付等数字贸易综合服务进入新的发展轨道。第一，物流服务方面，云计算、大数据、物联网等数字技术得到加速应用，物流行业进入智慧时代，向模块化、自动化和智能化发展，高效协调参与各方的工作进度，降低社会物流成本。第二，通关服务方面，外贸综合服务企业可以实现对贸易大数据的实时跟踪和分析，能够制订科学的采购和代理计划，根据国内外产品和需求情况进行数字化匹配；可以实现报关流程的全程数字化，降低报关信息的差错率，为中小微企业提供国际贸易全流程代理服务。以“阿里智能关务SaaS平台”为例，其通过应用人工智能技术和云计算技术，已经实现了外贸企业、货代、报关行的一站式通关。第三，认证服务方面，区块链技术具有去中心化、不可篡改和匿名性等特征，可以为各数字贸易节点数据的真实性提供坚实保障，实现卖家、客户和物流供应商等多方互信与快速互动，已广泛应用于数字贸易的认证环节。第四，支付服务方面，数字货币问世尤其是法定数字货币的发行，为数字贸易支付提供了更多样化、更方便快捷也更加安全的支付渠道。

衍生服务方面，由于流量渠道日益多元化，营销服务商纷纷升级自身商业模式，依托更强大的新型数字技术为自身赋能，朝数字化、精细化、国际化的方向进军。以营销服务为例，基于大数据、人工智能等数字技术，营销模式进一步从传统广告投放转向精准营销，社交媒体和短视频平台成为精准营销的主要场景，视频营销、直播营销和关键意见领袖（Key Opinion Leader，简称 KOL）营销等数字营销模式日益重要。各类衍生服务在数字贸易生态圈的建设中也发挥着重要的作用。数字贸易时代，衍生服务提供商需要将政府、企业、消费者和第三方服务商联系在一起，依托前沿数字技术建立数字贸易服务系统，帮助数字贸易企业与各方机构接洽。

数字贸易综合服务的快速发展，不但对政务服务的数字化产生了强烈需求，还迫切需要政府提供更多制度性支持，建立良好的营商环境。中国政府监管部门率先建设了数字贸易服务系统，各地数字贸易综合服务平台相继问世，企业可以通过线上“单一窗口”（Single Window）同时向多个部门提交贸易所需文件，并运用大数据、区块链等数字技术打造国际化、公平、透明的管理体系。政府可以通过平台有效监测跨境贸易，企业也能基于自身贸易过程产生的大数据对经营情况进行全面分析，合理预测未来的上下游供需情况，协调各环节关系。

专栏 13－1 “单一窗口”如何提升通关效率？

第二节 数字贸易综合服务的内涵与外延

一、数字贸易综合服务的内涵

数字贸易综合服务是中国外贸业务模式的重要创新，也是传统外贸综合服务业态的进阶版本。它既涵盖了融资、通关、退税、物流和保险等外贸环节所涉及的传统服务内容，又包括大数据、云计算、人工智能等新兴数字技术融入贸易后产生的数字支付、智慧物流、数字营销等新内容。有必要科学界定数字贸易综合服务的内涵和外延，使之符合贸易发展实际。

数字贸易综合服务出现前，电子商务服务在电商领域扮演与之类似的角色。阿里巴巴前副总裁梁春晓于 2006 年首次提出电子商务服务的概念，认为电子商务服务是指提供一定的服务以满足电子商务应用的需求。国际数据公司（IDC）和阿里巴巴集团于 2011 年发布的《为信息经济筑基：电子商务服务业与阿里巴巴商业生态的社会经济影响白皮书》论述了电子商务服务的概念，认为它是为电子商务应用提供的服务，即面向机构或个人的电子商务应用服务。[①]还有部分学者认为，电子商务服务是基于电子信息网络，为企业、机构和个人提供产品或服务交易及相关的电子认证、在线支付、物流配送等服务的业务活动。[②]

数字贸易综合服务是电子商务服务在数字经济时代的拓展和延伸，与电子商务服务相比，数字贸易综合服务内容更数字化、服务环节更广泛。第一，在服务内容方面，数字贸易平台或企业依托数字技术，不仅使数字产品、知识和信息等特殊交易标的成为数字贸易综合服务的重要内容，还催生了数字化的商业服务这一重要业务领域。一方面，除了数据自身可以作为交易标的，数字技术还赋能知识产权、收藏、金融衍生品等行业，催生了数字产权、数字收藏、数字货币等新标的，正在形成一个庞大的数据资产交易市场。另一方面，为了帮助企业合理管理贸易对象，数字贸易综合服务应用了更多的云计算、大数据等前沿信息技术以便客户访问内容，或使用人工智能技术挖掘用户偏好以向其推送数字技术服务，大幅优化数据分析的精准程度，节省了企业大量的 IT 资源和时间，提高了工作质量和管理效率。第二，在服务环节方面，数字贸易综合服务致力于为机构或个人参与数字贸易提供全方位、全周期的综合服务，其中代运营服务、营销服务和数据分析服务等都不在传统外贸综合服务的服务范围之内。

综上所述，数字贸易综合服务是指数字贸易平台或企业依托数字技术，向各数字贸易主体提供的各类服务的统称，覆盖数字贸易的交易、支付、认证、物流、通关、营销等各个环节。

二、数字贸易综合服务的外延

数字贸易综合服务包括三类：交易服务、支撑服务和衍生服务。其中，交易服务在所有服务中居于主导地位，支撑服务是数字贸易流程顺利进行的基础，除了上面两种之外，其他服务都可归类为衍生服务。

交易服务是数字贸易的基础服务类别，为企业间或企业与消费者之间提供交易服务。以数字贸易代运营服务为例，数字贸易综合服务提供商可以为企业提供部分或全部的数字贸易运营服务，内容涵盖建站、平台开店、推广、数据分析、物流、客服和仓储等各个领域，不仅可以为卖方提供数字店铺和精准推送等服务，帮助其获得贸易商机和订单，还可以为企业与消费者之间搭建沟通桥梁，提升售后服务质量，如阿里巴巴国际站、亚马逊等都提供全面代运营服务。

支撑服务包括支付服务、物流服务和认证服务三种数字贸易服务。支付服务是指为数字贸易中的商家、消费者提供的收付款服务，常用的支付工具有支付宝、PayPal 等。物流服务是指为数字贸易活动提供的运输、储存、包装等服务。以亚马逊物流（Fulfillment by Amazon，简称 FBA）为例，FBA 将亚马逊平台开放给第三方卖家，将卖

① IDC，阿里巴巴集团研究中心．为信息经济筑基：电子商务服务业与阿里巴巴商业生态的社会经济影响白皮书．2011.

② 柴跃廷．高度重视并大力发展电子商务服务产业．北京：中国证监会创业板专家咨询委，2012.

家库存纳入亚马逊的全球物流网络，为其提供拣货、包装和终端配送服务。认证服务是指数字贸易服务提供商利用数字证书（又称核心电子书）这一核心加密技术，为交易双方提供信息加密、解密，数字签名和数字验证服务，如电子签名（盖章）、电子保单、电子证书等。

衍生服务包括数字贸易营销服务、数字贸易信息技术服务、数字贸易咨询服务、数字贸易教育培训服务四种。数字贸易营销服务是指为满足客户特定目标市场需求而提供的服务，包括数字策略策划、竞价排名、创意制作、媒体代理、搜索营销、互联网公关、社会化营销和舆情监控等多种形式。数字贸易信息技术服务是指为企业提供数字贸易平台开发、维护、运营等方面的技术支持服务，例如线上店铺新功能开发等。数字贸易咨询服务是指利用大数据及时协助企业开展市场和客户研判，给出数字化的改良方案或解决建议，并协助其落实。数字贸易教育培训服务是指为数字贸易相关人员和机构提供理论和实践等方面的培训教育服务，如为企业管理人员提供有关数字贸易规则和数字贸易转型的培训服务。

专栏 13-2　基于 AEO 制度的跨境电商信用管理体系创新

第三节　数字贸易综合服务对数字贸易发展的影响

一、降低数字贸易交易成本

数字贸易综合服务企业运用各类前沿数字技术从整体上优化了营销、物流和支付等多个商品和服务流通环节，主要从搜寻成本、信息成本、合同成本、监督成本、数据储存成本等方面降低数字贸易的交易成本。

（一）降低数字贸易搜寻成本

按照传统的贸易订单搜寻方式，贸易主体可以通过参与世界各地举办的展销会、与供应商建立联系、雇佣外贸代理等方式了解企业、获取订单。如中国进出口商品交易会（广交会）是中国历史最长、层次最高、规模最大、商品种类最全、到会采购商最多且分布国别地区最广、成交效果最好的综合性国际贸易盛会，被誉为“中国第一展”。以多数展销会为例，其持续时间很短，参展企业数量也十分有限，给交易搜索工作带来了较大的阻碍。第一，传统搜索方式的范围十分有限，顾客需要对商家一一询盘，以确定是否达成进一步合作；第二，顾客和商家间市场信息不对称的问题较为严重，商家容易依靠信息优势提高商品价格；第三，需要有专门的外贸人员到世界各地巡回参展，也会消耗企业一大笔资金。

数字贸易综合服务中的交易服务和营销服务明显改善了用户的搜索体验，降低了搜寻成本。一方面，线上交易平台出现之后，全球的商品和企业信息可以长期通过线上交易平台进行实时展示，成功让搜寻工作摆脱了地理和时间的束缚，增加了匹配到合适交易对象的可能性，节省了企业外贸人员的通勤成本。另一方面，搜索引擎营销和社交媒体营销在数字经济时代非常流行。搜索引擎优化算法有助于排除无用信息，让用户便捷地找到目标商品，提升企业在搜索页面的排名，使试图购买相关商品的用户更快地注意到企业的商品。社交媒体营销能够使企业将用户关注的信息以图片、视频和文字等形式推送至浏览界面，帮助用户搜寻到感兴趣的体验型产品，如在社交媒体发布新产品、推介新品牌等。

（二）降低数字贸易信息成本

按照传统的交易撮合方式，外贸企业获取信息的渠道十分有限。外贸企业一般通过两种渠道获取信息：第一种是外贸企业自己在出口目的国设立商业实体，专门开展相关商业资讯的收集、整理和分析，对收集到的宽口径信息加以整理、提炼；第二种是外贸企业直接从出口国当地或者国际大型商业资讯公司花巨资购买市场信息，如麦肯锡。但是，无论采用哪一种渠道，对于非专门从事行业研究的外贸企业来说，这些商业信息的获取和研究工作都需要付出较高的成本。

数字贸易咨询服务是数字贸易综合服务中的衍生服务之一，它的诞生大大降低了数字贸易信息成本。一方面，数字贸易咨询服务公司应用云计算和大数据技术，解决了外贸企业获取和处理数据困难的问题。另一方面，专业的数字贸易咨询公司频繁使用互联网的各大付费数据库，并辅以各类数据爬虫技术收集更广泛的商业信息，客观上降低了获取外部信息的单价。由于咨询公司有能力利用数字技术对数据进行专业化分析，从看似繁杂无序的数据中提取具有商业价值的信息，可以挖掘出同一批数据信息的更多价值，也在无形中降低了信息成本。

（三）降低数字贸易合同成本

在传统的合同订立模式下，买卖双方主要使用合同书、信件、电报和传真等形式订立合同，需要人工与每个交易对象进行询盘、发盘、还盘和接受，不仅产生了不菲的外贸通勤成本，还容易在人工撰写的过程中出现失误，引起不必要的纠纷。在跨国交易情境下，因为买卖双方处于不同的语言、文化、法律等环境下，信息不对称问题严重，磋商过程较为曲折，签订跨国贸易合同的工作远比国内贸易合同烦琐。

互联网普及后，电子邮件成为商业磋商的重要工具，电子合同也开始商用。电子合同因其无纸化、标准化特点，在实际贸易工作中减少了大量的重复性工作，有效避免了合同撰写错误和纸张浪费，企业得以将海量合同归档、检索、分析，极大地提升了贸易便利化程度。合同订立问题虽得到缓解，但是信息不对称问题仍然严重，电子合同的法律认证问题凸显。

随着数字贸易综合服务的深入发展，以及国际经贸合作的深入，上述问题逐步得到妥善解决。一方面，得益于区块链技术在贸易认证领域的运用，电子合同的安全性得到技术保障，电子合同在企业间越来越流行；另一方面，各国法律逐渐认可电子签名的法律效力，合同认证的最后一块拼图正在补齐。

（四）降低数字贸易监督成本

在贸易中，无论政府机构、企业还是消费者，都希望参与针对贸易主体的监督工作，以确保监督对象能按照预期提供商品或服务，从而保障自身利益。传统监督模式成本高昂：一方面，个人与机构更多依靠委托代理人进行监督，雇佣代理人需要较高成本，且不可避免地存在代理人道德风险问题；另一方面，企业需要海关、出入境检验检疫局、外汇管理局和税务部门等政府机构的协助才能实现各贸易环节的监控。

数字贸易综合服务降低了数字贸易的监督成本。一方面，就消费者对商家的监督而言，数字贸易综合服务提供商利用区块链、物联网等技术革新了交易流程监督方法，为商家提供物流信息共享服务，纾解了买卖双方信息不对称。例如，区块链技术被大量运用在数字贸易的物流跟踪环节，保证了商品尤其是数字产品的物流信息真实性；物联网技术则使买方能够实时查看产品状况，降低了网络购物的监督成本。另一方面，就政府部门贸易环节监督而言，数字贸易综合服务直接对接政务服务，倒逼政府职能部门开展数字化改革，通过运用大数据、智能化、区块链等技术，对通关、检验检疫、外汇管制、关税征收等环节删繁就简，在降低企业业务量、节约监管成本的同时，进一步增强了贸易监管能力。以中国（杭州）跨境电子商务综合试验区建设方案为例，“六体系两平台”中的“电商信用体系”是跨境电子商务综合试验区建设的重点工作之一。电商信用体系的建设以整合后的国家各部门信用信息为基础，囊括了信用建设链条的各环节信息，能够以更加全面和真实的角度掌握电商市场主体的信用水平。

理论命题 13－1

政府可以通过“关”“检”“汇”“税”等方面的制度创新缓解跨境电商企业的融资约束，降低贸易成本，促进地区跨境电商出口持续增长。

（参见：马述忠，郭继文．制度创新如何影响我国跨境电商出口？：来自综试区设立的经验证据．管理世界，2022，38（08）：83-100.）

（五）降低数字贸易数据储存成本

在云存储等新型储存技术出现前，企业主要利用线下的磁带、硬盘和软盘、光盘等储存介质保存企业数据。随着企业规模不断扩张，日常经营产生的数据量也迅速增加，需要购买更多的储存介质以管理新增数据，对企业资金造成了相当大的负担。此外，各类物理介质中的数据无法互相关联，管理人员难以统一地查看、检索和管理数据，调取和归档也需要花费大量时间。

云存储服务改变了传统的储存模式，大幅度降低了数据存储成本。第一，云存储服务提供的云端储存空间极富扩展性。企业可以通过网络便捷地交付和使用 IT 基础设施，无须再购买大量的文件储存设备。第二，云存储服务为大数据分析提供了强有力的基础设施，大幅降低了企业储存海量数据的成本。第三，云存储的计算效率极高，且能够兼容各类硬件环境，可以大大缩短处理数据所需的时间。因此，即使是中小型企业也可以通过云存储租借服务完成高水平的大数据分析工作。需要注意的是，相比不联网的传统数据储存方式，云存储服务具有信息共享的特点，但也在一定程度上加大了数据泄露、数据篡改等风险。

专栏 13－3　云环境下数据安全存储面临的挑战

二、提升数字贸易交易效率

数字贸易综合服务拥有数字化、高效率的特点，为数字贸易营造了良好的发展环境。数字贸易综合服务与数字技术深入融合，可以提升物流运输效率、贸易通关效率和贸易支付效率。

（一）提升数字贸易物流运输效率

一方面，对物流配送系统进行改造升级。随着数字技术逐步得到广泛应用，物流配送系统已开始向智能化方向发展，大型电商交易平台纷纷利用大数据、物联网和人工智能等技术改造自有物流系统，实现数字贸易中电子订单凭证高效传输、订舱协同信息共享、物流追踪流程全覆盖。以智能配送为例，2023 年 6 月，顺丰在深圳南山区 CBD 写字楼投放了一批楼宇配送机器人，降低了平台的用工成本，提升了消费者对平台和商家的满意度，开创了以快递服务中心为依托的机器人＋楼宇智能化揽派业务的新模式，为顺丰正式打开了 CBD 智能快递配送服务的大门。

另一方面，海外仓业态开始蓬勃发展。海外仓是当前物流仓储变革的集中体现，是数字贸易综合服务中提高物流运输效率的关键服务。在海外仓模式下，商家把商品储存于建立在出口目的国的仓库，根据目的国销售订单从当地仓库直接进行分拣、包装和配送，省略了物流运输的中间环节，配送效率是传统直邮运输方式效率的数倍。海外仓实现了配货前置，通过以位移换时间，在海外市场实现如国内一样的发货速度，缩短了包裹邮寄的时间。目前主流的海外仓除亚马逊物流外，还有顺丰、纵腾谷仓和递四方等第三方海外仓，以及大量跨境电商企业的自营海外仓。

（二）提升数字贸易通关效率

在传统贸易通关模式下，货物通关往往需要较长的等待时间。商品运输至海关后，外贸企业需要经历审单、查验、征税和放行环节，各环节环环相扣，其中一个环节出现问题，整个通关流程的进度都会受到影响。传统通关一般使用纸质单据和文件进行人工申报，外贸单证繁多，交通运输部门、海关部门之间信息同步较慢。因此，即使企业委托传统的外贸综合服务企业处理报关流程，也较难解决部门间信息交接的效率问题。

数字通关系统的建设改善了传统通关效率低下的局面。一方面，贸易通关流程实现了数字化，所需单据和文件全部改用数字化方式统一提交给系统，实现了机构间的信息共享，减少了核对信息的重复性工作，优化了通关流程，有助于快速推进通关。以国铁集团的 95306“数字口岸”为例，无纸化、纯线上的“数字口岸”改变了传统的通关申报模式，让信息在铁路和海关的部门机构之间高效传递，提升了协同作业的效率，从申报到海关放行的时间由曾经的半天缩短至半小时以内，极大地提升了口岸通关服务的品质和效率。[①] 另一方面，数字化通关服务促进了区域通关一体化，加强了不同区域海关部门间的协作。以东北地区海关区域通关一体化为例，进口集装箱从呼和浩特关区运输到毗邻的满洲里关区，通关一体化改革实施前，企业在异地间办理申报、运输、放行货物等手续需要 3 ～ 4 天的时间；通关一体化改革实施后，企业可就近选择在满洲里海关办理申报手续，正常情况下只需要半天时间，通关效率大大提升。

（三）提升数字贸易支付效率

在传统国际贸易模式下，跨境支付结算需要基于银行账户，经过环球同业银行金融电信协会（Society for Worldwide Interbank Financial Telecommunications，简称 SWIFT）系统在不同国家的银行间进行多次转账。由于整个转账过程涉及众多机构，且每个机构都需要对交易信息进行对账，跨境支付结算到账需要等待至少 3 个工作日，为国际贸易企业的资金周转带来一定压力。

数字支付时代，跨境第三方支付和区块链技术为跨境支付结算带来了革新。使用数字货币绕开 SWIFT 美元结算体系，能够大大缓解跨境支付效率低下问题。第一，跨境第三方支付服务，如 PayPal、Alipay、Payoneer 等，具有即时支付、即时到账的特点，一般 2 小时内即可到账（通常不超过 2 个工作日），让用户能够迅速收回货款。第二，数字货币利用区块链技术去中心化、信用共识等特点，能够让买方以点对点的方式直接对卖方进行支付，使账款无须经过多个机构反复对账，实现了跨境支付秒级到账。第三，数字货币的支付系统具有执行智能合约的能力，能够自动执行买卖双方间的交易，为其提供全天候的跨境支付结算服务，提升了数字贸易支付效率。

三、拓宽数字贸易交易市场

优质的数字贸易综合服务增强了国内数字贸易企业的国际竞争力，不但扩大了既有贸易品类的总体规模，使原有贸易在贸易数字化的基础上扩张了市场规模（即集约边际，Intensive Margin），还使众多中小企业有机会参与国际贸易，增加了新的商品种类，开辟了新的数字贸易交易市场（即扩展边际，Extensive Margin）。

一方面，从贸易便利化角度看，数字贸易综合服务简化了贸易程序和环节，促进了

---

① 李红日．“数字口岸”打开新空间带来新机遇．中国经济网，2020-07-25.

全球贸易的标准化，提升了企业参与数字贸易治理的积极性，使数字贸易交易市场在二元边际上实现拓展，如阿里巴巴集团主推的 e-WTP。同时，企业的努力也助推了各国增强数字贸易政策的透明度、安全性和可预测性，额外创造了跨国投资的商业机会，数字贸易交易市场进一步扩大。随着《全面与进步跨太平洋伙伴关系协定》《数字经济伙伴关系协定》（DEPA）等各类数字贸易协定的签署，因为地理距离、国家制度和文化差异导致的各种隐性壁垒将大大降低，全球数字贸易交易市场的统一进程加速。

另一方面，从普惠贸易角度看，数字贸易综合服务协助众多中小微企业和个人跨越国际市场的进入障碍，为更多贸易主体创造了进入市场的机会，也为全球消费者提供了日益多元化的产品和服务，开拓了数字贸易交易市场的扩展边际。普惠贸易还刺激了全球下沉市场的发展。发展中国家的下沉市场曾由于消费水平较低、物流设施薄弱而被排除在主流市场之外。随着数字基础设施建设的完善和数字贸易综合服务的不断发展，企业在物流、营销等环节实现降本增效，进一步降低了产品的总成本，商家的盈利能力有所提升，全球庞大的下沉市场就此打开。以中国市场为例，数字贸易综合服务能够帮助解决跨境支付、物流、营销等各环节的障碍，协助中小企业参与全球数字贸易。

理论命题 13－2

通过缩短国家之间的文化距离，拓展集约边际和扩展边际，跨境电子商务能够显著促进进口的增长。

（参见：Shuzhong Ma，Xueyao Guo，Hongsheng Zhang. "New Driving Force for China's Import Growth: Assessing the Role of Cross-Border E-Commerce," *The World Economy*，2021，44（12）：3674-3706.）

专栏 13－4　互操作性规则：数字贸易综合服务在 DEPA 中的体现

本章小结：中国视角

20 世纪 90 年代末互联网内容服务提供商正式进入市场，电子商务综合服务体系逐渐成形，诞生了以交易服务为核心、支撑服务和衍生服务为主体的服务业新业态——数字贸易综合服务业。本章重点介绍了数字贸易综合服务业在优化流通环节、降低数字贸易交易成本、提升数字贸易交易效率、拓宽数字贸易交易市场方面发挥的重要作用。

数字贸易综合服务业也为中国实现服务业转型升级、促进国内国际双循环提供了可行途径。

中国数字贸易综合服务业的发展有目共睹：交易服务方面，天猫国际、阿里速卖通和京东全球购等本土交易平台趋向集成化，提高了数字贸易综合服务的整体服务水平。支撑服务方面，智慧物流和智慧仓储相关数字技术不断升级，实现了质量与规模的双重提升；跨境支付业务在区块链技术的渗透融合下持续创新，2019 年试点推出了数字人民币，有望进一步降低企业和个人的交易成本。衍生服务方面，精准营销已在国内得到广泛运用，政府和机构搭建的数字贸易综合服务平台也为贸易便利化保驾护航。由中国阿里巴巴集团发起、各利益攸关方共同参与的世界电子贸易平台 e-WTP 也是中国数字贸易综合服务发展的有力证明。

中国数字贸易综合服务业有着巨大的发展潜力，但也面临诸多挑战。第一，服务商的盈利能力出现分化，中低端劳动密集型服务商的盈利能力减弱，国内数字贸易综合服务商需要加速追赶前沿信息技术。第二，国内较缺乏国际物流、海外营销等全球贸易综合性人才，各大院校和企事业单位需要培养更多人才助力企业出海。第三，数字贸易综合服务涉及敏感数据的跨国流动，如何保护数据安全和个人隐私、避免数据安全和知识产权纠纷成为企业面临的重大挑战。中国需要尽快出台数字贸易综合服务相关标准，建立更加完善的市场监管模式，推动更高水平的对外开放。

标识性概念

数字贸易综合服务

思考题

1.“义乌购”是隶属于浙江中国小商品城集团股份有限公司旗下的义乌小商品官方平台。义乌购依托实体、服务实体，将网上商铺与实体商铺一一对应绑定，为采购商和经营户提供可控、可信、可溯源的交易保障。义乌购平台日访客数 80 万，日浏览量 2 500 万，注册采购商 1 200 万，已成为全球最大的小商品批发平台。义乌小商品市场由“线下”走向“线下 + 线上”、由传统贸易综合服务拓展为数字贸易综合服务的原因是什么？

2. 国务院发展研究中心对外经济研究部与中国信息通信研究院联合发布的《数字贸易发展与合作报告 2022》显示，2021 年全球跨境数字服务贸易规模达到 3.86 万亿美元，同比增长 14.3%，在服务贸易中占比达到 63.3%。数字贸易综合服务产业加速兴起，展现出了线上经济的独特力量。试分析数字贸易综合服务在中国宏观经济发展中承担的角色。

3. 全球速卖通是阿里巴巴旗下面向国际市场打造的外贸综合服务平台，通过支付宝国际账户提供担保交易、跨境物流、融资、数字营销等服务，是全球第三大英文在线购物网站，全球活跃买家数超过 1.5 亿。从与数字贸易各环节之间的关系角度，试分析数字贸易综合服务都包含什么类型的服务？各类服务之间有什么样的联系？它们在数字贸易综合服务的生态系统中扮演着怎样的角色？

4. 2022 年年中，中国电子商务巨头阿里巴巴遭受了一次重大数据泄露，超过 23TB 的数据从阿里巴巴的云托管服务器中被泄露出来。这并不是阿里巴巴的第一次数据泄露事件，2021 年，阿里巴巴第三方开发者泄露了从阿里巴巴购物网站淘宝上抓取的用户数据，超过 10 亿用户信息被曝光。数字贸易综合服务广泛使用了云计算技术，你认为新型数字技术会为数字贸易综合服务带来怎样的风险？试举例说明。

5. 2021 年中国跨境电商相关企业已有 60 万家，交易规模达 7.73 万亿元。其中，小微企业的增长尤为迅速，企业数量占比已近八成。小微外贸企业存在很多先天不足，资源匮乏，人才短缺，议价能力低，独自完成整个外贸业务全流程业务成本高，历史上很难参与高强度国际竞争。请结合现状分析，数字贸易综合服务在助力小微企业参与全球数字贸易方面发挥了什么作用？

延伸阅读

[1] 梁春晓，盛振中，潘洪刚，等. 电子商务服务. 2 版. 北京：清华大学出版社，2015：257.

[2] 赵瑾. 跨越式发展：数字时代中国服务贸易发展战略与政策. 财贸经济，2023，44（03）：103-116.

[3] 张芳，方虹. 贸易便利化对中国贸易增长的贡献研究：基于平台经济视角. 工业技术经济，2018，37（06）：128-137.

[4] 李宗伟. 电子商务服务业生态系统研究. 上海：同济大学出版社，2016.

第十四章 数字营销

本章导读

在数字经济时代，以商品为中心的传统营销模式已经难以捕捉消费者日趋多元化和个性化的需求。相较于国内市场供给，全球数字贸易为满足消费者的多样化需求提供了更多可能，但同时也对企业营销的方法、技术、渠道和策略都提出了新要求。数字营销借助数字技术连接全球消费者，促进了企业与消费者之间的互动，有利于企业捕捉并满足消费者的需求，动态调整营销策略，实现营销的精准化、个性化、定制化，从而提升消费者的购物体验和企业的营销效果。通过本章的学习，读者可以快速了解数字营销产生的背景和发展的阶段性表现，理解数字营销的内涵和外延，对搜索引擎营销、社交媒体营销、内容营销和联盟营销等数字营销的类型和特点有更加深入的认识。

第一节 数字营销的产生与发展

一、数字营销的产生背景

（一）数字技术的应用和落地是数字营销兴起的技术基础

以大数据、云计算、人工智能、物联网和虚拟现实为代表的新一代数字技术是企业推进营销数字化进程的技术基础。数字技术的应用为传统营销带来了三方面变革。第一，数据流动数字化。数字技术能有效连接、传递、分享各类数据，打破数据流动的限制，提升数据搜索和交换的效率。例如，运用物联网和云计算技术，可以将货物的状态数据实时传递给供应链的各个环节，实现供应链智能管理。第二，互动模式数字化。数字技术可以帮助企业针对潜在客户建立高效且深入的双向沟通渠道。例如，企业可以在社交媒体平台与消费者进行评论、点赞、分享等实时互动，了解其需求和反馈，从而开展精细化和个性化的营销活动。第三，客户管理数字化。利用数字技术对海量的消费者数据进行存储和分析，实现场景、渠道、业态等精准营销活动，构建企业未来发展的新格局。例如，电商平台可以跟踪消费者的购买历史、偏好和行为，并基于这些数据向潜在客户提供个性化的商品推荐和促销活动。

（二）消费者需求多元化是数字营销兴起的需求基础

数字经济时代，消费者对商品提出了更高要求，其消费需求呈现多元化特征。一方面，数字技术的发展和应用不断拓展消费者的需求边界，为居民消费升级提供了新动力，催生出在线教育、远程办公、互联网医疗等新业态和新需求。另一方面，数字媒介使消费者更容易接触到海量的数据和信息，便于其对不同的品牌和商品进行比较和选择。如何在竞争激烈的市场中挖掘消费者需求并赢得消费者青睐，是许多企业亟须破解的核心命题。消费者需求多元化激励企业利用数字化工具，构建以满足消费者需求为核心的营销网络。

（三）数字贸易的高速发展是数字营销兴起的核心动因

数字贸易作为一种新业态，不断影响着社会生产和消费，数字贸易企业面对规模更大和结构更复杂的全球市场，传统营销模式已经难以满足其对于营销方法、技术、渠道、策略的需要，数字营销服务体系建设是数字贸易企业发展的必然选择。数字贸易的发展主要通过以下三条路径催生数字营销业态：第一，数字贸易使得企业在全球市场开展数字营销活动成为可能。数字营销能够帮助企业覆盖全球消费者，更广泛地传播品牌形象和商品信息。第二，数字贸易平台为数字营销提供了更加便捷和多元的营销渠道。数字贸易平台不仅丰富了企业参与数字营销的形式和方法，如搜索引擎营销和社交媒体营销，还能为企业提供更加精准的消费者数据，提高数字营销的效果。第三，在数字贸易不断发展的过程中，新的商业模式不断涌现，为数字营销提供了广阔的应用场景。例如，直播营销可以帮助企业更直接地实现与消费者的互动，从而提供个性化的购物体验。

二、数字营销的发展阶段

（一）萌芽期：数字营销 1.0 时代（20 世纪 90 年代至 20 世纪末）

互联网技术引发了媒体和营销市场的变革。网络广告和搜索引擎的应用使传统广告开始和互联网相结合，标志着传统营销时代正式向数字营销 1.0 时代过渡。1994 年，热线公司（HotWired）为美国电话电报公司（AT&T）刊出了可点击的横幅广告，网络广告由此诞生。1994 年雅虎分类目录式搜索引擎诞生，数字营销领域开始形成以搜索引擎为主导的格局。

数字营销 1.0 时代，数字营销的主要形态是“内容为主，服务为辅”，实现了从“有限范围内寻找目标客户”到“无限范围内被动等待目标客户”的转变。企业侧重于向消费者展示营销内容，以吸引潜在客户主动发现他们的品牌或商品，而服务通常是在消费者与企业实际交互或者购买商品后才提供的。在这一阶段，广告以单向传播为主，即企业通过搜索引擎和门户网站向消费者单方面地展示营销内容并推广商品。

相比于传统媒介，该阶段的数字营销存在以下特点：一方面，信息内容全面。搜索引擎和门户网站创建了专门的信息收集和管理机制，尽可能涵盖海量信息。另一方面，信息获取更有针对性。消费者能够高效且准确地从海量信息中获得其感兴趣的检索结果。不过，作为数字营销的初始形态，这个阶段也存在以下不足：一方面，缺少互动。在搜索引擎营销中，企业只需吸引消费者点击广告链接并进入其网站，缺少与消费者之间的互动，难以与潜在客户建立深层次关系。另一方面，不够便捷。消费者只能通过电脑网页访问搜索引擎网站，增加了其搜索信息的成本。

（二）发展期：数字营销 2.0 时代（21 世纪初至 21 世纪 10 年代）

数字营销步入 2.0 时代的重要标志是社交媒体平台和移动互联网的应用。1997 年，全球第一个社交网站 SixDegrees 问世。随后脸书和推特出现，社交平台逐渐推动互联网向现实世界靠近，用户既是内容的浏览者，也是内容的创作者。1999 年，无线应用协议（WAP）发布，允许移动设备浏览互联网内容，为移动互联网的发展奠定了基础。21 世纪初，第三代移动通信技术（3G）的商用推广为移动设备提供了更快的数据传输速度，标志着移动互联网时代的开端。

在数字营销 2.0 时代，数字营销的主要形态由“内容为主，服务为辅”转变为“内容与服务并重”，实现了向“无限范围内主动寻找目标客户”的转变。企业开始意识到，不仅要提供具有吸引力的营销内容，还要主动接触潜在客户，为其提供有价值的营销服务，以满足潜在客户的需求和期望。借助社交媒体，企业可以搭建社交关系网络，获得免费的用户流量，将消费者纳入营销网络，从而拓展营销渠道。例如，运动品牌公司可以在社交媒体上鼓励消费者使用品牌的标签和主题来分享自己的运动体验，在提高消费者参与度的同时，实现营销目标。这一时期，智能手机的普及促进了基于移动互联网的营销服务不断完善，成为数字营销步入快速发展期的重要驱动因素。移动互联网推动消费者从电脑端转换到移动端，打破了传统互联网对使用场景的制约，催生了应用软件、短视频平台、微信小程序等数字服务场景，为企业数字营销提供了广泛的渠道，例如利用微博热搜进行营销，或在短视频平台向潜在客户推送商品信息。

该阶段的营销具有两大特点：互动化和便捷化。一方面，借助社交媒体，企业与消费者之间，以及消费者与消费者之间都可以更深入地互动交流，企业能够更高效地了解消费者的需求和反馈，对商品进行针对性改进，提升营销效果和消费者体验。另一方面，借助移动互联网，消费者可以随时随地进行商品消费，企业也可以在更大范围内进行广告投送和信息发布，极大地拓宽了数字营销的应用场景。但在数字营销 2.0 时代，数据背后的商业价值尚未被充分挖掘和利用，对消费者行为的研究不够深入，尚未实现以满足消费者个性化需求为核心的精准营销。

（三）成熟期：数字营销 3.0 时代（21 世纪 10 年代至今）

数字技术在营销领域的应用标志着数字营销 3.0 时代的到来。21 世纪 10 年代以来，大数据技术的发展使得存储和分析超大规模数据成为可能，企业能够更好地了解消费者行为并预测趋势。虚拟现实和增强现实技术在娱乐、培训、营销等领域得到广泛应用，基于上述技术的应用程序不断发展迭代，为消费者提供了更沉浸式和交互性的体验。数字技术的快速进步极大地丰富了数字营销的方法和渠道。

数字营销 3.0 时代，数字营销的主要形态是“服务为基础，内容多元化”，实现了向“以内容吸引目标客户，以服务增强客户黏性”的转变。数字营销不再仅仅依赖内容来吸引潜在客户，而是将提供有价值的服务作为核心，将内容作为支持和丰富服务的手段。企业以内容吸引目标客户并以服务增强客户的黏性，从而建立更深入和长期的客户关系，提高客户满意度和忠诚度。数字技术在营销领域的广泛应用拓展了数字营销的内涵和传播渠道，为新时代的营销提供了更加丰富的应用场景和更加多元的内容。例如，借助大数据和云计算技术，企业可以捕捉并存储消费者数据，从而预测消费者行为，提升营销决策的科学性和准确性。借助虚拟现实技术，企业可以创建虚拟展示广告，通过虚拟现实体验向消费者展示其商品，或在元宇宙中组织虚拟品牌活动，如音乐会、时装秀、商品发布会等，为消费者提供独特的虚拟体验，提高品牌知名度。

该阶段的营销具有两个特点：一方面，消费者数据成为精准营销的基础。在大数据、云计算和人工智能等数字技术的帮助下，企业可以收集和存储海量消费者数据，包括其购买的产品类型、购买时间、购买频率等，以及其购买习惯数据，例如购买渠道和使用设备。通过处理和分析上述数据，企业可以迅速识别市场趋势和消费者行为的变化，从而实现基于消费者需求的精准化、个性化和定制化数字营销活动。例如，当用户使用支付宝进行消费时，支付宝会根据用户的购买记录和兴趣，向其推荐相关的优惠活动和商家，提供个性化的消费体验。另一方面，数字技术为数字营销创新和业态迭代提供了动力。数字技术不仅能为企业提供更广泛、更快速的数据获取渠道，还可以帮助企业根据用户的偏好和需求定制商品。不过，这一阶段的数字营销还存在一些隐患，如过度营销、隐私泄露和信息茧房等，如何在高效营销的同时保护消费者权益和隐私成为重大挑战。

第二节　数字营销的内涵与外延

一、数字营销的内涵

数字营销的发展离不开数字技术的发展。随着互联网的广泛应用和数字技术的升级，数字营销市场发展迅速，数字营销的方法、渠道和内容不断扩充，数字营销的内涵也不断丰富。

美国市场营销协会（American Marketing Association，简称 AMA）将数字营销定义为“利用数字或社交渠道来推广品牌或接触消费者的一种营销方式”。有些学者将数字营销理解为“应用数字媒体、数据、技术与传统传播相结合，实现营销目标的一种营销方式”[①]。和传统营销方式不同，数字营销通过数字媒介，如社交媒体和搜索引擎，与消费者连接和互动。并且，数字营销可以借助数字技术积累消费者数据，了解市场需求，并实施精准营销活动，比如通过人工智能和大数据勾勒消费者画像，以更精准地匹

① Chaffey D, Ellis-Chadwick F. *Digital Marketing: Strategy, Implementation & Practice*. Pearson, 2019.

配消费者需求，实现营销目标。因此，数字营销是通过数字技术、数据资源和数字媒介来进行品牌推广的。

还有一些学者将数字营销定义为在消费者和销售人员之间利用新的互动媒体创造新的互动和交易形式，或者将互动媒体与营销组合中的其他元素相结合的一种营销方式。① 因此，数字营销以广泛、即时、灵活、互动和定制的方式影响消费者，并将企业与消费者相连接。具体体现在以下方面：第一，数字营销的影响方式具有广泛性，可以不受或较少受地理区域的限制，通过互联网连接全球消费者。第二，数字营销的影响方式具有即时性，可以迅速对消费者需求做出反应，并立即与消费者建立联系。第三，数字营销的影响方式具有灵活性，可以动态调整营销策略，具有极强的可塑性和动态适应性。第四，数字营销的影响方式具有互动性，可以通过社交媒体平台和消费者进行互动交流。第五，数字营销的影响方式是定制化的，可以借助数字技术手段，分析消费者需求背后的个性化特征，为不同消费者群体提供不同的营销方案。

数字营销具有准入成本低和投资回报率可衡量的特点。一方面，即使是小型企业或初创企业也可以通过搜索引擎、社交媒体和数字贸易平台等渠道参与数字营销，通过投入少量营销成本实现其营销目标。另一方面，企业可以运用量化的管理手段对数字营销活动进行评估和优化②，让决策者能够较精确地评估投资回报率，从而做出更全面的决定。

综上所述，数字营销是指利用数字技术，开发数据资源，通过数字媒介推广品牌，以广泛、即时、灵活、互动和定制的方式影响消费者，实现营销目标的一种营销方式，具有准入成本低和投资回报率可衡量的特点。

专栏 14－1　互动式数字营销体现顾客共创体验价值：以 Threadless 为例

二、数字营销的外延

数字营销可分为：点击付费广告、电子邮件营销、搜索引擎优化、搜索引擎营销、社交媒体营销、内容营销、原生广告、联盟营销。

点击付费广告是指按点击量计算广告费用的营销方式，如企业根据其广告的点击量向亚马逊平台付费。电子邮件营销是指通过电子邮件与潜在消费者沟通，并向其直接发送品牌和推广内容的营销方式，如为消费者定制个性化的邮件内容。搜索引擎优化是指通过网站布局和排版设计优化，提高网站在搜索引擎中的排名，进而增加网站流量的

---

① Parsons A, Zeisser M, Waitman R. " Organizing Today for the Digital Marketing of Tomorrow," *Journal of Interactive Marketing*, 1998, 12（1）: 31-46.

② 赵智锋，高斐．数字媒体营销．北京：人民邮电出版社，2013.

营销方式，如根据搜索引擎的推荐算法改进网站布局，以达到提高排名的目的。搜索引擎营销是指通过广告推广，提高网站在搜索引擎中曝光量的营销方式，如企业在搜索引擎上基于关键词进行广告投放。社交媒体营销是指通过在线论坛、社交媒体平台、内容社区等社交媒体渠道进行商品推广的营销方式，如企业利用微博、微信公众号、小红书等社交媒体平台构建消费者社群进行营销。内容营销是指通过线上发布，传播文字、图像、音频和视频等内容，向消费者传递有价值信息的营销方式，如企业通过制作微电影、长视频和白皮书等内容进行营销。原生广告是指将营销内容融入消费者信息流，为消费者提供优质体验的营销方式，如微信会将广告伪装成用户发布的朋友圈，并推荐给潜在客户。联盟营销是指商家通过联盟营销平台推广商品并按营销绩效收费的营销方式，如淘宝联盟、京东联盟等电商平台的联盟项目。

第三节　搜索引擎营销

一、搜索引擎营销的内涵与外延

（一）搜索引擎营销的内涵

1994 年，雅虎分类目录式搜索引擎的出现使搜索引擎开始具备营销的功能与价值，标志着搜索引擎营销（Search Engine Marketing）的诞生。21 世纪以来，信息通信技术的发展促进了中国搜索引擎市场的快速扩张。根据中国互联网络信息中心 2022 年发布的第 49 次《中国互联网络发展状况统计报告》，截至 2021 年 12 月，中国搜索引擎用户规模达 8.29 亿，同比增长 7.7%。庞大的用户基数为搜索引擎营销的发展奠定了基础。随着数字经济时代的到来，云计算、大数据和人工智能等数字技术的应用为搜索引擎营销的发展带来了新契机，大大提高了付费点击量和广告的转化率。

美国市场营销协会认为，“搜索引擎营销是指利用付费在线广告来提高网站在搜索引擎中的可见度的营销手段。”广告是企业在搜索引擎上向消费者传递商品信息最直观和最主要的渠道，如企业的网站链接、图片、视频等各种形式的广告推广。企业通过搜索引擎向消费者展示各种形式的广告，传递企业的营销信息，实现营销目的。有学者指出，搜索引擎营销要求“企业通过制定营销策略，从而提高其在潜在买家的搜索引擎结果页中的可见度”[①]。

综上所述，搜索引擎营销是指通过制定营销策略，提高网站在搜索引擎中曝光量的营销方式。

（二）搜索引擎营销的外延

搜索引擎营销包括基于全文搜索引擎和基于平台搜索引擎的搜索引擎营销。

---

① Sen R. “Optimal Search Engine Marketing Strategy,” *International Journal of Electronic Commerce*, 2005, 10（1）：9-25.

基于全文搜索引擎的搜索引擎营销是指在全文检索式搜索引擎网站上开展的营销活动。企业可以向搜索引擎广告商购买关键词，当消费者通过搜索引擎搜索与关键词相关的内容时，企业的网站链接或广告推广就会出现在搜索结果的指定区域，例如百度等主流全文搜索引擎都是基于关键词对广告进行定价、排序和投放。

基于平台搜索引擎的搜索引擎营销则是指在具备搜索引擎功能的平台上开展的营销活动，比如各大电商平台。随着移动互联网和应用软件的快速普及，消费者的搜索引擎检索方式向多元化和智能化转型。一方面，消费者能够以图片、语音、视频等多种方式进行检索；另一方面，搜索方式由消费者主动搜索向平台主动推荐转变，搜索引擎应用软件会根据消费者的搜索记录和消费习惯分析并向消费者推荐其可能感兴趣的内容。因此，企业在进行基于应用软件的搜索引擎营销时，可以通过付费增加自身网站、海报、音视频广告等被应用软件推荐给客户的概率，增强营销效果。

二、搜索引擎营销的方法与策略

（一）搜索引擎营销的方法

企业网站链接或广告推广在搜索引擎结果页中的排名直接决定了其曝光量，排序越靠前，意味着被潜在客户发现的概率越大，营销效果也会更好。对此，企业可以采取固定排名营销和竞价排名营销这两种方法，以提高网站在搜索引擎中的曝光量。

固定排名营销是指企业的网站链接或广告推广会出现在搜索引擎结果页的固定位置，如特定的广告展示区域。在大数据、云计算和人工智能等数字技术的支持下，企业可以根据消费者的搜索行为刻画消费者画像，当消费者搜索特定关键词时，搜索引擎网站就可以在固定的展示区域展示符合其偏好的广告，从而实现精准营销和个性化营销。固定排名营销往往费用较高，可以保证企业的网站链接或广告推广在搜索引擎结果页中长期占据展示位置，使得竞争对手无法在相同的位置进行推广，具有排他性。

竞价排名营销是指搜索引擎广告商根据各广告主企业的出价以及检索关键词的相关度来决定推广内容在搜索引擎结果页中的位置排序。竞价排名营销灵活性较高，企业可以设置多个关键词，并随时监控推广内容在相应关键词检索结果中的曝光量，从而对关键词进行增减或修改，提高推广效果。以谷歌广告提供的竞价排名营销服务为例，企业广告在谷歌检索结果页中的排名取决于企业的最高出价与广告的质量得分，其中质量得分是由关键词点击率、广告文本相关性、关键词相关性等因素决定的。

理论命题 14－1

在跨境电子商务平台细分市场上，商品的搜索排名靠前、价格低、评分高，不仅会增加该商品的销量，还会增加卖家其他商品的销量。

（参见：马述忠，濮方清．电子商务平台出口影响因素及其溢出效应：基于消费者关键词搜索视角的研究．国际贸易问题，2022（01）：37-54.）

（二）搜索引擎营销的策略

第一，选择合适的搜索引擎营销方法。企业应该根据自身商品和品牌的特点与市场定位，灵活组合运用搜索引擎营销方法。例如企业在某个一级行业下的次级细分行业中具有一定的商品或技术等优势，意图抢占龙头地位，就可以在一级行业的搜索引擎营销中采用竞价排名营销的方法，在细分行业的营销中采用固定排名营销的方法，实现两种营销方法的有机结合。在一级行业中，竞价排名可以帮助企业在保证营销费用相对可控的前提下，吸引更多潜在客户。而在细分行业中，固定排名的营销方法可以帮助企业在搜索引擎中占据最好的广告位置，从而将品牌与商品绑定，精准锁定目标客户。

第二，选择合适的关键词。关键词是消费者关注内容中的核心词汇。关键词的选取合理与否，决定了搜索引擎营销能否给企业网站带来更多的有效访问量。企业应根据自身商品的特质、品牌定位、营销预算等因素选择合适的关键词。如果选择商品品名或种类名称等一般性词语作为关键词，虽然能够带来较大的曝光量，但也意味着将会面临激烈竞争，大大增加营销成本，减弱营销效果。而选择细分的目标市场关键词，虽然曝光量相对偏低，但如果企业能够在节省营销费用的同时实现对潜在目标客户群体的精准推广，也能较好地提升营销效果。

第三，根据社会热点调整关键词。依托大数据等数字技术，企业能够把握消费者检索情况和商品营销情况的实时变化，及时调整关键词或营销方案。企业根据社会热点事件对关键词进行调整，将品牌、商品与热点事件相结合，不仅能够提高自身在搜索引擎中的曝光量，甚至能够提升企业的品牌形象。例如在 2022 年北京冬奥会期间，耐克公司在搜索引擎上使用“冬奥会”等关键词进行广告投放，推出了许多与冬季体育有关的商品，并将广告精准推送给频繁检索该关键词的消费者，提高了品牌的曝光率和销售额。

二、搜索引擎营销的优势与劣势

（一）搜索引擎营销的优势

第一，覆盖面广。第 49 次《中国互联网络发展状况统计报告》显示，截至 2021 年 12 月，中国搜索引擎用户规模达 8.29 亿，占网民整体的 80.3%。随着互联网技术的不断发展以及电脑和手机的不断普及，搜索引擎已经成了众多消费者搜寻和获取商品信息的主要渠道之一，搜索引擎用户规模将继续保持增长趋势。

第二，针对性强，可以实现精准投送。一方面，消费者进行搜索引擎检索是一种主动的信息寻找过程，消费者根据自身需求进行关键词检索，搜索引擎从消费者需求角度将企业推广与检索内容相匹配并进行展示，能够有效提高将消费者变为潜在客户的概率。另一方面，企业可以利用大数据和云计算技术，对消费者的搜索记录和偏好进行分析，描绘出精准的消费者画像，从而实现对目标客户群体的精准广告投送，提高营销效率。

第三，灵活性高，营销效果易于量化。搜索引擎广告商提供的消费者搜索情况、浏览量、点击量和转化率等数据能够将数字营销的效果进行量化表示。利用上述数据，企业不仅可以对关键词或营销策略进行实时监控和及时调整，还可以对搜索引擎营销的成本与收益进行预测，从而对营销投入和回报率进行调控。

（二）搜索引擎营销的劣势

一方面，广告主企业与消费者之间缺少互动。在搜索引擎营销模式下，企业通过在搜索引擎结果页面投放商品推广或企业网站来向消费者展示营销信息，从而达到营销目的，属于单向传播方式，难以得到来自消费者的直接反馈。企业仅能通过对曝光量、点击量和停留时间等间接数据进行分析来预测消费者群体的购买偏好或行为习惯，无法在第一时间直接了解消费者的需求变化，时效性不足，容易失真。

另一方面，广告内容难监管，虚假信息会扰乱市场秩序。搜索引擎营销中广告内容或链接是由广告主企业自行提供的，搜索引擎公司很难对广告内容的真实性和合法性进行监管，容易出现逆向选择现象，即越是商品质量低劣的企业越有意愿花费高价购买搜索引擎排名，以实现短期内提升品牌知名度的目的，并从中获利。这种趋势影响了整体市场的健康发展，使那些真正提供高质量商品的企业面临更大的竞争压力。[①] 此时消费者不再信任搜索引擎的搜索结果，并对其推荐的广告持怀疑态度，导致参与搜索引擎营销的企业不仅没有获得营销效果，反而面临品牌形象受损的危险。

专栏 14－2　搜索引擎营销的“功能非对称性”问题

第四节　社交媒体营销

一、社交媒体营销的内涵与外延

（一）社交媒体营销的内涵

随着互联网和手机等移动终端的普及，社交媒体逐渐成为人们日常生活中的一部分，也成为企业开展商业活动和营销活动的重要渠道。以社交媒体平台微博为例，根据其 2021 年年报显示，2021 年微博日活跃用户达 2.49 亿，同比增长 11%，全年广告营收达 19.8 亿美元，同比增长 33%，占总营收比重为 87.61%。社交媒体营销（Social Media

---

① 李俊生，姚东旻．互联网搜索服务的性质与其市场供给方式初探：基于新市场财政学的分析．管理世界，2016（08）：1-15.

Marketing）已成为企业进行品牌形象建设、扩大影响力并传递企业价值的重要方式。

美国学者安东尼·梅菲尔德（Antony Mayfield）于 2007 年最早提出了社交媒体的概念，即具有参与、公开、交流、对话、社区化和连通性等特征，给予用户极大参与空间的新型在线媒体。社交媒体是一种基于用户关系网络产生和交换内容的媒体平台，用户可以通过该平台所搭建的社交网络发布、获取、传播内容，例如在线论坛、社交媒体平台、内容社区和短视频媒体平台。

有些学者认为社交媒体营销是利用互联网社交媒体进行品牌或业务的营销，同时进行公共关系和客户服务维护拓展的一种影响方式。① 社交媒体营销是基于社交媒体开展的营销活动，企业不仅能够利用社交媒体中免费的消费者流量进行信息传播、内容展示、消费者互动和消费者关系管理等活动，还可以根据消费者发布的内容和信息刻画消费者画像，实现精准营销。

综上所述，社交媒体营销是指通过在线论坛、社交媒体平台、内容社区和短视频媒体平台等社交媒体渠道进行商品推广的营销方式。

（二）社交媒体营销的外延

中国互联网络信息中心将社交应用划分为即时通信工具、综合社交应用和垂直细分社交应用三类。② 在此基础上，本教材根据社交媒体类型和受众群体特点的不同，将社交媒体营销分为基于通信型、综合型和垂直型社交平台的社交媒体营销。

基于通信型社交平台的社交媒体营销是指在满足消费者交流互动需求的即时通信型社交平台上开展的营销活动。基于通信型社交平台的社交媒体营销也有利于企业更便捷和详细地了解消费者的生活习惯等个人特质，进而开展客户管理和个性化营销活动。以微信平台为例，企业通过让消费者扫描二维码等方式将其添加为好友，并以搭建粉丝群聊等互动形式进行答疑解惑、商品推荐并开展促销活动，从而拉近与消费者的距离，加深与消费者之间的沟通联系。

基于综合型社交平台的社交媒体营销是指在满足消费者展示和认知需求的综合社交平台上开展的营销活动。基于综合型社交平台的社交媒体营销能够通过互动将消费者纳入企业的营销网络，使其成为企业营销内容的创造者和传播者。企业通过在综合型社交媒体上经营账号、发布内容、与消费者互动，不仅能够高效地向消费者传递品牌和商品信息，还能拉近与消费者的距离。除了在微博等社交媒体平台上开展的数字营销外，直播营销也属于该类社交媒体营销的范畴。直播营销借助综合型社交媒体平台的实时互动和内容传播功能来实现营销目的。企业可以在直播的过程中分享营销内容或进行产品演示，吸引消费者在观看直播的过程中进行提问或购买。

基于垂直型社交平台的社交媒体营销是指在为某一类消费者提供社交关系连接的垂直细分型社交平台上开展的营销活动。在此类社交平台上，消费者可以根据共同爱好或相似需求组成社群，因此消费者间往往具有较强的群体归属感和群体意识，彼此也更

---

① Morgan-Thomas A, Veloutsou C. "Beyond Technology Acceptance: Brand Relationships and Online Brand Experience," *Journal of Business Research*, 2013, 66（1）: 21-27.

② 2016 年中国社交应用用户行为研究报告. 中国互联网络信息中心网站，2017-12-27.

加信任，这为企业开展营销活动提供了契机。企业在在线论坛或内容社区上建立与品牌或商品相关的话题或社群，鼓励消费者参与讨论或分享，不仅能够实现营销信息传递与目标受众的精准定位，同时也能促进企业与消费者间的良性互动。例如，懂球帝是一个专注于足球领域的垂直细分社交平台，汇集了大量的足球迷。耐克等体育品牌在该平台上创建了足球球衣相关的品牌社群，通过分享有关球衣的话题，或评价不同款式的球衣，来吸引平台用户参与讨论，并发布有关球衣促销活动和限量版球衣出售等营销信息。

专栏 14-3　直播营销中的信息不对称问题

二、社交媒体营销的方法与策略

（一）社交媒体营销的方法

第一，互动营销。通过积极参与消费者互动，企业可以与其建立更深入的关系，提高品牌的可信度和影响力。比如，采纳社交媒体上的积极评论可以提高消费者对品牌的满意度，而对负面评论进行专业处理也能够改善品牌的声誉。企业还可以使用独特的名称，或者采用有趣的说话方式来建立营销形象，从而拉近企业与消费者的距离，加强与消费者之间的情感联系，从而增强客户黏性。例如，三只松鼠在社交媒体上以松鼠的身份和口吻回应消费者的评论和留言，加强了与消费者的情感联系，提高了客户黏性。

第二，口碑营销。消费者在进行购买决策时，往往会考虑已经购买过该商品的消费者的评价，以最大限度减少购买风险。企业可以通过与消费者之间进行良好的沟通交流，引导消费者自发地在社交媒体平台上对企业品牌或商品进行宣传和分享，或者采用好评返现和买家秀的手段，在消费者心中树立良好的企业形象，强化其品牌意识，让其成为忠实的顾客群体。例如，护肤品公司可以定期分享消费者使用其产品后的效果，并鼓励消费者在社交媒体上分享其护肤经验，在建立品牌声誉的同时吸引更多潜在客户。

第三，关键意见领袖营销。关键意见领袖是指拥有更丰富和准确的商品信息，且为相关群体所接受或信任，并对该群体的购买行为有较大影响力的人。企业通过意见领袖可以向潜在消费群体传递商品和品牌的相关信息，增强品牌的可信度，从而影响消费者购买决策，比如在电商直播平台和社交媒体平台上雇佣“网红”进行营销。

（二）社交媒体营销的策略

一方面，针对不同目标受众采取差异化策略。当消费者的注意力和兴趣被企业的内容所吸引或引起情感共鸣时，消费者在社交媒体中的分享意愿将大大提高，从而增加营销内容的曝光度，促进企业营销信息的传播。因此，企业应该通过社交媒体对自身商品所对应消费者群体进行充分调研，了解其偏好和关注重点，对不同的客户群体采取针对性的社交媒体营销策略。例如，年轻消费群体往往对商品的外观和口碑更感兴趣，企业可以对年轻客户投放更多“种草”等体验类内容；中老年消费群体则对商品的使用效果更感兴趣，企业可以对这类客户投放更多商品功能介绍相关的内容。

另一方面，根据商品的特点，针对不同社交媒体平台采取差异化策略，实现商品和平台相匹配。在社交媒体营销中，不同类型的社交媒体平台具备独特的社交属性和社交功能。因此，企业需要根据自身商品特点选择合适的社交媒体平台，以提高推广和宣传的效果。例如，食品等侧重消费者口碑的商品适合在微博等具备社交属性的社交媒体平台上推广，有助于在消费者之间传播口碑；而服饰类商品侧重消费者个人的喜好，更适合在抖音等具备电商属性的社交媒体平台上推广，这些平台更能够为消费者提供多样化的选择。

三、社交媒体营销的优势与劣势

（一）社交媒体营销的优势

第一，时间成本低。一方面，通过社交媒体发布信息速度快，不受空间和时间制约。社交媒体营销使得消费者可以在第一时间看到企业发布的帖子、推文、视频等营销信息并与之互动，更具时效性和主动性。另一方面，通过社交媒体传播信息效率高。当消费者发布或转发信息后，和该消费者相连接的其他节点消费者也能够获得信息。名人效应能使得信息在短时间内大面积传播，曝光量呈几何级增长，覆盖整个社交网络。

第二，互动性强。社交媒体营销加强了企业和消费者的双向联系，不仅能够提升消费者的购买体验，还能帮助企业快速而准确地了解消费者的需求和反馈，从而更好地改进商品。当消费者对品牌产生认同感时，消费者的浏览、关注、评论和转发等各种在线行为都能在社交媒体引发羊群效应，为企业的营销做出贡献。

第三，目标定位准。不同的社交媒体平台对应不同的受众群体。企业可以在社交媒体营销的初始阶段就明确其营销内容创作的价值定位和目标受众群体，并不断扩大在该领域内的影响力，吸引与其定位相符的潜在消费者关注，从而实现消费者需求的精准匹配，节约了搜索潜在消费者的成本。

（二）社交媒体营销的劣势

第一，传播过程不易控。社交媒体营销传播速度快、传播范围广，企业很难控制其传播速度和传播结果，一旦企业的营销信息或相关内容在传播的过程中出现负面效果，企业很难控制负面影响的快速扩散，可能会对企业的品牌形象造成较大的伤害。

第二，营销效果难度量。社交媒体营销的效果大多通过粉丝数量、阅读量、转发量和点赞量等间接指标度量，无法直接地反映在企业的收益上，上述指标的真实性也并不能得到保证。因此，企业难以度量并调控社交媒体营销的效果。

第三，中小企业营销效果欠佳。相比大企业，中小企业的社交媒体账号往往创立时间更晚、粉丝数量更少、受关注度更低，社交媒体营销的效果也大打折扣。如果想在社交媒体上迅速取得较高的曝光度，就只能向社交媒体平台购买首页显示等曝光服务，成本较高。

第五节 内容营销

一、内容营销的内涵与外延

（一）内容营销的内涵

1996 年，美国报纸编辑协会（American Society for Newspaper Editors）的一场圆桌讨论会首次提出了内容营销（Content Marketing）概念，2001 年，美国定制出版公司彭顿定制媒体（Penton Custom Media）将内容营销定义为企业通过制作和出版购物杂志，以直接接触消费者的形式传播品牌和商品信息的营销方法。随着互联网和数字化媒体的发展与普及，消费者获取信息的方式由原来的被动接受转变为主动搜寻，并在综合考虑各类信息基础上做出购买决策。为了应对这一变化，内容营销的渠道、方法和策略也开始向数字化转型，企业开始借助数字化媒体向消费者展示品牌与商品的多元化内容。内容营销已经成为数字媒体时代企业营销最主要的方式之一。

内容营销是一种“通过创造和传播与消费者相关的、有价值的且连续的内容，以吸引和获得这些受众，引导其产生购买意愿的营销方法”。内容营销是围绕“内容”展开的，企业创造和传播的内容对于消费者来说应是有价值的，这样才能够吸引到消费者。通过传播有价值的内容，企业能够与消费者建立良性互动关系，输出品牌文化或价值观，增强消费者对于企业品牌或商品的认可度，从而实现营销目的。

美国市场营销协会将内容营销定义为“通过博客、视频和播客等在线渠道，向客户发布文本、视频或音频材料进行营销的营销方式”。内容营销以在线渠道为主，基于互联网开展营销活动。数字化媒体的出现极大地丰富了内容营销的在线渠道，企业既可以在企业网站等自有媒体上发布相关内容，又可以在公共媒体上进行内容营销。

综上所述，内容营销是指通过线上发布和传播文字、图像、音频和视频等内容，向消费者传递有价值的信息并引导其产生购买意愿的营销方式。

理论命题 14－2

与线下内容营销相比，B2B 数字内容营销会收获更多的销售机会；采用 B2B 数字内容营销的客户越多，数字内容服务商能够获得的销售线索和销售机会就越多。

（参见：Weilin Wang，Edward Carl Malthouse，Bobby Calder，Ebru Uzunoglu. “B2B Content Marketing for Professional Services: In-Person versus Digital Contacts,” *Industrial Marketing Management*，2021（81）：160-168.）

（二）内容营销的外延

内容营销可以划分为基于品牌生成内容、专业生成内容和用户生成内容的内容营销。

品牌生成内容（Brand Generated Content，简称 BGC）是指品牌方自主生成的相关内容。基于 BGC 的内容营销侧重品牌推广和商品营销，通常是企业将商品或品牌的营销信息包装成消费者感兴趣的内容进行传播，例如将商品的宣传或推广信息制作成短视频和图文在互联网平台上进行广泛传播。

专业生成内容（Professionally Generated Content，简称 PGC）是指行业专家或专业内容制作者生成的相关内容。基于 PGC 的内容营销侧重内容的专业性和吸引力，通常为企业与专业的内容制作者合作，制作出与品牌或商品相关的专业性内容后，再将营销信息与之相结合，如研究报告、白皮书、科普视频等。

用户生成内容（User Generated Content，简称 UGC）是指普通用户生成的相关内容。基于 UGC 的内容营销强调内容的吸引力和传播力，往往更容易让消费者产生信任感，通常是指企业将营销信息制作成社交媒体话题，吸引消费者加入话题的讨论和传播过程，例如鼓励消费者上传商品使用测评或“种草”宣传等。

专栏 14－4　网易云音乐的 UGC 营销模式

二、内容营销的方法与策略

（一）内容营销的方法

第一，通过发起互动活动吸引受众，增强消费者的参与感。商品内容营销要求企业将具有品牌或商品特色的内容融入互动活动，在增强消费者体验感的同时使品牌或商品更容易被其所熟悉和接纳。例如，周黑鸭曾在其官方网站上推出一款以可爱的动物形象为主题的“寻找你的周黑鸭时刻”互动营销活动，以小游戏的形式向消费者展示品牌形象和商品特点。

第二，通过讲述品牌故事吸引受众，传播企业的品牌价值主张。企业可以从日常经营活动和社会生活中提取对消费者来说有趣的或能够引起情感共鸣的故事。通过讲述与品牌和商品相关的故事内容，可以向消费者传播企业的发展历程、价值观、商品优势等，以吸引消费者关注。例如，经典国货品牌百雀羚在微信平台推出了长图文广告《一九三一》，通过讲述民国时期上海的谍战故事，在向观众展示品牌悠久历史的同时，阐述了商品的核心卖点——“与时间作对”，在社交媒体平台上获得了极高的讨论度。

第三，通过编写专业内容吸引受众，介绍商品特质并树立品牌形象。企业可以基于可靠的数据和专业的研究方法编写与商品或所处行业相关的专业内容，如白皮书和研究报告，并将专业内容与营销内容相结合。专业内容具有较高的权威性和可信度，能够帮助消费者加深对某一商品或领域的认知，增强消费者的信任感，有助于建立品牌在特定领域的专业声誉。例如，阿里巴巴公司曾多次发布电子商务、数字经济、零售趋势等相关主题的白皮书，不仅能帮助消费者、行业合作伙伴和政府部门更好地理解电子商务和数字经济的发展趋势，还展示了阿里巴巴作为上述领域龙头的专业知识储备和丰富经验积累，有助于品牌建设和营销。

（二）内容营销的策略

内容营销的效果是由内容因素、形式因素和渠道因素共同决定的，同时这三种因素也是相辅相成的。对于不同的营销内容，企业应采取最适合的内容形式和营销渠道。基于上述决定因素，企业需要采取针对性的内容营销策略。

第一，制作有价值的内容。营销内容决定了内容营销的受众范围和影响力。一方面，应制作能够满足消费者偏好的内容。对此，企业需要明确商品的目标客户群体，深入挖掘目标群体的真正需求和参与动机，例如运用大数据和云计算技术对消费者的偏好进行分析，并在此基础上制作出高质量的、满足需求的和有吸引力的内容，向目标群体发布和传播。另一方面，应制作与品牌或商品相契合的内容。内容营销的核心目的是向消费者输出品牌文化、价值观或商品信息以获得消费者的认同。企业应将营销信息与价值内容相结合，在充分发挥内容的价值性和功能性的同时，巧妙地将营销信息融入其中。

第二，组合多种内容形式。针对不同的受众群体和营销目标，企业应灵活地选择各种内容形式并加以组合。图文和短视频形式受众范围较广，能够为大多数消费者所接受，适用于大范围的内容营销活动。音频、长视频和研究报告等内容形式受众范围相对较小，受众群体具有一定的圈层性，适用于精细化的内容营销。企业可以先运用长视频引发相关“圈子”消费者的关注，同时选取长视频的精华内容以图文和短视频的形式进行广泛传播，吸引“圈外”消费者的关注。例如，英雄联盟游戏的受众本来是网络游戏玩家群体，但其通过拍摄电影和短视频宣传的方式成功吸引了大量非玩家群体的关注，实现了品牌“出圈”。

第三，选择合适的平台渠道。企业需要根据内容形式选择最适合的内容营销平台。比如长视频、研究报告和白皮书等内容适合发布在企业网站和微信公众号平台，可以让对企业感兴趣的消费者充分了解品牌和商品。图文和短视频内容则适合发布在企业的社交媒体账户上，通过简短且有趣的内容吸引更多消费者。企业也可以根据营销目的和受众群体，选择多个平台组合开展内容营销活动。

三、内容营销的优势与劣势

（一）内容营销的优势

第一，吸引力强，注重传播深度。在内容营销模式下，企业发布的内容更加吸引消费者，消费者会以更加主动的姿态参与内容传播的过程。并且，营销信息是结合在价值内容中的，不仅不容易让消费者产生排斥心理，还能够使其潜移默化地接受品牌和商品的价值观，理解商品的特点与优势。

第二，消费者心理距离短，能更好地树立品牌形象。内容营销能够促进企业和消费者之间的互动。企业可以通过讲述品牌故事使消费者对品牌的文化或价值观产生认同感，或通过展示专业内容加深消费者对商品或品牌的认知，从而在消费者心中树立更好的企业和品牌形象。相比于其他数字营销方式来说，内容营销能够在营销的过程中给消费者提供更多娱乐或专业属性的附加值，更容易被消费者接纳和认同。

第三，消费者忠诚度高，有助于增强客户黏性。内容营销的价值不仅在于单次营销活动所带来的效果，更在于持续的内容输出，使消费者对品牌产生信任感和认同感，建立良好的品牌形象，从而获得忠诚的顾客。企业可以进一步鼓励这些顾客参与商品制造和销售环节，主动宣传分享企业品牌，使其对品牌产生归属感。

（二）内容营销的劣势

一方面，存在内容欠妥的风险。企业在进行内容营销时需要充分考虑受众群体和内容场景，一旦发布了不恰当的内容或内容出现在了不恰当的场景中，不仅内容营销的传播力和吸引力大打折扣，甚至可能对品牌形象造成负面影响，例如在严肃的内容场景中投放娱乐性内容，或发布的相关内容存在一定争议等。以花呗为例，其在社交媒体平台上发布的“用花呗给女儿过生日”广告引起了广泛争议，许多消费者认为其将劳动者的辛酸作为营销素材是在滥打“亲情牌”，不仅不能引起共鸣，还与适度消费和理性消费的消费宗旨相悖。

另一方面，内容营销成本高，且营销效果难以度量。企业制作出一份有价值的内容往往需要较多的前期投入。高额的制作成本可能会给一些中小企业带来资金压力。由于内容营销是将价值性内容与营销信息相结合来开展营销活动，对于消费者购买决策的影响是隐性的，单次内容营销带来的收益较难度量，不利于企业进行成本控制。

第六节 联盟营销

一、联盟营销的内涵与外延

（一）联盟营销的内涵

亚马逊在1996年推出的“亚马逊联盟”网络营销模式是较早的联盟营销（Affiliate Marketing）模式，亚马逊充当了连接商家营销需求与联盟成员盈利需求的平台。联盟成员是指联盟营销平台的营销伙伴，他们通过播放品牌商广告赚取佣金，例如个人网站的网站主或博客博主。联盟成员在其网站上放置亚马逊商家商品的链接，当消费者通过点击这些网站前往亚马逊并购买商品时，该联盟成员就会收到亚马逊平台支付的佣金。具体而言，采用联盟营销的广告主企业将自身商品营销信息提供给联盟营销平台，平台的联盟成员根据广告与自身网站或媒体的契合度选择合适的广告进行展示。当消费者访问联盟成员的网站并点击推广链接时，页面就会自动跳转到商家店铺，实现引流的目的。最终，广告主企业根据消费者的点击、浏览、购买或注册等情况向联盟营销平台支付佣金（如图 14－1 所示）。进入数字经济时代，互联网平台不断发展壮大，联盟营销凭借其按绩效付费的核心优势，成为众多中小企业以相对低廉的成本实现商品营销空间和营销渠道扩张的主要营销方法之一。

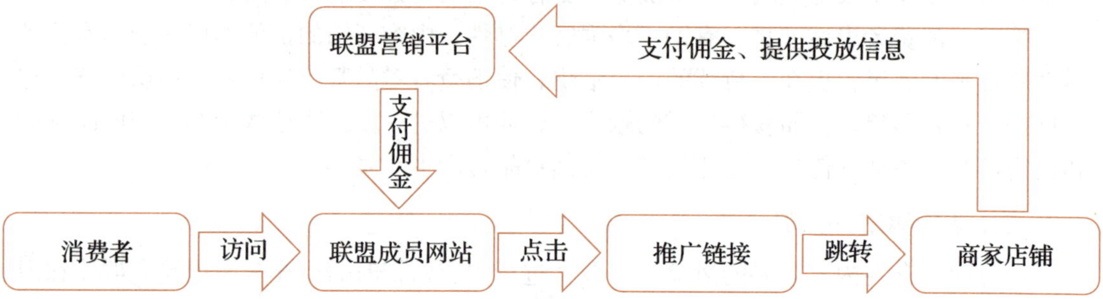

图 14－1　联盟营销模式

资料来源：Chaffey D, Ellis-Chadwick F. *Digital Marketing: Strategy, Implementation & Practice*. Pearson, 2019.

有学者认为，“联盟营销是指广告主与联盟网站企业签署协议，通过联盟网站的分销渠道推广和销售商品，并根据营销效果支付佣金的在线营销方式”①。联盟营销是一种按营销绩效付费的营销方式，这使得企业可以对成本和收益进行控制。常见的付费方式有按销售结果付费、按展示次数付费、按点击付费等。

综上所述，联盟营销是指商家通过联盟营销平台推广商品并按营销绩效付费的营销方式。

（二）联盟营销的外延

根据平台类型的不同，可以将联盟营销分为基于综合平台和专业平台的联盟营销。

在基于综合平台开展的联盟营销方式下，联盟营销平台所涵盖的商品范围比较宽泛，发起者多为大型电商平台，例如淘宝联盟。综合平台的联盟营销无法以专业知识或指导吸引消费者，其营销效果主要取决于联盟成员的引导和宣传效果。基于大型电商平台的普通联盟营销优势在于平台规模大，涵盖的商品种类丰富，其广泛的影响力可以让消费者产生信任和依赖，能够吸引更多的商家和联盟成员加入，是较为普遍的联盟营销方式。

基于专业平台开展的联盟营销方式是指由与商品存在联系的联盟来推广商品。在这一营销方式下，联盟营销平台具有一定的专业性，有足够的影响力和专业知识来产生流量，其在相关商品领域的权威水平能够让消费者产生信任感，从而为商家创造更好的营销效果。例如旅游服务平台亿客行（Expedia）的联盟营销中，酒店可以向其支付一定的

① Mariussen A, Daniele R, Bowie D. “Unintended Consequences in the Evolution of Affiliate Marketing Networks: A Complexity Approach,” *The Service Industries Journal*, 2010, 30（10）: 1707-1722.

佣金，让消费者在浏览旅游分享社区网站时，可以通过点击链接跳转到亿客行平台的酒店预订页面。

二、联盟营销的方法与策略

（一）联盟营销的方法

联盟营销按营销绩效付费，不同的付费方式可以帮助企业实现不同的营销目的。因此，企业在进行联盟营销时，需要充分考虑商品的特点，根据自身的营销需求选择合适的联盟营销方法，以实现营销绩效的最大化。根据付费方式的不同，可以将联盟营销的方法归纳为以下三种：

第一，按销售结果付费，即企业根据消费者的实际消费金额向联盟营销平台支付佣金。此方法可以给企业带来实际的营业收益，能够直接度量联盟营销的效果，但佣金往往较高。在这种营销方式下，联盟营销平台及其联盟成员有时为了获得更多佣金，会在其网站上加入诱导购买的信息，可能会引起消费者反感，因而此方法所面向的消费者群体应是有明确消费目的或较强消费欲望的消费者。

第二，按行为付费，即企业根据有效注册和问卷填写等引导量数据向联盟营销平台支付佣金。这种营销方法对于广告主企业而言性价比较高，其佣金水平低于按销售结果付费的方法。由于有效注册和问卷填写对于消费者而言比较复杂，能够完成这些实际操作的消费者往往是具有购买意愿或目标的，因此营销效果也较好。但复杂的操作可能会让一部分仍处于观望状态的消费者流失，这一营销方式也存在联盟营销平台或联盟成员虚假注册或操作的风险。

第三，按点击量付费，即企业根据广告的浏览量或点击量向联盟营销平台支付佣金。采用此方法企业所需支付的佣金相对可控，并且营销的覆盖面较广。该方法可以激励联盟营销平台及其联盟成员对广告进行优化，吸引消费者点击，既面向具备购买意愿的消费者，也面向对广告感兴趣的无购买意愿消费者。但是，采用该方法时，广告主企业面临虚假点击的风险。虚假点击使企业既无法获得真正的营销效果，又必须支付高额的佣金。

（二）联盟营销的策略

第一，选择适合的联盟营销平台。联盟营销平台的适合与否直接决定了相关商品营销效果的好坏。因此，企业应该根据商品的特点选择适合的平台开展联盟营销活动。例如，对于需要一定知识才能使用的，或者较为依赖口碑的商品，企业应选择专业性较强的联盟营销平台。这些平台的附属网站或联盟成员往往是该领域内的“意见领袖”，有一定的影响力，能够实现较好的营销效果。

第二，选择合适的付费模式。联盟营销中的付费模式直接影响了企业和联盟成员之间的利益分配和对联盟成员的激励水平，需要企业根据营销目标、产品性质和预算来制定，并随着业务的发展进行调整和优化。比如，按销售结果付费适用于销售较高价值的商品，以更好地激励联盟成员进行营销；按行为付费适用于需要促进特定行为或吸引潜在客户的情况，例如订阅电子报刊或注册会员；按点击量付费适用于增加广告曝光或需要增加网站流量的情况，以确保广告的点击质量和转化率。

第三，设置合适的营销效果追踪期限。营销效果追踪期限是指从消费者点击联盟营销平台的链接到确认营销效果完成的时间。追踪期限越长，意味着企业需要支付的佣金越多，对联盟成员的激励效果也就越强。企业应定期评估联盟成员的营销绩效，并与营销表现良好的联盟成员建立稳定的合作关系，如为其设置稍长的营销效果追踪期限。企业也应考虑部分商品的季节性，以确定最佳的追踪期限。例如某些商品在特定季节或假期期间销售得更好，追踪期限就应当适当放宽，以激励联盟成员进行营销，从而最大化营销效果。

三、联盟营销的优势与劣势

（一）联盟营销的优势

第一，营销渠道广泛。在联盟营销中，营销平台的联盟成员数量众多且种类多样，可以是个人或公司，也可以是个人网站、社交媒体主页或博客主页。通过联盟营销平台，企业可以实现多渠道的营销推广，覆盖更广范围的目标消费者。

第二，风险较低且操作便捷。采用联盟营销的企业只需向联盟营销平台提供商品的营销信息，并按照营销效果付费，不需要前期广告设计投入，也不需要直接参与营销推广的过程。这是一种“先曝光，后付费”的营销模式，降低了营销过程存在的风险。

第三，市场进入效率较高。联盟营销为低成本拓展新市场提供了可能。营销平台的联盟成员往往在特定的行业内具有一定的影响力，既可能是业内的“意见领袖”，也可能是拥有追随者的知名人物，企业可以借助联盟成员的影响力实现抢占新市场的营销目的。

第四，营销效果和成本可控。企业可以通过联盟营销平台实时监控销量、点击率和注册数等营销效果，判断出最有价值的联盟成员和营销渠道，并且可以对收入和成本进行预测和控制，从而优化营销策略。

（二）联盟营销的劣势

一方面，存在欺诈行为。由于联盟营销按照营销效果支付佣金，营销平台或其联盟成员为了获得更多佣金，可能从事伪造营销效果的欺诈行为。常见的作弊方法包括虚拟点击访问或使用虚假信息填写在线注册表单等。例如深圳某公司通过向消费者的手机应用中植入带有自动点击功能的木马病毒，帮助部分联盟成员伪造虚假点击流量骗取佣金，伪造虚假点击量 28.84 亿次，从中牟取了巨大非法收益。

另一方面，对营销的控制不足。联盟营销主要是由联盟成员负责开展的，虽然为广告主企业提供了便利，但也意味着企业很难控制营销的方式和过程。联盟成员的营销创意可能是过时的，或者不够吸引人，反而会给消费者留下不好的印象。如果广告出现在赌博网站等非法网站上，这种营销反而会给企业的品牌形象带来巨大损失。

本章小结：中国视角

数字经济时代，营销作为社会经济活动的重要组成部分，正在经历数字化变革。数字技术的应用和落地是数字营销兴起的技术基础，消费者需求多元化是数字营销兴起的需求基础，数字贸易的高速发展是数字营销兴起的核心动因。数字营销的发展经历了萌芽期、发展期和成熟期三个阶段，其方法、渠道和内容不断扩充，内涵和外延也不断丰富。搜索引擎营销、社交媒体营销、内容营销和联盟营销是具有代表性的四种数字营销方式，各具优劣，企业只有根据其商品和品牌的特点灵活选取合适的方法和策略，才能实现营销效果的最大化。

作为全球数字化变革的重要经济体，在需求和政策的双重驱动下，中国跨境数字营销市场呈现高速发展趋势。中国政府在《"十四五"电子商务发展规划》中明确指出，要"鼓励电子商务企业挖掘用户需求"，"大力发展数据服务、信息咨询、专业营销、代运营等电子商务服务业"。数字营销在中国制造业全球销售和品牌建设的过程中扮演着不可或缺的角色。通过建立更加高效和智能的数字营销平台，中国企业能够更容易地在国际市场上推广和销售商品。数字营销平台可以提供大数据分析、广告定向推荐、社交媒体推广等数字营销工具，帮助企业更好地进入目标市场并匹配消费者需求。如何在保护消费者权益和隐私的前提下，精准匹配全球市场的消费需求，以数字营销促进商品创新和企业竞争力提升，是数字营销亟待破解的关键命题。中国在数字营销领域的愿景是打造有影响力的、覆盖面广的全球数字营销服务中心，为各国企业提供专业的数字营销服务，推动国际营销市场的数字化和全球化，同时促进国际贸易的可持续和平衡发展，使中国成为全球数字营销的领军者，为全球数字贸易的繁荣做出积极贡献。

标识性概念

数字营销

思考题

1. 数字技术的进步在为营销业态发展带来机遇的同时，也带来了诸如数据造假等一系列风险和挑战。根据中研普华产业研究院发布的《2020—2025 年中国数字营销行业发展趋势预测及投资战略分析报告》，2022 年，中国数字营销市场的营收降幅达 6.38%，市场规模预计同比下降 0.37%。在新的历史时期，如何应对数字营销的困难与挑战成为关键。试从数字营销特征角度出发，分析数字营销面临哪些挑战？

2. 根据艾瑞咨询发布的《2021 年中国网络广告年度洞察报告》数据，2020 年中国搜索引擎市场广告市场规模达 1 065.6 亿元，同比下降约 5.8%，其原因主要在于许多广告商在疫情影响下减少了在线搜索的广告预算。试从搜索引擎营销的特征出发，分析在后疫情时代企业应该如何以最小的成本实现搜索引擎营销效果的最大化？

3. 短视频生动形象，能够在极短的时间内吸引消费者的注意，作为一种互联网内容的传播方式发展迅猛，并且已经借助移动互联网的发展全方位渗透到消费者的生活中。

越来越多的企业开始利用短视频进行营销，并取得了巨大成功。试从社交媒体营销的角度，分析短视频作为数字营销的手段之一具有哪些价值？

4. 互联网平台具有网络外部性，微信公众号、淘宝和京东等社交平台或购物平台都呈现出一定的垄断性特征。数字营销的渠道趋于固化，越来越多的企业将其营销重点从“渠道”转向“内容”。内容营销的效果在很大程度上取决于内容对于消费者的吸引程度，而数字贸易企业在进行内容营销的过程中往往面临着不同国家消费者对内容接纳程度不同的文化差异问题。试从内容营销特征的角度出发，分析数字贸易企业可以如何缓解上述问题？

5. 中国信息通信研究院联合中国广告协会和中国互联网协会联合发布的《数字营销异常流量研究报告（2022年）》显示，2021年中国互联网广告流量中异常流量占比达10.1%，其中广告联盟的异常流量占比在所有媒体类型中最高，其异常曝光和异常点击的流量占总异常流量的比重分别为17.6%和29.5%。试结合联盟营销的特征对上述现象进行解释。

延伸阅读

[1] Chaffey D, Ellis-Chadwick F. *Digital Marketing: Strategy, Implementation & Practice*. Pearson, 2019.

[2] Kartajaya H, Kotler P, Setiawan I. *Marketing 4.0: Moving from Traditional to Digital*. John Wiley & Sons, 2016.

[3] 曹虎，王赛，乔林，等. 数字时代的营销战略. 北京：机械工业出版社，2017.

[4] 阳翼. 数字营销. 2版. 北京：中国人民大学出版社，2019.

第十五章 数字支付与数字货币

本章导读

20世纪90年代以来，数字支付与数字货币经历了由单一走向多元的演变历程。作为数字经济时代的产物，数字货币运用分布式记账和智能合约技术，既能提高数字支付的结算清算效率，又能提供数字支付迭代升级的新路径。多元化数字支付方式和数字货币类型对全球数字贸易的发展有利也有弊，在保证数字支付与数字货币安全性的同时，如何提高数字支付和数字货币的使用和结算效率，成为全球范围内各贸易主体追求的共同目标。受新冠疫情和私人数字货币的影响，越来越多的国家开始重点关注以国家信用背书的法定数字货币，法定数字货币正逐渐成为国际货币竞争特别是大国货币竞争的重要领域。通过本章的学习，读者可以了解数字支付和数字货币产生和发展的历程，理解数字支付和数字货币的内涵和外延，洞悉数字人民币在数字贸易中的试点应用，探讨数字货币对数字支付能力建设的影响，为掌握数字贸易相关支付方式和支付媒介打下基础。

第一节 数字支付

一、数字支付的产生与发展

作为新兴支付手段，数字支付（Digital Payment）已经广泛应用于金融机构间资金结算、企业间贸易和个人间交易等众多领域。得益于其便捷高效的特点，数字支付成为数字经济时代的重要支付手段。纵观数字支付的产生和发展历程，依据数字支付的使用主体和实现方式，可以将数字支付划分为机构与银行间电子支付、个人与银行间电子支付、第三方互联网平台支付和数字货币支付四个阶段。

（一）起步：机构与银行间电子支付阶段（20 世纪 60 年代至 90 年代）

在机构与银行间电子支付阶段，数字支付主要应用于银行内部及银行和其他企业或政府机构间的资金结算，实现货币在银行系统内部的转移及资金在银行和其他机构间的流通。20 世纪 60 年代至 70 年代，欧美国家银行内部的资金结算开始采用较为成熟的数字化处理方式，实现了数字化缴存存款和再贴现等业务。20 世纪 90 年代初期，银行与政府机构及规模较大的企事业单位间实现了数字化资金往来，使非现金形式的工资分发和税费扣除成为可能。

（二）发展：个人与银行间电子支付阶段（20 世纪 90 年代至 21 世纪初）

在个人与银行间电子支付阶段，数字支付主要应用于个人直接将银行存款转出，实现线下非现金消费和线上网购消费。该阶段与上一阶段相比，使用数字支付的一方主体由机构转变为个人。20 世纪末，伴随互联网普及度的提高以及银行网上缴费和移动业务的发展，个人银行网上交易额不断上升。随着个人开始将数字支付应用于日常交易，与此相关的支付风险开始显现。为规范和引导数字支付的发展，防范可能的风险，各国制定了数字支付相关的法律制度，如中国于 2005 年颁布了《电子支付指引（第一号）》。

（三）成熟：第三方互联网平台支付阶段（21 世纪初至 21 世纪 10 年代）

在第三方互联网平台支付阶段，数字支付主要应用于个人通过第三方互联网平台操作银行账户资金，实现资金转移和线上或线下消费。第三方支付平台促进了互联网支付的发展，使得消费者和商家间的交易方式更加多样，也导致了通过传统支付方式实现的交易额不断缩减。以合作银行信用为依托，第三方支付平台为交易双方提供支付担保，具备良好的信用保障，在很大程度上提升了数字支付的便捷性。

专栏 15－1　第三方支付市场的发展历程

（四）突破：数字货币支付阶段（21 世纪 10 年代至今）

在数字货币支付阶段，由于数字货币不依赖银行账户，而是通过数字货币转移资金，无须通过支付系统进行结算最终确认，因此基于数字货币的数字支付能实现非银行账户间的资金转移。基于法定数字货币的支付方式是数字支付的最新形态，具有可编程、可控匿名、安全和可追溯等特点。

第三方互联网平台支付和数字货币支付的发展，得益于商业贸易活动的繁荣稳定以及互联网和区块链（Blockchain）等底层数字技术的支持。中国、美国和新加坡等众多国家已注意到数字货币的风险和机遇，开始着手研究基于法定数字货币的数字支付方式，并在相关技术和政策配套成熟后，推动数字货币支付逐步落地。在数字经济时代，数字货币支付能够高效满足公众对法定货币的需求，因此对推动全球范围内数字支付体系的建设具有重大战略意义。

二、数字支付的内涵与外延

（一）数字支付的内涵

回望数字支付的产生和发展，可以发现其应用场景日趋多样化。为了提高数字支付的安全性，推动其在数字贸易中得到普遍应用，联合国等国际组织应当制定统一的规则框架，各国也需要将数字支付相关的治理和监管政策落到实处。界定数字支付的内涵和外延，有助于确保数字支付的动态变化始终处于数字支付的治理和规范范围内。

支付是指实现经济活动中货币支付和资金转移的行为。通过数字化方式，数字支付实现了经济活动中的货币支付和资金转移。数字支付的货币债权转移是在数字化、无形信息流或资金流中达成的，不需要有形物理货币的交付，因此数字支付特别强调交易过程的数字化。

2016 年，联合国旗下机构“优于现金联盟”（Better than Cash Alliance）发布《联合国负责任数字支付原则》（UN Principles for Responsible Digital Payments）报告，指出通过数字支付能够节省支付成本，提高支付的透明度和安全性。因此，数字支付具有高效、透明和安全的特征。

综上所述，数字支付是指通过数字化方式实现经济活动中货币支付和资金转移的行为，其交易过程数字化，即货币债权转移在数字化、无形信息流或资金流中达成，不需有形物理货币交付，具有高效、透明和安全的特征。

（二）数字支付的外延

根据交易媒介划分，数字支付包括电子支付（传统货币数字化支付）和数字货币支付两类。

电子支付（传统货币数字化支付）是指客户直接或授权他人通过电子终端发出支付指令，实现货币支付和资金转移的行为。根据指令发起方式划分，电子支付包括网上支付、电话支付、移动支付、销售点终端交易、自动柜员机交易和其他电子支付。

2005 年 10 月，中国人民银行发布《电子支付指引（第一号）》，其第二条界定了电子支付的内涵和外延。在个人线上或线下消费场景中，网上支付和移动支付得到了广泛的应用。例如基于客户银行账户的资金支付，其资金来源是客户的银行账户，包括绑定了银行卡的支付宝账户；又如基于虚拟信用卡或互联网金融产品的资金支付，其资金来源是互联网企业为客户提供的信用额度，包括京东旗下的京东白条。

数字货币支付是指使用以数字化形式存在的数字货币在线上或线下完成的支付。

与电子支付相比，数字货币支付的最大不同在于其具体交易执行流程基本不需要银行的直接参与，因此能够提高交易效率，降低交易成本，同时交易过程的隐私也能得到有效保护，但伪造和重复使用的风险始终存在。2021 年 8 月，交通银行大连分行联合大连商品交易所成功使用数字人民币完成交割仓库仓储费支付，这是数字货币支付在中国境内期货领域的首次应用。2022 年 7 月，首例普通公路数字人民币缴费场景在江苏省吴江公路中心吴江收费站和桃源收费站落地。收费站进出口开通数字人民币支付，在生活服务领域逐步形成了一批应用规模大、交易频次高和使用人数广的数字货币支付应用场景。

三、数字支付与数字贸易

（一）数字支付对数字贸易的积极影响

第一，作为数字贸易的重要支付方式，数字支付能够促进贸易过程的资金流动。数字经济时代，标准化支付服务对推动经济发展、促进交易达成具有关键作用，但传统现金支付存在资金处理效率较低、信息流和资金流整合效率较低、不能满足个性化服务需求等缺陷，已与全球数字贸易应用场景的要求不相适应。数字贸易通常伴随着跨境高频资金流动，消费者能否在不同国家和地区便捷地接受跨境数字支付服务，在很大程度上决定了数字贸易支付的效率。基于数字化商业银行存款货币或数字货币的支付方式，例如第三方平台支付，通过银行卡完成资金转移和支付清算，在提高数字贸易支付环节效率的同时，能够增加银行卡用户的活跃度，拓宽银行卡的使用范围，促进社会资金流动。

第二，作为数字贸易的重要环节，数字支付能够促进贸易过程的数据流动。在数字支付中，交易数据和资金流动数据同步传输，使数据得到及时和全面的收集，不仅能完成货币债权转移，还能实现客户和收款者间的数据共享。如果能够建立国际公认的支付标准和数据共享标准，并规范贸易数据的监管访问，就可以促进数据流动和隐私保护、提高企业贸易效率。例如美国、墨西哥和加拿大三方贸易协定《美国—墨西哥—加拿大协定》（The United States-Mexico-Canada Agreement，简称 USMCA）① 为支持跨境支付提供了范例，使数据在美国、墨西哥、加拿大间自由流动，降低了三方的数据跨境流动成本。

第三，作为数字贸易的重要赋能手段，数字支付有助于数字贸易参与者防范跨境结算汇率风险和保障回款安全。在遭遇汇率波动时，企业往往欠缺汇率风险管理经验，因此会蒙受汇兑损失。数字支付服务商与跨境电商平台技术系统对接，能够针对企业个性化结汇需求，提供定制服务，快速获取合作银行的最新汇率报价并完成结汇操作，同时保证收款结汇流程安全合规，进而帮助数字贸易企业缩短回款周期、快速结汇，规避汇率波动风险。在本国货币汇率跌幅较大时，部分新兴市场国家会采取资本管制措施抑制货币贬值，可能威胁企业的销售回款安全。数字支付服务商能够协助企业及时获悉金融监管部门的资本管制动向，依托大数据技术为不同类型的数字贸易企业寻找合适的风险对冲工具，消除回款到账延期隐患。

（二）数字支付对数字贸易的消极影响

一方面，虽然支付系统监管已经覆盖了交易、清算和结算全过程，但由于全球范围

① 美国、墨西哥和加拿大三方于 2018 年 9 月 30 日达成《美国—墨西哥—加拿大协定》，并于当年 11 月 30 日正式签署生效，取代了 1994 年起生效的《北美自由贸易协议》（North American Free Trade Agreement，简称 NAFTA）。

内缺乏公认的统一标准，各国中央银行针对数字支付采取的管制措施并不相同。当资金跨境流动时，国家间支付规则的不同会导致支付效率降低，给数字贸易带来时效风险和资金安全风险。另一方面，在支付信用体系不健全的制度环境下，开展数字支付业务的金融机构将不得不承担较高的信用风险。金融信用评估系统一旦发生信用评估失误，或者出现第三方支付平台由于重大安全责任事故造成信誉受损的情形，数字贸易生态会陷入困境。

总的来说，数字支付对数字贸易既有积极影响，又有消极影响。数字支付既能作为数字贸易支付方式促进资金流动，又能作为数字贸易环节促进数据流动。但由于数字支付国际公认标准的缺失和数字支付信用体系的不完善，数字支付也给数字贸易带来了一些不确定因素。国际组织和各国应当形成合力和共识，完善数字支付规则框架，制定国际统一的数字支付标准，进一步加强数字支付对于数字贸易的建设性作用。

理论命题 15－1

目的国货币贬值会导致跨境电商出口减少；汇率变动对跨境电商出口存在空间溢出效应，不仅会影响对目的国的跨境电商出口，还会影响对目的国地理邻近或经济邻近国家的跨境电商出口。

（参见：马述忠，曹信生，张洪胜. 汇率变动对跨境电商出口的影响及空间溢出效应研究. 浙江大学学报（人文社会科学版），2020，50（01）：14-36.）

第二节 数字货币

一、数字货币的产生与发展

数字货币（Digital Currency）是数字经济时代的产物。伴随着数字经济的蓬勃发展，数字货币受到了越来越多的关注，其表现形式和应用场景也日益增多。从发行、流通、交易和监管角度辨析数字货币，可以将其发展划分为私人数字货币时代和法定与私人数字货币共存时代。

（一）起步：私人数字货币时代（20 世纪 80 年代至 21 世纪 10 年代）

20 世纪 80 年代，疑似中本聪（Satoshi Nakamoto）导师的大卫·乔姆（David Chaum）率先提出把加密技术用在数字货币上。[①] 自 20 世纪 90 年代起，数字货币的概念日益丰富，电子黄金和自由储备等构想均被提出并得到运用。2009 年，作为区块链分散式数字货币的比特币（Bitcoin）问世，此后私人数字货币的种类不断增多。私人数

① David Chaum, Ronald L Rivest, Alan Theodore Sherman, et al. *Advances in Cryptology*. New York: Plenum Press, 1983.

字货币问世后经历了发行、认可、试用和推广阶段，产业链及配套设施在演化中不断完善，逐渐涵盖了生产、发行、储存和交易一系列金融服务，涉及的交易范围也不断扩大。

在私人数字货币时代，数字货币在民间流通，不由各国中央银行发行，不能与银行货币等比兑换，由民间拥有者承担信用、市场和流通等一切风险。该阶段的数字货币呈现多种类和非主权特点，其流通价格跌宕起伏，衍生的私人数字货币交易炒作对正常经济金融秩序形成了干扰，滋生了赌博、非法集资、诈骗、传销和洗钱等违法犯罪活动。①

（二）发展：法定与私人数字货币共存时代（21 世纪 10 年代至今）

尽管私人数字货币发展迅猛，但不具备国家信用背书，存在配套技术薄弱、价格不稳定和风险难以抗衡等一系列短板。② 作为一种风险较小和可靠性较高的货币形式，在具备国家信用背书且应用成熟数字技术后，法定数字货币得到了全球各主要经济体的关注。

全球各主要经济体研发法定数字货币的目的，在于打破私人数字货币的垄断格局，稳定货币体系，实现金融普惠。各国中央银行研发法定数字货币的基本步骤有共通之处。第一，由政府或中央银行牵头，成立专家组，从宏观层面探讨研发法定数字货币的可行性和必要性，制定战略目标和实现方式。第二，细化战略目标和实现方式，从技术难点、标准制定和风险管控等方面展开讨论。第三，开展法定数字货币的设计研发工作，分阶段开展闭环测试，制定法定数字货币的市场标准、法律体系和监管制度。第四，在部分城市进行内部封闭试点测试，并与当地金融机构和互联网企业签订有关法定数字货币的战略合作协议。

数字货币的出现依赖于数字加密算法和密码学等学科数十年的沉淀。截至 2022 年，各国推进法定数字货币研发的进程并不相同，许多国家政府对数字货币仍持观望态度。在未来很长一段时间内，法定数字货币和私人数字货币仍会在全球范围内同时存在。

专栏 15-2 各国法定数字货币的探索历程

① 2021 年 9 月，中国人民银行、中央网信办、最高人民法院、最高人民检察院、工业和信息化部、公安部、市场监管总局、银保监会、证监会和外汇局印发《关于进一步防范和处置虚拟货币交易炒作风险的通知》，明确指出：虚拟货币不具有与法定货币等同的法律地位，比特币、以太币和泰达币等虚拟货币具有非货币当局发行、使用加密技术及分布式账户或类似技术、以数字化形式存在等主要特点，不具有法偿性，不应且不能作为货币在市场上流通使用。虚拟货币相关活动属于非法金融活动，一律严格禁止，坚决依法取缔。参与虚拟货币投资交易活动存在法律风险，任何法人、非法人组织和自然人投资虚拟货币及相关衍生品，违背公序良俗的，相关民事法律行为无效，引发的损失由其自行承担，涉嫌破坏金融秩序、危害金融安全的，由相关部门依法查处。

② 李靖．比特币的发展及其风险研究．重庆：重庆大学出版社，2020.

二、数字货币的内涵与外延

（一）数字货币的内涵

有效的数字货币治理和规范，在保护使用者隐私的前提下，能够推动政府经济运行活动数据的采集，提高交易数据采集的完整性和准确性。在制定数字货币政策框架、提供区块链技术支持和推动国际货币流通方面，国际金融机构需要发挥重要作用，各国中央银行需要承担数字货币研发、投放和监管等具体事务，保障数字货币的安全性和信用本位。界定数字货币的内涵和外延，有助于确保其始终处于治理和规范的控制范围内。

学界将数字货币定义为数字化形式的货币[①]，也有研究认为数字货币是一种新型加密货币[②]。因此从本质上讲，数字货币是加密货币，而且是以数字化形式存在的，即数字货币是数字化形式的加密货币。

2015年11月，国际清算银行（Bank for International Settlement，简称BIS）支付与市场基础设施委员会（Committee on Payments and Market Infrastructures，简称CPMI）发布《数字货币》（Digital Currencies）报告指出，数字货币创新性地运用了分布式记账技术。学界观点亦认为数字货币的技术基础为区块链技术或分布式记账技术。[③]因此，数字货币以区块链技术或分布式记账技术为底层支持。

国际清算银行《数字货币》报告中同样指出，数字货币具有去中心化特征。现有研究普遍认为，基于区块链技术或分布式记账技术，数字货币能够实现交易数据的多节点或分布式存储，以密码学原理实现安全验证，具有去中心化和可编程性特征。[④]

综上所述，数字货币是数字化形式的加密货币，以区块链技术或分布式记账技术为底层支持，具有去中心化和可编程性特征。

（二）数字货币的外延

按照发行主体划分，数字货币包括中央银行发行的法定数字货币和非中央银行发行的私人数字货币。

学界观点认为，数字货币能否承担交易媒介、价值尺度和贮藏手段等真正货币职能，取决于其发行主体[⑤]，由此产生了法定数字货币和私人数字货币之分。2018年3月，国际清算银行支付与市场基础设施委员会发布《中央银行数字货币》（Central Bank Digital Currencies）报告，提出了货币之花模型，并将数字货币划分为中央银行发行的法定数字货币和非中央银行发行的私人数字货币。

按照用户和用途划分，法定数字货币包括：批发型法定数字货币，面向商业银行等机构类主体发行，多用于大额结算；零售型法定数字货币，面向公众发行，多用于日常交易。

2021年7月，中国人民银行数字人民币研发工作组发布《中国数字人民币的研发

---

① 张强，乔海曙．金融学．3版．北京：高等教育出版社，2018.

②③ 姚前，汤莹玮．关于央行法定数字货币的若干思考．金融研究，2017（7）：78-85.

④ 杨延超．论数字货币的法律属性．中国社会科学，2020（1）：84-106.

⑤ 同②．

进展》白皮书，将中央银行数字货币划分为批发型中央银行数字货币和零售型中央银行数字货币两类。法定数字货币的典型应用案例是数字人民币。按照国际使用惯例，数字人民币字母缩写为“e-CNY”，由中国人民银行发行、指定运营机构参与运营并向公众兑换，以广义账户体系为基础，支持银行账户松耦合功能，与纸钞硬币等价，具有价值特征和法偿性，支持可控匿名。2022 年 1 月，数字人民币（试点版）APP 上架各大应用商店，截至 2022 年 7 月数字人民币试点已拓展到全国 15 个省市的 23 个地区。

按照是否可以被广泛获取划分，私人数字货币包括批发模式的私人数字货币和通用模式的私人数字货币。

在业务构架上，私人数字货币无中心化保障机制，无论是使用范围还是公信力都存在不足，大多数国家的中央银行不承认其货币属性。私人数字货币的典型应用案例是比特币。比特币的概念最初由中本聪提出。① 中本聪自称日裔美国人，真实身份未知。2009 年 1 月他发布首个比特币软件，正式启动比特币金融系统。比特币依据特定算法，通过大量计算产生，使用整个 P2P 网络中众多节点构成的分布式数据库来确认并记录所有的交易行为，并利用密码学的设计来确保货币流通各个环节的安全性。P2P 又称点对点网络借款，属于互联网金融产品的一种，2020 年 11 月中国实际运营的 P2P 网贷机构完全归零。比特币总数量有限，自 2009 年起的前四年只有不超过 1 050 万个，之后总数量被永久限制在 2 100 万个。

三、数字货币与数字贸易

（一）数字货币对数字贸易的作用

数字货币对数字贸易的积极作用主要有下列两点：

一方面，数字货币能够降低跨境支付结算成本，提高贸易效率。数字货币能够突破传统货币的发行和流通渠道，摆脱交易时间和空间的束缚，通过加密签名转换，完成信息流和资金流的整合。依托区块链技术，数字货币具备了分布式数据存储和分散化交易的优势，能够为建立新型跨境支付结算系统提供条件。应用于跨境支付结算领域时，可采用联盟链架构，由各国中央银行和特定金融机构共同维护数字货币的分布式账本。伴随跨境支付网络的扁平化，点对点支付结算 ② 由既定算法自动执行，省去了中间机构的对账、清算和结算流程，能够规避传统中心化支付清算系统效率低下、费用高昂的问题，在节省中间机构服务费用的同时，能够提高数字贸易的效率。未来使用数字货币进行数字贸易支付可能与发送电子邮件一样简单。

另一方面，数字货币能够改进传统跨境支付结构，促进贸易普惠。代理行模式的跨境支付结算体系延续了几个世纪，这一体系以代理行作为资金节点形成资金链条，结算过程复杂，且垄断程度较高。数字货币能够促进支付市场竞争，引导跨境支付体系多极化发展。数字货币使得更多金融机构获得了参与跨境支付的机会，能够增加跨境资本流

① Satoshi Nakamoto. “Bitcoin: A Peer-to-Peer Electronic Cash System,” *Decentralized Business Review*, 2008.

② 刘东民，宋爽．数字货币、跨境支付与国际货币体系变革．金融论坛，2020，25（11）：3-10.

动的总额。2020 年国际清算银行发布报告指出，在部分欠发达国家和地区，如中东和北非，由于实体金融基础设施不完善，50% 以上的成年人没有银行账户，也基本没有外币，许多人无法获得包括跨境支付业务在内的国际金融服务。通过分布式网络缩短支付链条，数字货币能够使更多人参与全球数字贸易，提升金融服务的可及性，促进贸易普惠化发展。

作为一种全新的交易媒介，数字货币也为货币自由流通、技术支撑和金融监管等带来了诸多不确定性，其在使用过程中隐含的风险不容忽视，因此也不可避免地会对数字贸易产生一定的消极影响。数字货币对数字贸易的消极影响主要可归纳为下列两点：

一方面，数字货币技术架构潜藏隐患。数字货币的安全流通对技术环境有较高要求，大多数发展中国家现有金融基础设施与其仍存在一定差距，数字贸易平台服务器并发处理能力也面临考验。无论是基于区块链还是分布式记账技术架构，现有的数字货币技术成熟度均无法保证运行过程中不出现纰漏。数字技术应用带来的安全漏洞、数据风险、信息风险和监管风险隐秘性更强、破坏性更大，可能导致恶意软件攻击和网络诈骗事件频发。数字货币交易具有不可逆性，一旦由于欺诈或失误发生资金转移，没有任何机制阻止或强制追回资金，可能会在数字贸易的支付环节造成不可挽回的损失。

另一方面，数字货币监管缺位诱发风险。随着数字货币应用场景深化和应用领域扩大，现有监管制度不健全、监管模式不匹配的问题愈发突出。由于数字货币具有匿名性特征，贸易双方可能逃避法律监管，从事非法贸易。面对数字货币在数字贸易场景中的应用，大多数发展中国家存在法律法规和监管政策缺失，尚未形成标准规范、权责分工和具体操作办法，难以遏制和打击不法分子利用监管漏洞实施的犯罪行为。为保障以数字货币为媒介的数字贸易的合法性，监管机构要在法律允许的范围内获得追踪权利，因此理想的数字货币并非完全匿名，而要具有可控匿名特性。

（二）数字贸易对数字货币的作用

一方面，数字贸易生态圈建设能够为数字货币的推广和普及提供土壤。数字经济时代，商业基础设施和商务机制的迭代能够促进生态圈的建设。数字贸易助力中小企业，使中小企业站在与大企业相近甚至相同的起跑线上，其中至关重要的是服务生态及金融支持的改善和优化。赋能生态圈建设的既包括商业银行、商业保险公司、信托公司、融资租赁公司等传统金融企业，又包括电商平台、外贸综合服务平台、金融信息服务平台、金融科技公司、物流企业等非传统金融企业。在生态圈金融建构过程中，尤其值得关注的是数字贸易综合服务平台的生态汇聚效应。同业拆借、转贴现、租赁保理、资产支撑证券化（ABS）、资管计划、Pre-ABS、私募基金、互助担保基金等服务生态能够拓宽资金来源。上述数字贸易服务生态对安全、高效、低费率的融资和跨境支付形成了需求，能够为数字货币，特别是支持可控匿名的数字货币的推广和普及提供土壤。

另一方面，数字贸易园区建设能够为数字货币的探索及国际合作提供制度条件。数字贸易园区建设的基本思路是以数字贸易平台为核心，整合上下游商家、海关、政府机构、金融机构、海外渠道和行业联盟等各类实体，形成集聚效应。在园区建设中，金融服务体系的构建具有重要作用，数字贸易综合信用服务、保险、供应链金融和区块链金融等都被列入重点支持范围。在各类自贸区、综保区、综试区、示范区和枢纽港的下一阶段建设中，应用监管沙盒制度和数字围网模式开展安全合规、风险可控的数字货币探索及国际合作，有助于强化智能金融帮扶和政策性融资担保，助推无感通关、自助退免税、线上收结汇等监管服务落地，推动货物监管转向数据监管和主体监管，实现从传统金融征信向数据征信的转变，最终建成具有国际影响力的交易中心和订单履约中心。对于数字货币，特别是多边央行合作搭建的法定数字货币系统网络而言，这一行动路线使得开展相关制度衔接和更为深入的国际合作成为可能。

第三节 数字人民币

一、数字人民币试点在数字贸易中的应用情况

随着政策和行业的催化发展，数字人民币已经逐步落地，迎来了应用加速期。数字人民币试点城市不断扩容，正在形成产业生态圈。截至 2022 年 7 月，数字人民币试点已拓展到全国 15 个省市的 23 个具体试点地区。在数字身份、数字消费和数字贸易领域，中国政府支持数字人民币的创新应用，为数字经济发展增添了新动能。随着数字人民币应用场景的拓展，数字人民币支付结算从面向个人的小额零售走向企业级应用。更多和更新颖的商业模式涌现，如部分跨境电商平台使用数字人民币向供应商合作伙伴支付货款。在贸易和供应链等多个场景，中国工商银行、中国农业银行和百信银行等多家银行也尝试使用数字人民币。

随着数字人民币测试场景的日益丰富，数字人民币将在条件成熟时顺应市场需求，用于跨境支付交易。2021 年 4 月，中国人民银行披露，数字货币研究所已与香港金融管理局就数字人民币在内地和香港跨境使用进行了技术测试，还与香港金融管理局、泰国中央银行、阿拉伯联合酋长国中央银行联合发起多边央行数字货币桥研究项目，探索数字人民币在跨境支付中的应用。2021 年 11 月，海南省人民政府印发《海南省“十四五”建设国际旅游消费中心规划》，加快推广数字人民币试点，增设外币与人民币结售兑换服务点。通过智能合约实现可编程性，在确保安全与合规的前提下，数字人民币可根据交易双方商定的条件、规则以加密币串形式进行自动支付交易，促进业务模式创新。2022 年 7 月，上海银行和上海大智慧财汇数据科技有限公司在上海数据交易所交易系统成交首笔使用数字人民币支付的数据产品——上海大智慧“财汇金融资讯”，主要应用于金融机构的投研业务。上海数据交易所首次将数字人民币支付方式创新融入数据流通交易的清结算环节，不仅提高了清结算效率，为智能结算建立了基础保障，也为供需双方清结算提供了更多选择，有利于活跃和促进数据要素的流通交易。

专栏 15-3 数字平台与数字人民币

二、数字人民币在数字贸易中可能的应用场景

随着数字人民币试点推广，其应用场景不断丰富，如支持双离线支付，在人流量大的机场和商场具有显著优势，并逐步用于缴税缴费和补贴发放等政务服务。在数字贸易中，数字人民币有下列典型的应用场景：

第一，创新数字贸易支付方式，减少对环球同业银行金融电信协会（SWIFT）的依赖。国际收支清算主要涉及两个系统：SWIFT 报文传递系统，用于全球银行间的信息传递；各国资金清算结算系统，如人民币跨境支付系统（Cross-Border Interbank Payment System，简称 CIPS）。境外直接和间接参与银行的报文传输都要通过 SWIFT 系统，CIPS 系统的运行在一定程度上也依赖于 SWIFT。伴随中国参与国际法定数字货币研究交流，2021 年中国人民银行数字货币研究所加入由国际清算银行香港创新中心发起的多边央行数字货币桥研究项目，旨在构建连接全球各国中央银行数字货币系统的网络以及各国点对点的报文传输系统。与传统跨境支付相比，数字人民币结算有利于简化交易认证手续，减少中间环节，提高跨境支付效率。鉴于数字人民币技术成熟度在全球范围内相对领先，通过技术优势改善传统跨境支付效率低下和信息不透明问题，中国在多边央行数字货币桥研究项目的支撑下创新数字贸易支付方式，在一定程度上能够减少对 SWIFT 系统的依赖。

第二，融入数字贸易支付情境，奠定国际化应用基础。智能合约具有可编程性，在保证交易安全合法的条件下，数字人民币满足相应交易条件即可自动完成线上交易。大宗商品数字交易往往流程复杂，参与主体除交易双方外还涉及货运代理方、仓储、承运人和银行，某些环节甚至需要多家机构并行参与。数字人民币具有可编程性，使其能够在数字贸易支付情境下不断拓展业务，助推海外用户和商家数量增长。

第三，协助打击洗钱犯罪行为。随着数字贸易的发展，银行反洗钱面临的数据量庞大，监管识别负担较重。虽然各大商业银行都建立了反洗钱监控平台，但关键信息的识别和分析仍需要人工完成，且机构与机构间的协调交流存在一定壁垒。数字人民币具有可控匿名性，使得银行能够掌握所有用户数据，基于大数据分析技术识别账户的真实身份，在保护用户隐私的同时能够快速识别洗钱犯罪行为。中央银行与指定的商业银行共建数字人民币管理系统，全部交易数据上传至中央银行且不可篡改，能够精准甄别资金源头和流向，使洗钱犯罪行为无所遁形。

理论命题 15－2

数字人民币的使用会部分替代移动支付，其替代程度取决于数字货币生态圈的健全程度和支持力度。

（参见：Shiyun Li，Yiping Huang. “The Genesis, Design and Implications of China's Central Bank Digital Currency,” *China Economic Journal*，2021，14（01）：67-77.）

三、数字人民币在数字贸易中面临的应用挑战

在数字贸易中，数字人民币的应用主要面临下列挑战：

第一，安全监管难度加大。数字人民币试点APP及系统与应用场景的融合尚处于探索改进阶段，潜在安全风险、现实应用和技术问题并未完全显现，需要在开发和监管中予以考虑。第一，《中国人民银行货币鉴别及假币收缴、鉴定管理办法》中所列举的伪造货币和变造货币的具体方式手段仅涵盖实物人民币，数字化形态的人民币造假与之截然不同，并不适用。第二，《中华人民共和国人民币管理条例》中所列举的假币收缴程序，对数字人民币不具可操作性。第三，由于形态改变，反洗钱检测后台的数据表中字段需要针对数字人民币重新定义和修改，暂时无法对接数字贸易情境下的各类监管，特别是反洗钱监管的相关需求。

第二，各国对数字货币态度不同，缺乏统一标准和法律共识。数字人民币全面推行后，会在国际上面临多边标准认同及法律规范等问题，其用于数字贸易支付时必然要面对不同国家结算规则和支付体系的差异。除提高技术水平外，数字人民币的发展还需要考虑规则和标准的国际合作，为使用数字货币进行支付结算奠定规制基础。国家间法律法规、货币政策和金融监管存在差异，使得数字贸易领域合作困难重重，数字人民币缺乏全球化合作伙伴成为一大挑战。

第三，与其他数字货币存在竞争。除在一国经济中具有重要地位外，数字货币也是数字经济时代国际话语权的重要体现。随着各国纷纷开展法定数字货币的研发和测试，数字人民币运用于数字贸易支付必将遭遇激烈竞争，尤其是与数字美元的竞争，会影响金融市场稳定性，增加系统风险和不确定性。如何正确处理数字人民币与其他数字货币的竞争关系，以竞争促合作，推动数字人民币国际化进程，是数字人民币发展中要面对的一大挑战。

专栏 15－4　数字人民币发展与普及的三项重大任务

第四节 数字货币对数字支付能力建设的影响

一、提高数字支付的结算效率

作为主权货币，以国家信用为基础的法定数字货币具备法偿能力，且价值具有稳定性，对数字支付能力建设具有积极意义。为简明起见，本节所指数字货币均为法定数字货币。

数字支付的支付清算系统和结算系统存在较强的关联性。支付清算系统也称支付系统，由中央银行、商业银行和提供支付服务的第三方机构等多个支付服务主体构成。作为支付制度和支付技术组成的有机整体，支付清算系统能够完成收款人和付款人间的支付信息处理和传递，实现资金转移。依赖于传统支付系统的支付结算方式具有非即时结算的特征，资金在账户间转移流动存在时滞。数字货币的便捷性和实时性特点，恰好能够弥补电子支付方式的不足，对数字支付能力建设具有积极影响。由于涉及跨商业银行的交易数据传输和数字支付的加密解密，基于电子支付实现跨境支付的过程十分冗长。相较于电子支付，使用数字货币作为交易媒介则能够内置交易规则，实现交易过程自动结算。

数字货币中自动执行的智能合约能够大幅提高数字支付效率。智能合约是一种特殊形式的计算机协议，能够促进信息在不同主体间交换，提高验证的准确性和效率。[①] 通过事前协定和高昂的违约成本，智能合约能够防止违约行为发生，一旦交易一方违约，计算机程序将按照事前协定执行不可逆赔偿，违约一方将不可避免地遭受财产损失。整个程序执行过程无法进行人工干预，有利于高效实现执行过程并确保执行结果的准确性。如果数字支付交易过程中的所有交易行为都与智能合约事先设定好的交易事务集合一一对应，就能够降低数字支付中信息传输、命令执行和资金结算的成本。

就购汇结汇等批量跨境数字支付结算场景而言，在中央银行管理下数字货币能够通过一系列技术支持实现效率提高。在兑换环节，中央银行能够依托国际法定货币兑换网络，为涉及跨境交易的企业提供便捷的货币兑换服务，将境内企业支付结算后的数字货币转入数字钱包，完成整个跨境支付结算流程。以数字货币作为媒介的数字支付能够简化购汇结汇流程，整合信息流和资金流，提高境内支付结算和跨境支付结算效率。

二、打破数字支付的平台壁垒

数字货币和特别提款权（Special Drawing Right，简称 SDR）技术的成熟，为实现高效跨平台数字支付提供了新的解决方案。特别提款权是一种账面资产，既能被成员国用于偿还国际债务或弥补国际收支逆差，也能作为一种记账单位，降低成员国间贸易风险，提高支付结算效率。2019 年 5 月，国际货币基金组织（IMF）货币与资本市场部主

---

① 孟博，刘加兵，刘琴，等. 智能合约安全综述. 网络与信息安全学报，2020，6（03）：1-13.

任托拜厄斯·阿德里安（Tobias Adrian）在IMF瑞士央行会议上提出eSDR（电子SDR）或dSDR（数字SDR）构想。作为以区块链或分布式记账技术为底层支持的加密货币，数字货币作为支付媒介能够打破境内跨平台支付壁垒和跨境跨平台支付壁垒。

境内跨平台电子支付的表现形式是一国境内多个第三方支付平台共同参与完成支付过程。伴随数字贸易的发展，第三方支付平台日益多样化，但由于支付许可牌照的限制和平台出于自身利益的考虑，跨平台电子支付往往不可行。作为法偿性货币，数字货币成熟后，在具备流通环境的条件下，能够完成各类支付而不依赖第三方平台，从而打破境内跨平台支付壁垒。基于松耦合账户设计的数字货币无须绑定银行账户即可完成转账支付，使不方便触及银行等传统金融基础设施的民众能够采用数字支付，提高数字支付普及度。

相较境内支付，跨境跨平台电子支付更复杂，涉及收单、收款和结售汇流程，支付信息在第三方支付平台和多个商业银行间传输。以使用人民币完成数字贸易跨境支付为例，境内买家通过存储在银行账户内的人民币完成付款操作后，进口电商平台将人民币资金和货物订购信息传给第三方支付平台，向电子口岸申报交易流。在接收到人民币资金和订单信息后，第三方支付平台向电子口岸申报支付流，境外供应商准备商品并完成寄送。境内买家确认收到商品后，第三方支付平台完成购付汇操作并将资金汇给境外供应商。因此，基于电子支付的跨境跨平台支付流程往往较为冗长，所涉资金在银行、电商平台和第三方支付平台间流动，由货币换算、资金转移时间差、支付规则差异导致的支付效率降低问题难以克服。不同于借助第三方平台的电子支付模式，基于数字货币和特别提款权的全球跨境支付网络结合了集中式系统和分布式系统，依托数字货币点对点交易模式，通过直接汇率询价机制减少不同国家银行间的业务交接，能够简化跨境支付程序。因此，数字货币将有助于打破由发达国家主导的贸易格局，为各经济体平等参与全球数字贸易创造条件，对全球数字支付体系建设产生积极影响，深化数字经济时代全球贸易合作。

三、促进数字支付的迭代升级

数字货币监管体系的构建思路和技术架构为数字支付建设带来启示，能够促进数字支付技术迭代升级。区块链技术是数字货币底层支撑技术之一，各区块储存单元记录了一定时间内该区块节点的全部交流信息，各区块间通过随机散列（哈希算法）实现链接。借助哈希算法等协商一致的规范和协议，区块链技术能够保证系统独立性，避免主观人为的数据变更，但其去中心化的数据库本质使其不适用于数字贸易情境下的数字支付。在参考区块链技术的基础上，中国提出了基于二元账户结构和“中央银行——商业银行/其他运营机构”双层投放运营体系的数字货币构想，这同时也是数字贸易情境下数字支付的一条可行的演化升级路径。

一方面，数字货币监管体系的构建思路为数字支付建设带来启示，能够助推数字支付监管和治理迭代升级。中国人民银行提出了数字货币“三中心”概念，即大数据分析中心、登记中心和认证中心。大数据分析中心负责对数字货币使用行为进行大数据追踪，监控数字货币的使用和流通情况；登记中心负责数字货币从产生到销毁的全过程登记；认证中心对数字货币使用机构及个人的身份信息进行统一监管。[①] 构建“三中心”分离又相互关联的体系架构，不仅能够保护数字货币使用者的隐私，还能够保证交易的合法性和安全性。这一体系架构对数字支付建设具有参考价值，数字支付监管能够借鉴数字人民币监管体系的构建思路，明确数字支付的责任方和监管规则。具体而言，在数字支付中，大数据分析中心负责监控使用银行账户内资金、第三方交易平台内资金或数字货币完成的各类交易，应用大数据技术识别并分析风险行为；登记中心负责核对资金来源及流通状态；对于存在风险的交易，能够使用中央银行权限访问认证中心并快速获取资金使用者的身份信息。“三中心”架构下的数字支付体系不仅能够保障合法交易用户的隐私，还能够实时监测交易过程，及时终止风险交易。

另一方面，数字货币相关技术概念为数字支付发展带来启示，能够促进数字支付技术的迭代升级。在“中央银行——商业银行 / 其他运营机构”双层投放运营体系[②]下，数字货币不仅不会阻碍商业银行等金融机构发挥资源技术优势，还能够提升数字支付系统的业务保障能力。将数字货币的分布式架构概念应用到数字支付，能够为数字支付提供业务连续性保障。在数字支付过程中，单个模块容易出现故障，且在面对海量交易数据时性能可能不太令人满意。垂直拆分能使模块划分更加清晰，实现分区治理，而水平切分则能提高数字支付处理大量支付数据的效率。分布式架构能够结合垂直拆分和水平拆分的优势，对传统架构进行改造。[③] 数字支付可采用与数字货币类似的分布式系统构架，即支付网络上的每个节点自发完成交易和记账程序，确保交易过程中协议的一致性。借鉴数字货币的架构理念，数字支付系统具备交易数据存储容量大、支付成本低、支付流程稳定等优势。

本章小结：中国视角

作为数字经济时代的重要支付手段，数字支付是指通过数字化方式实现经济活动中货币支付和资金转移的行为，其交易过程数字化，即货币债权转移在数字化、无形信息流或资金流中达成，不需有形物理货币交付，具有高效、透明和安全的特征。作为数字贸易的重要环节，数字支付在促进资金和数据流动方面能够发挥重要作用。然而，由于数据规制的存在及公认支付标准的缺乏，数字支付仍存在一定风险，可能会对数字贸易产生消极影响。数字货币是数字化形式的加密货币，以区块链技术或分布式记账技术为

---

① 庄雷，郭宗薇，郭嘉仁．数字货币的发行模式与风险控制研究．武汉金融，2019（3）：57-63.

② 数字人民币采用“中央银行——商业银行 / 其他运营机构”的双层投放运营体系。第一层是中央银行，第二层为商业银行、电信运营商和第三方支付网络平台公司等。中央银行在数字人民币体系中居于中心地位，负责向指定商业银行批发数字人民币并进行全生命周期管理，商业银行等机构负责面向社会公众提供数字人民币兑换流通服务。数字人民币只能用于收付，不能用于发放贷款，不予计息。

③ 王永红．数字货币技术实现框架．中国金融，2016（17）：15-17.

底层支持，具有去中心化和可编程性特征。按照发行主体的不同，数字货币可以划分为中央银行发行的法定数字货币和非中央银行发行的私人数字货币两大类。其中，法定数字货币具有国家信用背书，具备货币职能属性，对推动数字贸易发展具有重大意义。数字人民币是由中国人民银行发行的数字形式的法定货币。随着行业和政策的催化发展，数字人民币逐步落地应用，迎来了加速期。数字人民币试点城市不断扩容，正在形成产业生态圈。数字货币能够对数字支付能力建设产生积极作用。将数字货币作为数字支付的媒介，不仅能够提高支付结算环节效率，还能够打破跨平台支付壁垒。数字货币运用的智能合约和分布式架构技术，能够为数字支付的迭代升级提供新的行动路径。

数字人民币的研发和试点，使得中国成为最早探索法定数字货币的国家之一，也让民众使用法定数字货币实现高效便捷的数字支付成为可能。在攻克技术难题的同时完善监管机制，是中国立足于数字支付和数字货币领域的鲜活实践总结出的先进经验。2015年支付行业全面执行严格监管，行业监管体系和管理规章制度基本形成；2017年监管机构持续整治互联网金融，对支付机构和银行的监管不断完善；2019年国家互联网信息办公室出台《区块链信息服务管理规定》，完善对数字支付和数字货币的监督管理；中国率先提出法定数字货币的“中央银行——商业银行/其他运营机构”双层投放运营体系和“一币、两库、三中心”架构，确保数字人民币既安全可靠，又能够与商业银行传统经营模式形成互补。随着数字人民币技术不断成熟，中国逐渐参与到国际法定数字货币的研究交流中。2021年中国人民银行数字货币研究所联合发起多边央行数字货币桥研究项目，探索数字人民币在跨境支付中的应用，通过技术优势改善传统跨境支付效率低下和信息不透明问题，创新数字贸易支付方式。在数字支付和数字货币领域进行的技术开发和监督管理，能够提升供应链和价值链的协同效率，有利于中国掌握全球数字贸易话语权，借助制度型开放推动数字贸易强国建设。

标识性概念

数字支付　　　　数字货币

思考题

1. 在数字经济时代，中国始终走在数字支付发展的前列，截至2021年年底，中国数字支付用户规模已达9.04亿。然而，随着贸易活动迅速迁移到线上，不法分子也将注意力转移到数字渠道，交易欺诈的风险不断攀升。在数字贸易情境下，数字支付面临的挑战主要体现在哪些方面？

2. 中国人民银行数字货币研究所联合香港金融管理局、泰国中央银行、阿拉伯联合酋长国中央银行发起了多边央行数字货币桥研究项目，以实现不同央行数字货币系统间及其与传统金融市场基础设施间的互联互通。全球各国积极布局数字货币、参与多边央行数字货币桥项目，体现出法定数字货币无可替代的优势。作为宏观调控工具，法定数字货币具有哪些优势？

3. 2020年8月12日，商务部印发《全面深化服务贸易创新发展试点总体方案》，明确提出在京津冀、长三角、粤港澳大湾区及中西部具备条件的试点地区开展数字人民币试点。作为中国的法定数字货币，数字人民币会对全球金融体系发展和全球数字贸易格局产生怎样的影响？

4. 按照载体分类，数字人民币一般分为“软钱包”和“硬钱包”两种形式。“软钱包”是指数字人民币（试点版）APP，能够为用户提供包括个人钱包的开通和管理、数字人民币的兑换和流通等功能服务。“硬钱包”是指卡片、手表、手环等具有实体介质的数字人民币钱包形式，基于安全芯片等保障技术实现。有人推测，数字人民币未来有可能会完全替代第三方支付平台。试分析数字人民币的普及应用会导致第三方支付平台退出历史舞台吗？

5. 2018 年 11 月，中国金融学会会长、中国人民银行前行长周小川指出，数字货币和电子支付业存在风险和扭曲，一些新产品技术被当成投机工具，行业内也存在部分企业吸收公众储蓄的现象。试分析政府职能部门应当怎样规避数字支付和数字货币带来的风险？

延伸阅读

[1] Ross P Buckley, Douglas W Arner, Dirk A Zetzsche, et al. “Sovereign Digital Currencies: Reshaping the Design of Money and Payments Systems,” *Journal of Payments Strategy & Systems*, 2021 (1): 7-22.

[2] 谢平，石午光. 数字货币新论. 北京：中国人民大学出版社，2019.

[3] 杨延超. 论数字货币的法律属性. 中国社会科学，2020 (01): 84-106.

[4] 姚前，汤莹玮. 关于央行法定数字货币的若干思考. 金融研究，2017 (07): 78-85.

[5] 袁秀挺. 互联网第三方支付市场的发展与规制. 人民论坛，2021 (07): 82-85.

第十六章 智慧物流与海外仓

»» 本章导读 ««

随着实体经济的蓬勃发展和全球服务业在产业结构中占比的不断上升，物流行业得到了快速发展。数字经济的崛起带来了全球数字贸易的稳步增长，以物流模式创新、大数据技术和物联网技术为内生发展动力的智慧物流正成为新的战略性增长点，其形式和功能不断演变和进化。全球数字贸易的稳步发展催生了对物流行业的新需求，推动了智慧物流和海外仓模式的发展。智慧物流和海外仓赋能数字贸易，促进全球数字经济共同繁荣，成为政界、业界和学界的共同愿景。通过本章的学习，读者可以快速了解智慧物流和海外仓的产生与发展历程、内涵与外延，理解海外仓对智慧物流能力建设的作用，初步掌握智慧物流的实现方式和海外仓的建设模式，为深入理解物流服务视角下的数字贸易打下基础。

第一节 智慧物流

一、智慧物流的产生与发展

（一）智慧物流的产生

物流是空间、时间变化中的商品等物质资料的动态形态。在20世纪以前，由于缺乏信息沟通的手段，货物生产、采购、保管、运输和库存等信息常常是互相割裂的，系统化程度低。伴随着信息通信技术在物流行业的应用普及，物流系统逐渐呈现出智能化的趋势。智慧物流的产生依赖于物流行业机械化、自动化、智能化三个阶段的技术积累。①

1. 物流机械化阶段（20世纪初—20世纪50年代）

在20世纪初的机械设计发明与应用大潮中，工业搬运车、堆垛起重机和传送带输

① 王帅，林坦．智慧物流发展的动因、架构和建议．中国流通经济，2019，33（01）：35-42.

送机等机械设备应用于运输和仓储，物流行业结束了人力为主的时代，正式步入了机械化阶段。然而，该阶段尚未出现辐射多环节的自动化设备，在处理大批量货物方面不具优势。

2. 物流自动化阶段（20 世纪 50 年代—20 世纪末）

20 世纪 50 年代，自动化技术的蓬勃发展对物流行业的技术革新产生了至关重要的作用，自动化立体仓库、自动导引运输车、条码与扫描技术逐渐应用于物流各环节，行业进入自动化阶段。物流系统借助自动化设备，能够很好地执行搬运、储存与留档等工作，但该阶段物流自动化只能够完成预设的任务，不能够通过信息化平台对自动化设备进行统筹管理。

3. 物流智能化阶段（20 世纪末—2009 年）

射频识别技术作为首个具有物流智能化功能的核心技术，在 20 世纪末被提出并投入使用，代表了物流智能化时代的开始。物流智能化基于物流自动化发展所积累下的宝贵技术和 20 世纪末信息通信技术的高速发展，将“自动化”与“信息化”相结合，让自动化系统可以感知到信息化的物流活动，并通过信息化管理系统执行物流决策。由此，物流系统具备了执行力方面的智能性，但在实时分析物流数据和根据数据进行优化决策方面仍然存在缺陷。

4. 智慧物流正式问世（2009 年后）

智慧物流是由技术的发展、市场需求的改变、成本压力的增加和环境保护意识的增强等多个因素共同推动产生的。第一，随着信息技术、互联网技术、物联网技术和人工智能技术等的快速发展，物流系统具备了更准确、高效的数据处理和分析能力，以及更高级别的自动化能力。第二，随着电子商务和在线零售的兴起，市场对物流服务的要求变得更加个性化和快速，这促使物流企业寻求更智慧的解决方案来满足不断变化的市场需求。第三，物流运营的成本包括人力成本、仓储成本和运输成本等，智慧物流通过自动化、优化路径规划、智能仓储管理等方式，降低成本和提高效率，减轻物流企业的成本压力。第四，面对全球气候变化和环境保护的需求，物流企业开始关注减少碳排放和资源浪费的问题，智慧物流通过优化路线、合理调度和减少空运等措施，实现更环保的物流运作。在以上因素的助推下，智慧物流生来就具有科技密集型的显著特征。与侧重执行的智能物流系统相比，智慧物流将信息化技术辐射到了更早期的物流设计环节，通过互联网、大数据、云服务和人工智能等技术，数据化地分析物流活动执行过程中的问题并定向改善系统本身。

（二）智慧物流的发展

智慧物流的目标是通过智能化的技术和创新、高效的操作模式，提供更优质、更高效、更环保的物流服务，使得物流系统具有自动感知、自我判断、智慧决策、自动执行、深度协同、智能学习等特点。智慧物流的发展呈现出以下趋势：

第一，数据化和可视化。智慧物流通过对物流全过程的数据采集、处理和分析，实现物流信息的全面、准确和及时的展示。物流企业可以通过监控和分析数据，实时了解物流运行状况、预测风险并优化管理决策。

第二，互联网和电子商务的融合。互联网和电子商务的兴起促进了智慧物流的发展。依托互联网和电子商务平台，物流企业可以实现电子化的订单管理、跟踪查询、线上支付等服务，实现物流信息的共享和协同。

第三，物联网和传感器技术的应用。物联网和传感器技术的发展使得物流企业可以实时监控和追踪货物的位置、温度、湿度等环境数据，进而提高货物的安全性、减少损失，并提供相应的物流信息服务。

第四，人工智能和机器学习的应用。智慧物流借助人工智能和机器学习技术，通过算法对大量数据进行分析和预测，优化物流路径，提高配送效率并减少成本和资源浪费。

第五，自动化和机器人技术的应用。自动化和机器人技术在物流领域的应用越来越广泛，包括自动化仓储系统、自动化分拣设备和无人化物流车辆等，可以提高物流效率，减少人力成本。

随着物流业与互联网进一步深化融合，中国智慧物流市场规模不断增长。2017 年，中国智慧物流交易规模为 3 380 亿元，相比于 2015 年 2 205 亿元人民币的交易规模上涨了 53%，年均增速接近 27%。[①] 2020 年中国智慧物流市场规模近 6 000 亿元，2021 年中国智慧物流市场规模达到 6 477 亿元，同比增长 7.9%。据中商产业研究院预测，2023 年中国智慧物流市场规模将有望达到 7 903 亿元。[②]

专栏 16 - 1　中国智慧物流的发展

二、智慧物流的内涵与外延

（一）智慧物流的内涵

在全球经济一体化背景下，市场需求瞬息万变，竞争日益加剧，对组织协同、地区协作和信息的高效可靠传输提出了更高的要求。智慧物流的出现契合了现代物流的智能化、自动化、网络化、可视化、实时化发展趋势，对物流行业的影响是全方位的。界定智慧物流的内涵和外延，有助于明确智慧物流的范围和应用场景，促进智慧物流的发展和实践。

IBM 公司于 2009 年首次提出智慧物流概念，认为智慧物流是物流的自动化、可视

---

① 艾媒新零售业产业研究中心．2017 年中国智能物流行业研究报告，艾媒网，2018-01-04.

② 中商产业研究院．2023 年中国智慧物流行业市场规模及发展前景预测分析．中商情报网，2023-02-23.

化、可控化、智能化、网络化。2009年，多个来自中国的协会、企业和学者团队分别提出了智慧物流的概念。其中，中国物流技术协会定义智慧物流为一种通过智能硬件、物联网与大数据等技术，提高物流系统的分析决策与智能执行能力的模式。中国物联网校企联盟认为，智慧物流本质上是使物流系统在多种方面模仿人类思想与行为的模式，它具备感知、思考、判断、推理和学习能力。通过使用这些能力，智慧物流系统可以解决物流作业环节的许多问题。

商务部2015年7月发布《关于智慧物流配送体系建设的实施意见》，指出智慧物流配送体系是实现系统感知、全面分析、及时处理和自我调整等功能的现代综合性物流系统。2022年10月，国家标准《智慧物流服务指南》指出，智慧物流是以物联网技术为基础，综合运用大数据、云计算、区块链及相关信息技术，通过全面感知、识别、跟踪物流行业状态，实现实时应对、智能优化决策的物流服务系统。

综上所述，智慧物流是指具有全面感知、优化决策、智能执行和自我调整等功能的物流系统，是数字技术（特别是物联网技术）和智能设备与物流深度融合的产物。

（二）智慧物流的外延

智慧物流覆盖物流各环节，包括运输、仓储、包装、装卸搬运、流通加工、配送和信息服务等。

商务部《关于智慧物流配送体系建设的实施意见》指出，智慧物流配送体系是在物流的仓储、配送、流通加工和信息服务等环节实现功能的现代综合性物流系统。

运输方面，智慧物流在运输环节应用了GPS定位技术、智能调度系统和交通优化算法。通过实时监控车辆位置、路况等信息，优化运输路线，提高运输的效率和准确性。仓储方面，智慧物流在仓储环节应用了物联网技术、自动化管理系统和智能存储设备。通过实时监测和管理仓库存储容量、货物库存等信息，优化仓储布局和货物管理，实现仓储操作的自动化和智能化。包装方面，智慧物流在包装环节应用了智能包装设备和数据采集技术。通过自动化包装设备、智能标识和追踪技术，提高包装的效率和质量，确保货物在运输过程中的安全和完整性。装卸搬运方面，智慧物流在装卸搬运环节应用了自动化装卸设备、机器人技术和物联网技术。通过自动化和智能化的装卸搬运设备，减少人工操作，提高装卸搬运的效率和安全性。流通加工方面，智慧物流在流通加工环节应用了自动化流水线、物联网技术和数据分析。通过自动化流水线和智能设备，提高流通加工的效率和质量，满足个性化产品加工和定制化需求。配送方面，智慧物流在配送环节应用了配送路线优化算法、无人机和无人车技术。通过智能调度系统和无人化配送工具，实现快速、准确的配送服务，提高配送的效率和可靠性。信息服务方面，智慧物流在信息服务环节应用了大数据分析、云计算和人工智能技术。通过数据采集、分析和挖掘，提供物流信息跟踪、订单管理和客户服务等增值服务，提升物流信息化水平和用户体验。

通过智慧物流在各环节的应用，物流企业可以实现物流流程的高效运作、准确跟踪和信息共享，提供更优质的物流服务。发展智慧物流配送，是适应柔性制造、促进消费升级、实现精准营销并推动电子商务发展的重要抓手，也是物流行业发展的趋势和竞争制高点。

专栏 16-2 智慧物流的应用

三、智慧物流与数字贸易

（一）数字贸易中的消费与生产需求推动智慧物流发展

物流服务处于生产者与消费者之间，起着联结作用。随着数字贸易规模的不断扩张，消费者和生产者在数字贸易中的新需求刺激了智慧物流的发展。

一方面，消费者的个性化产品消费需求推动了智慧物流的发展。数字贸易的发展使得消费者能够通过互联网平台在线购物，从全球范围内选购各种商品和服务。消费者对产品的要求越来越多元化，对大规模标准品的需求逐渐转变为对小批量定制化产品的需求，对于商品的快速交付、可追溯性和个性化定制等要求也不断增加。消费需求的改变极大影响了物流服务，要求物流服务商对于通过数字平台订购的小批量、高货值货物提供更高效、更便捷、实时可追溯的定制化物流服务。智慧物流较好地整合了用户的多样化需求，从信息、运输、仓储方面为用户提供个性化的物流服务解决方案，通过物流信息化、自动化和智能化技术手段，提供快速、准确和安全的物流链路。例如，通过智能仓储系统和物流跟踪技术，消费者可以实时追踪货物的状态和位置，增加购物的便利性。物流需求方和供给方可以通过平台及时获取需求、供货能力等信息，也可以自由选择“一对一”“多对一”“一对多”“多对多”等多种物流服务形式。

另一方面，生产商提升自身产品竞争力的需求推动了智慧物流的发展。数字贸易的快速增长导致供应链的复杂化和全球化，生产商面临着物流环节的多重挑战，例如跨国货物运输、库存管理和供应链协调等。为了满足制造业企业新产生的物流需求，物流企业需要应用智慧物流实现物流服务网络化运营、物流资源实时合理化调配、物流作业大数据优化等。智慧物流通过应用物联网技术、大数据分析和人工智能等，能够提供更准确的需求预测和供应链优化方案，为生产者提供更高效的物流解决方案。依托各类智能系统和服务平台构建的丰富应用场景，智慧物流能够整合供应链服务平台、电商平台和优质物流企业，基于平台沉淀的交易数据和物流信息，实现商流、物流、信息流和资金流的整合联结，为制造业及上下游企业提供基于订单的运费金融服务和基于仓配一体的仓储金融服务。

（二）智慧物流提升数字贸易物流时效并降低物流成本

智慧物流在数字贸易中的应用一般集中在物流技术、物流云、物流大数据和物流模式优化方面，智慧物流服务于数字贸易的本质是提升物流时效和降低物流成本。

一方面，智慧物流大幅提升了数字贸易的物流时效。智慧物流通过智能软硬件、物联网和大数据等智慧化技术手段，实现物流各环节精细化、动态化、可视化管理，提高物流系统智能化分析决策和自动化操作执行能力，提升物流整体运作效率。智慧物流也通过建设柔性、智能和组件化的智能信息系统，连接百万生产制造企业和消费者，实现供应链业务一单到底，并为客户提供快速、敏捷的服务。例如智慧物流中的智能调度系统，通过数据分析和优化算法，实现货车路线的合理规划和车辆的有效调度，可以避免路线冲突，减少空驶率，提高货车的利用率和运输效率。又比如电商平台的智慧物流系统，根据订单量、用户分布及交通情况等因素，智能化选定最优路径，将货物快速送达目的地。

另一方面，智慧物流还能降低物流成本，提升企业竞争力，推动数字贸易的创新和发展。物体标识、追踪、无线定位等新型信息技术的应用，能够有效实现物流的智能调度管理，优化核心业务流程，加强物流管理的合理化，节约物流成本。例如，自动化仓储系统可以实现货物的自动存取、分类和盘点，减少人员的参与，节省了人力成本，降低了误操作和货物损坏的风险。通过业务数据沉淀和集成，生产者还可以预测市场需求，优化库存管理，减少仓储积压和运输成本。实际上，智慧物流实时监控、自动化处理和智能化调度等很多先进的物流系统已经具备了信息化、数字化、网络化、集成化、智能化、柔性化、敏捷化、可视化和自动化等先进技术特征，并通过自动化设备、大数据分析和智能优化算法等方式降低物流运营成本。通过提升时效和降低成本，智慧物流为数字贸易提供了更高效、便捷和经济的物流服务。

理论命题 16－1

在跨境物流信息服务费适当的前提下，对于重量越大、运输距离越远的商品，消费者越倾向于为之购买跨境物流信息服务。

（参见：马述忠，梁绮慧，张洪胜. 消费者跨境物流信息偏好及其影响因素研究：基于 1 372 家跨境电商企业出口运单数据的统计分析. 管理世界，2020，36（06）：49-64.）

第二节 海外仓

一、海外仓的产生与发展

随着全球贸易的不断增长，跨境电商和国际供应链对于跨境物流服务的需求日益增加。由于跨境电子商务物流包括国内集货报关、跨洋运输与清关和落地后尾程配送流程，其中各环节往往是由不同主体掌控的，存在长周期、高成本、退换货流程复杂和风险随时间放大等问题。因此，全球数字贸易企业面临跨境物流不可控、效率低、服务便捷度不高的重大挑战。为解决传统物流成本高、时间长的问题，2010 年前后，海外仓模式应运而生。

随着海外仓业态的发展，其功能和服务也得到了扩展和完善。在初始阶段，海外仓以存储和分拣为主要功能，以满足更快速的物流需求。伴随技术的进步和物流行业的创新，海外仓不仅提供仓储功能，还可提供增值服务，如标签贴附、打包包装、质量检查、进一步加工和配送等，以适应不断变化的市场需求。在跨境电商兴起后，海外仓的功能得到了进一步的扩展，海外仓开始提供跨境电商的相关支持服务，例如国际物流、报关、退货处理等。海外仓成为跨境电商平台的重要组成部分，为企业提供更全面的供应链解决方案。

商务部 2021 年 12 月 30 日发布数据显示，中国海外仓的数量已超过 2 000 个，总面积超过 1 600 万平方米，其中美国海外仓的数量达 925 个，英国、德国海外仓数量均超过 200 个，日本海外仓数量超过 100 个。中国已经拥有能够辐射世界各地的海外仓体系，电子商务渗透率与供应链能力均远超欧美国家，来自中国的海外仓模式也逐渐受到世界各地数字贸易企业的关注与模仿。随着全球化和数字化的进一步推进，海外仓将在国际物流中发挥更重要的作用，更好地满足企业和消费者的需求。

二、海外仓的内涵与外延

（一）海外仓的内涵

随着跨境电商向数字贸易发展、过渡，越来越多的企业选择使用海外仓解决跨境物流痛点，提高产品配送速度和服务质量。作为新兴跨境电商物流模式的海外仓，有效协调了时效性、服务范围、服务质量、物流成本等多方面的关系，带动了整个跨境电商行业的优化升级。

依据 2022 年中国政府工作报告对于海外仓的流程特征和商业模式创新的理解，海外仓是指数字贸易企业在跨境电商平台上销售商品至国外客户时，在客户下单之前，在国外目标市场设立仓库，把销售商品批量发送到国外仓库；在客户下单时，数字贸易企业直接从该仓库发货，货物只需经过目标市场国家当地的配送体系便可送达客户手中的一种跨境物流模式。本质上，海外仓是备货仓，其建设的位置位于海外，且建设需要满足出口目的国的法律法规。

综上，海外仓是指根据目的国法律法规建立的海外备货仓，数字贸易企业先按照一般贸易方式将商品批量出口到海外备货仓，数字贸易平台完成销售后再将商品送达目的国消费者。作为国际物流的有机组成部分，海外仓模式是一种创新的外贸商业模式。

（二）海外仓的外延

根据海外运营主体划分，海外仓主要包括自营海外仓、平台海外仓和第三方海外仓。

第一类是自营海外仓，该模式是指由企业建设和运营，为企业自身提供物流服务的海外仓。数字贸易企业投入资金，在客户集中的市场建立自己的海外仓，用于存储自身产品，以实现本地发货，提高货物发货速度，并直接负责仓储、分拣、包装和配送等物流环节。由于数字贸易企业自身对全球数字贸易情况、需求与发展趋势有较好的了解与把握，自营海外仓通常由这些企业自行投资建设，拥有完全的控制权和管理权。企业可以根据自身的需求和战略目标，选择在合适的地区建立自营海外仓，从而更好地掌控整个物流过程，并提供符合企业标准的物流服务。这一类型的代表企业有安克创新、南京SHEIN。

第二类是平台海外仓，该模式是由电商平台或跨境电商服务提供商在海外设立仓库，供平台上的卖家使用。平台海外仓通常由平台或供应链合作伙伴负责运营，为卖家提供存储、分拣、质检和配送等物流服务。在一站式配套服务模式下，平台会基于客户的不同需求，提供包括跨境供应链优化、报关清关、贸易合规、库存数据分析、销售预测和目标市场国家本土化营销等业务的解决方案。平台海外仓具有共享性质，多个卖家可以共同使用同一仓库的运营服务，从而降低每个卖家的成本并提高效率。这一类型的代表企业是亚马逊作为平台方提供的海外仓，它服务于全球数字贸易中的中小卖家。

第三类是第三方海外仓，该模式指由第三方物流企业建设和运营，为众多企业提供海外仓物流服务。第三方物流企业在销售目的地独立或联合为数字贸易企业提供货物清关、货物仓储、入库质检、订单处理、分拣包装、配送等一站式服务。通过租用第三方物流企业的海外仓或与第三方物流企业共建海外仓，数字贸易企业获得了专业、高效的海外仓服务。第三方物流企业往往具备较高的专业化设计水平，大多数海外仓都拥有自动化流水分拣线、现代化物流仓储管理系统、专业仓储物流人员，对于特殊商品的储存与定制化需求经验丰富，物流运送的准确性和安全性较高。这一类型的代表企业主要为专业的国际物流企业，如中邮海外仓和顺丰国际海外仓。

海外仓之间的区别主要体现在所有权、管理方式和服务范围上。自营海外仓为企业所拥有和管理，具有更强的控制权和自主性；平台海外仓由平台或供应链合作伙伴负责运营，多个卖家共享资源；第三方海外仓由专业物流服务提供商运营，为多个企业和卖家提供全球范围内的仓储和物流服务。企业或卖家在选择海外仓模式时可以根据自身需求和规模选择最适合的模式。

专栏 16-3　海外仓的应用与发展

三、海外仓与数字贸易

（一）数字贸易对海外仓的作用

1. 数字贸易催生了海外仓的发展

数字贸易的快速发展对物流业提出了更高要求，推动海外仓稳步、快速发展。退货和换货在跨境网购中越来越普遍，消费者希望商家能尽快将所购买的物品送到他们手中，如果不满意便可以轻松退货或换货。在海外市场中，当地发货更容易取得买家信任，大多数传统买家更相信快捷的本土服务。在价格相差不大的情况下，他们更愿意选择储存在海外仓的商品。特别是在黑色星期五、圣诞节等购物旺季，订单暴增，跨境配送效率大打折扣，丢包风险加大，各国海关的抽查政策也更加严格。在这些情况下，采用传统方式运输耗时比海外仓库长。在数字贸易平台中，速度是与消费者满意度直接挂钩的，消费者满意度的降低会威胁卖家账号的安全。因此，越来越多的数字贸易企业根据自己的需求新建或租用海外仓，海外仓成为数字贸易发展的关键基础设施。

2. 数字贸易扩大了海外仓的选址

数字贸易的快速发展使消费者越来越多地购买全球各地的商品，为了满足全球市场的需求，海外仓扩大选址范围变得十分重要。数字化的市场分析和数据统计能力使得企业能够更准确地评估市场需求，并相应地在不同国家或地区设立海外仓。通过在更多地区设立海外仓，将海外仓建立在离目标市场更近的地方，可以更好地满足跨境交付的需求，提供更快速和便捷的商品配送服务，有助于提升客户满意度和用户体验。数字贸易产生了大量的数据，包括销售数据、消费者行为数据等，这些数据有助于企业更好地了解市场需求和消费者偏好，为海外仓选址提供有力的决策依据，使海外仓选址更加准确和科学。此外，数字贸易的兴起也促使许多国家和地区调整了相关政策，以吸引更多的外商前来投资建设海外仓。

3. 数字贸易丰富了海外仓的功能

随着数字贸易的发展，跨境交易成为常态，海外仓不再只是简单的仓储场所，更承担起处理跨境物流的任务。海外仓通过整合供应链和物流资源，提供海外仓储、海关清关、货物配送等一体化服务。数字贸易注重个性化和定制化的消费体验，海外仓则相应地提供了更多的增值服务，不仅包括商品存储和物流配送服务，还包括商品包装、分拣、质检、标签定制、退货处理等附加服务，以满足消费者的个性化需求。海外仓通过整合数字化信息系统和物流运营平台，能够实时跟踪和管理商品的流动，记录各个环节的数据。这些数据可以用于分析和挖掘，为企业提供更精准的销售预测和库存管理，优化供应链运作。在数字贸易时代，客户服务变得尤为重要。海外仓不仅承担着向消费者提供快速、可靠配送服务的任务，还可以作为售后服务网点。例如，海外仓可以接受退货、换货、维修等服务，提供便捷的售后支持，提升客户满意度。

（二）海外仓对数字贸易的作用

1. 海外仓提升了数字贸易企业竞争力

海外仓可以为数字贸易企业提供更快速、便捷、低廉的物流解决方案，实现全球范围内的产品存储和配送，进而提升数字贸易企业的竞争力。为了实现更高效的国际物流并提供更好的产品配送服务，海外仓成为数字贸易企业解决最后一公里配送的重要方式之一。通过建立离目标市场更近的仓库，能够缩短供应链和物流环节，提高商品的时效性。数字贸易产生了大量的数据，包括销售数据、库存数据和消费者行为数据等。应用这些数据，海外仓可以提供有针对性的选品建议，帮助卖家优化库存，提前备货，降低滞销风险。海外仓模式下跨境集中运输成为可能，可以有效降低货物的平均物流成本，增加商品定价空间，提升企业在海外市场的竞争力。通过在海外建立仓库，数字贸易企业可以规避关税和进口税，提高商品的竞争力和利润率。

2. 海外仓扩充了数字贸易标的种类

在海外仓模式诞生前，可贸易品类受到诸多限制。全球数字贸易与国家或地区内的电子商务贸易有许多不同之处，最为明显的是商品品类差异，这些差异是由跨境贸易的性质、贸易平台的规定、不同地区的需求特征所导致的。包括亚马逊在内的众多全球数字贸易平台都对境外卖家销售含电池产品、含蓝牙功能产品作出了一定的限制。大型家具和机械设备受到物流费用居高不下的影响，也难以进行跨境贸易。依托海外仓与全集装箱运输相结合，原先受到贸易限制的、体型庞大的、运输困难的货物在境外市场找到了新的发展土壤。例如，家庭园艺用品和汽车零部件等具有一定重量、大体积或特殊形状的产品在传统物流模式下存在物流成本高、运输耗时长和易损耗等问题。借助海外仓模式，这些产品被大力推广到海外市场，销量大幅增加。

3. 海外仓优化了数字贸易消费者体验

一方面，在传统物流模式下，消费者可能会由于货物包装或者货物本身的破损而体验受损。企业采用海外仓模式时，在消费者下单前将货物送到进口国，直接从当地仓库发货。海外仓经营者会对原先集中在集装箱内运达的货物进行拆包与重新包装，甚至根据当地消费者需求提供个性化的外包装。因此，海外仓经营者能够提前发现运输中损坏的商品，确保交付的货物包装良好，质量合格。另一方面，货物送达消费者手中后，后续的物流服务环节仍然可能影响消费者的体验。在传统跨境物流模式下，如果产生退货与维修需求，海外消费者必须将货物寄回出口国，企业收到退货后需要将货物重新通过跨境物流渠道交付给海外消费者。通过海外仓模式退换货的售后方式则类似于本土零售业售后模式，待退换的货物回收后放在本地仓，不需要进行跨国回收，新换的商品也可以较快地从本地仓库发货交付给消费者。因此，海外仓可以按照客户要求，提供本土化的退换货和维修服务，缩短服务周期，提升终端客户的购物体验。

第三节 海外仓对智慧物流能力建设的作用

一、降低智慧物流储运成本

随着海外仓数字化和智能化水平的不断提升，很多企业将打造海外物流智慧平台作为海外仓建设的理念，以确立更大的成本优势。海外仓通过优化仓储布局、自动化技术应用、数据驱动决策和智能化运输管理等方式，降低了智慧物流的储运成本。

第一，海外仓利用智能化的仓储管理系统和数据分析技术，对仓库内物品进行合理规划和布局。通过对商品销售情况、库存量、销售区域等数据的实时监控和分析，可以更有效地规划货架、商品存放位置和仓库空间，提高仓储利用率，减少仓储面积和租金成本。

第二，海外仓通过引入自动化设备和技术，如自动化输送线、机器人拣货系统等，实现物流储运过程的自动化和智能化，减少人力成本。自动化技术可以提高仓库操作的效率和准确性，减少人为错误和损耗，同时也能够缩短作业时间，提高物流处理能力。

第三，海外仓依靠智能化的数据分析系统，对商品销售、库存、供应链和物流等进行实时监控和分析。通过对大数据的挖掘分析，海外仓能够更准确地预测市场需求，优化库存管理，减少库存积压和过剩，从而避免因货物滞留导致的成本增加。

第四，海外仓利用物联网技术，实现在物流链条中各个环节的信息传递和协同。通过智能化运输管理系统，实时监控货物的状态和位置，优化运输路线和配送计划，减少运输时间和运输成本。同时，智能化运输管理也能够提供准确的运输费用计算，帮助企业合理控制物流运输费用。

二、提高智慧物流流通效率

海外仓通过实时数据共享与协同、智能化仓库管理、优化供应链和配送计划以及大数据挖掘等手段，提高智慧物流的流通效率。

第一，海外仓通过互联网和物联网技术，实现与供应链各个环节的实时数据共享和协同，包括与供应商、生产商、运输商、零售商等的信息交互和沟通。通过数据的实时更新和共享，以及各方共同协作，可以降低信息延迟，提高智慧物流流通的整体效率。

第二，海外仓利用智能化的仓储管理系统和物联网技术，实现仓库内整个流通过程的自动化和智能化。通过自动化的货物分拣、入库、出库等操作，极大地节省人力和时间，提高流通效率。智能化的仓储管理系统还能够实时监控库存量、交易情况等数据，帮助企业快速响应市场需求，及时调整库存并补充货源。

第三，海外仓通过数据分析和智能算法，优化供应链和配送计划，提高物流流通效率。通过综合考虑市场需求、库存情况、运输能力和成本等因素，实现更准确的需求预测和库存管理，避免库存积压或缺货。智能化的配送计划还可以根据交通状况实时调整，提高配送效率和准点率。

第四，海外仓结合大数据和人工智能技术，通过对海量数据进行挖掘和分析，识别市场趋势、消费者偏好等信息，优化供应链和物流流通策略。利用机器学习和预测算法，更准确地预测需求量、优化库存管理、减少运输成本，进一步提高智慧物流流通的效率。

理论命题 16－2

物流管理中的信息整合能力和组织整合能力能够显著提高供应链整合水平，进而改进全渠道零售商的财务绩效和经营绩效。

（参见：Guang Song，Shaohua Song，Luoyi Sun. “Supply Chain Integration in Omni-channel Retailing: A Logistics Perspective,” *The International Journal of Logistics Management*，2019，30（02）：527-548.）

三、延展智慧物流服务链条

海外仓通过供应链可视化、提供智能化物流解决方案、拓展附加值服务和引入区块链技术等方式，延展智慧物流服务链条。

第一，海外仓通过信息技术和物联网技术，将供应链中的各环节数据进行整合和交互，实现供应链的可视化管理。通过云平台服务和移动应用程序，客户可以实时了解货物的位置、库存情况、物流运输情况等信息，更好地掌握供应链的状态和动态。

第二，海外仓通过引入智能化技术和解决方案，为客户提供更加智能的物流服务。例如利用物联网技术实现货物追踪和监控，确保货物的安全和正常运输；利用人工智能和大数据分析技术优化运输路线和配送计划，提高物流效率；利用无人机等新兴技术实现快速配送和最后一公里服务等。

第三，海外仓通过提供附加值服务，延展智慧物流服务链条。除了传统的仓储和运输服务外，海外仓可以提供增值服务，如包装加工、定制化服务、质量检验、售后服务等，为客户提供更加综合和个性化的物流解决方案。

第四，海外仓可以借助区块链技术建立可信赖的、去中心化的物流平台。通过区块链技术实现货物的溯源和真实性验证，提高物流供应链的透明度和安全性。区块链技术还可以简化物流流程和文件认证过程，提高交易的效率和准确性。

专栏 16－4　海外仓中智慧物流的应用

本章小结：中国视角

21 世纪初起，物流业态的更新迭代彻底改变了每一家从事物流运输的企业，也带来了崭新的发展机会。随着全球数字贸易时代的到来，物流业面临新的机遇与挑战，催生了海外仓模式和智慧物流的新发展。智慧物流覆盖运输、仓储、包装、装卸搬运、流通加工、配送和信息服务等各环节，有助于促进数字贸易便利化，降低贸易成本。海外仓模式是一种新兴的跨境物流运输模式，包括自营海外仓、平台海外仓和第三方海外仓三种类型，在降低储运成本、提高流通效率和延展服务链条方面对于加强智慧物流能力建设具有重要的作用。

中国物流业属于典型的劳动密集型产业，发货、运输、仓储和配送各环节均依赖大量的人力参与。中国的“人口红利”也为物流业早期发展提供了有效助力。随着中国低价格劳动力供应日益短缺，“人口红利”已经无法支持物流业的成本比重，“智能化技术＋自动化装备”成为应对劳动力短缺的核心解决方案。随着数字技术特别是物联网技术的成熟，拥有世界最大物流需求市场的中国也将这些科技不断融入物流业态，逐渐发展出一个服务规模巨大、辐射业态多元、数字技术应用深入的物流行业。从中国物流业智慧系统发展情况来看，针对关键物流环节的自动化改造成为重点，包括运输环节的车货自动分拣匹配和无人驾驶、仓储环节的智慧货架和自动信息采集、配送环节的无人机配送和智能快递柜。

智慧物流的发展与应用有利于中国产品以更低的成本与更高的效率送抵海外市场进行销售，与中国在数字贸易市场规模与供应链方面的先行优势相结合，中国数字贸易企业将能够打造出一批具有国际竞争力的中国品牌。中国智慧物流服务提供商还将走出国门，服务全球数字贸易企业，打造行业标准，为中国参与全球经济治理提供软硬件服务。全球数字贸易的浪潮中，中国将物流服务业智慧化视作新的战略性增长点，强调物流模式创新、物流大数据、物联网技术和物流智能化等内生发展动力的重要性，持续发展全球数字贸易场景下的中国跨境智慧物流能力，完善全球各重要贸易市场的海外仓建设，深度挖掘海外仓模式的应用潜力。中国不仅要为世界提供更好的中国制造产品，也要提供更优质的物流服务，最终打造更多全球化的中国品牌。

标识性概念

智慧物流　　　　海外仓

思考题

1. 在数字贸易飞速发展的今天，中国乡镇最后一公里配送成为制约数字贸易发展的最大瓶颈。最后一公里配送存在乡镇物流配送网点少、配送成本居高不下和冷链物流配送困难等痛点。从智慧物流的角度考虑，你认为这些痛点有哪些解决途径？

2. 2023 年 1 月 1 日—6 月 24 日，中国全国快递业务量已达 600 亿件，全国多个电商平台陆续启动年中促销活动，带动了快递业务量的新一轮增长。传统物流体系已无法满足用户日益增长的多样化的个性需求，需求快速增长与相关配套服务支撑不足的矛盾凸显。你认为相较于传统物流，智慧物流的优势有哪些？

3. 2022 年中国跨境电商进出口规模首次突破 2 万亿元，2023 年上半年跨境电商优势和潜力持续释放，进出口规模达 1.1 万亿元，同比增长 16%。在跨境电商发展过程中，海外仓始终扮演着关键的角色。试分析海外仓起到了哪些作用？

4. 中国跨境电商出口货物中 90% 以上都是消费品，主要为服饰鞋包、家居家纺及电子产品等品类，均为具有国际竞争力的“中国制造”产品，通过海外仓等跨境电商渠道快速销往海外。你认为向跨境电商卖家提供海外仓服务的物流企业应该如何增强自身竞争力来更好地助推“中国制造”走向全球？

5. 2022 年 1 月，《区域全面经济伙伴关系协定》正式生效，带动全球近 1/3 的经济体量形成统一的超大规模市场。东盟成为中国第一大贸易伙伴，中国不少跨境电商企业将目光投向东盟国家建造海外仓。海外仓模式的发展可能面临哪些挑战？企业应如何应对这些挑战并提升海外仓的效益？

延伸阅读

[1] Gregor T, Krajcovic M, Wiecek D. “Smart Connected Logistics,” *Procedia Engineering*, 2017, 192: 265-270.

[2] Speranza M G. “Trends in Transportation and Logistics,” *European Journal of Operational Research*, 2018, 264 (3): 830-836.

[3] 李玉涛. 海外仓的储运关系协调与运输政策价值挖掘. 宏观经济研究，2023 (02): 118-127.

第十七章 数字贸易成本

本章导读

数字贸易充分利用数字技术，在减少贸易中间环节的同时，有效降低了贸易各环节的成本。数字贸易除了物流、通关等传统贸易成本外，还会产生独有的贸易成本，如贸易数字化成本和数字化贸易成本。本章将重点介绍平台搭建（入驻）成本、搜寻成本、营销成本、沟通成本和物流成本这五种典型的数字贸易成本，并从这五个角度分析如何节约交易成本。通过本章的学习，读者可以掌握数字贸易成本的概念及其与传统贸易成本的关系，并掌握数字贸易成本的重要组成部分及成本节约的主要方法。

第一节 数字贸易成本的内涵与外延

一、数字贸易成本的内涵

世界贸易组织（WTO）研究发现，数字技术对贸易最重要、最直接的影响就是大幅降低了贸易成本，具体表现为：数字贸易能够通过汇集贸易信息帮助参与主体快速、全面、充分了解交易信息，实现贸易活动网络化；能够通过电子认证、电子签名、数字营销和数字支付等，实现贸易活动数字化；能够通过智慧物流等，实现贸易活动智能化。因此，许多国家和国际组织积极推动贸易数字化进程，利用数字技术简化海关程序和信息交换，提高贸易便利化程度。WTO一直就电子商务的相关议题展开工作，以期建立相关多边规则降低贸易成本。

传统贸易中的贸易成本是指，除商品的生产成本外，获得商品必须支付的所有成本。数字贸易成本和传统贸易成本在广义的范围上是相同的，都不包含商品的生产成本。但是和传统贸易成本不同的是，数字贸易成本所对应的贸易活动必须是以数字贸易方式开展的，具体表现在贸易活动以信息网络和数字平台为重要载体以及贸易活动对数字技术的有效使用上，这些特点决定了数字贸易成本在很大程度上与贸易活动数字化、网络化和智能化密切相关。

综上所述，数字贸易成本是指以数字贸易方式开展贸易活动，除商品生产成本外获得商品所必须支付的所有成本，该成本在很大程度上与贸易活动数字化、网络化和智能化密切相关。

二、数字贸易成本的外延

数字贸易成本的外延存在两种情形。

从环节上看，数字贸易成本涉及数字贸易各环节所产生的成本，包括网络接入成本、平台搭建（入驻）成本、搜寻成本、营销成本、沟通成本、签约成本、支付成本、履约成本、物流成本、跨境成本、分销成本、客户服务与支持成本等。

网络接入成本是在获取网络连接和使用网络服务过程中产生的成本，通常包括：网络设备费用，即建立和维护网络基础设施所需的费用，如光纤电缆、服务器等的购买和安装费用；运营商费用，即支付给互联网服务提供商或电信运营商的费用；软件费用，即购买特定的网络接入软件的费用。平台搭建（入驻）成本是指为搭建（入驻）数字贸易平台所支付的所有成本，第二节将详细介绍平台搭建（入驻）成本。搜寻成本是指数字贸易中为定位合适交易对象和合理交易标的而采用数字化工具和手段进行搜寻所支付的所有成本，第三节将详细介绍搜寻成本。营销成本是指在开展数字营销活动过程中所需支付的成本，第四节将详细介绍营销成本。沟通成本是指数字贸易主体借助数字化工具和手段传递或交换信息，以确保明确知悉其他各方意思，达成充分交流所支付的所有成本，第五节将详细介绍沟通成本。签约成本是指在签订合同过程中所需支付的成本，通常包括（电子）合同订立、合同审核、法律咨询、信息披露和尽职调查等所需投入的资源和时间成本。支付成本是指在商品支付和结算过程中所需支付的成本，通常包括金融机构手续费以及跨境贸易中的外汇兑换费用等。履约成本是指在履行合同规定义务过程中所需支付的成本，通常包括质量控制和检验费用以及合规和认证费用等。物流成本是指通过货运方式将商品转移至消费者所支付的所有成本，第六节将详细介绍物流成本。跨境成本是指跨越国际边境进行贸易活动所需支付的成本，通常包括报关和关税等成本。分销成本是指在商品从生产商或供应商到最终消费者过程中所需支付的成本，通常包括销售人员费用和销售渠道费用等。客户服务与支持成本是指在满足客户需求和提供售后支持过程中所需支付的成本，通常包括客服人员费用和售后维修费用等。

从与传统贸易的关系上看，数字贸易成本包括传统贸易成本、贸易数字化成本和数字化贸易成本。传统贸易成本是指在传统贸易中也会产生的成本，比如物流成本和通关成本；贸易数字化成本是指传统贸易转型电子商务、电子商务转型数字贸易、传统贸易直接转型数字贸易所产生的成本，比如数字营销成本和数字支付成本；数字化贸易成本包括数字内容贸易成本、数据贸易成本和数字服务贸易成本，比如云服务成本、数据跨境流动成本和推荐算法设计成本。

数字贸易成本并不是独立于传统贸易成本而存在的，部分贸易环节所产生的成本并没有区别，例如全球数字贸易中实体商品的跨境交易也需要支付物流成本和通关成本。部分数字贸易环节是传统贸易环节在数字经济时代的延伸，例如数字营销和数字支付是传统贸易中营销和支付的数字化创新，这一转型过程中产生的成本就是贸易数字化成本。而数字贸易新标的的出现则产生了全新的数字化贸易成本，并没有传统贸易成本相对应，例如数据贸易中的数据跨境流动成本以及数字服务贸易中的推荐算法设计成本。

理论命题 17－1

跨境电子商务不仅能够降低信息成本，促进出口沿着扩展边际增长，而且能够强化规模经济效应，促进出口沿着集约边际增长。

（参见：马述忠，房超．跨境电商与中国出口新增长：基于信息成本和规模经济的双重视角．经济研究，2021，56（06）：159-176.）

第二节　平台搭建（入驻）成本

一、平台搭建（入驻）成本的内涵

数字贸易平台作为连接市场参与主体的虚拟场所，能够高效地汇总交易各方所需信息。一方面，平台给予商家发布自有商品信息的权利，信息披露越详尽，越有利于吸引对应需求的消费者访问和交易；另一方面，平台让消费者能够更为直观地表达个人消费偏好和需求，同时更有效率地对商品进行搜寻和比价，显著提高了市场交易效率。从数字贸易平台视角来看，其在兴起之初即可区分为自营型和第三方两大类型。自营型数字贸易平台的交易标的主要由数字贸易平台企业供给；对于该平台企业而言，其在接入网络后从事数字贸易过程中面对的第一项贸易成本即为平台搭建成本。对于第三方数字贸易平台而言，其交易标的主要由入驻商家企业供给；对于入驻商家而言，其在接入网络后从事数字贸易过程中面对的第一项贸易成本即为平台入驻成本。2020 年之后，越来越多的商家选择以独立站（自建站）形式替代原有的入驻第三方平台形式从事数字贸易，在这一过程中，商家承担的平台入驻成本被替换为了平台搭建成本。因此，平台搭建（入驻）成本在数字贸易成本中具有举足轻重的地位，有必要清晰界定平台搭建（入驻）成本这一概念的内涵和外延。

数字贸易兴起以来，平台搭建（入驻）成本这一概念被提及时，多被视作参与贸易的固定成本。[①] 围绕其外延展开的讨论较多，但其内涵界定甚少得到关注。基于数字贸易研究和实践中对于平台搭建成本和平台入驻成本概念的普遍理解，本教材认为平台搭

① Feng Zhu, Marco Iansiti. "Entry into Platform-Based Markets," *Strategic Management Journal*, 2012, 33 (1), 88-106.

建成本是为搭建数字贸易平台所支付的所有成本，平台入驻成本是为入驻数字贸易平台所支付的所有成本。

综上所述，平台搭建（入驻）成本是指为搭建（入驻）数字贸易平台所支付的所有成本。

二、平台搭建（入驻）成本的外延

平台搭建（入驻）成本包括平台搭建成本和平台入驻成本。

平台搭建成本包括硬件设备成本，如云服务器租赁成本；软件服务成本，如移动应用程序运维成本；合规成本；内容制作成本，如图片拍摄成本；入驻商家管理成本，如交易纠纷调解成本；安全成本，如商业险投保成本。例如，自建跨境电商 DTC（Direct to Consumer，直接触达消费者）出口独立站需要完成以下步骤：第一，需要购置或租赁域名、服务器或云服务器；第二，需要开发、购置或租赁网站、SaaS、业务系统和外部接口，并组建团队开展后续运维工作；第三，需要获取营业执照、纳税人资格和支付渠道，注册商标，完成合规认证；第四，需要制作或拍摄平面素材，对网站进行视觉设计和本地化，购汇换汇，组建网络信息安全团队，部署分布式阻断服务（Distributed Denial of Service，简称 DDoS）防火墙和投保商业险等。如果平台向商家开放入驻，还需要接洽商家，对其作必要的培训，对入驻商家商品质量进行必要的管控，调解商家与消费者间的交易纠纷等。

平台入驻成本除与平台搭建成本基本相同的软件服务成本、合规成本、内容制作成本和安全成本外，还包括平台费用，如平台配套服务购买费用。例如出口电商 B2C 卖家入驻 Lazada 电商平台需要完成以下步骤：第一，需要开通并租赁平台账号，开发或租赁业务系统，并组建团队开展后续运维工作；第二，需要向平台缴纳押金或保证金，获取支付渠道，注册商标，完成合规认证；第三，需要对虚拟店铺进行视觉设计和本地化，购汇换汇，投保商业险等；第四，需要向平台购买各类配套服务。

专栏 17-1　第三方供应商入驻电商平台的动因与费用

三、交易成本节约：基于平台搭建（入驻）成本视角

（一）数字化节约传统贸易中对应环节的成本

一方面，传统贸易中与平台搭建的硬件设备成本、内容制作成本、入驻商家管理

成本和安全成本相对应环节的成本，通过数字化实现了节约。其中，硬件设备成本对应传统贸易中设立子公司、办事处、分销网点、交易所、实体市场并组建当地管理团队的成本；内容制作成本对应传统贸易中设计并展示商品样品或服务示例的成本；入驻商家管理成本对应传统贸易中分销网点、交易所、实体市场向商家开放入驻所产生的管理成本；安全成本对应传统贸易中组建安保团队并为交易和参与交易的市场主体提供安全保障服务的成本。上述成本与传统贸易相比均实现了大幅节约。

另一方面，传统贸易中与平台入驻的内容制作成本、平台费用和安全成本相对应环节的成本，通过数字化实现了节约。其中，与平台搭建成本类似，内容制作成本对应传统贸易中设计并展示商品样品或服务示例的成本，安全成本对应传统贸易中组建安保团队并为商品和消费者提供安全保障服务的成本；与平台搭建成本不同的是，平台费用对应传统贸易中入驻分销网点、交易所、实体市场期间向管理方支付的场地租金，并向管理方购买各类配套服务的成本。这些成本均实现了大幅节约。

（二）数字贸易中平台搭建（入驻）成本的节约途径

第一，深入开展市场调研与市场定位工作，节约平台搭建（入驻）整体成本。在搭建（入驻）平台前，充分调研本行业及相关上下游行业的国内外市场发展现状、供求状况，评估市场成熟度、市场容量；归纳提炼行业主流商业模式和主要子市场，据此进行市场细分、目标市场选择和市场定位；识别市场需求淡旺季，预测市场热搜及流行趋势，研判竞争程度，明确产品生命周期各阶段主要竞争对手并划分其类型，确定最佳价格区间；据此指导硬件设备配置、建站工具选择、选品定价、商家管理和平台合作工作，节约硬件设备成本、软件服务成本、内容制作成本、入驻商家管理成本和平台费用。

第二，选用适合自身的建站工具或平台，并根据自身需求定制设计，节约软件服务成本。计划搭建平台的数字贸易企业可以使用免费或廉价的开源工具和主题，如WordPress、Joomla、Drupal等。以WordPress为例，其是全球最热门的网站构建器，43%的网页通过WordPress搭建。WordPress功能强大，扩展性强，拥有超过54 000个插件，可以实现各种功能，如电子邮件营销、搜索引擎优化等。基于响应式网站设计理念，WordPress提供了适配不同设备的主题，无论访问者使用什么设备都能获得较好的浏览体验。WordPress免费开源，需要自主搭建数字贸易平台的企业只需支付一次购买或下载费用，就可以永久使用其系统和服务，后续也不会对用户收取任何形式的佣金或费用。

第三，采用数字化工具和手段搭建内容管理自动化系统，节约内容制作成本。合理规划内容制作与维护周期。在开展内容制作前，规划并落实商品类目、上新主题与日程，据此明确商品文案、图片和视频制作任务，做好内容制作规划。应用内容管理自动化系统定期对照片和视频内容进行编辑、命名和分类，在规划的时间节点自动更新广告页和海报，一键上架新商品并调整已发布商品的价格，从而节约内容维护与更新的费用和时间成本。

第三节 搜寻成本

一、搜寻成本的内涵

无论是在传统贸易时代还是在数字贸易时代，信息交流和市场搜寻活动产生的成本都是贸易成本的重要组成部分。在信息不完全的现代市场中，企业为了搜寻准确且有效的信息所必须消耗的费用、时间、精力和承担的风险，构成了信息的搜寻成本，既包括深入挖掘交易对象和标的信息的成本，也包括进一步识别交易对象行为动机和需求逻辑的成本。相比于从事内贸活动的企业，跨境贸易企业需要进入相对陌生的海外市场，面临更加严重的信息约束问题。为了克服信息约束，企业需要支付高昂的搜寻成本。[①] 学界研究和现实证据都表明，互联网技术的应用大幅提高了信息交换效率，特别是跨国信息交换的效率，节约了贸易活动的搜寻成本[②]，进而降低了贸易活动的参与门槛。进入数字贸易时代后，从事数字贸易的企业对中间品种类、质量等异质性信息搜寻效率大幅提升。在总投入不变的前提下，企业能够搜寻到更高质量的原材料、中间品和最终产品。[③] 为了更深入地理解数字贸易中搜寻成本的本质，探讨数字贸易业态节约搜寻成本的作用机理，有必要明确搜寻成本这一概念的内涵和外延。

学界对传统贸易中的搜寻成本作了大量考察，将其定义为“为定位合适交易对象和合理交易标的而进行搜寻，所必须支付的成本，包括搜寻信息的货币成本和机会成本”[④]。因此，搜寻成本是为定位合适交易对象和合理交易标的而进行搜寻所支付的成本。关于数字贸易搜寻活动的研究指出，数字贸易参与者能够通过互联网搜寻交易主体和价格的相关信息。[⑤] 因此，搜寻成本是指数字贸易中采用数字化工具和手段进行搜寻所支付的所有成本。

综上所述，搜寻成本是指数字贸易中为定位合适交易对象和合理交易标的而采用数字化工具和手段进行搜寻所支付的所有成本。

二、搜寻成本的外延

搜寻成本的外延主要存在以下三种情形。

按照搜寻主体划分，搜寻成本包括企业支付的搜寻成本和消费者支付的搜寻成本。

企业支付的搜寻成本是指企业为定位合适的平台、消费者和合理的商品而采用数

---

① Kenneth Joseph Arrow. *The Economics of Information*. Boston: Harvard University Press, 1984.

② 李兵，李柔. 互联网与企业出口：来自中国工业企业的微观经验证据. 世界经济，2017，40（07）：102-125.

③ 胡馨月，顾国达，宋学印. 搜寻成本、互联网与中国进口贸易：优进还是广进. 浙江社会科学，2021，（05）：12-22.

④ Gerald E Smith, Meera P Venkatraman, Ruby Roy Dholakia. “Diagnosing the Search Cost Effect: Waiting Time and the Moderating Impact of Prior Category Knowledge,” *Journal of Economic Psychology*, 1999, 20（3）：285-314.

⑤ 孙浦阳，张靖佳，姜小雨. 电子商务、搜寻成本与消费价格变化. 经济研究，2017，52（07）：139-154.

字化工具和手段进行搜寻所支付的所有成本，如市场调研成本和互联网社群信息获取成本。例如一家使用店匠（Shoplazza）一站式 SaaS 服务建立跨境电商 B2C 出口独立站并主营数码 3C 类产品的跨境电商企业，需要在海外主流社媒渠道中选择合适的社媒平台，建立企业、品牌主页或注册企业、品牌账户，进而形成社媒账号宣传矩阵，利用多种渠道搜寻潜在的消费者，筛选并跟进意向消费者，将消费者沉淀至企业私域流量池，如 WhatsApp 群组和 TikTok 群组。在这一过程中，企业为定位合适的消费者而采用数字化工具和手段进行搜寻，支付了较高的搜寻成本。消费者支付的搜寻成本是指消费者为定位合适的平台、企业和合理的商品而采用数字化工具和手段进行搜寻所支付的所有成本，如国际互联网数据专用通道租赁成本和商品特惠信息电子刊物订阅成本。关于数字贸易中消费者的搜寻行为，本教材第十二章作了详细介绍。

按照搜寻目标划分，搜寻成本包括为定位合适交易对象产生的搜寻成本和为定位合理交易标的产生的搜寻成本。

数字贸易中，为定位合适交易对象产生的搜寻成本是指企业或消费者为定位合适的平台、商家和消费者而采用数字化工具和手段进行搜寻所支付的所有成本，如应用虚拟现实全景技术远程考察企业研发、生产和质检等流程和场景的成本。为定位合理交易标的产生的搜寻成本是指企业或消费者为定位合理的商品而采用数字化工具和手段进行搜寻所支付的所有成本，如消费者应用远程验光和虚拟配镜技术通过电商渠道挑选合适度数近视眼镜的成本。

按照搜寻成本的实质划分，搜寻成本包括搜寻的货币成本和搜寻的非货币成本。

传统贸易中搜寻成本主要包括搜寻信息的货币成本和机会成本。[①] 数字贸易中，搜寻的货币成本是指为定位合适交易对象和合理交易标的而采用数字化工具和手段进行搜寻所支付的货币成本，如委托专业咨询机构线上开展定制化市场调研所支付的费用。搜寻的非货币成本是指为定位合适交易对象和合理交易标的而采用数字化工具和手段进行搜寻所支付的非货币成本，如通过 B2B 电商平台向原材料供应商询盘、发盘所消耗的人力、物力和时间。

三、交易成本节约：基于搜寻成本视角

（一）数字化节约传统贸易搜寻成本

数字贸易时代，企业搜集、分析和使用信息的能力不断提升，为降低包括创新成本在内的生产经营成本和包含劳动力匹配成本、商品匹配成本在内的交易成本创造了条件。具体就搜寻成本而言，数字化使价格对比变得容易，贸易主体因而广泛采用数字化工具和手段开展比价行为，对同质及相似的商品造成了显著的价格压力。一方面，数字化工具和手段具有连接、开放、共享等特性，帮助贸易主体实现了信息的高效流通、实时共享和协同整合，不仅扩大了交易对象和标的信息的潜在搜寻范围，还有效减少了消

---

① Gerald E Smith, Meera P Venkatraman, Ruby Roy Dholakia. " Diagnosing the Search Cost Effect: Waiting Time and the Moderating Impact of Prior Category Knowledge," *Journal of Economic Psychology*, 1999, 20（3）: 285-314.

费者信息传递扭曲，缓解了供应链的“长鞭效应”①。另一方面，数字化能够强化贸易主体对交易对象信息的挖掘、分析和预测能力，节约识别交易对象行为逻辑的成本。数字贸易企业利用数字化分析和预测模块，能够实现对消费者动态需求和个性化需求的精准识别和实时响应，提高消费者的满意度和依赖度。通过对传统贸易搜寻成本的节约，数字化能够增强企业对消费者的服务能力，提升自身的议价能力，获取并保持竞争优势。较低的搜寻成本也使得贸易主体更容易搜索到稀缺和利基商品，放大了“长尾效应”，对异质性商品产生重大利好。

然而，在市场竞争中，数字贸易企业对消费者信息的使用和控制也可能会使得信息匹配效率出现内生下降。② 应用数据挖掘等数字化工具和手段后，企业迅速收集和积累消费者包括购物、搜索、浏览网页记录在内的各类信息。在用户画像基础上，企业对消费者收取“一人一价”的定制化价格逐渐成为可能。企业歧视性定价精度的提高，导致了“大数据杀熟”等新问题的出现。

专栏 17-2 跨境电商节约双边贸易搜寻成本的机制与差异

（二）数字贸易中搜寻成本的节约途径

一方面，搭建统一数据中台③与满足数字化和智能化运营需求的底层架构，节约市场、供应链和竞品信息搜寻成本。定义并抓取市场热卖商品和热搜关键词数据，节约市场整体信息、热卖趋势信息和消费者需求信息的搜寻成本，提升商品内容标签与消费者需求匹配程度；应用数据中台自动实时收集生产、库存、配送、运输路网等供应链数据，主要竞争对手品牌定位、商品类目布局、定价策略数据，同类目竞品价格区间、详情页、销售额、评价、流量、促销推广活动数据，节约供应链信息、竞争对手信息和竞品信息的搜寻成本，为自身品牌及商品优化调整提供方向和思路。

另一方面，深入开展消费者管理工作，节约消费者信息搜寻成本。收集、整合海关、社交媒体端口、搜索引擎端口等渠道数据，筛选并汇总潜在消费者；对潜在消费者进行合理分类，应用 CRM（Customer Relationship Management，客户关系管理）系统；通过社交媒体、搜索引擎等渠道与潜在消费者开展线上交流磋商；通过问卷、邮件、社

---

① “长鞭效应”（Bullwhip Effect）是指供应链下游企业的需求信息在向上游企业传递时，由于无法有效地实现信息的共享，零售商、分销商、批发商之间层层加码，出现越往上游需求越大的现象，最终导致源头供应商获得的需求数据和实际消费市场中顾客的需求信息之间出现显著差异。

② 曲创，刘重阳. 平台竞争一定能提高信息匹配效率吗？：基于中国搜索引擎市场的分析. 经济研究，2019，54（08）：120-135.

③ 数据中台是指通过数据技术，对海量数据进行采集、计算、存储、加工，并统一标准和口径的数据管理体系，其本质是“数据仓库 + 数据服务中间件”。

交媒体等渠道与消费者互动，收集消费者满意度、意见反馈、新品体验、活动反馈等信息，对产品设计、生产、销售与服务进行针对性优化，提升消费者参与感及品牌认知；将消费者沉淀至私域流量池，如将消费者引导至脸书群组、WhatsApp 群组、TikTok 群组等，强化与消费者之间的联系，增强社交黏性。

第四节 营销成本

一、营销成本的内涵

新冠疫情暴发后，随着消费方式数字化程度的提高，与消费者建立有价值的数字化互动对数字贸易企业的重要性不言而喻。企业可以通过分析统计数据，了解消费者行为、偏好和需求，从而制定更具针对性的营销策略，大数据、人工智能和机器学习等技术的应用使得数据分析和个性化营销更加精细和有效。从精准定位目标消费者的角度，数字化的营销方式能够有效降低营销成本。不过，数字营销也给企业带来了新的挑战。一方面，数字营销方式日趋复杂，和消费者建立数字化互动的渠道日趋碎片化，常见的渠道涵盖了社交媒体平台、音乐平台、视频平台、游戏平台、地图服务平台、新闻平台等场景；另一方面，数字营销成本存在升高的可能，新冠疫情期间线下商业活动受限导致线上广告竞争加剧，从而提高了数字营销的客户获取成本和客户留存成本。

传统贸易营销成本是企业在传统媒介和渠道进行营销活动所需支付的所有成本。而数字贸易中的营销可以利用数字技术，开发数据资源，进而通过数字媒介推广品牌影响消费者。以数字化方式开展营销活动实现营销目标所产生的成本是数字贸易营销成本有别于传统营销成本的重要特征。

综上所述，营销成本是指数字营销方式开展营销活动所需支付的所有成本。

二、营销成本的外延

营销成本的外延存在三种情形。

按照数字营销的类型划分，营销成本包括搜索引擎优化成本、搜索引擎营销成本、点击付费广告成本、社交媒体营销成本、电子邮件营销成本、联盟营销成本、内容营销成本、原生广告成本。

搜索引擎优化成本包括外部链接建设、热点追踪、内容创建、网站流量监控、策略纠正、网站优化等费用。搜索引擎营销成本通常包括广告竞价、关键词优化等费用。点击付费广告成本是根据点击次数和每次点击成本（Cost per Click，简称 CPC）来计算广告费用的，受到广告竞争程度、广告相关性和广告竞价策略的影响。社交媒体营销成本包括文本、图像、视频等广告制作成本以及广告投放引导流量的费用等。电子邮件营销成本包括邮件服务提供商费用、邮件列表获取成本等以及测试和优化成本等。联盟营销成本包括联盟加入费用、佣金或分成费用等。内容营销成本包括内容制作、管理和优化费用等。原生广告成本包括符合广告融入性、相关性等要求的内容制作费用等。

按照数字营销的范围划分，营销成本包括：平台内推广成本，如点击付费广告成本、参与平台营销活动成本；平台外推广成本，如搜索引擎优化成本、社交媒体营销成本、电子邮件营销成本。

企业入驻数字贸易平台，不仅可以借助平台提供的营销手段在平台内部获得消费者关注，如平台点击付费广告、参与平台营销活动、平台商品推荐等；还可以借助其他营销渠道在平台外部获得消费者关注，如搜索引擎、社交媒体、电子邮件、直播平台等。按照上述平台内外的营销范围划分，营销成本包括平台内推广成本和平台外推广成本。

按照数字营销的阶段划分，营销成本包括前期市场营销数据采集分析成本、中期营销内容制作成本和后期广告投放成本。

前期市场营销数据收集分析成本主要包括：数据收集费用，如调查问卷的设计和分发以及市场调研等费用；数据清洗和处理费用，如市场数据重复值、异常值、缺失值处理以及市场数据验证所需的费用；数据分析工具和技术费用，如购买数据分析软件、雇佣数据分析专家所需的费用。中期营销内容制作成本主要包括：内容创作费用，如雇佣内容创作者、设计师、摄影师或视频制作人员所需费用；内容创作工具和软件费用，如购买图像编辑软件、视频编辑软件、设计工具等所需费用。后期广告投放成本主要包括：广告费用，如搜索引擎、社交媒体平台广告投放费用；广告监测和优化费用，如投放广告后追踪广告效果并进行优化调整的费用。

专栏 17－3　常见的数字营销计价模式及其优缺点

三、交易成本节约：基于营销成本视角

（一）数字化节约传统贸易营销成本

一方面，数字化通过营销目标快速定位和精准投放节约营销成本。数字营销借助消费者行为追踪和消费者画像分析等数字化手段，准确识别和定位目标消费者群体，避免传统贸易中广告的无效曝光和营销资源的浪费。例如，可口可乐利用社交媒体的定向广告功能，根据消费者的地理位置和兴趣爱好，精准推送广告，以提高品牌知名度和销售额。

另一方面，数字化通过灵活的预算控制节约营销成本。数字营销广告成本的计价模式和预算控制机制相对灵活多样，数字贸易企业可以根据实际情况选择广告计价模式和

预算控制机制，并根据多变的竞争环境和广告效果及时调整，避免传统贸易固定广告费用无法快速适应调整带来的成本。例如，企业在初创阶段可选择 CPM（Cost per Mille，即每千次展示成本）模式和 CPC 模式提高曝光量和知名度，进入成长阶段可根据情况调整至 CPA（Cost per Action，即每次行动成本）模式提高销售额和购买转化率。

除了上述两种途径，数字化还能促进营销流程自动化、营销决策智能化，进一步降低成本。

（二）数字贸易中营销成本的节约途径

第一，通过设定明确目标控制预算。在开始数字营销活动前，应制定明确的营销目标，并结合数字营销计价模式设定合理的预算，在预算范围内对营销资源进行管理。例如，企业可以在亚马逊平台上设置点击付费广告的预算上限，避免点击量过多而导致的营销成本超标问题。

第二，通过数据驱动决策减少浪费。利用数据分析工具来跟踪和分析数字营销活动，评估不同广告渠道和营销活动的效果，并做出相应的调整和优化，最大程度提高投资回报率，节约营销成本。例如，企业可以利用 Google Analytics 等工具，实时跟踪网站或应用的访问量、用户行为、转化率等指标，分析投资回报率（Return on Investment，简称 ROI）。

第三，通过优化广告策略提高效率。通过消费者行为及其画像，提高广告投放的准确性，避免不相关受众带来的营销效率低、成本高问题；通过选择合适的广告渠道和竞价策略，并根据广告效果和转化率，适时调整策略以获得更高的广告投入产出比。例如，时尚品牌企业根据目标消费者群体的兴趣特征，在社交媒体定向投放广告，并根据目标消费者群体的搜索行为，同时在搜索引擎设置关键词广告。

第五节 沟通成本

一、沟通成本的内涵

在一般交易中，交易双方只有努力克服沟通成本，基于对方所传递的信息获悉对方的真实意图才能完成交易，在数字贸易中更是如此。一方面，数字贸易涉及多个国家和地区，交易双方普遍存在着语言、文化、时区等差异。为了达成交易，双方必须选择彼此接受的方式进行交流，这就产生了沟通成本。另一方面，数字贸易虽然相较于传统贸易已经较大程度上实现"去中介化"，但仍然存在着诸多线上线下环节，且这些环节的沟通大部分都在线上进行。为了达成交易，双方必须减少沟通过程中的信息失真，这也产生了沟通成本。上述事实表明，为了加强交易双方的信息交流和理解，提高交易效率，数字贸易必须要重视沟通成本。

中国商务部外贸发展局在专题调研报告《企业参与国际贸易的门槛》中指出，沟通成本是指中小微企业及个人为达成最终的交易合同，需要与买家或卖家进行磋商而产生的成本。有别于传统贸易，数字化工具和手段是数字贸易主体传递和交换信息，降低沟通成本的关键。数字贸易主体通过数字化工具和手段实现沟通，达成充分交流。这对于确保顺利的国际交易、建立良好的合作关系、提供优质的客户服务具有重要意义。

综上所述，沟通成本是指数字贸易主体借助数字化工具和手段传递或交换信息，以确保明确知悉其他各方意思，达成充分交流所支付的所有成本。

二、沟通成本的外延

从环节上看，沟通成本包括售前沟通成本和售后沟通成本。售前沟通成本是指产品销售前各主体进行协商沟通的成本，如商品出售前交易双方协商价格和交易方式的沟通成本。售后沟通成本是指在产品销售后为消费者提供售后服务而发生的沟通成本，如在产品销售后需要与消费者协商以提供售后服务而发生的沟通成本。

售前沟通成本主要包括外语翻译成本和数字化交流工具成本等。以外语翻译成本为例，在数字贸易中，买家和卖家往往来自不同的国家和地区，可能使用不同的语言和遵循不同的文化习惯。数字贸易企业需要解决语言翻译和文化适应所带来的沟通成本，以确保交易双方能够准确理解对方的意图和期望。以数字化交流工具成本为例，在数字贸易中，交易双方往往需要使用脸书、WhatsApp 等各种即时通信工具和社交网络平台进行沟通。使用这些数字化工具和手段可能需要付费或需要额外的技术支持，从而增加了沟通成本。

售后沟通成本主要包括售后沟通平台和工具成本、售后数据分析成本等方面的成本。以售后沟通平台和工具成本为例，供应商需要投资和维护售后沟通平台和工具，如在线客服系统和投诉管理系统等，以便与买家进行有效的沟通和处理售后事务。以售后数据分析成本为例，卖方需要对包括评论数据在内的多种买方反馈数据进行数据分析，以了解售后问题的趋势和原因，并采取相应的改进措施以主动提供常见问题售后解决方案，减少买卖双方沟通成本。这就涉及售后数据收集、分析和处理的成本。

三、交易成本节约：基于沟通成本视角

（一）数字化节约传统贸易沟通成本

相较于传统贸易，数字贸易通过平台提高信息透明度、数字技术实现在线沟通等方式节约了售前沟通成本。以平台提高信息透明度为例，数字贸易商品和卖家的信息通常可以在平台上进行详细展示，包括产品描述、规格、价格、供应能力等。买家可以通过在线搜索和筛选功能找到所需产品，而不需要传统贸易中的多方沟通和询价过程。以数字技术实现在线沟通为例，数字贸易通过即时通信工具、电子邮件和在线客服等方式，使买卖双方能够快速、直接地进行沟通。买家可以通过在线聊天或社交媒体工具咨询卖家，获得及时回复，减少了传统贸易中的电话沟通或会议安排的时间和成本。

相较于传统贸易，数字贸易通过在线客服和自助服务、在线评价和反馈以及构建社群和知识库等途径节约了售后沟通成本。以在线客服和自助服务为例，数字贸易平台通常提供在线客服支持和自助服务功能，买家可以通过在线聊天、电子邮件或平台上的帮助中心获取售后支持，降低直接沟通的成本。以在线评价和反馈为例，数字贸易平台通常提供评价和反馈功能，买家可以在平台上对供应商的产品和服务进行评价，降低其他消费者获取售后评价的成本。以构建社群和知识库为例，数字贸易平台可以建立卖家和买家之间的社群和知识库，买家可以在社群中与其他用户交流经验和解决方案，降低卖家持续向不同买家提供重复售后服务的沟通成本。

（二）数字贸易中沟通成本的节约途径

数字贸易企业可以通过虚拟助理和智能聊天机器人、虚拟展览等途径为消费者提供更便捷和个性化的售前体验，提高售前沟通效率并节约售前沟通成本。以虚拟助理和智能聊天机器人为例，它们能够向消费者提供自动化的在线客服支持，回答消费者常见问题，提供基本的产品信息，并在必要时转接至人工客服，减少人工客服的负担和成本。特别是 ChatGPT 等大语言模型的应用能为数字贸易提供语言翻译和文化适应、智能化信息筛选整理等服务支持，节约售前沟通成本。以虚拟展览和演示为例，数字贸易企业可以通过虚拟现实技术和增强现实技术展示产品的特点和功能，让买家可以在虚拟环境中体验产品，如试穿衣物、试用家具等。这种互动体验可以减少买家的疑虑，降低售前沟通的成本。

数字贸易企业可通过搭建在线售后服务平台和聊天机器人以及应用数据分析和智能预测等途径进一步节约售后沟通成本。以搭建在线售后服务平台为例，平台可以集中处理买家所提交的问题或投诉，并列出相对应的常见售后问题，进一步减少传统沟通，提高售后效率并降低售后沟通成本。以数据分析和智能预测为例，数字贸易企业可以利用数据分析和智能预测技术，分析售后数据并预测潜在问题。通过分析售后记录、买家反馈和产品质量数据，可以识别常见问题的模式，采取预防措施减少售后沟通和处理的需求，从源头降低售后沟通成本。

第六节　物流成本

一、物流成本的内涵

现代物流是数字贸易可持续增长的有力保障，其最突出的优势就是能最大限度地打破时间和地域限制，是数字贸易（特别是数字化贸易）转移交易双方商品所有权的重要桥梁和纽带。科学、合理、高效的现代物流可以大幅度降低贸易成本，为数字贸易发展注入动能。随着数字贸易的高速发展，贸易标的和贸易方式不断丰富，其对于物流的要求也越发复杂多样，亟须更优质高效和专业可靠的跨境物流服务，以满足成本、运力、时效性等多重需求。

由全国物流标准化技术委员会和全国物流信息管理标准化技术委员会提出并归口的国家标准《物流术语》(GB/T 18354-2006)指出，物流成本是指物流活动中所消耗的物化劳动和活劳动的货币表现。而物流则是指物品从供应地向接收地的实体流动过程。由全国物流标准化技术委员会提出并归口的国家标准《企业物流成本构成与计算》(GB/T 20523-2006)则更为详细地指出，物流成本是企业物流活动中所消耗的物化劳动和活劳动的货币表现，包括货物在运输、储存、包装、装卸搬运、流通加工、物流信息、物流管理等过程中所耗费的人力、物力和财力的总和以及与存货有关的流动资金占用成本、存货风险成本和存货保险成本。该定义的物流成本包含两方面的内容：一方面是直接在物流环节产生的支付给劳动力的成本、耗费在机器设备上的成本以及支付给外部第三方的成本；另一方面包括在物流环节中因持有存货等而潜在的成本，如占有资金成本、保险费等。

综上所述，物流成本是指通过货运方式将商品转移至消费者所支付的所有成本，是物流活动中所消耗的物化劳动和活劳动的货币表现。

二、物流成本的外延

从环节上看，物流成本包括头程运输成本、仓储成本和尾程运输成本。头程运输成本是指将商品从出口国运抵目的国所花费的运输费用。仓储成本是指商品存储在海外仓库的成本，主要包括货物在海外仓储存时发生的存储费用和在仓库分配前发生的处理费用等。尾程运输成本是指商品通过目的国本土物流送达消费者的成本。

头程运输成本主要包括运输费用、运输保险费用和包装费用等。运输费用通常根据货物的重量、体积、运输距离以及所选择的头程运输方式（如海运、空运或陆运）来计算。其中，头程运输方式主要包括敦豪（DHL）快递、联邦快递（Fedex）等国际头程直发快递，顺友物流等国际空派运输，中欧卡航等国际货车运输，中欧班列等国际铁路运输，国际海派运输以及上述多种运输方式结合的多式联运。因为货物运输过程中易出现损失或损坏，卖家通常需要购买运输保险。运输保险费用根据货物的价值和所选择的保险方案来确定。包装费用则是为确保货物在运输过程中安全无损地进行适当包装所产生的费用。包装费用包括包装材料的成本和包装操作的费用。此外，头程运输成本还应考虑其他因素，如货物的保质期要求、特殊包装要求、货物损耗与损坏成本以及相关政策和法规的影响。

传统贸易的物流周期往往需要几周乃至数月，海外仓能够大大缩短物流周期，从而提高客户满意度。具体来说，在海外仓的支持下，数字贸易企业可以更加高效地对接头程运输和尾程运输，完成订单处理、仓库管理和发货流程，从而实现货物的快速运输和精准配送。仓储成本主要包括仓储费、管理费、劳务费和额外服务费等。仓储费是指货物存放在海外仓库的费用，按货物存放周期收取，通常按货物占用的体积和重量计算。管理费是指海外仓库雇佣人员管理输入产品、运输、包装和货物产生的费用，包括后勤和管理人员的工资，不包括仓库一线工作人员的工资。劳务费是指海外仓库一线工作人员的劳务报酬。额外服务费是指提供中转、退货换标、海外客服等额外服务所收取的费用，主要视卖家选择的服务而定。

尾程运输是整个交易环节中的最后一段物流环节，因此也常被称为“最后一公里”运输，通常由当地邮政或快递承担。尽管尾程运输距离短，但由于其物流复杂性高，且直接面对消费者，是整个供应链环节中的关键环节，因此尾程运输成本一般相对较高。例如在订单密度较低的地区，尾程运输只能专单专送，难以采用大规模集成配送的方式，导致物流企业配送效率较低，配送成本较高。

专栏 17-4　万国邮联改革与中国跨境电商出口

三、交易成本节约：基于物流成本视角

（一）数字化节约传统贸易物流成本

尽管数字贸易与传统贸易采用相似的头程运输方式，但相较于传统贸易，数字贸易能够通过集约化运输、电子化文件处理等方式节约头程运输成本。以集约化运输为例，数字贸易可以利用大数据分析等技术，通过第三方物流平台集中散落在各卖家手中的零碎订单，合并成大规模订单，更好地安排运输路线并优化运输计划，减少头程运输成本。以电子化文件处理为例，数字贸易基于在线交易平台实现电子化文件处理，在避免物流文件信息丢失的同时节省物流时间和成本，提高物流运输的准确性。

相较传统贸易，数字贸易通过大数据降低库存积压和减少仓储损耗破损等方式，更有效地管理库存，减少了不必要的开支，节约了仓储成本。以大数据降低库存积压为例，数字贸易企业通过实时大数据分析和供需匹配算法，及时了解市场需求和订单信息，更准确地预测和管理库存需求，避免库存积压，节约仓储成本。以减少仓储损耗破损为例，数字贸易企业通过精确的订单管理和可追溯性，明确每一件商品进出仓库的时间和类别，减少库存中的损耗和破损，避免库存过期、损坏或丢失的情况，节约仓储成本。

相较于传统贸易，数字贸易通过集中配送和数据化运输管理方案等方式，提高最后一公里运输效率，优化尾程运输的效果，节约尾程运输成本。以集中配送为例，数字贸易通过建立集中配送中心或使用第三方物流服务，将多笔订单集中在一个地点进行分拣和配送。这种集中配送可以减少运输的数量和频率，提高装载率和运输效率，节约尾程运输成本。以数据化运输管理方案为例，数字贸易利用物联网、人工智能和大数据分析等技术，实现数据化的运输管理方案。通过实时监控货物位置和交通状况等信息，企业可以更准确地安排运输路线、调度车辆和优化运输计划，进而减少运输距离和时间，节约尾程运输成本。

理论命题 17-2

跨境电子商务能够显著降低进出口贸易成本，特别是搜寻成本和国际物流成本，这种贸易成本降低效应在发展中经济体之间更为明显。

（参见：张洪胜，潘钢健. 跨境电子商务与双边贸易成本：基于跨境电商政策的经验研究. 经济研究，2021，56（09）：141-157.）

（二）数字贸易中物流成本的节约途径

数字贸易可以通过大数据优化包装和货物组织以及货物全流程跟踪和监控等途径进一步节约头程物流成本。以大数据优化包装和货物组织为例，数字贸易可以通过全流程大数据记录货物的状态，优化产品包装和货物组织方式，降低物流空间浪费和运输损坏风险。合理的包装设计和货物组织可以提高货物装载率，降低物流成本，并提高运输安全性。以货物跟踪和监控为例，数字贸易利用货物跟踪和监控技术，实时监测货物的位置和状态，提供可追溯的物流信息。这可以减少货物丢失和损坏的风险，提高物流的可靠性和安全性，节约头程物流成本。

数字贸易可以通过基于大数据合理规划库存和现代化仓储技术等途径进一步节约仓储成本。以基于大数据合理规划库存为例，数字贸易企业可以借助大数据分析、市场趋势分析和销售预测等手段来规划库存，不断改进至库存最佳平衡点，既保证充足库存，又不会因积压过多存货而产生过高成本。以现代化仓储技术为例，数字贸易企业借助现代人工智能技术提高库存控制和精度，例如使用机器人自动化来优化仓储和拣选过程，减少人为操作的时间和错误率，节约仓库运营成本并提高仓库工作效率。

数字贸易可以通过自动化物流配送、物流网络优化和区块链物流等途径进一步节约尾程成本。以自动化物流为例，随着人工智能和自动驾驶的进一步发展，尾程运输将更多采用无人机、自动驾驶车辆和机器人完成最后一公里配送，节约物流成本和运输时间。以物流网络优化为例，通过大数据分析和人工智能技术，数字贸易可以实现更精确的物流网络优化。根据实时需求和运输数据，可以优化运输路线、货物配送和仓储位置，减少尾程运输距离和时间。以区块链物流为例，区块链技术在数字贸易中有助于提高运输和配送的透明度和效率。通过区块链的分布式账本和智能合约，可以实现更快速、安全和可追溯的货物交付，减少货物丢失和篡改的风险，节约尾程运输成本。工业和信息化部办公厅公布的2022年区块链典型应用案例名单中，京东物流可信供应链物流服务平台就作为“区块链+实体经济”的标杆案例入选。

本章小节：中国视角

数字贸易成本作为数字经济时代下贸易成本的延伸，和传统贸易成本有相同的部分，如物流成本和通关成本；也有不同的部分，即贸易数字化成本和数字化贸易成本。

本章重点介绍了数字贸易活动中企业所面临的平台搭建（入驻）成本、搜寻成本、营销成本、沟通成本和物流成本，并在上述成本内涵和外延辨析的基础上，从数字化节约传统贸易成本和数字贸易成本节约途径两个角度进行进一步分析。

中国政府通过制定政策帮助企业降低数字贸易成本。例如，中国政府推行单一窗口报关系统，实现了信息共享和数据整合，简化了报关流程。此外，还推广了先报后验制度，即企业可以在货物抵达前先报关，后续验放工作可以在货物到达后进行。例如，中国政府实行了跨境电商综合试验区政策，通过扩大免税额度、简化清关流程、优化物流配送等措施降低数字贸易中实体商品的交易成本。例如，中国政府积极参与国际贸易谈判，特别是中国积极推动《区域全面经济伙伴关系协定》（RCEP）的签署，RCEP 针对电子商务制定了一套明确的规则，覆盖了无纸化贸易、电子认证和电子签名等，促进了数字贸易的便利化和自由化，降低了数字贸易成本。

标识性概念

数字贸易成本	平台搭建（入驻）成本	搜寻成本
营销成本	沟通成本	物流成本

思考题

1. 2021 年 7 月 12 日，国务院召开政策例行吹风会，指出中国独立站发展迅猛，总数已达到 20 万个左右，跨境电商独立站正日益成为中国制造业品牌出海和精细化运营的重要途径。试结合平台搭建（入驻）成本的相关内容，谈谈企业以独立站形式从事数字贸易与以入驻平台形式从事数字贸易相比，面临的数字贸易成本有何异同？

2. 2021 年 8 月，阿里巴巴国际站上线 VR Showroom 功能。此后一年的时间里，近 2 万家平台商家使用这一服务自动构建三维空间模型，搭建了线上展厅，接待海外消费者 VR 实景看厂、看货，有效减少跨境线下探厂 2 000 余次。请分析数字化工具和手段在有效节约搜寻成本的同时，可能会带来哪些潜在的风险和隐患？

3. 2020 年中国直播电商市场规模超 1.2 万亿元，年增长率为 197.0%，预计 2023 年直播电商规模将超过 4.9 万亿元。截至 2020 年底，中国直播电商相关企业累计注册有 8 862 家，行业内主播的从业人数已经达到 123.4 万人。直播电商具有实时互动、产品展示和社交分享等功能特点，作为新兴的数字营销方式，有哪些途径可以节约直播电商企业的营销成本？

4. 相较于传统贸易而言，数字贸易通过数字化的工具和手段整体上极大降低了买卖双方的沟通成本，但中国消费者协会发布的 2021 年上半年 11 大投诉热点及典型案例中，仍然出现了跨境电商平台利用互联网虚假宣传，并提高消费者售前售后沟通成本，进而导致跨境网络购物维权难的问题。请基于沟通成本视角谈谈数字贸易平台和企业应如何规避互联网的负面影响以实现交易成本节约？

5. 2019 年 9 月 24—26 日在瑞士日内瓦举行了万国邮联第三次特别大会。大会否决了美国主张的完全自定义终端费方案 B，一致通过了融合各方诉求的方案 V（V 代表胜利)。据估计，2020—2025年间，中国出口国际小包终端费较2019年将累计增长164%，从而推高我国跨境电商物流成本。请基于物流成本视角谈谈数字贸易企业应如何应对这一冲击实现交易成本节约?

延伸阅读

[1] Feng Zhu, Marco Iansiti. "Entry into Platform-Based Markets," *Strategic Management Journal*, 2012, 33 (1), 88-106.

[2] 孙浦阳，张靖佳，姜小雨. 电子商务、搜寻成本与消费价格变化. 经济研究，2017，52 (07)：139-154.

[3] Wang Y, Wang Y, Lee S H. "The Effect of Cross-Border E-Commerce on China's International Trade: An Empirical Study Based on Transaction Cost Analysis," *Sustainability*, 2017, 9 (11)：2028.

[4] Avi Goldfarb, Catherine Tucker. "Digital Economics," *Journal of Economic Literature*, 2019, 57 (1)：3-43.

第四篇

全球数字经济治理

第十八章

全球数字经济治理概述

本章导读

自20世纪以来，全球经济治理经历了由霸权走向共治、由分裂走向合作、由单边走向多边的演变历程。数字经济的蓬勃发展为全球经济治理带来了诸多新机遇，亦带来了不少新挑战。如何有效发挥数字经济的正向作用，降低数字经济的负面影响，是摆在世界各个经济体面前的共同任务；如何在国际机构、区域组织和国家集团协调下，通过在数字技术、数字贸易、数字金融、数字文化、数字政务和数字安全的治理合作，促进数字经济的包容性发展，是世界各国及地区面临的共同难题。因此，了解数字经济时代全球经济治理的相关知识十分必要。通过本章的学习，读者可以快速掌握全球数字经济治理的内涵和外延及其与传统全球经济治理的异同，从“硬”治理和“软”治理两个视角对全球数字经济治理的制度安排有所认识，同时对全球数字经济治理面临的机遇和挑战有新的系统性理解。

第一节 全球经济治理的演变

一、初成：以英国为中心的霸权竞争治理

20世纪初至第二次世界大战是全球经济治理的“初成”阶段，主要表现为以英国为中心的霸权竞争治理。在这一阶段，英国在组织、管理和稳定世界政治经济中扮演着主导性的角色，尽管受到了其他不少资本主义国家的挑战，但基本上通过控制或影响国际地位较低或综合实力较弱的国家，维持了国际体系的运转。

得益于在第一、二次工业革命中积累的技术优势，20世纪初英国的电力、煤气、人造纤维、造船、电缆制造等工业部门高速发展，生产制造体系趋于完整，加之长期以来在海外建立的广泛的殖民地，直至第二次世界大战，英国维持了接近半个世纪的霸权治理地位。在贸易方面，英国一直根据自身状况主导制定全球贸易政策。第一次世界大

战前，英国主张自由贸易，在其号召下，各国关税壁垒普遍降低。随着一战的爆发，各国纷纷筑起贸易壁垒，于是英国重新祭出贸易保护的大旗，之后推出帝国特惠制[①]，贸易自由化道路由此中断。在金融方面，英国推行国际金本位制并形成英镑霸权，通过成立英镑区[②]，使得英国的主权货币长期在国际货币金融体系中处于领导、支配和优势地位。尽管帝国特惠制和英镑区等制度在不同层面存在明显缺陷，受到了以美国为首的众多资本主义国家的反对和挑战，但从客观地位上来说，英国在该阶段依然是国际经济制度体系构建和运行的主导者。

二、发展：以美国为中心的霸权支配治理

第二次世界大战结束至20世纪70年代是全球经济治理的“发展”阶段，主要表现为以美国为中心的霸权支配治理。在这一阶段，凭借丰厚的战争利得，美国一跃成为世界上最富强的国家，加之在第三次工业革命中的领先优势，美国迅速从英国手中夺得霸权的“接力棒”，在全球经济体系中拥有绝对的话语权。

二战后，美、英两国就战后国际新秩序的建立进行了外交上的多轮博弈，最终美国提出的“怀特计划”胜出，代表美国利益的布雷顿森林体系的诞生宣告了美国主导全球经济治理时代的开启。美国在该体系处于核心支配地位，建立起以美元为中心的国际货币体系，推行以贸易自由化为基本原则的贸易体系。美国还通过“马歇尔计划”加强对西欧和日本经济的控制，对亚非拉民族独立国家实行新殖民主义政策，同时坚持对社会主义国家实行技术和经济封锁。一定程度上，美国主导建立的国际制度终结了战后世界经济秩序的混乱状态，为之后各国参与世界经济运行制定了行为规则。但美国主导的全球经济治理机制本质上是为美国谋取利益服务，客观上与英国为中心的霸权竞争治理相同，都属于霸权治理模式。彼时广大发展中国家的工作重点在于维护民族独立和保护国家主权，经济发展尚未完全起步，因此经济力量薄弱，只能在国际经济事务中发挥追随和从属作用，在此后很长一段时间成为国际经济秩序的被动接受者。

专栏 18-1　布雷顿森林体系与美国霸权

---

① 帝国特惠制是指1932年在渥太华帝国经济会议上达成的英国和英联邦其他成员国间在贸易上相互优待，但对成员国以外的进口商品征收高额关税的制度。

② 英镑区成立于1939年，前身是1931年成立的英镑集团，其是以英镑为中心的、由英国控制的货币集团或货币区域，区内各国和各地区的货币对英镑保持固定的比价，贸易全部采用英镑进行结算，资本可以自由流动等。

三、分裂：以美苏争霸为背景的霸权争夺治理

20 世纪 70 年代至苏东剧变是全球经济治理的“分裂”阶段，主要表现为以美苏争霸为背景的霸权争夺治理。在这一阶段，综合国力直追美国的苏联以布雷顿森林体系瓦解为契机，通过签署合作协议、加强贸易联络、成立区域组织和援助落后经济体，不断提高国际影响力，极大地撼动了美国的霸权地位。

由于“特里芬难题”[①] 无法破解，布雷顿森林体系内部始终存在无法调和的矛盾。1971 年，理查德·米尔豪斯·尼克松（Richard Milhous Nixon）政府停止美元兑换黄金及向其他国家央行出售黄金，布雷顿森林体系宣告瓦解。在此契机下，经济高速增长的苏联在列昂尼德·伊里奇·勃列日涅夫（Leonid llyich Brezhnev）的领导下，开始着力与美国争夺世界霸权。第一，苏联开始缓和与西欧国家的关系，通过与大部分西欧国家签订技术与工业合作协议来引进先进技术和工业设备，同时大规模进行补偿贸易，向西欧国家提供石油、金属矿产、天然气等初级产品以换取西欧国家工业设备和工业制品。第二，苏联加强对东欧国家的控制，利用经济互助委员会[②] 控制东欧经济，主张取消东欧国家民族经济，共建统一的经济共同体。第三，对亚洲、非洲和拉丁美洲的一些发展中国家，苏联采取援助模式以获得这些国家支持，进而与美国在国际事务决策中争夺更多话语权。进入 20 世纪 80 年代后，随着苏联内部矛盾不断出现，美苏关系由对抗转为缓解，最终以马耳他会晤[③] 为标志，美苏进入全面和解时期。

四、改革：以发达国家为主导的南北合作治理

苏东剧变至 2008 年全球金融危机是全球经济治理的“改革”阶段，主要表现为以发达国家为主导的南北合作治理。这一阶段，全球经济治理更多地表现为美国、欧盟和日本等发达经济体共同参与的治理模式，发达国家努力在各个领域维护其既得利益者地位，在各项经济事务中占据主导地位。

苏联解体后，美国成为世界上唯一的超级大国，俄罗斯、欧盟、日本和中国发展迅速，世界政治经济呈现“一超多强”的多极化格局，但多边机制的形成和运行仍基本围绕发达国家展开。1995 年，以美国为首的发达国家主导的关税及贸易总协定（General Agreement on Tariffs and Trade，简称 GATT）被世界贸易组织所替代。1999 年，二十国

---

① “特里芬难题”由美国经济学家罗伯特·特里芬（Robert Triffin）于 1960 年提出，是指在布雷顿森林体系下，各国使用美元进行国际结算并把美元作为国际储备货币，导致美元不断流出美国并沉淀到其他国家，美国因此发生国际收支逆差。但是，美元作为国际货币，前提是需要保持美元币值稳定，客观上要求美国国际收支保持顺差状态。两种要求互相矛盾，形成悖论。

② 经济互助委员会，简称经互会，是前苏联组织社会主义国家建立的政治经济合作组织，总部设在莫斯科，1991 年 6 月 28 日该组织正式宣布解散。

③ 1989 年 12 月，美国总统乔治·赫伯特·沃克·布什（George Herbert Walker Bush）和苏联领导人米哈伊尔·谢尔盖耶维奇·戈尔巴乔夫（Mikhail Sergeyevich Gorbachev）在马耳他进行了一次非正式会晤，双方在东欧问题上达成默契，史称马耳他会晤。

集团（Group of 20，简称 G20）[①] 正式成立。G20 虽然对既有治理机制有所补充，但发展中国家在其中的话语权依然旁落。同时，发达国家占主导地位的 WTO、国际货币基金组织、世界银行等国际组织在全球经济体系中仍发挥核心作用。

20 世纪末，许多新兴市场经济体如亚洲“四小龙”[②]、泰国、马来西亚、印度尼西亚等进入迅速发展时期，经济实力明显增强，成为全球经济增长的新引擎。为了争取自身利益，新兴市场国家开始积极参与全球经济治理体系中，呼吁对现有全球经济治理结构进行改革，增强新兴市场国家的代表权和发言权。面对已有全球经济治理制度暴露的各种问题及新兴市场国家的呼声，发达国家被迫做出让步，如邀请发展中国家加入主要国际经济组织、建立发达国家与发展中国家的对话与合作机制等，但是做出的实质性变革仍然有限，大国主导全球经济治理的格局并未从根本上改变。

五、融入：以新兴经济体为重要力量的全球共同治理

2008 年全球金融危机之后为全球经济治理的“融入”阶段，主要表现为以新兴经济体为重要力量的全球共同治理。在这一阶段，代表广大发展中国家利益的新兴经济体在国际或区域多边机制中勇于表达立场，通过形成内部合作机制以应对区域问题，对外积极输出治理方案，推动全球经济治理机制变革。

全球金融危机后，世界经济进入“三速复苏”[③] 时期，新兴经济体经济崛起并成为全球关注的焦点，在对外贸易、对外投资和对外金融方面的实力均有显著提高，新兴经济体与发达经济体的差距显著缩小。与此同时，传统全球经济治理机制出现诸多问题，如 WTO 的已有规则与变化的经贸格局不相匹配，IMF 的金融监管与危机应对能力欠缺等。在对传统全球经济治理机制的变革过程中，新兴经济体凭借自身经济实力的增强和对外交往的加强，在贸易、金融和能源等诸多领域争取全球经济治理话语权，力争推动全球经济治理体系变革。一个重要表现是，新兴市场国家通过金砖国家（BRICS)、亚太经合组织（Asia-Pacific Economic Cooperation，简称 APEC)、上海合作组织（Shanghai Cooperation Organisation，简称 SCO）等合作机制积极表达立场和诉求。在这一阶段，中国积极为全球经济治理贡献智慧和方案，秉持“人类命运共同体”思想，通过“一带一路”倡议、亚洲基础设施投资银行（Asian Infrastructure Investment Bank，简称 AIIB)、“数字丝绸之路”等，积极践行多边主义，成为 2008 年金融危机后全球经济治理的巨大亮点。

---

① 二十国集团包括阿根廷、澳大利亚、巴西、加拿大、中国、法国、德国、印度、印度尼西亚、意大利、日本、韩国、墨西哥、俄罗斯、沙特阿拉伯、南非、土耳其、英国、美国以及欧盟二十个经济体。

② 亚洲“四小龙”是指韩国、中国台湾地区、中国香港地区和新加坡。

③ 即世界经济的复苏是在三种不同增长速度下实现的，包括新兴市场国家和发展中国家强劲增长，美国、瑞典、瑞士等发达国家低速增长，欧元区和日本负增长。

第二节 数字经济对全球经济治理的影响

一、基于数字技术视角的审视

一方面，数字技术在搭建线上沟通场景、准确把握治理难点等方面为全球经济治理创造了条件。二十国集团峰会、亚太经合组织领导人非正式会议、金砖国家峰会和上海合作组织峰会等众多国际会议为解决全球范围内不同领域的问题提供了必要场合，但频繁的线下会晤带来很高的时间成本和组织成本。数字技术的发展使得线上双边沟通和线上会议成为可能，突破了时空的限制，大大提高了谈判磋商的效率。[①] 此外，利用大数据和云计算等数字技术有助于整合宏微观各个方面的数据和信息，对全球特定领域的问题进行更加准确的分析和把握，从而为政策制定者提供更加全面的参考，助力实现精准治理。

另一方面，数字技术在标准认证和规范使用等方面为全球经济治理带来了新的困难。数字技术的更新迭代非常迅速，与之相关的基础标准、产品标准、工艺标准、方法标准以及安全、卫生和环境保护标准亟须配套更新，而且周期更短。从国际范围来看，这大大增加了通用性认证标准的复杂度，对于标准形成、标准认证、标准推广和标准共享等各个环节提出了更高要求。此外，数字技术是把“双刃剑”，既可以向善，也可以作恶。在宏观层面，数字技术的不正当使用可能会激化国家或地区之间的矛盾，如“棱镜门”事件的爆发显著加剧了全球政治经济局势动荡；在微观层面，数字技术的违规运用可能会加剧歧视，降低社会福利，如大数据“杀熟”显著损害了消费者利益。

理论命题 18－1

基于大数据技术的歧视性定价虽会使企业获得竞争优势，但会引发过度竞争，降低产品质量水平，损害社会福利。

（参见：王世强，陈逸豪，叶光亮. 数字经济中企业歧视性定价与质量竞争. 经济研究，2020，55（12）：115-131.）

二、基于数字贸易视角的审视

一方面，数字贸易有助于缓解全球贫困问题。数字技术催生的数字贸易具有集约化和普惠化等特征，是缓解全球贫困问题的新路径。数字贸易颠覆了传统的贸易模式，贸易流程大大简化，贸易成本大大降低，这使得贸易驱动地区经济增长的作用更加凸显。特别地，数字贸易大大降低了国际贸易的参与门槛，传统贸易下处于弱势地位的中小企业借助数字贸易平台也能够低成本地参与国际分工，进而为当地产业带来更多发展动

① 例如，北京时间 2020 年 3 月 26 日，二十国集团领导人史无前例地以视频方式召开了应对疫情的线上特别峰会。

能，创造更多工作机会，有助于提高地区整体收入水平。

另一方面，数字贸易的平台化属性诱发了新的反垄断难题。平台化运营是数字贸易企业的主要商业模式。网络外部性是平台的重要特征，即单个用户从平台获得的效用取决于其总体的用户数量，总体用户数量越大，单个用户获得的效用越高，从而数字贸易企业的垄断及其溢出能力越强。于是在这种正反馈机制下，数字贸易领域很容易形成“赢者通吃”的市场格局，这成为数字经济时代的重要现象和规律。如何定位平台的经济社会角色，理性地看待数字贸易中由于平台网络外部性造成的寡头垄断格局，是数字经济时代亟须解决的重要问题。

专栏 18－2　数字经济时代平台的反垄断难题

三、基于数字金融视角的审视

一方面，数字金融的发展有助于更加合理地配置资本要素，激发经济发展新动能。人工智能、大数据和区块链等数字技术为金融体系变革提供了更加优异的技术条件，对金融的服务方向、模式、领域和群体有全面影响，有助于更好地发挥金融业的资金筹集和风险管理等功能。同时，数字金融的发展也会对其他领域产生一定的外溢效应，与其他产业实现协同发展，有助于激发地区创新创业，增加就业机会，提高收入水平，促进劳动力等要素合理流动，推动地区经济的可持续增长。

理论命题 18－2

数字金融发展水平是影响劳动力个体跨城市迁移的决定因素之一，数字金融的发展会带来就业机会并促进收入增加，劳动力个体迁移时会倾向于选择数字金融发展水平更高的城市。

（参见：马述忠，胡增玺．数字金融是否影响劳动力流动？：基于中国流动人口的微观视角．经济学（季刊），2022，22（01）：303-322.）

另一方面，伴随数字金融出现的诸多金融骗局显著增加了金融风险防范的难度。在数字技术的加持下，庞氏骗局[1]更加隐蔽且高效，还可能突破国界限制进行跨国传播，消费者很难通过表象了解其中潜在的诈骗性质，欺诈波及的范围和造成的影响更大。国

① 庞氏骗局是美国投机商人查尔斯·庞兹（Charles Ponzi）“发明”的，是对金融领域投资诈骗的称呼，在中国又称“拆东墙补西墙”或“空手套白狼”，是指利用新投资人的钱向老投资人支付利息和短期回报，以制造赚钱假象，骗取更多投资。

际电信联盟（International Telecommunication Union，简称 ITU）在 2018 年发布的《无牌照数字投资计划》（Unlicensed Digital Investment Schemes）报告指出，以数字庞氏骗局为形式的互联网欺诈可能造成系统性的金融风险，破坏一个国家的政治稳定，甚至对世界的金融体系造成冲击。

四、基于数字文化视角的审视

一方面，数字文化有助于提高世界文化体系的多样性，促进不同文化间的交流和融合。各国文化在数字技术的推动下实现了全球范围内的交互和传播，世界上不同地区和民族的人们可以借助新闻门户、社交媒体和视频平台接触和了解其他国家的文化。同时，数字文化的出现契合了消费群体的代际转换和需求个性化的趋势，提高了文化型消费的比例。数字文化具有创作群体庞大、原创内容丰富、内容形态多样和网络传播快速等特点，大大促进了不同文化之间的交流、互通和融合，提高了世界文化体系的多样性。

另一方面，数字文化的发展也会加大各国对数字内容生产和传播的监管难度，负面文化有可能借机大肆传播。在自媒体时代，信息发布主题海量且分散，信息传播高速且便捷，政府的传统“把关人”角色显著弱化，海量危害信息出现在网络上，对社会稳定造成严重威胁。脸书发布的报告显示，2019 年第一季度该平台处理的仇恨言论达 400 万条、宣扬恐怖主义内容达 640 万条、暴力和血腥内容达 3 360 万条。[①] 数字文化具有个性化和自由化特征，如何适应自媒体和网络平台等传播形式和机理的变化，发挥多元主体力量以治理数字文化生态，对各国政府而言是一大考验。

五、基于数字政务视角的审视

一方面，数字政务有利于开展跨国合作，实现协同治理和集约治理。在面对世界性政治、经济和文化等挑战或者突发性重大事件时，各国借助数字政务的模式即时进行数据或信息的交流和共享，在一定程度上能够有效消除世界不同地区政府在处理能力和反应时间等方面的差异，构建起跨区域、跨领域和跨层级的协同管理机制。这个过程中，组织成本大大降低，技术上的融合和共享使得各国政府在不同事件、不同业务和不同系统层面上实现流程再造和统一行动。

另一方面，数字政务对政府数据安全维护提出了更高要求。数字政务涉及公共安全、交通运行、医疗服务和市场监管等多个领域，“一网通办”“一网统管”“一网协同”等模式的实际运行都离不开背后海量政府数据的存储、处理和应用。这些数据与国计民生紧密相关，覆盖范围广，涉及层次深，具有极高商业价值。也正是出于这样的原因，世界各地政府机构的网站或后台成为爬虫、拖库和网站克隆等攻击的重点目标，且攻击往往来自海外，以方便躲避追查和惩罚，给维护政府数据安全带来极大威胁，需要各国携手应对。

① 数字经济治理白皮书（2019）. 中国信息通信研究院网站，2019-12-26.

六、基于数字安全视角的审视

一方面，数字安全能够大幅拓展安全防护的应用场景，降低风险爆发概率。基于数字监测前沿技术的安防模式具有信息识别准、存储容量大、处理速度快和智能水平高等特点，对居民消费、工业生产和对外贸易等各个场景下的人流、物流、信息流和资金流能够实现自动监控管理，快速分析判断。风险监测、风险感知、风险预警和风险处理能力的增强能够更好地对个人隐私和企业信息进行保护，促进各国经济社会平稳运行。

另一方面，一些以安全为外衣的数字技术自身可能引发新的网络安全风险。以区块链技术为例，其在提高保密性和维护系统安全方面具有天然优势，但由于区块链技术的匿名性和节点全球分布，在资金转移中区块链数字资产隐蔽性高，难以追溯和识别身份，为犯罪分子利用勒索病毒收取勒索资金等犯罪行为提供了便利。如何应对数字安全技术及算法中的隐藏风险，是各国在数字经济时代亟须协作处理的重要问题。

第三节 全球数字经济治理的内涵与外延

一、全球数字经济治理的内涵

随着大数据、云计算、人工智能和物联网等数字技术的飞速发展及其在经济生活各个领域的广泛应用，数字贸易、数字金融、数字文化、数字政务和数字安全等各种新业态新模式不断涌现，对全球经济运行产生了诸多影响。传统的全球经济治理方式亟须向全球数字经济治理方式转变，以更好地适应时代需求。

联合国发展政策委员会（Committee for Development Policy，简称 CDP）认为全球治理的主体是各国及其公民，2015 年联合国《亚的斯亚贝巴行动议程》（Addis Ababa Action Agenda，简称 AAAA）指出全球经济治理的主体是联合国各成员国，2019 年联合国数字合作高级别小组《相互依存的数字时代》（The Age of Digital Interdependence）、2021 年国务院《“十四五”数字经济发展规划》均强调数字经济治理离不开政府、平台、企业、行业组织和社会公众的多元参与。现实中，数字经济领域的全球性问题繁复庞杂、牵涉众多，除政府间的合作外，需要平台、企业、行业组织、社会公众等共同参与、密切合作，方能形成治理合力。因此，全球数字经济治理的主体为世界各国及其国内相关主体，包括政府、平台、企业、行业组织和社会公众。

国家主席习近平在 2016 年 9 月二十国集团工商峰会开幕式上的主旨演讲中提到，“全球经济治理应该以平等为基础”“确保各国在国际经济合作中权利平等、机会平等、规则平等”。数字经济的发展本身可能会导致马太效应，南北国家的数字鸿沟越拉越大，新兴市场国家和发展中国家的代表性和发言权愈加难以保障。因此，全球数字经济治理要真正做到合理关切各方诉求，就必须坚持以权利平等、机会平等、规则平等为原则。

全球数字经济治理的展开需要多边机构和进程从中协调。联合国大会（General Assembly of the United Nations，简称 GA）第六十六届（2010 年）、六十七届（2012 年）会议报告中突出强调了多边机构和进程在全球经济治理中的重要作用。根据联合国大会报告，多边机构和进程主要包括：①国际性机构，如联合国及其下属机构、WTO、IMF、世界银行、国际清算银行和金融稳定委员会（Financial Stability Board，简称 FSB）等；②区域和次区域层面的机构和进程，如欧盟、加勒比共同体（Caribbean Community，简称 CARICOM）和海湾合作委员会（Gulf Cooperation Council，简称 GCC）等；③区域和次区域层面的开发银行，如亚洲开发银行（Asian Development Bank，简称 ADB）、泛美开发银行（Inter-American Development Bank，简称 IADB）、加勒比海开发银行（Caribbean Development Bank，简称 CBD）和中美洲经济一体化银行（Banco Centroamericano de Integración Económica，简称 BCIE）等；④联合国各区域委员会提供的政府间论坛，如联合国亚洲及太平洋经济社会委员会举办的亚太可持续发展论坛等；⑤主权国家成立的非正式安排和特设集团，如七国集团（Group of 7，简称 G7）[①]、二十国集团和七十七国集团（Group of 77，简称 G77）[②] 等；⑥非政府组织和私营部门，如世界经济论坛（World Economic Forum，简称 WEF）、劳工工会、各国议会联盟、各类国际会议等。

联合国大会同时还认为全球经济治理的抓手在于形成政策、规则和条例，联合国发展政策委员会认为形成政策、规则、协议等对全球治理至关重要，国务院《"十四五"数字经济发展规划》强调标准体系建设在数字经济治理中不可忽视。结合数字经济实践，全球数字经济治理主要通过政策、规则、标准、条例等实现。第一，全球数字经济规模增长、数字鸿沟弥合、数字风险防控离不开各国、区域集团等出台的宏观政策；第二，数字经济的形态不同以往，技术、贸易和金融等领域的规则和标准亟须更新，以适应新的时代要求；第三，数字经济相关组织机构的运行和相关进程的推进需要条例来进行规范。

联合国发展政策委员会认为全球治理旨在更好地应对跨国挑战。全球数字经济治理亦是如此，即应对数字经济生产、分配、交易和消费等活动中的各类挑战，如提高全球供应链的稳定性、促进数字鸿沟弥合、降低跨境交易风险、保障跨境消费者权益等，尽量减少全球经济发展中的不确定性。此外，国务院《"十四五"数字经济发展规划》在"健全完善数字经济治理体系"部分中特别强调要"优化营商环境"。结合现实发展，全球数字经济治理的重要目的在于全球范围内扫除数字经济发展的体制机制性障碍和矛盾，通过签订多双边协议、共同制定国际规则、合力共建数字基础设施等为各国数字经济发展打造一个良好的外部环境，即优化全球范围内数字营商环境，这是全球数字经济治理区别于一般意义上全球经济治理的特有属性。

综上所述，全球数字经济治理是指世界各国及其国内相关主体（政府、平台、企业、行业组织和社会公众）本着权利平等、机会平等和规则平等原则，借助多边机构和进程

① 七国集团包括美国、英国、法国、德国、日本、意大利和加拿大七个国家。

② 七十七国集团包括阿富汗、阿尔及利亚、安哥拉、安提瓜和巴布达、阿根廷等发展中国家，于 1964 年在第一届联合国贸易和发展会议上成立。截至 2023 年 1 月，G77 成员数量已达 134 个。

开展多双边数字治理合作，通过形成政策、规则、标准、条例等正式或非正式的制度安排以应对各类数字经济挑战的治理活动，通常以优化全球范围内的数字营商环境为目标。

二、全球数字经济治理的外延

按照是否具有约束力，可以将全球数字经济治理划分为“硬”治理（Hard Governance）和“软”治理（Soft Governance）。前者是指具有约束力的治理，通过缔结条约、制定法律等建立强制性义务开展治理活动，如《区域全面经济伙伴关系协定》要求缔约方不对电子商务征收关税，欧盟《通用数据保护条例》要求保障数据主体权利；后者是指不具有约束力的治理，借助价值观、原则、倡议等开展治理活动，如中国与十六个国家签署共建“数字丝绸之路”，二十国集团签署《二十国集团数字普惠金融高级原则》（G20 High-Level Principles for Digital Financial Inclusion）。

IMF、联合国数字合作高级别小组均认为可以将数字经济时代的治理分为“硬”治理和“软”治理。本教材沿用了上述划分，认为全球数字经济治理既需要有强制约束力的“硬”治理，也需要不具有强制约束力的“软”治理，双管齐下。一方面，数字经济领域的一些合作共治行为需要建立强制性的条约或义务进行保障，如消费者隐私的跨国保护，数字侵权行为的跨国惩治。另一方面，对于数字经济中难以形成条约保障的问题或领域，需要依靠价值观念、国际倡议、区域共识等进行引导和治理，如数字鸿沟的弥合，普惠金融原则的确立。

第四节 全球数字经济治理与传统全球经济治理的比较

一、全球数字经济治理的新诉求

（一）坚持统筹兼顾，扩大治理范围

数字经济与传统经济在发展模式上有诸多差异，全球数字经济治理需要扩大治理范围，各国须统筹兼顾，共同治理。第一，全球数字经济治理要涵盖更多主体。努力缩小数字鸿沟，尽可能使更多人享受数字经济的红利是全球数字经济治理的关键目的之一。要从接入鸿沟、使用鸿沟、能力鸿沟等层面缩小不同群体间的数字鸿沟，特别是从数量和质量的双重维度提高欠发达国家发展数字经济的能力，给落后地区企业提供更多参与国际分工的机会。第二，全球数字经济治理要涵盖更多业态。数字经济本身会带来许多新兴业态，如跨境电商、电子出版物、数字金融和比特币，这些新业态带来的影响正是需要全球数字经济治理特别关注的。第三，全球数字经济治理要涵盖更多领域。数字经济时代全球政治经济联系更加紧密，数字经济与实体经济融合程度不断加深，产业的边界愈加模糊，这要求全球数字经济治理关注的领域要更加广泛，在智能制造、智慧农业

和智慧能源等领域探索国际合作的新机制，使更多国家搭上数字经济的快车。

（二）转变思路方法，提高治理效率

在传统政治经济因素和数字经济因素的叠加影响下，全球数字经济治理的现实议题更加繁复庞杂，形式多样，且周期短，亟待各国政府、国际机构和区域组织转变全球经济治理的思路和方法，提高治理效率。一方面，治理模式需要更加集约。在数字经济治理形势越来越复杂的情况下，需要根据大数据、云计算和互联网监测等技术对不同领域进行分析和预判，确定亟待解决且具备可行性的议题，将有限的资源配置在更能发挥作用的地方，进而为各国提供更具可靠性的决策依据，降低全球经济治理的人力、物力及财力成本。另一方面，治理模式需要更加灵活。数字经济的诸多业态和模式是以往未曾出现的，因此面临的很多问题并无前期经验可寻，不少领域的分歧并不是短时间就能解决的。在这种情况下，各国需要积极转变治理思路，合理调整预期目标，面对不同情形灵活运用“硬”治理和“软”治理，双管齐下，以在短期内寻得最佳治理结果。各国要尤其注重治理措施的互利和共赢，避免自说自话、各自为战甚至以邻为壑。

（三）保持求同存异，加强治理合作

全球数字经济治理的一大挑战在于如何处理和调和国家或地区之间在规则制定、标准设计和政策实施等多个方面的分歧和矛盾。不同政治体制、文化背景和数字经济发展阶段的国家有着不同的价值偏好和治理取向，在全球数字经济治理过程中必然会产生冲突和博弈。从全局来看，全球性数字经济治理框架尚未形成。直到 2018 年，联合国秘书长安东尼奥·古特雷斯（António Guterres）才首次提到有关数字经济治理的话题。针对全球高速运行的数字经济，相关讨论还很不充分，也没有形成一致性的治理框架。从局部来看，大量地区性规则互相交织，差异显著，各国参与全球数字经济治理的切入点既不明确，也不统一。面对纷繁复杂的竞争局面，在数据跨境流动、跨国知识产权保护、数字产品和服务的税收监管、数字市场准入等方面，难免存在冲突或分歧。这就要求各国在参与全球数字经济治理的过程中，要本着求同存异的原则，搁置意识形态和政治经济制度等方面的分歧，在有共同需求的领域寻求“最大公约数”，以合作促发展，以互助迎挑战，共建普惠和共赢的全球数字经济治理体系。

（四）倡导多方共建，实现治理协同

全球数字经济治理触及的问题通常不是单一、独立的问题，在实际经济运行中往往涉及多个领域和多个层面，这就需要国际社会在面对复杂棘手的问题时要本着共商共建共享的原则，密切配合，打造权责利清晰、激励相容的协同治理格局。一方面，国家或地区之间要实现治理协同。在面对网络空间安全、数字鸿沟等全球性的议题以及国际性突发事件时，没有一个国家能独善其身，国与国之间的互通有无和携手作战变得尤为重要。另一方面，政府、平台、企业、行业组织和社会公众要实现治理协同。数字经济具有高度不确定性和复杂性，内含数据治理、算法治理、网络生态治理和市场竞争治理等多方面的挑战，这决定了单靠政府或者参与主体中的某一方力量难以有效应对。政府应着力于负外部性、平台垄断等市场失灵问题的解决，为数字经济发展营造公平竞争的外

部环境；平台应充分发挥在数据和算法上的治理优势，提高内部管理和安全保障水平；企业应在市场竞争中依法规范自身行为，争取合法权益；行业组织应积极出台行业标准规范和自律公约，并为纠纷处理提供场所；社会公众应充分发挥监督作用，助力维护市场的公平有效。

二、与传统全球经济治理的相同点

（一）治理目的未有显著变化

从本质上看，全球数字经济治理与传统全球经济治理的目的并无太大差异，都是通过国家或地区之间的联系、合作和共治，寻求超越国家主权的，能够促进世界经济平稳、健康和可持续发展的方法或机制。例如，在贸易方面，各国通过在贸易方式、贸易规则和贸易标准等方面的互通与合作，降低贸易壁垒，提高贸易效率，进而打造开放、透明和包容的多边贸易体系。在金融方面，各国努力在跨境支付、普惠金融和风险防控等方面加强协作，致力于构建多方参与、共同决策和辐射广泛的全球金融体系。在投资方面，各国通过订立双边或者多边协定、加强市场准入合作、完善争端解决机制，努力降低国与国之间资金流动壁垒，营造健康、有序和运行规范的国际投资市场。在发展方面，通过加强发达国家对发展中国家的资金扶持或技术援助，促进国家之间扶贫经验共享，壮大国际公共物品规模，努力缩小发展中国家与发达国家之间的贫富差距和数字鸿沟，进一步促进世界经济实现包容性增长。

（二）治理机构未有显著变化

全球数字经济治理的治理机构与传统全球经济治理并无显著不同，主要依靠全球性或区域性的国际组织来居中协调，不同领域和层次的机构及其机制共同组成了现有全球数字经济治理的基本架构。WTO、IMF 和世界银行依然是全球数字经济治理的“三大支柱”，在制定国际规则、监督法律实施和提供金融支持等方面发挥重要作用，为各国争端的谈判和解决提供场所。同时，经济合作与发展组织、联合国经济及社会理事会（United Nations Economic and Social Council，简称 ECOSOC）、联合国贸易和发展会议以及国际清算银行等全球性机构承担了部分治理职能。此外，欧盟、东南亚国家联盟（Association of Southeast Asian Nations，简称 ASEAN）、非洲联盟（African Union，简称 AU）、亚太经合组织、七国集团、二十国集团、金砖国家和上海合作组织等区域组织在全球经济治理中的作用也变得越来越重要。此外，国与国之间建立伙伴关系、签署双边协定等也是参与全球数字经济治理的重要方式，与上述组织一道为全球数字经济发展做出贡献。

（三）治理逻辑未有显著变化

全球数字经济治理和传统全球经济治理的治理逻辑一致，即都是力求通过一定的机制设计或条件约束来打破“集体行动困境”。全球经济治理过程中，各国或地区针对某一领域问题达成共识的前提是个体理性和集体理性趋于一致，但当参与国家数目太多或者集体内部缺乏有效监督机制时，集体的组织成本会大大增加，各国或地区的主观行动意愿会有所降低而倾向于“搭便车”，于是就产生了“集体行动困境”。事实上，参与治理的各经济体能否从全局出发，与集体共识保持一致并付诸行动，是全球经济治理能否取得有效进展的关键因素。建构具有“共同的人类身份”的治理主体，从战略高度和长远角度看待全球经济治理是解决上述困境的根本途径。中国所提出的“人类命运共同体”的理念恰恰是对这一思想的高度凝练。数字经济时代各国面临的问题和挑战庞杂繁复，牵扯众多，没有国家可以单凭一己之力解决所有问题。以“人类命运共同体”作为全球治理的价值取向，体现了人类道德与国家道德的平衡、个体理性和集体理性的一致，有助于破解“集体行动困境”，增进全球数字经济治理的有效性。

专栏 18－3　“人类命运共同体”思想的三个发展阶段

三、与传统全球经济治理的不同点

（一）国际格局有所不同

与传统经济时代相比，数字经济时代的新兴市场国家和发展中国家在全球中的经济地位显著提高。据 IMF 统计，新兴市场国家和发展中国家国内生产总值的加总在 2008 年首次超过发达国家，且是金融危机之后全球经济复苏的主力军。国际经济地位提高使新兴市场国家和发展中国家在全球经济体系中的话语权和决策权得到加强。传统全球经济治理体系下的规则更多地体现了发达国家的利益诉求，对于发展中国家而言有失公允。比如在乌拉圭回合谈判中制定的《与贸易有关的投资措施协定》（Agreement on Trade-Related Investment Measures，简称 TRIMS）、《服务贸易总协定》（General Agreement on Trade in Service，简称 GATS）等均是有利于发达国家的，发展中国家的利益在规则框架下并不能得到有效保障。因此，全球经济治理体系应该向更加公平合理的方向演进，在国际环境日趋复杂的数字经济时代更应如此。广大新兴市场国家和发展中国家在新的国际格局中拥有更多表达立场和观点的机会，同时积极向国际社会输出治理方案。例如，中国坚持共商共建共享的全球治理观，强调以平等为基础、以开放为导向、以合作为动力、以共享为目标。[①] 这些准则得到了众多新兴市场国家和发展中国家的响应，在新的国际格局下必将对全球数字经济治理的演进方向产生重要的指引作用。

（二）侧重领域有所不同

尽管传统全球经济治理的很多议题依然是全球数字经济治理的重要内容，但从细分

---

① 陈向阳. 习近平总书记的全球治理思想. 人民网，2017-08-17.

角度来看，二者治理的侧重会有所不同。第一，有关数据的治理不容忽视。在数字经济时代，全球数据爆发式增长，数据流增长速度远超全球商品流和资金流等的增长速度，数据治理渗透至经济发展、社会治理和人民生活的各个场景。但数据领域的规则和标准建设滞后于实践，数据产权由谁所有、由谁管、怎么管等问题，国内外还没有统一的制度规范。第二，有关平台的治理不容忽视。平台是数字经济时代出现的最为典型的组织模式，深刻地影响了生产、消费和政府管理等各个方面，对国际贸易和对外投资等产生了颠覆性的影响，对各国合作进行平台监管也提出了更高要求。第三，有关数字鸿沟的治理不容忽视。数字经济时代，数字鸿沟问题成为拉大世界贫富差距、造成两极分化的重要因素，亟须南北合作解决。第四，有关网络空间安全的治理不容忽视。数字技术的发展提高了各类网络犯罪和黑客攻击的复杂性，预防以及解决难度大大增加，由此造成的经济损失需要引起各方的高度重视。

（三）治理路径有所不同

传统经济时代的全球经济治理是由发达国家主导的纵向的、较为单一的治理体系，由于各国从自身利益出发的倾向严重，难以在一些领域快速达成共识。这种情况下，在全球范围内既定治理目标并不能得到有效实现，解决办法只能由全球层面转向区域层面，先寻求区域内的共识以进一步扩大共识范围。区域层面的治理目标也会进一步下沉至国家层面，然后到国内层面，层层分解和传递无疑增加了全球经济治理的难度和复杂性。在数字经济时代，全球经济治理能够以更智能和合理的方式分解全球治理目标，逐步实现横向的、综合化治理。一方面，全球数字经济治理更加精细化。在大数据、云计算和人工智能等数字技术的加持下，全球性的数字经济挑战能够被更好地监测、识别和分析。在宏微观各个层面、各个领域的力量的参与下，相关的治理难题能够被更好地分解，治理效率较传统经济治理有所提高。另一方面，全球数字经济治理更加多元化。全球数字经济治理是以国际组织和机构以及各国政府为运转核心，平台、企业、行业组织、社会公众等广泛参与的立体化治理，治理主体更加多元，特别是强化了各类平台的治理责任，在统一治理理念、缩短治理层级、协调治理任务和加强治理监督中发挥了重要作用。

第五节　全球数字经济治理的制度安排

一、“硬”治理：正式的制度安排

全球数字经济治理中不少关键领域问题需要各国充分协商和合作，以达成正式的制度安排来解决，即通过具有约束力的“硬”治理来完成。这个过程往往需要通过缔结条约、制定法律等来建立强制性义务。之所以需要“硬”治理，一方面是由于部分数字经济领域的问题关切到各个国家的现实利益，但解决需要区域内各地区的共同努力，不建立正式的制度约束难以推行；另一方面也是为了避免全球经济治理的过度“搭便车”行为，破除“集体行动困境”，通过正式的机制设计来明确每一方的责任和义务，有助于凝聚共识，共同为全球数字经济体系的平稳运行做出贡献。

全球数字经济治理中采取“硬”治理的方式，通过推行正式的制度安排来实现治理的例子比比皆是。例如，2018 年 5 月欧盟出台《通用数据保护条例》，通过正式的立法安排明确了数据主体拥有的权利，并对违法行为及惩处措施进行了界定和规定。在《通用数据保护条例》之前，欧盟主要借助 1995 年颁布的《数据保护指令》（Data Protection Directive）来对个人数据的保护行为进行规范。但随着技术的进步和数据的爆发式增长，原有的法律法规不再能满足现实需要。由于成员国对《数据保护指令》实施的具体方式和执法过程不同，加上各国独特的法律制度和文化传统，个人数据在不同的成员国享有不同的保护水平。不协调且失衡的法律适用严重影响数据保护的实际效果和欧盟内的数据自由流动。同时，分割式的法律实施增加了法律的不确定性，公众开始普遍怀疑在线活动的安全性。在这种背景下，《通用数据保护条例》正式出台，统一了现有的各类数据保护规则，提高了各成员国执法的协调水平，大幅降低了数据监管的摩擦和成本。欧盟通过这种“硬”治理的方式提高了对区域内数据主体权利的保障力度，对规范市场经营和促进公平竞争有重要影响。

在贸易领域，《区域全面经济伙伴关系协定》（RCEP）对电子商务的一系列正式规定统一了各成员国在开展线上贸易时应遵守的规范和准则。数字贸易作为新型贸易业态在世界各国发展迅猛，规模不断扩大，但与之不相称的是有关数字贸易的运行规则还很缺乏，不少环节尚处于监管空白。尽管 WTO 于 2019 年发起了新一轮电子商务谈判，但由于制度分歧或利益冲突较大，还未达成具有实质性监管作用的统一框架。WTO 部长级会议在某些方面对跨境电子商务活动进行了短暂约定，但距离全面和可持续运行的正式制度安排还相差很远。2020 年 11 月，历经多轮磋商后，东盟十国和中国、日本、韩国、澳大利亚、新西兰共 15 个亚太国家正式签署了 RCEP，标志着世界上人口最多、经贸规模最大的自由贸易区正式成立。在 RCEP 正式的协议条款中，第十二章专门针对电子商务活动对缔约方进行了规范，内容包括推广电子认证和电子签名、保护电子商务用户个人信息、保护在线消费者权益、加强针对非应邀商业电子信息①的监管合作、维持电子商务免征关税等。这些规定较好地规范了区域内以电子商务开展国际贸易活动的市场行为，对提升区域贸易一体化有重要影响，对全球数字贸易规则框架的形成也起到了一定的示范和推动作用。

二、“软”治理：非正式的制度安排

除了必须依靠正式的制度安排才能推进的治理活动，全球数字经济发展中也有一些问题或分歧的解决主要是依靠非正式的制度安排来推进的，即通过不具有约束力的“软”治理来完成。这个过程往往借助价值观、原则和倡议等来开展。之所以需要“软”

---

① 非应邀商业电子信息是指出于商业或营销目的，未经接收人同意或者接收人已明确拒绝，仍向其电子地址发送的电子信息。

治理，主要有两方面原因：一方面，数字经济中的很多新兴业态还处于蓬勃发展的上升阶段，发展速度快，形式变化多，加之国家之间理念分歧较大，短期内在模式、流程和监管方面还不具备形成一个统一规制框架的基础，确立一些基础性的共识有助于从总体把握业态的发展方向，为后续正式制度安排的出台奠定基础；另一方面，数字经济诸多领域，如市场规模的壮大、发展不平衡的解决，离不开各国的主动付出和贡献，需要各国承担起应有的责任和义务，特别是数字经济发展领先的国家要有担当，主动牵头输出合理的价值理念，发起可行的国际倡议，号召各国共同建设普惠、包容、平衡和共赢的数字经济治理体系。

发起或推行非正式的制度安排的“软”治理是全球数字经济治理的重要组成部分。例如在数字金融领域，由于模式繁杂，且各国所处阶段迥异，前期较难建立起一个国际统一的约束框架，但合理引导数字金融的发展方向对于提高金融服务的普惠性、降低系统性金融风险至关重要。在上述背景下，2016 年 9 月二十国集团杭州峰会审议通过了《二十国集团数字普惠金融高级原则》，这是国际社会首次在该领域推出高级别指引性文件。该文件提出了 8 条原则和 66 条行动建议，涉及倡导利用数字技术推动普惠金融发展、平衡好数字普惠金融发展中的创新和风险、构建恰当的数字普惠金融法律和监管框架、扩展数字金融服务基础设施生态系统等多个方面，为各国如何更好地发展数字普惠金融提出了切实可行的方向性建议，有助于全球数字金融体系的平稳健康发展。

弥合数字鸿沟是数字经济时代摆在世界各国面前的一项重要任务。按发展阶段来看，数字鸿沟主要体现在接入鸿沟、使用鸿沟和能力鸿沟三个方面，反映了不同的国家在接入及应用数字技术上的差异，是数字经济时代造成地区发展不平衡的重要原因，不利于世界经济整体的包容性发展。2017 年中国提出的“数字丝绸之路”是“一带一路”倡议在数字经济领域的延伸，其以深化数字经济国际合作为基本内容，通过与“一带一路”沿线国家和地区共建数字基础设施，推动信息共享，促进数字技术合作，推进互联网经贸服务，加强人文交流，助力共同发展更广范围、更宽领域和更深层次的数字经济。“数字丝绸之路”的实施客观上推动了沿线国家新技术、新业态和新模式的迭代和涌现，缩小了地区数字鸿沟，为促进世界数字经济的包容性发展做出了贡献。

在现实的数字经济治理活动中，正式和非正式的制度安排的设计和实施，往往需要现有的多边机制充分发挥作用。各国需借助联合国、七国集团、二十国集团、金砖国家等平台和场合，通过充分沟通讨论，明确和平衡各方诉求，尽可能寻找“最大公约数”，在合理的范围内推出相关政策措施，以实现全球数字经济治理的“软”“硬”皆施。

专栏 18－4　全球数字经济治理的主要多边机制

第六节　全球数字经济治理的机遇与挑战

一、全球数字经济治理的机遇

在全球数字技术治理层面，各国普遍重视对数字技术的规范使用。确保数字技术的规范合理使用是使民众共享数字经济红利的必要条件。各国通过出台法律法规对大数据、云计算、人工智能技术及相关算法的使用做出正确引导或合理限制，避免拉大数字鸿沟、损害社会福利。2017 年国务院印发《新一代人工智能发展规划》，明确提出"建立人工智能法律法规、伦理规范和政策体系"；2021 年欧盟公布《人工智能法案》（EU Artificial Intelligence Act）草案，旨在为人工智能的使用创建一个共同的法律监管框架；美国加紧推进的《过滤气泡透明度法案》（Filter Bubble Transparency Act）希望对互联网平台的算法推荐进行有效规制。

在全球数字贸易治理层面，数字贸易平台的治理作用日益凸显。在传统时代，贸易行为的监管、贸易摩擦的解决主要依靠世界贸易组织协调下的各国政府行动来完成，企业、行业组织等微观主体参与较少。然而在数字经济时代，数字贸易平台不仅是商业价值创造的核心枢纽，还是贸易治理活动开展的重要载体，除了政府，企业、行业组织和社会公众等微观主体都可借助数字贸易平台参与到全球数字经济治理当中，治理体系趋于多元化。数字贸易平台可以通过制定进入、退出及运营规则对贸易主体的行为进行约束，政府可以在数字贸易平台的助力下探索不同应用场景下的数字贸易规则和标准，企业可以向数字贸易平台投诉违规的同行竞争行为，行业组织可以同数字贸易平台共建信用监管体系，社会公众可以通过数字贸易平台对不正当的市场经营行为进行举报。

在全球数字金融治理层面，移动支付、数字货币等的应用和传播有助于增加全球公共物品供给。数字技术和金融的融合发展催生了一大批新型金融业态和模式，有助于增加金融领域的全球公共物品供给。例如，移动支付将互联网、终端设备、金融机构有机结合，具有时空限制弱、应用场景多、隐私程度高等优势，能够有效扩大金融服务的覆盖范围，降低金融排斥，特别是对于落后地区的发展能够起到"加速器"作用。再如各国抓紧研发和应用的法定数字货币，具有便捷性、可控匿名性、可追溯性等特征，不仅有望在跨境支付、对外投资转账等场景中替代层次多、链条长、操作繁的传统银行代理模式，提高结算效率、规避结算风险，还能基于资金流向的追溯增强对跨国违法犯罪活动的打击能力，提高各国的社会治理能力。

在全球数字文化治理层面，文化资源数字化助力跨国传播和共享。数字技术的发展使得文化资源有了新的存储形式和传播方式，通过对传统文化资源的数字化采集、处理、存储和传输，传统文化资源真正实现了虚拟化和线上化，加之虚拟现实、增强现实（Augmented Reality，简称 AR）等前沿技术的应用，文化资源得以快速地跨时区和跨地域传播。作为一种具备创新性、体验性和互动性的文化共享模式，数字文化的发展可以使得不同国家的人们对彼此的文化资源进行便捷互访，有助于促进不同种族和民族的文化交流，加深世界各国对彼此的了解和互信，充分发挥文化在塑造国家形象上的正面作用。

在全球数字政务治理层面，政府服务模式的创新助力提高治理效能。受技术水平限制，传统政府的服务水平较低，应对经济社会中的棘手问题和突发问题时往往显得力不从心。数字政务的出现符合技术发展的时代趋势，加速了数字经济时期政府职能转变。一方面，数字政务在整合社会数据、打造线上平台、优化监管模式等方面的创新简化了政府服务流程，提高了政府服务能力。另一方面，中国、美国、英国和德国等诸多国家大力发展数字政务，能够激发政府之间协作新模式，特别是在应对国际性的复杂事件时，有助于提高处理的即时性和精准性，进而实现高效解决。

在全球数字安全治理层面，法治化治理趋势不断加强。随着对数字经济时代网络信息窃取、计算机入侵等违法犯罪行为的持续打击，各国普遍积累了丰富的网络及信息安全维护的实践经验。美国、俄罗斯和英国等不少国家已经颁布了相关的法律法规来防范数据泄露或信息威胁，中国也出台了《中华人民共和国个人信息保护法》来强化对个人信息的法治保障。数字安全领域越来越受到全球各国的重视，逐步走向法治化治理，为协同共建网络空间命运共同体打下了基础。

二、全球数字经济治理的挑战

在全球数字技术治理层面，数字霸权的存在不利于各国共享数字红利。部分发达国家利用自身在数字技术领域的先发优势和主导地位，施行数字霸权。典型的数字霸权行为如单方面制定国际霸王条款或推行国际霸王标准，阻碍发展中国家在数字技术领域的进步；再如以维护国家安全的名义发起对发展中国家的技术制裁，以不正当手段打击或封锁新兴市场国家的数字技术企业。种种数字霸权行为的背后反映的是以部分发达国家为首的单边主义的兴起，通过增加发展中国家接入和使用数字技术的成本来维护本国企业利益，这客观上会加大南北数字鸿沟，加剧全球发展不平衡，不利于各国共享数字红利。

在全球数字贸易治理层面，数字贸易规则和标准相对缺位。尽管 WTO、APEC 等国际组织就电子商务议题展开了多轮讨论，《全面与进步跨太平洋伙伴关系协定》、《跨大西洋贸易与投资伙伴关系协定》（Transatlantic Trade and Investment Partnership，简称 TTIP）、《服务贸易协定》（Trade in Service Agreement，简称 TISA）等大型自由贸易协定围绕数字贸易规则展开数次协商，但还没有形成具有广泛共识的数字贸易规则框架。已有的数字贸易规则“美式模板”和“欧式模板”分歧较大，且较少考虑发展中国家利益，难以发挥具有普遍意义的规制作用，数字贸易规则和标准的相对缺位使得诸多数字贸易活动缺乏有效的国际监管。

在全球数字金融治理层面，监管环境的宽松容易滋生形式多样的投机行为。在世界上大多数国家，已有的成熟的监管规范基本是针对传统金融的，对数字金融规制相对较少。尽管监管环境的宽松在短期能够激发市场活力、壮大市场规模，但也会滋生很多投机行为，道德风险尤为严重。由于监管宽松，P2P 兴盛一时，借着 P2P 名义展开非法集资的数字金融企业大量涌现，给众多投资者造成了巨大损失。如果投机行为跨国蔓延，相关规制的缺乏更加难以保证投资者利益，将加剧国际金融风险。

在全球数字文化治理层面，文化冲突在数字化的背景下显著加剧。在微观层面，每个个体都可以成为一个媒介传播平台，可以迅速推广自身信息，个体传播权的增加打破了过去权威媒体主导传播的局面。这种个体数字文化的出现使得文化市场信息愈加纷杂，观点碰撞更加激烈，文化冲突显著加剧。在宏观层面，文化的产生和传播也趋于国际化，但由于发达国家的数字文化产业发展远远领先于发展中国家，在数字文化的国际输出和渗透中占据优势地位，对发展中国家原有的民族文化、意识形态和主流价值观形成冲击。

在全球数字政务治理层面，政务数据安全保障亟待加强。海关、国税和公安等政务系统涵盖的数据范围非常广泛，既包括大量的企业经营数据和居民隐私数据，还包括不少政府涉密数据，这对政务服务数字化过程中数字技术应用的安全性提出了更高的要求。一方面，数字政务建设往往依托于数字技术企业，导致数据处理、平台搭建和终端使用环节难以完全在政府内部完成，因而建设过程的数据安全保障亟待加强。另一方面，数字政务的重要目的之一是打破部门之间的信息孤岛，即通过统一标准、联通接口、共享信息等促进数据跨部门自由流动，但频繁的数据流动会带来泄露风险，因而运行过程中的数据安全保障亟待加强。

在全球数字安全治理层面，理念和政策分歧阻碍跨境监管有效落实。在数字经济时代，威胁国家信息安全、侵犯消费者隐私、侵犯企业知识产权等违法行为无时无刻不在发生，遏制这些现象离不开各国的密切合作。然而，现实中由于意识形态、政治体制、经济实力、文化背景和发展阶段不同，各国在数字安全层面的理念和政策常常存在很大分歧（例如对与境外接收方约定数据安全保护责任义务的规定不同），客观上对跨境监管的有效落实造成阻碍。此外，还有部分国家在处理跨国数据威胁时，可能会违背国际条约，引发国际争端，对国际政治经济形势稳定造成负面影响。

本章小结：中国视角

自 20 世纪起，全球经济治理先后经历了以英国为中心的霸权竞争治理、以美国为中心的霸权支配治理、以美苏争霸为背景的霸权争夺治理、以发达国家为主导的南北合作治理、以新兴经济体为重要力量的全球共同治理等阶段，其演变历程是一个多方力量持续博弈、各国角色不断转换的过程。数字经济时代的到来为全球经济治理带来诸多机遇和挑战，国际格局面临重新洗牌，世界进入全球数字经济治理的时代。在扩大治理范围、提高治理效率、加强治理合作和实现治理协同方面，数字经济众多新业态新模式对全球数字经济治理提出诸多新诉求。全球数字经济治理与传统全球经济治理相比，虽在治理机构、治理目的、治理逻辑等方面存在相同点，但也在国际格局、侧重领域、治理路径等方面存在诸多差异。全球数字经济治理的高效实现离不开“硬”治理和“软”治理的相互配合、共同推进，世界各国须一起为之努力和付出。

在全球经济治理的演变历程中，中国逐渐由边缘走向中央，逐渐从旁观者、参与者变为融入者、引领者，其背后反映的是中国综合国力的增强和国际地位的提高。鉴于在数字技术、数字贸易和数字金融等方面的先行优势，中国有望在全球数字经济治理中发挥更大作用。中国要秉持“人类命运共同体”理念引领全球数字经济治理，在国际场合继续倡导共商共建共享的全球治理观，坚持“正确义利观”，坚持“双赢、多赢、共赢”，引导各方扩大合作、形成共识、共享福利。在全球数字经济治理中，中国应一以贯之地在数字贸易规则和标准构建、网络空间治理、数字鸿沟弥合等方面倡导权利平等、机会平等和规则平等，积极为新兴市场国家和广大发展中国家发声并争取利益，为早日形成公正合理和包容联动的全球数字经济治理体系不断贡献中国智慧和中国方案。

标识性概念

全球数字经济治理

思考题

1. 尽管布雷顿森林体系的瓦解宣告了二战后以美元为中心的国际货币体系的结束，但事实上，美元在之后的全球货币体系中依然占据绝对优势地位，美国控制着国际支付清算的主要通道，尤其是环球同业银行金融电信协会国际结算系统。中国于2019年底开启数字人民币的试点工作，并不断丰富应用场景。试分析数字人民币的研发和应用会对我国在国际货币体系中的地位产生什么影响？

2. 2022年3月，北京市消费者协会发布互联网消费大数据“杀熟”问题调查结果，点名飞猪和饿了么涉嫌利用算法大数据“杀熟”。在现实中，算法运用越来越广泛的同时，由算法带来的社会伦理和法律问题也日益突出。站在政府的角度，请问应该从哪些方面着手进行算法治理呢？

3.《“十四五”数字经济发展规划》指出，“数据要素是数字经济深化发展的核心引擎”，“数据的爆发增长、海量集聚蕴藏了巨大的价值，为智能化发展带来了新的机遇”。但与此同时，数据泄露问题也十分严重。2021年1月，交通银行遭遇黑客攻击，高达16 791 320条数据在某国外论坛被发帖售卖。你认为，应如何辩证地看待数据爆发式增长带来的影响呢？

4. 2018年，美国总统特朗普签署《澄清境外数据合法使用法案》（Clarifying Lawful Overseas Use of Data Act，简称CLOUD法案），赋予美国政府调取存储于他国境内数据的合法权力，但包括中国在内的很多国家并不认可这一法案。试分析上述事件背后反映的实质。

5. 截至2019年4月，已有16个国家与中国签署“数字丝绸之路”建设合作谅解备忘录，中国还联合7个国家共同发起了“一带一路”数字经济合作倡议，“将‘一带一路’连接成为21世纪的数字丝绸之路”的愿景正一步步成为现实。请问中国的上述行动对于全球数字经济治理有什么意义呢？

延伸阅读

［1］Flyverbom M, Deibert R, Matten D. “The Governance of Digital Technology, Big Data, and the Internet: New Roles and Responsibilities for Business,” *Business & Society*, 2019, 58（1）：3-19.

［2］裴长洪. 全球经济治理、公共品与中国扩大开放. 经济研究，2014（03）：4-19.

［3］唐世平. 国际秩序变迁与中国的选项. 中国社会科学，2019（03）：187-203.

［4］秦亚青. 全球治理：多元世界的秩序重建. 北京：世界知识出版社，2019.

第十九章 包容性发展与全球数字鸿沟

本章导读

信息通信技术的发明和应用带领全球进入数字时代，然而随着数字技术的扩散，数字鸿沟已成为全球贫富差距现象凸显的一种新的表现形式。正如世界银行《2016 年世界发展报告：数字红利》（World Development Report 2016: Digital Dividends）指出，虽然数字技术在全球大部分地区迅速推广，但使用这些技术应产生的发展效益即数字红利，却并未同步实现。数字技术能够促进经济增长、增加工作机会、改善服务供给，但总体产生的效益不足，分布也不均。如何有效弥合各类型的数字鸿沟，实现包容性发展是国际组织和各国政府共同追求的目标。通过本章的学习，读者可以快速了解包容性发展与数字鸿沟的内涵和外延，辨析二者的相互关系，对各类型数字鸿沟的演变、全球数字鸿沟对数字贸易的影响和全球数字鸿沟治理也会有一定的掌握，从而为进一步深入理解全球数字经济治理打下基础。

第一节 包容性发展的内涵与外延

一、包容性发展的内涵

随着全球化不断深化，国家间、地区间和社会群体间的不平等持续扩大，全球范围内的反贫困任务十分艰巨。2007 年 10 月，亚洲开发银行召开以“新亚太地区的包容性增长与贫困减除”为主题的国际研讨会，率先提出“包容性增长”的三个要求，即发展必须具备包容性、可持续性，且更为民众所认同。在此之后包容性发展作为全新的发展理念频频出现在国际组织的研究报告中，成为联合国开发计划署（United Nations Development Programme，简称 UNDP）、世界银行和亚洲开发银行等国际组织的重点关注领域。

联合国开发计划署的国际包容性增长政策研究中心认为：包容性发展是使人们广

泛参与到经济活动中，并分享经济增长带来的效益。世界银行认为：包容性发展要兼顾经济增长的速度和方式，二者是相互关联的，需要综合考量。亚洲开发银行认为：包容性发展是跨越了普通意义上增长的一个概念，它意味着不仅创造了新的就业机会，还确保了社会各阶层，特别是穷人平等地获得了创造的机会。这些表述的背后都意味着包容性发展已经绝不仅仅是关注经济总量的增加或速度的提高，更多关注发展方式上的普惠化、集约化，经济发展与生态保护并重，使经济增长在降低发展不平衡、不平等方面发挥重要作用，实现人与自然和谐发展。

习近平总书记在出席亚太经合组织第二十五次领导人非正式会议第一阶段会议时指出，包容性发展要把包容性置于更突出位置，处理好公平和效率、资本和劳动、技术和就业的关系。包容性发展的核心矛盾可以总结为三点。第一，发展不能一味追求效率的提高，更要注重财富的公平分配。第二，发展要注重资本和劳动的边际报酬及收入份额的变化，避免不同要素回报的差距过大。第三，在数字经济时代尤其要注重人工智能等技术对就业的影响，合理利用技术的同时也要兼顾对不同劳动群体带来的冲击。所以，本教材认为包容性发展要处理好公平和效率、资本和劳动、技术和就业等方面的关系。

众多国际机构或组织，例如世界银行、亚洲开发银行、欧盟、经合组织、世界经济论坛均认为包容性发展的主要目的有两个，一是让每个人（包括受歧视的弱势群体）均有平等的机会参与到发展的过程中，二是以货币和非货币形式公平地在整个社会分配发展带来的好处。本教材沿用了这一理念，将包容性发展的目的概括为要实现让所有人参与到发展过程中并共享发展成果。

世界经济论坛进一步强调确保自然资源和金融资源的可持续管理是包容性发展的重要方面。世界银行也指出包容性增长需要长期的持续性。习近平总书记在二十国集团领导人第十一次峰会、第十五次峰会等场合也多次强调包容性发展旨在落实2030年可持续发展议程。因此，本教材将包容性发展视为一种可持续发展。

综上所述，包容性发展是指兼顾经济增长速度和方式，科学处理公平和效率、资本和劳动、技术和就业的关系，最终实现让所有人有平等机会参与到发展过程中并共享发展成果的可持续发展。

专栏19-1 人类命运共同体赋予包容性发展新内涵

二、包容性发展的外延

根据内容不同，包容性发展主要包括经济包容性发展、社会包容性发展和生态包容性发展三类。经济包容性发展注重经济增长的数量和质量，如保证企业数字市场进入机会的平等；社会包容性发展注重弱势群体的利益，如提高低技能劳动力的数字素养；生态包容性发展注重生态系统的可持续性，如积极应对气候变化、空气污染和土地退化。

众多国际机构或组织，例如世界银行、亚洲开发银行、欧盟、OECD 等突出强调了包容性发展的基础性作用，主要集中于经济和社会层面。世界经济论坛在经济和社会两方面基础上指出生态保护的重要性。结合各大国际机构或组织对包容性发展的描述，本教材从经济、社会和生态三方面定义包容性发展。

第二节 数字鸿沟

一、数字鸿沟的内涵与外延

（一）数字鸿沟的内涵

第一、二次工业革命以来，社会生产力飞速进步，交通和通信工具快速发展，各大洲之间的经贸联系日益增强，世界市场逐渐形成。第三、四次工业革命的产生和发展，为互联网、人工智能等新型数字技术的应用进程按下了快进键。美国著名新闻记者托马斯·洛伦·弗里德曼（Thomas Loren Friedman）认为，21 世纪科技和通信领域的不断创新正在减少这个世界的不平等。但现实世界并没有这么理想化，由于信息化发展水平的不同，互联网的发展并没有减少不平等，反而使得世界变得更加沟壑纵横，数字鸿沟便是重要表现。

国际电信联盟认为数字鸿沟是信息通信技术（Information and Communications Technology，简称 ICT）的获取和使用在国家、区域和社会经济群体之间的差异。联合国人类居住规划署（United Nations Human Settlements Programme，简称 UN-HABITAT）也强调数字鸿沟是源于不同社会群体在数字技术可及性和使用上的差异。OECD 认为：数字鸿沟体现于不同社会经济水平的个人、家庭、企业和地理区域之间在获取 ICT 的机会和使用 ICT 方面的差距。中央网络安全和信息化委员会办公室指出数字素养与技能上的差距也是数字鸿沟的重要表现。发表在《光明日报》2020 年 8 月 4 日理论版上的文章《弥合数字鸿沟 推动数字经济发展》指出，数字技能主要表现在对各类数字平台的掌握和应用能力，例如利用云计算平台处理数据的能力。综合上述分析，本教材认为数字鸿沟是指在获取数字技术、利用信息网络和数字平台能力方面的差距。数字鸿沟的主体有宏微观层面上的理解，总体上可以概括为数字鸿沟存在于不同国家（如发达国家和发展中国家）之间及国家内部不同地区（如东西部地区）和群体（如男性和女性）之间。

联合国人类居住规划署明确指出数字鸿沟反映并放大了社会、经济和文化方面的不平等，如在性别、年龄、种族、收入、能力等方面的差距，据此将数字鸿沟分为连通鸿沟、基础设施鸿沟、社会经济鸿沟、文化鸿沟等。无论是国际电信联盟发布的《衡量信息社会报告》（Measuring the Information Society Report），还是习近平总书记在二十国集团领导人第十二次峰会和联合国大会纪念北京世界妇女大会25周年高级别会议上的讲话，也都持这一观点。因此，本教材认为数字鸿沟反映了全球数字化发展在社会、经济、文化等诸多领域的不平衡。

综上所述，数字鸿沟是指不同国家之间及国家内部不同地区和群体之间，在获取数字技术、利用信息网络和数字平台能力方面的差距，反映了全球数字化发展在社会、经济、文化等诸多领域的不平衡。

（二）数字鸿沟的外延

数字鸿沟的外延可以从发展阶段、地理范围及社会群体这三个维度来划分。

按照发展阶段划分，数字鸿沟包括接入鸿沟、使用鸿沟和能力鸿沟。接入鸿沟是指不同群体触及数字技术和数字设备的差异，也被称为“第一阶数字鸿沟”。使用鸿沟是指不同群体是否能够使用数字技术和数字设备的差异，也被称为“第二阶数字鸿沟”。能力鸿沟是指不同群体数字素养和技能方面的差异，如对数据资源获取及处理能力上的差异，也被称为“第三阶数字鸿沟”。发表在《新媒体与社会》（*New Media & Society*）2019年第2期的文章《第一阶数字鸿沟从物理访问的不平等转变为物质访问的不平等》（The First-Level Digital Divide Shifts from Inequalities in Physical Access to Inequalities in Material Access）将互联网接入的鸿沟称为“第一阶数字鸿沟”，将互联网使用鸿沟称为“第二阶数字鸿沟”。发表在《中国社会科学》2021年第8期的文章《缩小数字鸿沟：中国特色数字金融发展》认为，数字鸿沟指不同社会群体对互联网在可及和使用上的差异。发表在《光明日报》2020年8月4日理论版上的文章《弥合数字鸿沟 推动数字经济发展》在接入鸿沟和使用鸿沟的基础上进一步提出了能力鸿沟，并强调能力鸿沟体现为不同群体在处理数字资源、创造数字资源等方面的差异。

按照地理范围划分，数字鸿沟包括全球数字鸿沟、南北数字鸿沟、国内数字鸿沟和地区数字鸿沟。经合组织认为，数字鸿沟存在于国家之间和国家内部。习近平总书记在出席二十国集团领导人第十二次峰会时指出，世界各国要扩大数字经济的可及性，缩小南北数字鸿沟，推动数字经济朝开放包容方向发展。

按照社会群体划分，数字鸿沟包括城乡数字鸿沟、性别数字鸿沟和代际数字鸿沟。联合国人类居住规划署认为，女性、农村居民和老年群体处于数字鸿沟的弱势端。习近平总书记在出席联合国大会纪念北京世界妇女大会25周年高级别会议时指出，中国支持联合国把妇女工作放在优先位置，在解决性别数字鸿沟等新挑战上有所作为。

本教材数字鸿沟的外延综合参考了上述有关数字鸿沟的表述和分类，从发展阶段、地理范围、社会群体三方面对数字鸿沟的外延进行了刻画。

专栏19－2 数字鸿沟的测度

二、包容性发展与数字鸿沟

包容性发展是一种更趋公平、更加全面、更具人文关怀、更体现可持续性的新发展理论。从逻辑框架上看，包容性发展与数字鸿沟弥合之间属于相互促进的双向关系。一方面，包容性发展既是弥合数字鸿沟所需贯彻的基本理念，也是弥合数字鸿沟的最终目的。另一方面，数字鸿沟弥合是包容性发展的组成部分和实现路径。

第一，弥合数字鸿沟有助于提高公民数字素养，实现包容性发展主体的全面性。没有全体共同参与，发展成果共享便失去了社会公正性，鼓励所有主体积极参与国民经济发展是包容性发展的本质要求。相比于其他群体，弱势群体参与国民经济发展的能力较差、机会更少。因此实现包容性发展需要加大对弱势群体的人力资本投资，增强弱势群体能力，扩大弱势群体机会。

包容性发展要求数字鸿沟弥合需具全面性，不仅要考虑数字鸿沟弥合对象的全面性，还要针对各主体实现就业和教育等弥合内容的全面性。一方面，数字鸿沟弥合可以通过扩大数字基础设施覆盖范围，提高互联网接入质量和传输能力，惠及偏远地区、贫困地区居民等弱势群体。另一方面，数字鸿沟弥合可以通过构建多主体的数字素养培育体系，实现弱势群体多维全面发展。

第二，弥合数字鸿沟有助于降低信息不对称，实现包容性发展机会的公平性。发展机会公平性是发展权意义上的公平，指社会中每个人都具有同等参与的机会、被挑选的机会、获得的机会等。机会多少并不取决于自然禀赋、特定环境和家庭背景，而与个人能力和努力程度有关，是主观条件上的公平。但发展机会公平并不意味要均等分配利益，个人能力和努力程度不同必然导致发展结果的差异。

包容性发展要求数字鸿沟弥合既要保证各群体获得机会的公平性，又要考虑交易双方的公平性。一方面，由于社会地位和要素获取的不平等，不同阶层和群体对数字资源的可及性和交易成本的可控性差异较大，数字鸿沟弥合可以有效减轻此种差异。另一方面，数字鸿沟弥合能更广泛地降低所有群体获取信息的成本，给在信息获取方面处于弱势的群体，尤其是女性、残障人士和边远地区居民带来更多公平的机会。

第三，弥合数字鸿沟有助于创造数字经济红利，实现包容性发展成果的普惠性。包容性发展注重以人为本，追求社会全体的共同进步，在发展目的上利益共享是包容性发展的必然要求。如果发展成果不是全民共享，包容性发展就是有偏的、不完整的，包容性发展追求的发展主体的全面性、发展机会的公平性就失去了应有的意义。但不能将包容性发展简单地理解为利益均等化，在包容性发展中，政府的主导作用与市场的决定作用不是对立的，而是统一的，要以客观规律为基础，是对市场规律的自觉运用。

包容性发展要求数字鸿沟弥合需具普惠性，不仅能增加主体对象的普惠收益，而且还能使各参与主体的数字红利拓展到诸多领域。一方面，数字鸿沟弥合可以提高各参与主体数字红利的可获得性，拓展社会、政治、文化和生态等诸多领域成果的共享性，实现包容性发展成果的普惠性。另一方面，数字鸿沟弥合带来的数字红利体现在个体电子商务参与能力的提高、企业信息化水平的提高、数字技术创新创业的增多、电子政务的成熟等多个方面。

理论命题 19－1

通过削弱社会网络、抑制自雇佣创业和降低信贷可得性，数字鸿沟会减少家庭收入，特别是对低收入家庭收入的负面影响更大。

（参见：尹志超，蒋佳伶，严雨. 数字鸿沟影响家庭收入吗. 财贸经济，2021，42（09）：66-82.）

第三节　接入鸿沟、使用鸿沟与能力鸿沟

一、接入鸿沟的演变

接入鸿沟是各类数字鸿沟的衍生源头，在 20 世纪 90 年代中期后引起了世界范围内国际组织、各国政府和公众的高度关注。接入鸿沟是指不同群体触及数字技术和数字设备的差异，也被称为“第一阶数字鸿沟”，物质资本差异是导致接入鸿沟的直接原因。由于对物质资本拥有程度不同，不同地区、不同群体间接入数字技术的机会存在差异，造成了数字技术分布的不均衡现象。

在数字经济发展较快的国家，接入数字设备和数字技术的人口比例不断提高，“第一阶数字鸿沟”有所缩小。据 2021 年联合国《解决数字鸿沟：采取数字包容行动》（Addressing the Digital Divide: Taking Action towards Digital Inclusion）报告，2014—2019 年间，全球新增了超过 10 亿的互联网用户，互联网普及率快速上升。以中国为例，“十三五”期间，中国网民规模从 6.88 亿增长至 9.89 亿，五年增长了 43.7%。互联网普及率上升至 70.4%，约高于全球平均水平 5 个百分点，截至 2020 年中国网民规模已相当于全球网民的五分之一。中国城乡间接入鸿沟显著缩小，农村地区网民规模达 3.09 亿，城镇地区网民规模达 6.8 亿，城乡地区互联网普及率差异首次缩小到 30% 以内。但在诸如非洲等数字技术发展较为落后的国家或地区，多数人仍然无法接触互联网，“第一阶数字鸿沟”仍然是制约经济发展的重要因素之一。

二、使用鸿沟的演变

随着互联网的普及，接入鸿沟不再难以逾越，但与此同时，因为数字技术使用的差异而导致的使用鸿沟开始凸显。使用鸿沟是指不同群体是否能够使用数字技术和数字设备的差异，也被称为“第二阶数字鸿沟”。使用数字技术必须具备一定的知识水平，教

育水平、数字技术培训服务等软件条件的差距是导致使用鸿沟的重要原因。

与接入鸿沟相反，使用鸿沟正在逐渐扩大。据联合国《解决数字鸿沟：采取数字包容行动》，全世界超过 40% 的人口没有机会学习如何使用电脑。在数字经济时代，伴随着数字技术设备和功能的多样化，大数据、物联网、虚拟现实、人工智能、云计算等数字技术已组成了新的知识体系。在多数人尚未掌握传统计算机技能时，掌握新一代的智能技术即将或已经成为职业的基本要求。这导致了使用鸿沟的进一步扩大。国际电信联盟 2016 年版《衡量信息社会报告》构建了 ICT 发展指数（ICT Development Index），并将之分解为接入子指数、使用子指数和技能子指数。数据显示，2016 年全球使用子指数排名最高的前五位国家分别是丹麦、瑞士、韩国、挪威和冰岛，排名最末的五位国家分别是几内亚比绍、尼日尔、乍得、坦桑尼亚和贝宁。不难发现，使用子指数排名较高的地区主要分布在北欧国家，排名较低的地区集中在非洲国家。其中丹麦 2016 年使用子指数为 8.91，2015 年为 8.84。几内亚比绍 2016 年使用子指数为 0.12，2015 年为 0.12。二者的差距由 2015 年的 8.72 扩大至 8.79。中国使用子指数从 2015 年的 3.79 上升至 2016 年的 4.58，排名从第 73 名上升至第 67 名。

三、能力鸿沟的演变

随着生产生活的数字化水平不断提高，数字技术逐渐成为一种通用技术。这一阶段的数字鸿沟不再局限于数字技术的接入和使用层面，而是表现为能力鸿沟。能力鸿沟是指不同群体数字素养和技能方面的差异，如对数据资源获取及处理能力上的差异，也被称为“第三阶数字鸿沟”。能力数字鸿沟源于社会趋势和技术偏向的综合作用。社会趋势是影响数字技术使用能力的先决条件，主要包括以下三点：社会的文化分化；全球收入、就业和财产的严重不平等；公共信息和通信设施的商业化。技术偏向指由计算机和互联网技术的复杂性、昂贵性和多功能性引起的用途的差异。

国家间和国家内都存在显著的能力鸿沟。根据国际电信联盟《衡量数字化发展：2021 年事实与数字》（Measuring Digital Development : Facts and Figures 2021），从事过一项基本数字技能活动（例如在过去三个月内发送了一封带有附件的电子邮件）的人数比例少于 40% 的国家占受调查国家的 40%。创建过电子演示幻灯片的人数比例不到 40% 的国家占受调查国家的比例超过 70%，在有数据的 76 个国家中，只有 3 个国家有超过 60% 的人报告创建过电子演示幻灯片。只有 15% 的受调查国家有超过 10% 的人报告使用专门的编程语言编写了计算机程序。数据还显示，年龄组和职业之间的技能水平差异很大，但年轻男性和女性之间的差异相对较小。据中国社会科学院信息化研究中心发布的《乡村振兴战略背景下中国乡村数字素养调查分析报告》，中国国民数字素养平均得分仅有 43.6，其中城镇居民数字素养评价得分为 56.3 分，比农村居民高 21.2 分。农村网民在信息使用方面以娱乐、社交、通信等基础类应用为主，在具有较高文化与技能要求的深度应用方面与城镇网民相比有较大差距。

理论命题 19－2

互联网使用即数字技术扩散具有普惠性，但对不同受教育水平群体的作用存在差异，受教育水平越高获益越大：与低技术劳动力相比，互联网使用更有助于高技术劳动力签订劳动合同和延长工作时间，从事高复杂度职业。

（参见：马述忠，吴鹏，潘钢健．互联网使用、生活性服务业扩张与劳动收入分化：数字鸿沟视角．经济学动态，2022（02）：68-84.）

第四节　全球数字鸿沟与国内数字鸿沟

一、全球数字鸿沟的演变

数字鸿沟是一种全球性现象。利用数字技术创造的经济效益主要集中在发达国家，虽然数字技术在发展中国家也有普及，但存在明显的推广差距，大多数发展中国家仍处于数字鸿沟弱势端。全球数字鸿沟是指在全球数字化进程中，不同国家和地区之间由于对数字技术应用程度的不同造成的信息落差、知识差距和贫富分化，是传统的国际不平等在数字时代的延续。这里所说的全球数字鸿沟特指相较于国内数字鸿沟而言的全球层面的数字鸿沟。全球数字鸿沟产生的主要原因是数字基础设施匮乏造成数字设备价格高昂，限制了其在落后国家和地区的普及。联合国可持续发展宽带委员会（The Broadband Commission for Sustainable Development，简称 BCSD）提出了到 2025 年宽带价格低于各国人均国民总收入 2% 的目标。但根据国际电信联盟《衡量数字化发展：2020 年信息通信技术价格趋势》（Measuring Digital Development: ICT Price Trends 2020）的统计，截至 2020 年仍有接近一半的国家没有达到该目标。联合国《解决数字鸿沟：采取数字包容行动》显示，非洲仅 1GB 流量的平均成本是平均月工资的 7.12%。

随着数字技术逐渐向落后国家和地区普及，全球数字鸿沟趋于缩小，但截至 2021 年全球层面国家间仍然存在明显的数字鸿沟。一方面，数字鸿沟弱势端的国家正在努力缩小与数字经济发展领先的发达国家的差距。根据国际电信联盟《衡量数字化发展：2021 年事实与数字》，在互联网用户数和普及率方面，2020 年发展中国家的互联网用户数量增长率为 13.3%，高于全球 10.2% 的平均增长率。2019—2021 年间，非洲和亚太地区全球互联网普及率上升最快，分别为 23% 和 24%。在全球移动宽带订阅量方面，截至 2021 年全球平均每 100 人移动宽带订阅量达到 83 人，其中亚太地区的增长最快（10.5%），其次是独联体地区（7.0%）和非洲（6.7%）。根据国际电信联盟 2016 年度《衡量信息社会报告》，全球移动宽带接入的强劲增长使得越来越多来自数字鸿沟弱势端的国家的人加入信息社会，并从互联网提供的许多服务和应用程序中受益。另一方面，弥合全球数字鸿沟还任重而道远。根据国际电信联盟《衡量数字化发展：2021 年事实与数字》，截至 2021 年全球仍有 29 亿人无法接触互联网，其中 96% 生活在发展中国家。非洲地区依旧是全球互联网普及程度最低的地区，有 23% 的人口无法接入移动宽带网络。东欧和独联体国家次之，有 11% 的人口无法接入移动宽带网络。

二、国内数字鸿沟的演变

国内数字鸿沟是指数字技术在一个国家内部不同地区间接入和使用上的差异。产生国内数字鸿沟的原因主要是数字技术具有偏向性，在经济发展水平越高的地区，数字技术发展越快、应用越广。受地理条件、开放程度、教育水平等因素影响，国家内部不同区域间可能存在数字鸿沟。国内数字鸿沟会加剧区域间收入的不平等，其机制在于数字技术与人力资本互补，增加了高技能劳动力的相对需求和相对工资，而高技能劳动力主要集聚在经济发展水平更高的地区。

随着数字技术普及，国内数字鸿沟趋于缩小。以中国为例，截至 2020 年中国网络扶贫行动取得了实质性进展，带动边远地区和贫困地区的非网民向网民加速转化。在数字设备覆盖方面，贫困地区“最后一公里”被打通，贫困村通光纤比例从“十三五”初期的不足 70% 提高至 98%，深度贫困地区通宽带比例从 25% 提高到 98%。在网络扶智方面，全国中小学（含教学点）互联网接入率从 2016 年底的 79.2% 上升至 99.7%，持续激发贫困地区群众自我发展的内生动力。在电商扶贫方面，832 个国家级贫困县全部建立了电子商务服务中心，实现贫困地区县、乡、村三级农村电商管理与物流配送网络全覆盖。另外据中国商务部《中国电子商务报告（2020）》，2020 年国家级贫困县网络零售额达 3 014.5 亿元，同比增长 26%，其中农产品网络零售额达 406.6 亿元，同比增长 43.5%。

第五节　城乡数字鸿沟、性别数字鸿沟与代际数字鸿沟

一、城乡数字鸿沟的演变

城乡数字鸿沟是指城市居民与农村居民在拥有和使用数字技术方面的差距。在数字经济时代，城乡数字鸿沟会造成新的贫富分化和马太效应，导致城乡差距扩大。城乡数字鸿沟产生的原因可归结为两个方面。一方面，由于网民通过上网获利的途径比非网民多，在数字产业化和产业数字化进程中，城市居民能比农村居民收获更多数字红利。另一方面，受限于数字基础设施建设落后和农村居民数字素养较低，数字红利无法完全惠及农村。

全球普遍存在城乡数字鸿沟，发展中国家城乡数字鸿沟大于发达国家。根据国际电信联盟的报告《衡量数字化发展：2021 年事实与数字》，在全球范围内城市地区居民使用互联网可能性总体上是农村地区居民的两倍。在发达经济体中，城市居民使用互联网的比例为 89%，仅比农村居民高出 4 个百分点。但是在非洲，城市居民使用互联网的比例为 50%，农村居民的这一比例只有 15%。在最不发达国家，城市居民使用互联网

的比例为 47%，几乎是农村居民 13% 的四倍。根据第 48 次《中国互联网络发展状况统计报告》，中国的城乡数字鸿沟明显缩小。截至 2021 年 6 月，中国农村网民规模达 2.97 亿，农村地区互联网普及率为 59.2%，较 2020 年 12 月提高 3.3 个百分点，城乡地区互联网普及率差异缩小 4.8 个百分点。

专栏 19－3 “移动互联网＋乡村”助力缩小城乡数字鸿沟

二、性别数字鸿沟的演变

性别数字鸿沟是指女性在数字接入、使用与能力等维度被边缘化，使女性无法从数字经济中获得与男性同等的收益。在数字经济时代，数字技术已成为基本生存技能，应成为扩大女性经济、政治、文化等社会参与，推动性别平等的重要手段。但女性在数字化社会转型中面临性别数字鸿沟。性别数字鸿沟产生的原因包括：女性不如男性的文化偏见、女性由于照顾家庭和养育幼儿被迫退出劳动力市场、女性在获得数字技术教育方面遇到的障碍更高等。

全球性别数字鸿沟扩大，发展中国家性别数字鸿沟大于发达国家，且由于发展中国家男性网民人数激增，发展中国家扩大趋势更明显。据世界银行《2016 年世界发展报告：数字红利》，全世界使用互联网的女性人口比男性少 2.5 亿。据国际电信联盟《技术领域的女性：事实》（Women in Tech: the Facts），计算机行业中女性的比例一直在下降，从 1991 年的 36% 下降到 2015 年的 25%。计算机行业有色人种女性所占比例则更低，例如拉丁裔女性和黑人女性分别只占 1% 和 3%。国际电信联盟的另一份报告《衡量数字化发展：2019 年事实与数字》（Measuring Digital Development : Facts and Figures 2019）显示，全球 48% 的女性人口在使用互联网，而男性人口的这一比例为 55%。女性和男性的互联网使用率在发达国家分别为 86% 和 88%，在发展中国家则分别为 40% 和 49%。

三、代际数字鸿沟的演变

老龄化问题严重困扰着全球很多国家，老年群体在数字化生活中逐渐被边缘化，代际数字鸿沟随之加深。代际数字鸿沟是指老年人相较于年轻人在获取和使用数字技术的机会和能力方面的劣势。代际数字鸿沟产生的原因主要包括三个方面：第一，老年群体的生理、心理特征及社会经济因素导致老年群体在数字经济中处于弱势地位；第二，数字技术亲友互助和社会支持的不足，造成老年人难以融入数字经济；第三，数字产品市场更加侧重年轻群体的多样化需求，在一定程度上产品设计抑制了老年人对现代科技产品的接受和使用。因此，代际数字鸿沟既是老年人群体获取数字基础设施机会不足和数字素养水平较低所致，也是社会发展和转型很难规避的结果。

代际数字鸿沟呈扩大趋势。根据联合国《解决数字鸿沟：采取数字包容行动》，截至 2019 年在全球使用互联网的人中，年轻人（15 ～ 24 岁）的比例上升到 69% 以上，其他年龄群体的比例下降。国际电信联盟《衡量数字化发展：2021 年事实与数字》指出，在全球范围内年轻人使用互联网的比例是其他年龄群体的 1.24 倍。根据第 46 次《中国互联网络发展状况统计报告》，2020 年中国 60 岁及以上网民占全部网民比例仅为 10.3%，远低于老年人口在总人口中 18.2% 的占比。2011—2020 年间中国网民总体规模快速上升，从 5.13 亿人增加至 9.40 亿人，但 2020 年老年网民规模仍仅为 6 100 万人，如果考虑中国人口年龄结构老化的影响，老年网民规模增长速度严重偏低。

第六节 全球数字鸿沟治理

一、全球数字鸿沟对数字贸易发展的影响

（一）对供给端的不利影响

数字鸿沟会从以下三个方面对供给端产生不利影响，从而限制数字贸易发展。

第一，数字鸿沟会制约发展中国家企业参与国际分工。数字贸易能降低出口准入门槛，为许多中小企业进入市场甚至参与全球分工创造条件，从而扩大了竞争主体范围和产品的种类。但是由于竞争强度和市场进入壁垒差异，大多数发展中国家企业的国际竞争力并没有因数字技术的发展得到显著提高，反而可能相对落后。这使得发展中国家企业常常被排除在全球数字生产国际分工体系之外，难以收获数字贸易红利。

第二，数字鸿沟会造成技术垄断，扩大发展中国家与发达国家之间的差距。在数字经济发达区域，上下游行业间和行业内企业间会展开正式或非正式的学习交流，产生明显的知识溢出和市场集聚效应，形成范围经济和规模经济，并进一步推高该区域的数字技术创新水平。在传统市场上，数字赋能后的新产品可能会降低在位者的市场份额，但在赢者通吃的新兴市场上，数字赋能后的新产品可能会导致新公司占领整个市场。因此发达国家的优势企业可以利用数字化获取市场垄断地位，发展中国家企业与发达国家企业之间的收益差距会越来越大。

第三，数字鸿沟会限制发展中国家企业利用数字技术提高全要素生产率。通过降低企业的生产成本和优化资源配置效率，数字技术能提高企业生产率，扩大交易规模。但是由于数字基础设施和数字技能存在差异，各国企业对数字技术的使用能力参差不齐，大多数发展中国家企业无法有效利用数字技术提高生产率，在与发达国家高效率企业竞争时存在被淘汰的风险。

综上所述，数字鸿沟阻碍了处于数字鸿沟弱势端的发展中国家企业参与数字贸易，对供给端产生了不利影响。

（二）对需求端的不利影响

数字鸿沟会从以下三个方面对需求端产生不利影响，从而限制数字贸易发展。

第一，数字鸿沟会增加交易成本。数字技术能减少市场双方选择和交易的噪声，通过降低不确定性和交易风险，提高消费者参与市场交易的效率。但数字鸿沟会增加市场中的信息不对称，推高弱势方参与数字贸易的成本，降低市场效率。

第二，数字鸿沟会抑制消费者的个性化需求，减少消费者福利。数字技术能提供更多选择和便利，满足消费者的多样化偏好和个性化需求。消费者不仅能借助数字贸易平台直接参与国际贸易，还能借助大数据和人工智能等数字技术以私人定制方式反映个性化偏好，在最大程度上增加自身福利。但数字鸿沟会制约数字鸿沟弱势的人群消费个性化需求的实现，剥夺他们受益于更多数字贸易红利的机会，降低消费者福利增加的可能性。

第三，数字鸿沟会降低城乡居民参与数字贸易、提高收入的可能性。数字技术在金融领域的应用有助于缓解信贷约束，增加居民就业或创业机会，进而提高家庭收入和消费。但数字鸿沟会扩大个体间社会参与、财富创造和知识获取等方面的差异，弱势群体无法享受数字技术带来的就业或创业机会，也难以获得数字金融服务。这降低了他们提高收入和参与数字贸易的可能性，不仅会对社会结构产生“扩大社会阶层裂痕”等风险，甚至还可能引起“社会阶层结构固化”等相关消极影响。

综上所述，数字鸿沟阻碍了处于数字鸿沟弱势端的发展中国家消费者参与数字贸易，对需求端产生了不利影响。

二、基于包容性发展的全球数字鸿沟治理

（一）全球数字鸿沟治理实践

国际组织和各国对弥合数字鸿沟做出了大量努力，为实现包容性发展积累了丰富的经验。

在弥合全球数字鸿沟方面，非洲地区是国际组织各项措施的重点实施对象。世界银行发起《非洲数字经济倡议》(Digital Economy for Africa Initiative，简称 DE4A)。DE4A 为评估非洲国家数字经济的发展水平提供了一个综合性框架，目的是向当地政府提供切实可行的建议和融资帮助。自 2019 年以来，世界银行已领导 20 多个非洲国家的 DE4A 诊断项目，其中有 15 个国家申请在 2020 年进行。截至 2020 年有 15 个相关项目正在顺利推进中，还有 29 个项目得以立项，其中宽带基础设施部分总投资超过 55 亿美元。非洲联盟《非洲数字化转型战略（2020—2030）》（The Digital Transformation Strategy for Africa: 2020—2030）明确了推动非洲工业化、促进数字经济发展和支持非洲自由贸易协定的具体目标，例如到 2030 年将非洲建成一个统一的数字市场，以确保人员、服务和资本的自由流动；通过设立数字主权基金（Digital Sovereignty Fund），为保障投资和

融资创造必要的协调环境，以弥合数字基础设施差距；使 99.9% 的非洲人拥有数字法律身份等。

在弥合国内数字鸿沟方面，各国促进数字技术在落后地区的普及应用。2000 年英国宣布建立 700 余家互联网接入中心，为贫困地区免费提供互联网接入点和数字技术培训。2009 年美国国家电信和信息管理局颁布“宽带技术机会计划”（Broadband Technology Opportunities Program，简称 BTOP），每年为地方政府和非营利组织提供资金，鼓励落后地区发展数字技术。2002 年中国科技部启动“缩小数字鸿沟——西部行动”，围绕公共信息平台、网络教育、电脑农业和制造业信息化四个方面开展工作。通过开发适宜西部地区的数字技术及衍生品、推广信息技术在西部地区的应用等途径，为西部地区经济发展提供技术支撑，使西部地区的人们能更便捷地获得和利用数字技术，促进西部地区发展数字产业和改善产业结构。

在弥合城乡数字鸿沟方面，各国政府主要通过投资农村的数字基础设施来提高农村的网络覆盖率。2009 年美国国家电信和信息管理局投资 40 亿美元实施“宽带技术机会计划”，缩小城乡间互联网覆盖差距。2016 年“泰国 4.0”战略实施，在所有村庄建设宽带网络，改善互联网和移动电话设施以及物流和电子支付系统，为在线购物创造更多便利性。中国开展一系列农业数字化建设，如“科技特派员”工程、“金农”工程、“三电合一”农业综合信息服务平台建设、“村村通”工程等，为农村地区经济发展提供技术支撑。

在弥合性别数字鸿沟方面，国际组织的各项工作尚处于起步阶段，目的主要是缩小女性与男性的接入鸿沟和使用鸿沟。联合国妇女署、联合国人权高级专员办事处和国际电信联盟等机构都曾针对性别数字鸿沟议题发起倡议，制定相应政策。以国际电信联盟为例，2013 年制定性别主流化政策①，推动男性和女性平等地从信息通信技术使用中受益；2014 年将每年 4 月第四个星期四确立为“信息通信年轻女性日”，营造鼓励女童和女青年在信息和通信技术行业就业的全球性环境。2020 年 OECD 发布《教育和技能在弥合数字性别鸿沟中的作用》（The Role of Education and Skills in Bridging the Digital Gender Divide），以推动信息技术的学习和技能掌握，为教师赋权，消除性别歧视与暴力，改变女性对数字技术的态度。

在弥合代际数字鸿沟方面，各国的重点是提高老年人对数字设备的接受程度和使用能力。通过政府牵头和社会团体投入，美国成立国家电信和信息管理局、美国退休者协会、老年人技术服务中心等机构，提高老年人数字技术使用能力，开展在线社区指导，提高老年人数字素养。2007 年欧盟发布《面向 21 世纪的电子技能：促进竞争力、成长与就业》，重点关注老年人等群体的数字扫盲，提出终身学习等方案。2017 年新加坡信息通信媒体发展局发起“数字诊所计划”，将来自社会各界的志愿者聚集在一起，共同帮助老年人融入数字化生活。

---

① 依据联合国经济及社会理事会的定义，性别主流化是指将与性别的关注事项和经验视为一个整合体，纳入政治、经济和社会等所有领域的政策和方案的设计、执行、监督和评估，使男女都能平等受益，终止不平等的现象。

专栏 19-4　中国大幅缩小数字鸿沟

（二）全球数字鸿沟治理方向

国际组织和各国政府可以通过做好以下几个方面的工作来弥合各类型的数字鸿沟，实现包容性发展。

通过倡导深化全球合作，弥合全球数字鸿沟。第一，全球数字鸿沟治理应由联合国和世界银行等国际组织牵头，使数字鸿沟弥合项目尽可能在地理范围上覆盖更多国家，特别是发展中国家。第二，倡导平等的数字主权，反对以虚假“网络自由”为借口的欧美“网络霸权”，建设“网络空间命运共同体”。第三，在尊重数字主权和消费者隐私基础上，推动全球数字鸿沟治理磋商，让发展中国家享有实质性话语权，统筹制度、资金和技术结合的援助措施，配套相应的监管工具和手段。

通过倡导降低数字门槛，弥合国内数字鸿沟。第一，在遵循市场规律基础上，实施信息扶贫政策，化数字鸿沟为数字机遇，推进数字化致富工程，缩小国内地区间经济差距。第二，加强落后地区的数字基础设施建设，降低其电信资费，让更多落后地区的人能够上网，使网络“平民化”。第三，加大落后地区人才培养和教育硬件设施投入力度，推进教育数字化，降低知识传播成本，激发更多人学习掌握数字技术知识，提高人民数字素养。

通过倡导加强城乡联动，弥合城乡数字鸿沟。第一，发挥组织领导作用，从政策扶持、管理协调和资金投入入手促进城乡数字产业联动发展。第二，建立城市反哺农村机制，将部分数字红利从城市转移至农村，加强城乡之间联动，使农村能享受数字贸易发展的好处。第三，纠正农村居民网络认识误区，引导农村网民正确利用互联网，鼓励农民依托数字贸易平台创业和就业。

通过倡导提高女性技能，弥合性别数字鸿沟。第一，构建包容、友好和多元的网络空间，保护女性数字身份安全，消除数字性别歧视。第二，保障女性经济权利，增加女性平等获取数字技术和参与数字经济的途径，实现数字空间性别平等。第三，鼓励女性在学校正规教育中选择或辅修数字技术相关专业，促进数字经济时代教育性别公平的实现。

通过倡导帮扶老龄群体，弥合代际数字鸿沟。第一，通过老年大学或大讲堂等形式，对老年群体进行数字教育和培训，减少代际差异，不断提高老年群体数字技术的应用能力，使老年人融入数字贸易生活。第二，社会和家庭要“反哺”老年群体跨越数字鸿沟，使老年人树立信心，鼓励老年人掌握数字技能和甄别虚假信息。第三，针对基本数字技术及互联网服务，对老年群体酌情实行提速降费政策，增加老年群体数字服务偏好。

本章小结：中国视角

数字技术发展和应用引发经济结构变革，随之而来的数字鸿沟加剧了全球收入、消费、就业、福利、受教育机会等方面的不平等，成为包容性发展的一大阻碍。从数字鸿沟治理的经验看，国际组织和各国提出的方案主要致力于消除不同地理区域和社会群体数字设备可及性的差异，存在明显不足。一方面，各项方案落后于数字鸿沟的发展，缺少弥合使用鸿沟和能力鸿沟的具体举措。另一方面，各项方案受到集团利益不统一、监管措施不完善和资金落实不到位等问题的掣肘，效果有限。

中国“第一阶数字鸿沟”治理已走在国际前列，通过发展数字经济，成功缩小了与发达国家的差距以及东中西部和城乡间的数字鸿沟。虽然中国“第一阶数字鸿沟”日益弥合，但社会群体间仍存在数字使用能力的差异，“第二阶数字鸿沟”和“第三阶数字鸿沟”成为不同群体共享数字红利的障碍，导致劳动力技能差异和贫富分化。中国应进一步推动产业变革，引领数字革命，通过深化国际合作、降低数字门槛、完善市场环境、加强人才教育等举措，弥合各类数字鸿沟，释放更多的数字红利，惠及更多的人群。具体而言，中国应继续弘扬人类命运共同体理念，推动“一带一路”数字丝绸之路建设，助力全球数字鸿沟治理，为在世界范围内实现包容性发展贡献中国智慧、中国方案和中国力量。

标识性概念

包容性发展　　　　数字鸿沟

思考题

1.《中华人民共和国国民经济和社会发展第十四个五年规划和2035年远景目标纲要》提出，支持浙江高质量发展建设共同富裕示范区。2017—2021年，浙江数字经济“一号工程”从“1.0”迭代至“2.0”，逐步缩小了城乡和区域数字鸿沟，引领了浙江高质量发展，为浙江推进共同富裕示范区建设提供了强大动力。请您从包容性发展角度谈谈数字鸿沟弥合对浙江建设共同富裕示范区的意义。

2. 2019年2月，中共中央、国务院印发《中国教育现代化2035》，提出实现基本公共教育服务均等化的任务。但是，我国经济落后地区在获取和享用教育资源上仍然受到制约，如学生家庭缺少必要的数字设备、教师缺乏数字技能。数字鸿沟会扩大教育质量差距，严重影响教育公平，产生数字经济时代的教育鸿沟。您认为应该如何弥合数字鸿沟特别是教育鸿沟呢？

3. 在2017年5月“一带一路”国际合作高峰论坛开幕式上，习近平主席指出，我们要坚持创新驱动发展，加强在数字经济、人工智能、纳米技术、量子计算机等前沿领域合作，推动大数据、云计算、智慧城市建设，连接成21世纪的“数字丝绸之路”。请您谈谈中国应从哪几个方面入手推动“数字丝绸之路”建设，弥合“一带一路”沿线国家的数字鸿沟呢？

4. 从 2018 年到 2021 年工业互联网助力制造业高质量发展连续被写入中国政府工作报告，打造工业互联网平台成为要点。但据中国信息通信研究院《中国数字经济发展白皮书（2020 年）》，中国工业领域数字经济渗透率仅 19.5%，低于欧美发达国家，一个原因是中小企业难以跨越转型升级的数字鸿沟。您认为这种数字鸿沟表现在哪些方面？工业互联网平台应如何帮助中小企业跨越这种数字鸿沟呢？

5. 2016 年《二十国集团数字普惠金融高级原则》提出，将数字金融与普惠金融结合，借助数字化手段提高金融服务效率和范围，让金融服务惠及每一个人。但数字鸿沟会造成数字普惠金融非均衡发展，甚至会放大区域和群体间的不平等。从包容性发展角度，您认为有哪些举措可以弥合数字鸿沟，促进数字金融服务均等化，让每一个人都享受到数字金融服务呢？

延伸阅读

[1] DiMaggio P, Garip F. "Network Effects and Social Inequality," *Annual Review of Sociology*, 2012, 38:93-118.

[2] Vigdor J L, Ladd H F, Martinez E. "Scaling the Digital Divide: Home Computer Technology and Student Achievement," *Economic Inquiry*, 2014, 52（3）: 1103-1119.

[3] Song Z, Wang C, Bergmann L. "China's Prefectural Digital Divide: Spatial Analysis and Multivariate Determinants of ICT Diffusion," *International Journal of Information Management*, 2020, 52:102072.

[4] Scheerder A , Deursen A V , Dijk J V. "Determinants of Internet Skills, Uses and Outcomes: A Systematic Review of the Second-and Third-Level Digital Divide," *Telematics and Informatics*, 2017, 34（8）: 1607-1624.

[5] Jam V D A , Agm V D J. "The First-Level Digital Divide Shifts from Inequalities in Physical Access to Inequalities in Material," *Access New Media & Society*, 2019, 21（2）: 354-375.

第二十章 数字丝绸之路与数字基础设施

本章导读

自21世纪以来，数字经济逐渐成为全球经济增长的重要驱动力。作为沿线国家数字经济合作的重要桥梁，“数字丝绸之路”在激发区域数字经济潜能、推动全球数字经济治理等方面扮演了关键角色。数字基础设施作为数字经济运行的重要支撑，为全球数字经济运行既带来了宝贵机遇，也带来了突出挑战。一方面，数字基础设施促进了全球范围内数字贸易和数字金融等新业态的发展；另一方面，不均衡的数字基础设施发展水平又会加剧全球数字鸿沟。“数字丝绸之路”的提出可以有效缓解数字基础设施发展失衡带来的不利影响，进而成为沿线国家共享数字红利的重要平台。通过本章的学习，读者可以快速了解“一带一路”倡议提出的背景，掌握“数字丝绸之路”和数字基础设施的内涵和外延，理解“数字丝绸之路”和数字基础设施影响全球数字经济治理的机理，为认识“数字丝绸之路”在全球数字经济治理中的重要意义打下基础。

第一节 数字丝绸之路

一、“一带一路”倡议提出的背景

2013年9月和10月，国家主席习近平在出访哈萨克斯坦和印度尼西亚时，分别提出共同建设“丝绸之路经济带”和“21世纪海上丝绸之路”的构想，合称为“一带一路”倡议。作为一个建立在中国和有关国家已有多边协议基础上的合作倡议，“一带一路”不仅涵盖欧亚和东盟等沿线国家，也允许世界各国和国际、地区组织的参与，是兼容并蓄、共生共荣的国际合作新创举。

“一带一路”倡议提出的背景主要有内外部两重因素。从内部看，自改革开放以来，中国经济发展水平大幅提高，但受制于地理区位、资源禀赋和发展基础等因素的影响，对外开放在总体上呈东快西慢、海强陆弱的格局。随着人口红利消失、产能过剩和区域经济发展不均衡等问题的显现，中国需要与之契合的发展战略来推动国民经济高质量发展，实现中西部地区协同进步，助推内陆地区由对外开放的边缘迈向前沿。从外部看，在全球经济缓慢复苏的大背景下，加强区域合作有助于在国家间形成互补型的产业分工和供应链网络，是推动世界经济发展的重要动力。面对国际和地区形势的深刻变化，中国一直致力于维护全球自由贸易体系，促进世界各国加强合作、共同发展。“一带一路”倡议的提出可以有效调动沿线国家的积极性，加强国家间互联互通伙伴关系建设，通过开展和扩大商业合作和政府间合作，在发展战略、基础设施、贸易投资、金融服务和科技人文等领域推动形成多主体、多层次、多元化的交流合作新格局，实现互学互鉴和互利共赢。

在“一带一路”倡议提出后，国家发展改革委、外交部和商务部于 2015 年 3 月联合发布了《推动共建丝绸之路经济带和 21 世纪海上丝绸之路的愿景与行动》，从框架思路和合作重点等方面对“一带一路”倡议进行了全面阐释，为进一步推进“一带一路”倡议在全球范围内的建设奠定基础。此后，在中国政府的大力推进和沿线国家的共同参与下，“一带一路”倡议结出丰硕成果，国际影响力不断提升。例如，2015 年全球首个由中国倡议设立的多边金融机构——亚洲基础设施投资银行正式成立，2017 年中国和欧亚地区国家签订了首个自贸协定《中华人民共和国政府和格鲁吉亚政府自由贸易协定》，2018 年中国和 28 个非洲国家在中非合作论坛北京峰会上签署“一带一路”政府间谅解备忘录。[①] 截至 2022 年 3 月 23 日，中国已经同 149 个国家和 32 个国际组织签署 200 余份共建“一带一路”合作文件。[②]

专栏 20－1　“一带一路”倡议取得卓著成绩

二、“数字丝绸之路”的内涵与外延

（一）“数字丝绸之路”的内涵

在“一带一路”倡议提出之后，中国和“一带一路”沿线国家展开了广泛的互利合作，“一带一路”倡议逐渐得到国际社会的认同。2017 年 5 月 14 日，国家主席习近平在首届“一带一路”国际合作高峰论坛上进一步提出构建“21 世纪‘数字丝绸之路’”的构想，令“一带一路”倡议迸发出新的活力。“数字丝绸之路”立足于数字经济发展

① 中非共建“一带一路”须进行精准对接，中国网，2018-09-05.

② 已同中国签订共建“一带一路”合作文件的国家一览．中国一带一路网，2022-02-10.

的全新时点，将“一带一路”倡议和创新驱动发展战略有效结合，旨在建成一条“一带一路”背景下的创新之路。

2015 年，国家发展改革委、外交部和商务部联合发布的《推动共建丝绸之路经济带和 21 世纪海上丝绸之路的愿景与行动》提出，要以共商、共建、共享为原则推进“一带一路”这项系统工程建设，积极推进沿线国家发展战略的相互对接。2021 年广西壮族自治区发布的《广西面向东盟的“数字丝绸之路”发展规划（2021—2025 年）》在共商、共建、共享的基础上，将“共赢”也纳入“数字丝绸之路”建设的基本原则。数字经济时代，在统筹国内发展的基础上，对外开放时做到互利共赢是基本的落脚点，这在“数字丝绸之路”建设过程中也尤为重要。因此，“数字丝绸之路”以共商、共建、共享、共赢为原则。

2018 年全国网络安全和信息化工作会议提到，“数字丝绸之路”要以“一带一路”建设为契机，加强同沿线国家特别是发展中国家的合作。可见，“数字丝绸之路”的参与主体是“丝绸之路经济带”和“21 世纪海上丝绸之路”的沿线国家，特别是发展中国家，如蒙古国、阿富汗、伊朗、马来西亚、印度尼西亚和缅甸等。

《广西面向东盟的“数字丝绸之路”发展规划（2021—2025 年）》强调了中国与东盟国家在推进“数字丝绸之路”建设过程中要把握数字技术创新自主权、发展接轨国际规则的数字贸易。2021 年国务院《“十四五”数字经济发展规划》提到，“数字丝绸之路”的深入发展需要统筹开展境外数字基础设施合作，构建贸易投资开放新格局，推动数据存储和智能计算等新兴服务能力全球化发展。首届“一带一路”国际合作高峰论坛指出，连接 21 世纪的“数字丝绸之路”，是要促进科技同产业、科技同金融的深度融合。2018 年全国网络安全和信息化工作会议提到，建设 21 世纪“数字丝绸之路”需要加强同沿线国家特别是发展中国家在网络基础设施建设、数字经济和网络安全等方面的合作。综上所述，“数字丝绸之路”旨在促进各国在数字技术、数字基础设施、数字贸易、数字金融、数据服务和数字安全等前沿领域的合作。

《“十四五”数字经济发展规划》提出，推动“数字丝绸之路”深入发展，构建良好国际合作环境。数字经济时代的跨国挑战更为繁杂和隐蔽，各国对外开放面临的不确定性相对更大，“数字丝绸之路”建设旨在通过妥善处理分歧、凝聚发展共识，构建出有利于数字经济健康发展的国际环境，从而在互学互鉴、互利合作中走向可持续发展。因此，“数字丝绸之路”的目标是构建良好的数字经济国际环境。

综上所述，“数字丝绸之路”是指以共商、共建、共享、共赢为原则，通过与沿线国家特别是发展中国家在数字技术、数字基础设施、数字贸易、数字金融、数据服务和数字安全等前沿领域的合作，构建良好数字经济国际环境的系统性工程。

（二）“数字丝绸之路”的外延

作为“一带一路”向网络空间的延伸，“数字丝绸之路”包括以实现政策沟通、设施联通、贸易畅通、资金融通、民心相通为主要内容的各类数字经济活动。例如，协调制定数字贸易规则和标准，共建国际通信直达光缆传输系统，推动跨境电商海外仓建设，发展智慧物流供应链金融，联合培养数字技术人才。

2015 年，国家发展改革委、外交部、商务部联合发布的《推动共建丝绸之路经济带和 21 世纪海上丝绸之路的愿景与行动》指出，“一带一路”沿线国家可以利用经济上较强的互补性，以“五通”为重点内容发挥合作优势。2021 年广西壮族自治区人民政府办公厅印发的《广西面向东盟的“数字丝绸之路”发展规划（2021—2025 年）》指出，“数字丝绸之路”是“一带一路”向网络空间的延伸，全面落实“一带一路”政策沟通、设施联通、贸易畅通、资金融通、民心相通的内容要求也是“数字丝绸之路”一以贯之的追求。因此，本教材认为能够促进实现“五通”的各类数字经济活动都属于“数字丝绸之路”的外延范畴，例如沿线国家协调制定数字贸易规则和标准有助于实现政策沟通，共建国际通信直达光缆传输系统有助于实现设施联通，推动跨境电商海外仓建设有助于实现贸易畅通，发展智慧物流供应链金融有助于实现资金融通，联合培养数字技术人才有助于实现民心相通。

三、“数字丝绸之路”与全球数字经济治理

（一）“数字丝绸之路”推动全球数字经济治理

第一，“数字丝绸之路”的政策沟通有助于沿线国家协调数字经济发展规划和政策，推动互惠共赢。一方面，政策沟通有助于沿线国家在数字经贸规则的制定过程中减少分歧，寻得利益的“最大公约数”。良好的政策沟通能够推动在国家间形成统一的数字贸易规则，进一步挖掘数字贸易的潜力。在“数字丝绸之路”的建设中，中国和沿线国家加强对话合作，以跨境电商便利化、电子认证和无纸化贸易为主要议题，签署“丝路电商”合作备忘录，建立电子商务双边合作机制。通过推动构建规范便利、安全可信的电子商务市场环境，中国和沿线国家在数字贸易规则体系的确立上取得了一定共识。另一方面，政策沟通有助于和沿线国家构建多层次的对话机制，充分反映沿线国家的数字经济发展诉求。在政府、企业、行业组织和智库间展开的对话有利于和沿线国家全面、细致地就数字经济发展规划交换意见。2019 年 3 月，在中泰数字经济部级对话机制第一次会议上，两国数字经济主管部门充分利用对话机制平台，吸纳多方意见。在政府部级对话机制下，进一步建立起来的多层次、多渠道的对话机制将有利于和沿线国家加强数字经济战略对接，形成互惠共赢的数字经济治理方案。

第二，“数字丝绸之路”的设施联通有助于沿线国家加强数字基础设施建设和合作，促进联动发展。一方面，设施联通可以增大沿线国家数字基础设施的建设广度。通过推行数字基础设施的合作共建项目，使数字基础设施覆盖到更多数字化建设落后的沿线国家。华为、中国联通和中国电信等企业在“数字丝绸之路”的倡议下参与了大量数字基础设施的建设项目，如亚太直达海底光缆系统（Asia Pacific Gateway，简称 APG）和马来西亚—柬埔寨—泰国海底光缆系统。通过实现区域内数字基础设施的互联互通，推动形成沿线国家数字经济联动发展的格局。另一方面，设施联通可以加强沿线国家数字基础设施的建设深度。通过数字基础设施共建中的数字技术帮扶，沿线国家可以结合区域发展的实际情况实现数字基础设施的绿色高效发展。中国和东盟国家推进“数字丝绸之路”建设的一项重要举措在于共建高质量的 5G 和数据中心等数字基础设施。通过建设

有着高运行效率、良好节能模式的数字基础设施，实现数字经济发展的提质增效，为全球数字经济治理打下绿色、集约的数字基础设施底座。

第三，“数字丝绸之路”的贸易畅通有助于沿线国家加速外贸新业态新模式发展，加强贸易合作。一方面，贸易畅通可以促进跨境电商的发展。通过跨境电商企业的技术共享，提高沿线国家物流环节效率，完善跨境电商发展的生态链和服务链。2017 年，阿里巴巴集团旗下的菜鸟物流和马来西亚邮政、Lazada 电商平台合作设立了智能机器人仓库，实现了仓储空间的优化和工作效率的提升。沿线国家的电商智慧物流水平的提高，使得区域内电商物流行业的发展差距不断缩小，加速跨境电商贸易畅通。另一方面，贸易畅通可以促进数字服务贸易的发展。通过和沿线国家在数字服务贸易领域进行高水平的开放和高质量合作，实现双方在数字服务贸易产业的对接和升级。在 2019 年的“一带一路”服务贸易高质量合作推介会上，锐沣科技“4G 改变生活，5G 改变世界”和巴基斯坦“中巴经济走廊”金融服务等合作项目进行了重点发布推介，在科技、金融等领域共达成约 20 亿美元的“一带一路”服务贸易合作成果。通过数字服务贸易领域的对接，实现和沿线国家服务贸易产业的协同发展，为国家间数字经贸合作创造了新的增长点。

第四，“数字丝绸之路”的资金融通有助于沿线国家创新线上投融资模式和路径，拓展投融资渠道。一方面，资金融通可以提升沿线国家数字普惠金融发展水平。以移动支付为代表的中国数字金融科技已形成了成熟的技术推广模式，通过开展跨境金融合作，搭建数字金融服务平台，使数字普惠金融新模式惠及沿线国家。蚂蚁金服通过输出安全风控、数据分析等移动支付基础技术，与印度、泰国、菲律宾、印度尼西亚等国家的合作伙伴展开战略合作，其中打造出的印度版支付宝 PayTM 成为最受印度民众欢迎的支付方式之一。中国将数字普惠金融的成功经验在沿线国家进行推广，为金融欠发达的国家带来数字经济治理的发展新契机。另一方面，资金融通可以促进沿线国家跨境支付结算便利化。通过推行边境贸易跨境结算系统建设和应用，实现边境贸易跨境人民币结算全交易过程的动态监管，提升结算便利化水平。中国人民银行组织开发了独立支付系统——人民币跨境支付系统（Cross-Border Interbank Payment System，简称 CIPS），为境内外金融机构提供资金清算与结算服务，服务覆盖了超过 180 个国家和地区。此外，中国人民银行发行的数字人民币在跨境支付体系中的应用，有望缩短支付链条、减少交易成本、提高跨境支付效率。人民币跨境支付结算的便利化，能有效助力数字经济治理中的口岸经济高质量发展。

第五，“数字丝绸之路”的民心相通有助于沿线国家增进人文交流与科技合作，加

专栏 20－2　数字人民币在跨境支付体系中的发展优势

强发展互助。一方面，民心相通可以促进沿线国家数字人才培养。在“数字丝绸之路”倡议下，中国不少企业参与了同沿线国家企业的数字化转型合作，开展数字人才培训项目。华为公司于2020年和泰国数字经济促进局共同建立5G生态系统创新中心，为科技人才的培养提供协助，成为泰国5G技术发展的有力支持。阿里巴巴的eWTP全球数字人才项目与马来西亚、泰国和印度尼西亚等国家的高校或培训机构合作，为沿线国家培育超过数万名国际数字人才。数字人才的积累可以提高沿线国家企业采用数字技术开展经营活动的比率，加快将传统企业纳入全球数字经济治理体系的进程。另一方面，民心相通可以促进沿线国家医疗卫生领域数字化合作。中国通过推进和沿线国家在数字医疗领域的对接，以“数字丝绸之路”建设为抓手，为共建“健康丝绸之路”铺筑数字化桥梁。2020年华为泰国公司和泰国玛希隆大学附属诗里拉吉医院签署了5G智能医院建设谅解备忘录，帮助其建设成拥有5G基础设施、数据中心和云计算等数字技术的“智慧医院”，打造提供远程医疗服务的能力。2021年中国—东盟公共卫生暨远程医疗合作专题论坛在武汉召开，加深数字技术在辅助诊断、远程医疗和公共卫生体系建设等领域的交流合作。新冠疫情全球大流行期间，医疗卫生数字化合作大大提高了沿线国家对疫情冲击的应对水平。

（二）全球数字经济治理需要“数字丝绸之路”建设

在微观层面，数字企业跨国经营要求降低投资风险和贸易壁垒，需要通过“数字丝绸之路”建设完善制度保障。一方面，全球数字经济治理需要降低沿线国家数字企业的投资风险。沿线国家数字企业在跨国经营中会进行对外投资，这需要国家间完善法律法规和原则条例来保障沿线国家数字企业的利益，增大数字企业的对外投资意愿。“数字丝绸之路”倡议通过促进中国和沿线国家间的对话协商，签订合作谅解备忘录，建立双边合作机制，降低数字企业对外直接投资的投资不确定性。“数字丝绸之路”倡议有助于沿线国家间进行政策的顶层设计，克服数字企业在投资上的信息不对称和信任问题，推动沿线国家的数字企业“走出去”。另一方面，全球数字经济治理需要降低沿线国家数字贸易壁垒。在全球数字贸易中，有关线上商品的关税征收、跨境数据流动和消费者隐私保护等问题需要各国协商解决。中国丝路集团与联合国贸易和发展会议等共同发起了“基于区块链的跨境电商在线争议解决”项目，旨在用区块链技术解决跨境电商线上争议，保障跨境电商消费者权益。该项目通过建立全球性的跨境电商消费者权益保护标准，推动构建完善的数字贸易生态系统，促进物流、资金流、信息流的融合，降低沿线国家数字贸易壁垒。

在宏观层面，各国的数字经济发展水平参差不齐，需要通过“数字丝绸之路”建设实现共赢发展。一方面，需要领先国家向落后国家提供直接帮助，加大数字技术支持。全球数字经济治理需要弥合数字鸿沟，提高发展中国家在数字基础设施建设、数字资源的管理和数字技术的使用等方面的能力。“数字丝绸之路”倡议可以通过提供资金贷款优惠和数字技术援助等方式，帮助发展中国家提高数字基础设施建设水平。在中国和尼泊尔、吉尔吉斯斯坦和巴基斯坦等光缆建设项目等围绕“数字丝绸之路”倡议推动的诸多重点项目中，中国在输出产能、推广技术标准的同时，在全球数字经济治理中缩小了发展中国家和发达国家的"接入鸿沟"。另一方面，需要领先国家向落后国家提供间接帮助，培养数字技能人才。数字人才是实现数字经济治理的重要资源，数字经济欠发达的国家需要提高劳动力的数字技能，壮大数字人才规模，提高人民的数字素养。"数字丝绸之路"倡议加强对沿线国家的数字教育资源供给，推动发展中国家的优秀人才访问交流，以在线课程和网络培训等数字化服务出口的方式对沿线国家人民进行数字培训。通过帮助健全数字人才培养体系，为发展中国家打造出素质优良的数字人才队伍，构建起支撑沿线国家进行数字经济治理的数字人才支点，提高沿线国家数字治理水平。

理论命题 20－1

"一带一路"倡议对参与国提升国家治理水平具有积极影响，且这种影响取决于参与国在政治上对华友好的程度。

（参见：杨竺松，陈冲，杨靖溪．"一带一路"倡议与东道国的国家治理．世界经济与政治，2022（03）：4-29.）

第二节 数字基础设施

一、数字基础设施的内涵与外延

（一）数字基础设施的内涵

基础设施是一种物质工程公共设施，可以满足社会的生产需求和人民的生活需要，是社会运行和国民经济发展的重要条件和一般性基础。数字基础设施是数字经济时代的新一代基础设施，集成了新一代数字技术，可以助力经济社会数字化转型升级，是一个国家数字经济发展的重要支撑。

世界经济论坛（World Economic Forum，简称 WEF）在 2021 年 9 月的报告《"数字高速公路"如何促进包容性并推进可持续发展目标》（How " Digital Highways" Could Boost Inclusion and Advance the SDGs）中指出，数字基础设施的底层支撑技术是信息通信技术。《经济日报》文章《加快建设新型数字基础设施》中明确提出数字基础设施区别于传统基础设施的突出特征就在于其依托于全新的数字化技术体系。结合现实发展，数字技术作为数字经济时代的通用目的技术，具有更鲜明的普遍适用、动态演进和诱发创新特征，既包括一般性的信息通信技术，也包括 5G、人工智能和云计算等新型技术，因此能够为数字基础设施提供更基础、更广泛的技术支撑。

2020 年国务院政府工作报告、2021 年工业和信息化部《"十四五"信息通信行业发展规划》和 2020 年福建省人民办公厅《福建省新型基础设施建设三年行动计划（2020—2022 年）》都提出新型基础设施以信息网络为基础，但没有明确数字平台在其中扮演的角色。现实中，除一部分较为底层的基础设施表现为信息网络（如5G网络、物联网和工业互联网等）外，相当一部分的数字基础设施是通过数字平台来实现的，例如云计算平台、城市大脑平台和网络信息安全保障平台等，数字平台已成为聚合终端、处理信息和发挥算力等关键作用的中心枢纽。因此，本教材认为数字基础设施以信息网络和数字平台为表现形式。

随着经济形态的转变以及居民收入水平的普遍提高，经济朝低成本、高效率的方向迈进，社会朝高福利、包容性的方向演进，是世界各国孜孜以求的共同目标，而这背后离不开相关基础设施升级的助推。《上海市推进新型基础设施建设行动方案（2020—2022年）》指出，新型基础设施是城市经济高质量发展和城市高效治理的重要支撑。《浙江省数字经济促进条例》提出，数字基础设施是可以为经济社会发展提供基础信息服务的技术先进的公共设施体系。传统基础设施水平已经不能完全满足经济、社会的高质量发展需要，在催生创新业态、形成商业模式和带动产业发展等方面力不从心，亟须向数字基础设施转变以迎合时代需求。因此，本教材认为数字基础设施的主要作用在于促进经济社会的高质量发展。

与《江苏省"十四五"新型基础设施建设规划》和《上海市推进新型基础设施建设行动方案（2020—2022年）》等关于数字基础设施建设目的的表述一致，本教材认为数字基础设施主要提供数字转型、智能升级和融合创新等服务。第一，对于原本非数字化的传统经济业态，如制造业和传统手工业等，需要不断进行数字化转型，从人工走向机器，从线下走向线上，以适应新时代的发展要求，这依赖于移动互联网、物联网和云计算等基础设施提供数字转型服务。第二，对于伴随数字技术产生的新型业态，如跨境电商、无人售货和虚拟现实等，在不断迭代更新中需要相关数字基础设施提供智能升级服务。第三，对于以数字技术作为辅助手段促进发展的业态，如智慧能源、智慧交通和智慧医疗等，需要数字基础设施持续提供融合创新服务。

综上所述，数字基础设施是以数字技术为支撑，以信息网络和数字平台为表现形式，为经济社会高质量发展提供数字转型、智能升级和融合创新等服务的新型基础设施。

（二）数字基础设施的外延

按照用途的不同，数字基础设施可以分为六类：网络类基础设施，如5G和物联网设施等；算力类基础设施，如数据中心、智能计算中心和云计算平台等；新技术基础设施，如区块链平台和视觉感知平台等；终端类基础设施，如各类支付终端和刷脸识别设备等；融合类基础设施，如智能交通基础设施和智慧能源基础设施等；安全类基础设施，如网络安全攻防演练平台和网络信息安全保障平台等。

《"十四五"信息通信行业发展规划》指出，要构建以新一代通信网络基础设施为根基、以算力设施为核心、以融合基础设施为突破的新型数字基础设施体系。《福建省新型基础设施建设三年行动计划（2020—2022年）》指出，要积极推进建设新网络、新技术、新算力、新安全、新融合、新平台的基础设施。《上海市推进新型基础设施建设行动方案（2020—2022年）》指出，要将建设创新基础设施和终端基础设施等作为推进新型基础设施建设的主要任务。综合考虑上述相关文件中的分类，按照用途的不同，本教材将数字基础设施分为提供基础通信网络服务的网络类基础设施，提供数据存储、处理和计算等的算力类基础设施，提供新技术应用的新技术基础设施，提供支付和刷脸等终端类服务的终端类基础设施，提供数字技术和传统经济融合服务的融合类基础设施，以及提供保障网络空间安全的安全类基础设施。

专栏 20－3 算力类基础设施助力中国经济更好发展

二、数字基础设施与全球数字经济治理

（一）数字基础设施推进全球数字经济治理

一方面，以信息网络为表现形式的数字基础设施有利于加速资源的流动和共享，提升各国数字经济发展能力。5G 和物联网等数字技术的应用有利于各国更加便捷地发展数字经济的新模式新业态，为数字经济发展赋能增效。在自动工厂的建设中，物联网基础设施可以将生产车间内的设备联网，实现生产各个环节的数字化和智能化，令产品全生命周期的数据可追溯，使部分生产线自动化。物联网基础设施在工厂的应用，不仅降低了员工的劳动强度，还提高了产品的产出质量，为数字经济发展提供产能保障。在远程医疗服务中，5G 可以通过数据传输上的高速率和低延迟，便利远程会诊、远程影像和远程门诊等服务的进行，实现专家资源与患者需求的异地对接，推动优质医疗资源下沉。在突发性公共卫生事件中，使用 5G 技术的远程医疗服务能构建起高效率、全时空的救治体系，在提高社会治理能力的同时增强了数字经济发展的韧性和活力。5G 和物联网等以信息网络为表现形式的数字基础设施通过助力个体互联和万物互联，不断丰富数字经济在产业中的应用场景，推动了全球数字经济治理中的产业数字化进程。

另一方面，以数字平台为表现形式的数字基础设施有利于提高数据要素的流通效率，强化各国数字化治理能力。区块链平台可以实现对数据全链条的监管，维护信息安全。在税务部门的应用中，区块链平台可以将税务部门、开票方和受票方通过数字身份纳入“税链”网络，提高开票和报销入账的效率，解决了数据流动中的篡改问题，降低了税收征管成本和偷税漏税等风险。在金融资产的交易结算中，区块链平台可以确保交易记录的透明安全，方便监管部门追踪链上交易，定位高风险资金流向，建立起快速准确的信息交互共享通道。云计算平台可以通过分布式的技术对数据进行计算和存储，提高数据处理能力。在政府部门的应用中，云计算平台有助于推动各部门的政务数据集中和业务协同，提高政府工作效率和公共服务能力。通过利用云计算平台整合改造现有电

子政务信息系统，实现地方政府各部门的数据融合共享，充分利用地方数据资源，提高政府在管理、决策和民生等方面的能力。云计算平台和区块链平台等以数字平台为表现形式的数字基础设施，可以充分发挥数据要素作用，提高网络空间治理能力，助力网络空间命运共同体建设。

（二）全球数字经济治理需要数字基础设施

在需求侧，全球数字经济治理需要更加关切个体的跨境权益保护。随着消费领域逐渐呈现线上化趋势，各种跨境电商平台和跨境支付平台上的消费者信息泄露事件层出不穷，严重危害到了消费者隐私安全。2014 年，全球性的拍卖及购物平台 eBay 超过 1.4 亿的用户数据遭到泄露，包括家庭地址和电话号码等隐私信息。2020 年，亚马逊、eBay 和 PayPal 等在线市场和支付系统中记录遭到泄露，包含了几百万名欧洲客户的个人信息。为了保护消费者在跨境线上交易中的隐私安全，需要增强个体对自身隐私的控制并且防止第三方对个人隐私的窃取。一方面，区块链平台可以为消费者创建一套独立的身份，通过加强消费者对自身身份的控制来增强隐私的保护；另一方面，区块链平台中的分布式存储方式以及非对称加密技术，可以有效抵御外部攻击和第三方数据窃取。区块链平台的应用可以满足在全球数字经济治理中对于消费者的隐私保护需求，营造安全的线上消费环境。

专栏 20－4　在数字平台的互联互通中实现全周期的消费者数据保护

在供给侧，全球数字经济治理需要提升数字经济中生产活动的稳定性。一方面，数字经济中的生产活动需要智能化，以更好地应对国际危机冲击。在新冠疫情全球大流行期间，病毒的人际传播使得劳动密集型的生产方式存在很大安全隐患。使用 5G 和物联网基础设施等对工厂进行智能化改造，将车间内的机械设备使用 5G 应用控制，对生产线内机器设备的处理器和传感器进行连接，在精准完成工序的同时降低了对工人数量的需求。在新冠疫情的冲击下，使用数字基础设施改造后的智能工厂在生产中仅需要投入较少的劳动力，降低了病毒传播的风险，保障生产在国际危机的冲击下仍能平稳有序进行。另一方面，数字经济中的生产活动需要集约化，以绿色生产方式促进可持续发展。传统生产方式中，缺乏对于生产各个环节的数据监控和处理，无法在整体上做出更加细致高效的生产规划。5G、物联网和大数据等技术的应用，能够对各生产环节的生产数据进行自动采集和整合。通过利用人工智能对能耗信息进行分析，制定最为合理的节能规划方案，在生产中达成精细化的能耗管理，实现数字经济发展的绿色可持续。

三、数字基础设施对数字贸易发展的影响

第一，数字基础设施可以通过提高相关主体创新水平为数字贸易提供技术支撑。一方面，在微观上，数字基础设施有助于企业充分整合资源，突破数字贸易的技术瓶颈。数字基础设施帮助企业拓宽了搜索和交易的范围，提高信息获取能力，推动数据、信息和知识的充分共享，降低企业获取技术开发所需要素的成本，进而有更充足的资本和资源投入创新研发活动中，通过创新建立市场竞争优势。另一方面，在宏观上，数字基础设施有助于在区域内优化资源配置，为数字贸易打造合作、包容的创新生态。数字基础设施能够使生产要素摆脱地理距离的束缚，在短时间内实现地区间的再分配和组合。通过不断提高区域创新能力，营造良好的数字贸易生态圈，完善产业链、强化创新链，推动国内国际创新资源对接，供需精准匹配，助力数字贸易更好发展。

理论命题 20－2

通过降低交易成本、优化资源配置和扩大技术溢出，数字基础设施能够提升地区技术创新水平；如果政府关注度较高、人力资本水平较高和传统交通基础设施较发达，该地区数字基础设施的技术创新效应更为明显。

（参见：赵星. 新型数字基础设施的技术创新效应研究. 统计研究，2022，39（04）：80-92.）

第二，数字基础设施可以优化数字贸易的生产条件，助力厂商根据市场个性化需求快速定制。在数字经济时代，消费者选择日趋多样化，长尾市场规模快速增长。在此背景下，大规模生产的标准化产品很难再为商家提供竞争优势，基于消费端的个性化需求提供定制化服务和产品成为获取市场份额的关键因素。随着以物联网设施为代表的网络类基础设施的建成，消费端的多样化需求被迅速反映到产品研发、设计和生产过程中，实现生产端的定向分析和快速落地。以东莞大朗镇的毛衣数控编织机为例，订单可以通过物联网设施直接反馈到工厂，工厂迅速按照订单的定制要求生产相应的产品，这一模式既可以通过零库存降低资金链断裂风险，还通过获取细分市场提高了企业的国际竞争力。

第三，数字基础设施可以为数字贸易实现智慧物流提供支持。在物流领域以数据中心和云计算平台为代表的算力类基础设施为实现智慧物流提供了有利条件。传统物流的流程包括运输、储存、搬运、分拣和物流信息管理等多个环节，买卖双方不得不使用汇款、托收和信用证等方式，烦琐的过程制约了数字贸易的发展。卖方要联系海运和保险等公司，不仅各环节之间沟通不畅，且周期越久，产生的不确定性越大，中小型贸易企业还会面临融资难和资金链断裂的风险。通过算力类基础设施对物流所涉及的对象和活动进行管理和控制，大大提高了物流配送的准确率和效率，既减少了数字贸易企业的库存和资金积压，又降低了其物流成本，提高了交易效率。

第三节 数字丝绸之路与数字基础设施

一、“数字丝绸之路”推进数字基础设施建设

一方面，数字丝绸之路倡议能够从战略互通的角度为沿线国家共建数字基础设施营造良好的政策环境。通过和沿线国家签署协议并建立合作伙伴关系，加强双边或多边合作的顶层设计，使得共同推进数字基础设施的项目建设更加顺利。2017 年，中国和泰国、老挝、沙特阿拉伯等国家在第四届世界互联网大会上共同签署《“一带一路”数字经济国际合作倡议》，在稳定的多层交流机制和良好的政策环境下，和沿线国家的数字基础设施合作共建项目也不断推行。2018 年，泰国 CAT 电信公司和中航云电信国际有限公司签订备忘录，计划建设直连泰国曼谷和中国香港的全长 3 500 公里的中泰海缆项目；2019 年，沙特电信（Saudi Telecom Company，简称 STC）与华为签署了“Aspiration 项目”合同，包含了端到端无线网络现代化以及 5G 网络建设。在“数字丝绸之路”倡议下签署的合作协议，进一步加深了和沿线国家在数字经济发展上的战略对接，为数字基础设施共建项目的推进提供了政策支持。

另一方面，数字丝绸之路能够通过创新融资渠道为沿线国家共建数字基础设施营造良好的金融环境。“数字丝绸之路”倡议下的丝路基金和亚洲基础设施投资银行为数字基础设施建设提供了资金支持。亚洲开发银行 2017 年发布的《满足亚洲基础设施建设需求》（Meeting Asia’s Infrastructure Needs）报告显示，亚太区域的基础设施建设所需融资规模超过 20 万亿美元。丝路基金和亚洲基础设施投资银行按照对接原则、效益原则、开放原则和合作原则为“数字丝绸之路”沿线国家提供服务，填补相关数字基础设施投资资金的缺口。部分西方国家错误地认为上述投资是针对“一带一路”沿线国家设置的陷阱。事实上，丝路基金和亚洲基础设施投资银行以市场化运作为基本模式，对所投项目进行有效评估，在保障基金股东的合法权益的基础上，为有战略意义的中长期项目提供支持，为数字基础设施建设提供融资保障。

二、数字基础设施巩固“数字丝绸之路”成果

一方面，数字基础设施的互联互通能够进一步提高数字丝绸之路当中的贸易畅通，扩大国际合作。数字基础设施的建设完善，可以为贸易畅通提供技术支持，促进数据流通、保护数字隐私。数字基础设施可以通过促进数据流通推动数字贸易便利化：光缆和数据中心的建设是保障国际数据传输的重要途径之一，通过国家间共建光缆和数据中心，可以形成稳定的数据传输渠道，将数字经济发展落后国家的更多用户接入互联网，便利跨境贸易中电子支付手段的对接；数字基础设施可以通过保护数据隐私保障交易信息安全：区块链平台的应用可以推动跨境货物贸易中核心单据的数字化，基于区块链技术构建的数字提单不易篡改数据，在贸易真实性审核中能提供更真实的源头数据和客户授权的相关交易信息，助力搭建起健康高效的大宗商品国际贸易生态。数字基础设施的

互联互通，可以提高数据传输效率，保护数据安全，是“数字丝绸之路”倡议下贸易畅通的重要技术保障。

另一方面，数字基础设施的互联互通能够进一步提升“数字丝绸之路”当中的民心相通，赢得国际支持。数字基础设施建设使沿线国家享受到数字技术带来的经济红利，也让这些国家成为国际社会对“数字丝绸之路”支持的重要声音。数字经济带来的机遇对于“数字丝绸之路”沿线的欠发达地区尤为重要，有助于促进这些国家经济结构的调整和资源的优化配置，实现弯道超车。中国企业为沿线国家主建和参建了大量跨境陆缆、海缆及光缆，如中国电信为吉尔吉斯斯坦连接光纤通道、中国联通参与建设国际海底光缆系统等项目。这些大型数字基础设施的落地让沿线国家感受到数字经济所带来的红利的同时，也被中国建设“数字丝绸之路”的决心所打动，国际社会纷纷对“数字丝绸之路”表示支持，这使得很多西方国家对“数字丝绸之路”“阴谋论”不攻自破。

本章小结：中国视角

“数字丝绸之路”是一种创新合作模式，以“五通”为主要内容，为沿线国家起到了协调数字经济发展规划和政策、加强数字基础设施建设和合作、加速外贸新业态新模式发展、创新线上投融资模式及路径和增进人文交流与科技合作的作用，推动了全球数字经济治理体系的发展。“数字丝绸之路”建设可以通过完善制度保障降低数字企业跨国经营的投资风险和贸易壁垒，通过实现共赢发展缩小各国的数字经济水平差距。数字基础设施有利于加速资源的流动和共享、提高数据要素的流通效率，在提升各国数字经济发展能力的同时强化数字化治理能力。数字基础设施可以满足全球数字经济治理中的个体跨境权益保护需求，提升数字经济中生产活动的稳定性。以5G、区块链平台、数据中心和云计算平台等为代表的数字基础设施可以为数字贸易提供广泛技术支撑，优化生产条件，助力实现智慧物流。“数字丝绸之路”和数字基础设施二者相辅相成。一方面，“数字丝绸之路”推进了数字基础设施建设。另一方面，数字基础设施巩固了“数字丝绸之路”成果。

在数字经济时代，中国于2017年提出共建“数字丝绸之路”的构想，力求打造共同发展繁荣的命运共同体。随后中国政府言出法随，出台政策文件带头推进“数字丝绸之路”建设，中国企业纷纷响应“数字丝绸之路”倡议，和沿线国家企业加强数字经济合作。作为世界上最大的发展中国家，中国这种展现大国担当的行为，可以为广大新兴市场国家和发展中国家起到良好的表率作用，有助于凝聚发展共识，为发展中国家创造更广阔的发展空间，推动全球数字经济均衡化发展。中国应进一步加强数字基础设施建设，持续推动5G、大数据中心和工业互联网等领域建设，在增强中国经济发展驱动力的同时，为进一步推广“数字丝绸之路”夯实基础，在推动全球数字经济发展中做出更大贡献。

标识性概念

数字丝绸之路　　　数字基础设施

思考题

1. 新冠疫情的发生使得2020年上半年全球经济贸易出现衰退，中国和“一带一路”沿线国家的贸易投资合作虽出现下滑，但在服务外包、电子商务和信息通信技术等数字经济相关领域的数据表现较好。从“数字丝绸之路”的内涵和外延出发，结合相关案例，试说明哪几方面举措使得“数字丝绸之路”建设在新冠疫情的影响下仍有不俗表现？

2. “2020海上丝绸之路（海南）金融高峰论坛”于2020年11月23日在海南自贸港海口市举行，会议上提到跨境贸易由“贸易、物流、金融、监管”四大环节构成。请从数字基础设施的外延出发，谈一谈海南自贸港可以借助什么数字基础设施来实现对这四个环节的有效治理？

3. 在第十七届中国—东盟博览会和中国—东盟商务与投资峰会开幕式后，广西壮族自治区大数据发展局制定了《广西面向东盟的“数字丝绸之路”发展规划（2021—2025年）》，指出打造“数字丝绸之路”的主要任务之一是要搭建人文交流与科技合作服务平台，推进民心相通。请从数字人才培养和数字医疗合作的角度出发，谈谈在面向东盟的“数字丝绸之路”建设中，可以通过哪些具体途径实现民心相通？

4. 自2017年5月14日习近平主席在“一带一路”国际合作高峰论坛开幕式上提出构建“21世纪数字丝绸之路”以来，数字丝路已经成为中国和“一带一路”沿线国家实现设施联通的重要接口。请从加快设施联通、深化互惠合作的角度出发，思考未来中国应该通过哪些路径来精准对接沿线国家需求，继续推进“数字丝绸之路”建设？

5. 2019年全国两会上，政府工作报告明确要求，加快5G商用步伐和IPv6（互联网协议第6版）规模部署，加强人工智能、工业互联网和物联网等新型基础设施建设和融合应用。“新基建”一头连着巨大的投资和需求，一头牵着不断升级的强大消费市场，是推动共建“数字丝绸之路”的坚实基础。试结合实例分析，数字基础设施可以通过哪些方面推进“数字丝绸之路”建设？

延伸阅读

［1］中国电子信息产业发展研究院．数字丝绸之路“一带一路”数字经济的机遇与挑战．北京：人民邮电出版社，2017.

［2］马述忠，房超，梁银锋．数字贸易及其时代价值与研究展望．国际贸易问题，2018（10）：16-30.

［3］马述忠，郭继文．数字经济时代的全球经济治理：影响解构、特征刻画与取向选择．改革，2020（11）：69-83.

［4］杜振华．“互联网+”背景的信息基础设施建设愿景．改革，2015（10）：113-120.

第二十一章 数字自由贸易与数字贸易壁垒

本章导读

在数字技术的推动下，数字贸易迅速发展，逐渐成为拉动全球经济增长的重要引擎。对世界各国而言，发展数字贸易既有机遇，也有挑战。一方面，随着全球化进程的加深，推动数字贸易自由化成为全球经济发展的必然趋势。各国积极通过签订双边及多边协议、建立自贸区等方式，推行数字自由贸易。另一方面，数字贸易规则落后于实践，数字贸易博弈逐渐由“市场之争”转变为“规则之争”。部分国家倾向于根据自身发展特征设置关税或非关税的数字贸易壁垒，维护自身发展利益。通过本章的学习，读者可以详细了解数字自由贸易和数字贸易壁垒的内涵和外延，理解推动数字自由贸易和设立数字贸易壁垒的逻辑起点和发展进程，对世界主要经济体发展数字贸易的态度和立场有一定把握，从而为深入了解全球数字贸易治理体系奠定基础。

第一节 数字自由贸易

一、数字自由贸易的发展

（一）数字自由贸易的发展历程

1. 数字自由贸易初始萌芽阶段（1998—2007 年）

1998 年 5 月世界贸易组织第二届部长级会议通过了《全球电子商务宣言》（Declaration on Global Electronic Commerce），认为电子商务是一个“新的贸易机会”，数字贸易自由化进程自此开启。自 1998 年至金融危机前，数字贸易突出表现为低水平且缺乏规制的数字自由贸易。从发展水平看，该时期各国互联网技术普及程度差异较大，互联网应用程度整体偏低，数字贸易自由化水平较低。从规制角度看，数字自由贸易规制数量不多，规制内容聚焦无纸化贸易和关税条款，旨在削减边境壁垒。在电子认证和签名、在线消费者保护等相关规制中大多使用“应当鼓励”“设法避免”“应当按照缔约方认为合适的方式尽可能地”“努力”等鼓励性词汇，规制深度较浅且缺乏约束力，对推进数字自由贸易作用有限。

2. 数字自由贸易加速发展阶段（2008—2017 年）

2008 年金融危机重创全球，传统贸易增长乏力，数字自由贸易进入加速期。该阶段突出表现为高水平且在双多边贸易协定规制下的数字自由贸易。一方面，随着互联网基础设施建设不断完善，数字贸易作为拉动全球经济增长的新经济形态得到广泛发展，数字贸易新业态新模式不断涌现，逐渐由低水平过渡到高水平。另一方面，鉴于 WTO 的框架协议无法满足全球数字贸易飞速发展的需求，美国、欧盟等国家开始以双边或区域经贸谈判为契机，在区域协定中设立电子商务专章，就减少数字贸易壁垒、保护消费者权益和加强数字贸易国际合作等做出了较为全面和具体的规定，数字贸易规则的数量显著提升，结构趋于优化。最具代表性的是美国主导的《跨太平洋伙伴关系协定》（Trans-Pacific Partnership Agreement，简称 TPP）。该协定涉及消除电子商务贸易壁垒、保护在线消费者权益、降低电子商务市场准入门槛和网络安全等诸多议题，将以电子商务为代表的数字贸易自由化提升到了更高层次。

3. 数字自由贸易深度整合阶段（2018 年至今）

2018 年，美国、墨西哥和加拿大达成《美国—墨西哥—加拿大协定》，首次提出“数字贸易”专章，标志着数字贸易进入深度整合阶段，该阶段突出表现为以保障监管目标为条件的有选择、有差别的数字自由贸易。随着物联网、云计算、大数据和人工智能等新兴技术的发展，数字贸易内涵进一步扩展，不仅包含了互联网上销售的产品，还包括实现国际分工的数据流、实现智能制造的服务以及其他相关的平台和应用等。数字贸易的快速发展对数字贸易规则的变革和创新提出了新要求。国情、目标和立场上的巨大差异决定了各国难以在短期内形成统一的数字贸易规则。为维护自身利益，推进更大范围、更高层次、更深程度的数字自由贸易，各国围绕数据流动、数据和网络安全以及知识产权保护等数字经贸规则的竞争愈演愈烈。以数据流动为例，美国支持最大限度地自由化，反对对数据流动加以限制。欧盟注重保护个人隐私，主张基于人权保护的数据流动监管干预。以中国为代表的发展中国家则倾向于采取谨慎监管态度，以维护社会秩序和国家利益。

（二）数字自由贸易的发展趋势

从发展方向看，数字自由贸易是全球发展的必然趋势。一方面，数字自由贸易能够大幅提升国家社会福利。对消费者而言，数字自由贸易可以最大限度增加消费产品种类，降低消费产品价格，更好满足消费者差异化需求和个性化偏好。对生产者而言，数字自由贸易有助于企业在全球范围扩展市场，优化要素结构，拓展信息与资源渠道，显著提升企业全球竞争力。另一方面，在数字经济时代，数字技术链接海量数据和巨量用户，跨境链接、跨界链接成本极大降低，数字自由贸易收益显著提升。数字自由贸易有助于推动全球产业链中数据流动和数据共享，强化知识和技术要素共享，提高全球资源配置效率。因此，推动形成更加开放的数字贸易，符合世界多数国家的核心利益诉求，是数字贸易发展的必由之路和最优选择。

理论命题 21－1

通过优化要素结构、进口更多优质投入、加大研发支出，贸易开放有利于发挥数字产品使用的作用，促进企业生产率的提高。

（参见：Hongsheng Zhang，Yueling Wei，Shuzhong Ma.“Overcoming the‘Solow Paradox’: Tariff Reduction and Productivity Growth of Chinese ICT Firms,” *Journal of Asian Economics*，2021，74（06）：1-14.）

从实现路径看，数字自由贸易是循序渐进的动态过程。数字自由贸易是大势所趋并不意味着要在短时间内取消对数字贸易的各项约束。推动数字自由贸易要综合考虑各国经济体制和发展阶段的差异性，确保其在全世界范围内合理有序开展。从世界范围来看，数字贸易还不具备完全自由化的条件。一方面，推动数字自由贸易要充分考虑数字经济主体的差异性，最大限度保障各方主体平等参与数字经济治理、共享数字经济发展成果，推动数字贸易包容性发展。全球数字贸易发展存在不平衡性。发展中国家在数字基础设施建设、数字能力和数字素养等方面与发达国家存在较大差距。对发展中国家而言，过快推行数字自由贸易并非总是安全、有序、合理的，可能会错失数字产业发展机遇，损害公共利益和国家安全。另一方面，推动数字贸易自由化要实现数字贸易规则的普遍适用。国际数字贸易规则呈现碎片化形态。该碎片化主要表现为在各国涉外法规与贸易协定中，由于各自秉承不同标准而造成数字贸易规则间的分裂。在数据跨境流动、数字服务税、数字知识产权保护等数字贸易关键领域的实践中，受文化传统、社会制度和政治因素等影响，各国难以在短期内形成共识，建立全球性数字贸易规则注定是一个耗时耗力的漫长过程。

从合作方式看，数字贸易国际合作呈现区域化、联盟化。现行 WTO 规则体系无法适应数字贸易快速发展，且 WTO 诸边数字贸易谈判进展缓慢，各国在网络中立、数字税和消费者隐私保护等问题上的矛盾难以调和。基于自身利益诉求，美国、欧盟、日本和东盟等主要经济体以双边或区域经贸谈判为契机，在分歧中谋合作，逐渐建立起以自身为“枢纽”的庞大的数字贸易协定网络，加速了具有共同利益诉求国家间构建制度联盟的趋势，全球数字贸易国际合作呈现区域化发展态势。美国通过与 20 多个国家签署区域贸易协定，建立了以《美国—墨西哥—加拿大协定》为代表的、维护美国核心利益的高标准数字贸易规则体系，北美联盟进一步发展。欧盟通过与越南、加拿大、墨西哥和新加坡等国签署贸易协定构建了“文化例外”[①] 以及“隐私保护”的欧式模板。日本通过与美国签订《美日数字贸易协定》（United States-Japan Digital Trade Agreement，

① 文化例外是一种为了保护本国的文化不被其他文化侵袭而制定的一种政策。该政策最早源于 20 世纪 90 年代初，在 WTO 谈判中，鉴于国家和民族文化独立的重要性，法国坚决而果断地提出反对把文化列入一般性服务贸易。

简称 UJDTA），与欧盟签订《欧日经济伙伴关系协定》（EU-Japan Economic Partnership Agreement，简称 EPA），加入美国、欧盟“数据贸易圈”获取谈判优势，推进与其他国家数字贸易规则谈判。

从全球治理看，数字贸易规制迈入纵深发展阶段。就规制数量而言，自 2001 年起至 2020 年 12 月底，向 WTO 通报并生效的区域贸易协定（Region Trade Agreement，简称 RTA）共 326 起，其中有 109 项涉及数字贸易相关条款，80 项含有数字贸易专章。同时，涉及数字贸易章节的区域贸易协定比例逐年上升。就参与主体而言，除美国、欧盟、日本和韩国等发达国家外，中国、俄罗斯和印度尼西亚等发展中国家也积极参与其中，南北型和南南型数字贸易合作呈现活跃态势。就规制内容看，逐步从浅度自由化向深度自由化迈进。早期的数字贸易规则主要涉及电子传输暂免关税、无纸化贸易等传统议题，旨在削减边境壁垒。但数字贸易壁垒主要来自边境后的国内监管体制，涉及大量的技术、隐私和安全问题。为此，数字贸易规制内容开始向边境后措施延伸，越来越多地涉及数字产品市场准入、国民待遇、消费者隐私保护、知识产权保护、国内监管框架和政务数据公开等相关议题。

理论命题 21－2

全球数字贸易规制融合会降低贸易成本、增强双边网络效应、缩短制度距离、促进数字贸易发展。

（参见：刘斌，甄洋，李小帆. 规制融合对数字贸易的影响：基于 WIOD 数字内容行业的检验. 世界经济，2021，44（07）：3-28.）

二、数字自由贸易的内涵与外延

（一）数字自由贸易的内涵

1954 年荷兰经济学家简·丁伯根（Jan Tinbergen）在其著作《国际经济一体化》（*International Economic Integration*）中率先提出，经济自由化是不同国家或经济体之间通过缔结条约、相互协调或统一各自经济政策，移除阻碍经济有效运行的各种政策壁垒，实现最优国际经济结构的过程。[①] 自由贸易是经济自由化的重要内容。经济合作与发展组织将自由贸易界定为国家取消对进出口贸易的限制和阻碍，取消对本国进出口商品的各种特权和优惠，使商品自由地进出口，在国内外市场上自由竞争。但在现实中，完全的自由贸易是一种理想状态。2008 年《商务部 海关总署关于规范“自由贸易区”表述的函》中强调政府通过进一步推进开放来实现贸易与投资的自由化，即政府可以采取措施趋近较为前沿的自由贸易。基于此，本教材认为数字自由贸易更多反映的是政府发展数字贸易的理念，是一国政府减少各种数字贸易限制措施的态度与主张。

数字自由贸易的状态取决于全球数字鸿沟弥合程度和数字贸易规则健全程度。自由

① Tinbergen J. *International Economic Integration*. Elsevier, 1954.

贸易并不意味着每个国家无条件开放其国内市场或削减贸易壁垒。《商务部 海关总署关于规范“自由贸易区”表述的函》中明确指出，自由贸易要求分阶段取消大部分货物的关税和非关税壁垒。数字自由贸易状态意味着在多大程度上能够进行无障碍的数字贸易活动，这与数字贸易面临的国际外部环境密切相关。一方面，接入鸿沟、使用鸿沟和能力鸿沟对不同国家或地区能否合理利用数字贸易从事国际分工有重要影响；另一方面，数字贸易活动中商流、物流、信息流和资金流的合理、健康流动离不开相关规则的建立健全，其能够有效降低贸易摩擦发生的概率，提升自由交易水平。

综上所述，数字自由贸易是指一国政府减少各种数字贸易限制措施的态度和主张，其状态取决于全球数字鸿沟弥合程度和数字贸易规则健全程度。

（二）数字自由贸易的外延

自由贸易是“保护贸易”的对称。在一个极端，数字自由贸易是数字贸易的一种理想状态，在该状态下没有任何的数字贸易壁垒。现实中，出于国家利益及政治考虑等因素，要实现完全的数字自由贸易是不可能的，双边或者多边的数字贸易往来中总会伴随一些数字贸易壁垒存在，关税形式的或者非关税形式的，不会完全地没有任何阻碍或者限制因素。在通常意义上，数字自由贸易是介于理想数字自由贸易与完全数字贸易壁垒状态之间的一种情形。如果将理想数字自由贸易与完全数字贸易壁垒状态视为一个平面上的两个端点，那么，两点连成的线段就可以代表数字贸易自由化程度。离理想数字自由贸易越近，数字贸易自由化程度越高；离完全数字贸易壁垒状态越近，数字贸易自由化程度越低。

第二节 数字内容贸易与跨境电子商务 B2C

一、数字内容贸易是否属于数字自由贸易

数字内容贸易，即以数字内容（知识产权、计算机软件、移动应用、音像制品、电子和数字出版物等）为标的并通过数字化交付实现的贸易，如知识产权贸易、软件贸易、移动应用贸易、网络视听贸易、电子出版物贸易。

从数字自由贸易的角度看，数字内容贸易呈现如下状态：

在现行实践中，数字内容贸易适用电子传输免征关税，属于理想的数字自由贸易。1997 年，美国在《全球电子商务框架》(A Framework for Global Electronic Commerce) 中提出取消对电子传输的关税和非关税壁垒，并向 WTO 提交了相关报告。1998 年 WTO 第二届部长级会议通过了《全球电子商务宣言》，宣布对电子传输不予征收关税，并要求 WTO 成员在下一届部长级会议前维持对电子传输零关税的实践。此后，各届 WTO 部长级会议宣言都延续了对电子传输暂时免征关税的承诺。2022 年 WTO 第十二届部长级会议一致讨论通过将电子传输免征关税延长至 2023 年 12 月 31 日。电子传输

暂免关税是 1998 年以来 WTO 取得的最重要的多边成果之一，推动了全球数字内容自由贸易的快速发展。

从规制演进看，电子传输免征关税存在不确定性，数字内容自由贸易面临挑战。第一，电子传输免征关税是以往做法的延续，既没有达成永久免征关税，也没有取消免征关税，各国保留了征税的权力。“暂时免税”只是一份政治承诺，是对数字内容贸易征税存在技术困难下的被迫选择，不具备长期性和稳定性，且缺乏实质约束力。随着数字技术发展，是否继续对电子传输免税，形成电子传输征税的永久性法案尚待检验。第二，由于缺乏实际执行文件，各经济体对电子传输免征关税的适用范围存在分歧。与发展中国家不同，发达国家倾向于认为电子传输不仅涵盖电子传输方式本身，还包括电子传输内容[①]，由此引发了数字内容海关估价[②]问题。在数字内容海关估价中，内容估价方式将进一步影响数字内容自由贸易程度。第三，对电子传输暂时免征关税并不影响各国对电子传输征收国内税。《全面与进步跨太平洋伙伴关系协定》《数字经济伙伴关系协定》等多个区域贸易协定中明确提出对电子传输免征关税不妨碍国内税的征收。在国内税征收过程中，对数字内容贸易施加市场准入或国民待遇等方面的其他歧视性措施也会构成数字内容贸易壁垒。

在上述背景下，立足自身发展利益，各国表现出不同的数字内容自由贸易主张。代表性的观点有：

作为全球最大的数字内容贸易出口国，美国积极推行最大限度的数字内容自由贸易。在电子传输免征关税问题上，美国致力于推进电子传输关税豁免永久化。在 WTO 电子传输永久免征关税谈判受阻的情况下，美国积极通过《美国—澳大利亚自由贸易协定》(Australia-United States Free Trade Agreement)、《美国—新加坡自由贸易协定》(US-Singapore Free Trade Agreement)、《美国—韩国自由贸易协定》(U.S.-Korea Free Trade Agreement) 以及 USMCA 等双边或区域贸易协定推进数字内容贸易零关税。美国主张电子传输免征关税不仅包括电子传输本身，还包括电子传输内容。例如《美国—澳大利亚自由贸易协定》中规定，任何一方不得对数字内容进口或出口征收关税、费用或其他费用，无论是其安装在载体介质上还是以电子方式传输。在数字内容贸易非关税壁垒方面，美国支持数字内容贸易适用 WTO 的关税及贸易总协定规则，强调国民待遇的普适性和最惠国待遇的无条件性，不断扩大数字内容贸易范围。例如，USMCA 剔除了“广播产品”的例外条款，将“国民待遇”的适用范围扩展到广播服务及广播服务提供者。

基于扶持数字内容产业发展的需求，欧盟主张“文化例外”的数字内容自由贸易。在电子传输免征关税方面，欧盟总体上自由化程度较高，同意免征电子传输关税。在电子传输免征关税适用范围方面，欧盟仅对“双重用途”[③](dual-use) 的数字内容出口实行限制政策，对进口产品没有特殊限制。在数字内容贸易的非关税壁垒方面，欧盟主张

---

① 《全面与进步跨太平洋伙伴关系协定》中规定，电子传输方式指通过任何电磁形式进行的传输，电子传输内容指电子传输的标的。

② 海关估价是经海关审查确定的完税价格。进出口货物的价格经货主（或申报人）向海关申报后，海关需按本国关税法令规定的内容进行审查，确定或估定其完税价格。

③ 双重用途指既可民用又可军用。

数字内容贸易适用服务贸易总协定（GATS）规则。以保护和贯彻文化多样性为出发点，欧盟提出自由贸易排除具有文化性质的商品及服务的“文化例外”主张。由于数字内容兼具经济和文化双重属性，欧盟将文化性质的数字内容归类到没有做出开放承诺的视听服务部门，并在区域贸易协定中明确排除视听服务的适用。例如，2018年，日本与欧盟签署了《欧日经济伙伴关系协定》，其中的电子商务章节规定，“本章之目的，双方确认其有权在其领土内采取必要的管制措施，以实现合法的政策目标，如保护公共卫生、安全、环境或公共道德、保护社会和消费者以及保护文化多样性。”

除美国、欧盟外，其他国家也积极参与到数字内容贸易规则制定当中。在电子传输免征关税问题上，大多数国家就暂时免征关税达成了共识。但随着数字经济的飞速发展，对电子传输免征关税将大幅缩小发展中国家税基，增加税收流失，削弱财政实力，扩大数字经济发展鸿沟。为此，以印度、巴西、斯里兰卡和巴基斯坦等为代表的发展中国家呼吁征收电子传输关税。印度尼西亚主张即便是临时免征关税，免征范围也仅能适用于电子传输本身，不适用于电子传输的内容。在数字内容非关税壁垒维度，各国在实践中处理方式存在差异。日本支持数字内容贸易适用GATS规制，但也在《欧日经济伙伴关系协定》中针对电子商务引入了技术中立原则，对部分数字内容贸易适当限制。南非认为数字内容可归入WTO服务部门分类清单（WTO中简称“W/120”）的特定部门，仅对数字内容贸易给予承诺性的国民待遇，且最惠国待遇存在法定例外与豁免。非洲国家认为，应按照GATS正面清单的逻辑，重新协商定义数字内容贸易新义务。

二、跨境电子商务B2C是否属于数字自由贸易

在国际贸易税收体系下，跨境电子商务B2C适用“关税最低起征点”制度，在合理关税范围内属于数字自由贸易。关税起征点是各国法律规定的开始征收关税的金额界限，是对进口商品征收更少或者免征税的门槛值。在国际贸易中，为了提高工作效率，避免为小额税款而履行繁杂的征纳税手续，一些国际组织、双多边签署的国际协定将最低起征点政策作为贸易便利化的手段。世界海关组织（World Customs Organization，简称WCO）在《经修订的京都公约》（Revised Kyoto Convention，简称RKC）中要求海关设置最低起征点。低价值货物免税体系下，跨境电子商务B2C关税普遍较低，甚至为零，贸易自由化程度较高。需要注意的是，跨境电子商务B2C的关税需保持在合理范围。过高的关税会阻碍贸易流动，而过低的关税会降低跨境电子商务B2C进口产品价格，挤压部分国内企业和零售商的发展，造成国际贸易征税的不公平。

随着数字经济的发展，跨境电子商务B2C小金额、大批量和分散化的特征对关税征收和海关监管提出了新要求，数字自由贸易面临挑战。一方面，课税主体和对象难以确定，税收监管程序有待优化。跨境电子商务B2C的贸易出口商不要求有固定经营场所。出口商和消费者借助虚拟互联网平台达成交易，交易双方可能隐匿身份及居住地，涉税信息获取困难。部分跨境电子商务企业或个人会利用低值产品免税制度漏洞，违规采取低报价格、将订单拆分成小包裹等手段走私货物，存在违法违规风险。另一方面，跨境电子商务B2C对海关信息化建设提出了更高要求，海关监管亟须创新。跨境电子

商务 B2C 发展要求海关积极运用大数据和云计算等技术手段建立跨境电商信息化系统，充分、及时、准确地掌握跨境电商进出口商品的种类、批次、重量、货值、包裹和消费者信息等基本情况，简化申报流程和通关流程，在确保安全的前提下加快低风险货物放行，强化对商品质量安全问题、消费者隐私侵犯问题、数据安全问题、知识产权侵犯问题和夹藏违禁品危害国家安全等的有效解决机制。

在实践中，跨境电子商务 B2C 贸易自由化存在如下发展趋势：

第一，跨境电子商务 B2C 便利化程度不断提升。为规范跨境电商发展，WTO、联合国国际贸易法委员会（United Nations Commission on International Trade Law，简称 UNCITRAL）等制定了一系列有关电子商务的文件，在电子签名、无纸化贸易、争端解决和推动基于互联网的货物贸易便利化等方面形成了广泛共识。2001 年 UNCITRAL 通过了《电子签名示范法》(The Model Law on Electronic Signatures，简称 MLES)，明确了电子签名的法律效力。2005 年 UNCITRAL 颁布了《国际合同使用电子通信公约》(The Electronic Communications Convention，简称 ECC)，促进了电子合同在国际贸易中的合法使用。2016 年，联合国网上争议解决工作组第 33 次会议通过了《跨境电子商务交易网上争议解决技术指引》(The Technical Notes on Online Dispute Resolution)，对推动跨境电商网上争议解决提供了示范作用。作为跨境电子商务 B2C 贸易的核心机构，自 2016 年，世界海关组织开始关注跨境电子商务海关监管的效率及安全问题，并逐步发挥作用。受世界海关组织委托，中国海关分别于 2017 年和 2018 年制定了《世界海关组织 AEO 互认实施指南》(The Customs AEO MR Implementation Guideline)、《世界海关组织跨境电商标准框架》(World Customs Organization Cross-Border E-Commerce Framework of Standards)，确立了支持跨境电子商务便利化和监管的关键原则和标准，初步形成了跨境电商监管的基本框架。

第二，跨境电子商务 B2C 关税征管体系更加规范高效。2016 年之后，为保证本土企业竞争的公平性，澳大利亚、俄罗斯、欧盟和新加坡等纷纷调整税收政策，逐步减少跨境电子商务 B2C 的税收优惠，将关税设置在合理范围。从 2018 年 7 月 1 日开始，澳大利亚取消低价值进口商品进口 1 000 澳元免税额度，由电子商务平台对消费者征收 10% 的商品及服务税。自 2018 年 7 月 1 日起，俄罗斯两次调整免税额度，将跨境电商个人进口免税金额从 1 000 欧元下调至 200 欧元。自 2021 年 1 月 1 日开始，欧盟取消低价商品（低于 22 欧元）进口增值税豁免政策。自 2023 年起，新加坡将取消从海外空运或邮寄的跨境电商零售商品的商品税最低起征点。

专栏 21－1 中国跨境电商 B2C 进口监管政策

第三，跨境电子商务 B2C 海关监管持续优化。根据跨境电子商务 B2C 商品价值的大小，美国提供了正式和非正式两种报关方式，由发货人或代理承运人事前申报。并且，美国更加关注商品质量、知识产权和食品安全等问题，并强化国家内部及国家间信息共享和执法互助，强化打击走私、侵权等违法犯罪的监督能力。欧盟建立了一站式的征税制度，采取舱单提前申报[①]的一体化通关模式。俄罗斯对跨境电子商务 B2C 按照一般国际邮件实施监管。俄罗斯海关与邮政建立了规则信息化系统，共享收件人和商品数据，不断提升通关效率。日本建立了较为严格的身份准入和登记确认制度，且对于涉及日本国内经济、治安和风俗的物品进口需获得进口许可证，否则一律无法清关。

第三节 数字贸易壁垒

一、数字贸易壁垒产生的原因

第一，保护本国数字经济产业发展。1791 年，美国政治家亚历山大·汉密尔顿（Alexander Hamilton）的幼稚产业保护理论指出，通过过渡性的保护、扶植措施能够帮助国内的新兴产业规避来自全球的竞争，为本国产业发展创造良好的发展环境。幼稚产业保护理论在新一轮的科技革命中仍具有适用性。作为新型经济形态，数字经济已成为影响全球资源分配、产业格局和国际分工的重要因素。为构筑国家竞争新优势，同时改善本国人民的福利水平，各国愈发重视本国数字经济发展。出于保护国内数字经济产业发展的考虑，数字贸易壁垒由此形成。

专栏 21－2 美国对华“技术战”的本质

第二，防止本国知识产权侵权行为。数字经济发展的关键在于创新，而知识产权是保护创新的新途径。相比其他业态，数字经济的发展更加依赖完善的知识产权保护制度。此外，数字经济发展降低了知识产权窃取、模仿、复制的成本，引发了人工智能生成物、虚拟现实等领域的知识产权保护新问题。因此，各国亟须构建响应及时、保护合理的知识产权规则体系。值得注意的是，知识产权保护的水平要适当。落后于数字经济发展需要的知识产权保护，或者超越数字经济发展阶段的知识产权保护，均不可取。当法律或国际条约赋予权利人的专有权超过合理范围，知识产权的滥用就可能阻碍贸易，

① 舱单提前申报是指无论是进口、中转的货物均需在规定时间内向海关提前申报。

发展成为贸易壁垒。

第三，维护本国公民个人隐私权利。在数字经济时代，个人数据和信息是形成大数据的基础原材料，是数字技术型企业获取高额收益的核心竞争资源。在数字贸易中，大量相关数据在互联网存储、传播，个人信息安全面临挑战。网站登录信息、个人位置信息、个人浏览记录和个人偏好信息泄露等屡见不鲜。为了避免数据泄露或非法使用，保护个人隐私，部分国家通过采取跨境数据流动限制和数据中心本地化等措施，加强数据流动监管，这些措施不可避免地形成了数字贸易壁垒。

第四，强化本国数字经济利益分配。鉴于税收的敏感性和复杂性，维持自身税制竞争力是各经济体保障国家经济利益的必然要求。数字经济时代，国际税收秩序面临挑战。一方面，传统税收征管模式与互联网无痕化、无纸化的交易类型衔接不畅，出现了“虚拟空间”上的“征税盲区”，跨境征税愈发困难。另一方面，全球税收利益分配格局呈现非均衡特点。大量税收收入集中在拥有互联网企业的发达国家或数字经济发展出色的国家，“数字鸿沟”更加凸显。随着经济税源竞争日益激烈，各经济体之间因税收政策的矛盾和冲突产生的跨境税收征管摩擦日益增大，数字贸易壁垒由此产生。

二、数字贸易壁垒演变的趋势

第一，数字贸易壁垒的形式更加复杂多样。随着数字贸易不断发展，各种新模式新业态不断涌现。数字贸易涉及的贸易标的不断拓展、监管对象更加多元、行为种类更加复杂。为保护本国数字产业，抢占数字经济发展的全球制高点，各国往往会依托现实经济发展趋势和需求设置各式数字贸易新型壁垒。如 21 世纪以来，随着数据资源在国民经济中的角色愈发重要，各国针对数据资源施加了数据本地存储、数据跨境传输限制和非中性互联网审查等多种新型贸易限制措施。

第二，数字贸易壁垒的政治敏感性日益增强。由于经济政治相互关联，数字贸易壁垒的设置不仅仅是经济问题，更可能演化为政治问题。各国政府会出于政治需求设置数字贸易壁垒，这种壁垒具有很强的国别歧视性和政治敏感性。例如，为打压和遏制崛起的中国科技，美国以维护国家安全为由设置了提高进口关税、对关键零部件实施出口限制、推行“实体清单”以及给予歧视性政策补贴等多种形式的贸易壁垒。

第三，非关税数字贸易壁垒的作用更加凸显。与传统贸易相比，数字贸易涉及大量的技术问题、隐私问题和安全问题。为此，数字贸易规制内容中越来越多地涉及数字产品市场准入、国民待遇、消费者隐私保护、知识产权保护、跨境数据自由流动和源代码保护等相关议题。与之相对应，在数字贸易发展过程中，非关税数字贸易壁垒的作用不断加强。例如，部分国家通过网络过滤和封锁实施数字贸易歧视性待遇，降低国外企业竞争力。

三、数字贸易壁垒的内涵与外延

（一）数字贸易壁垒的内涵

商务部《对外贸易壁垒调查规则》明确指出贸易壁垒的实施主体是外国（地区）政

府。美国贸易代表办公室（United States Trade Representative，简称 USTR）强调贸易壁垒没有固定的定义，但一般是出于自身利益考量的，比如保护国内商品和服务免受外国竞争、人为地刺激国内特定商品和服务出口等。基于此逻辑，本教材认为数字贸易壁垒是一国政府出于自身利益而采取的措施。

就实施方式看，美国贸易代表办公室、美国国会研究服务局（Congressional Research Service，简称 CRS）、美国国际贸易委员会（United States International Trade Commission，简称 USITC）等发布的有关数字贸易或者数字贸易壁垒的报告中均认为，数字贸易壁垒是对数字贸易发展形成阻碍或者限制的措施。因此，数字贸易壁垒是对数字贸易施加的各种限制措施。

此外，由于数字技术不断迭代对数字贸易活动产生持续性影响，所以，数字贸易壁垒具有动态化特征。数字贸易壁垒还具有多样化、知识化、复杂化、政治化和微观化特征，其代表性例证分别为：数字贸易标的范围不断拓宽；数字贸易时代知识产权保护越来越重要；数字税很难科学计算和衡量；从保障国家安全出发禁止数据跨境流动；要求保护消费者隐私。

（二）数字贸易壁垒的外延

数字贸易壁垒可以划分为关税壁垒和非关税壁垒。比较具有代表性的关税壁垒有数字产品税。比较具有代表性的非关税壁垒有数据本地存储、市场准入限制、知识产权保护、数据隐私保护和强制技术转让，如俄罗斯要求数据存储本地化。

2021 年美国国会研究服务局在《数字贸易与美国的贸易政策》（Digital Trade and U.S. Trade Policy）中将数字贸易壁垒按照实施方式划分为关税壁垒和非关税壁垒两种。2014 年 USITC 的《美国与全球经济中的数字贸易 Ⅱ》（Digital Trade in the U.S. and Global Economies, Part 2）中将数字贸易壁垒划分为本地化要求、市场准入限制、数据隐私、保护要求、不确定的法律责任规则、审查和海关措施七大类。2016 年 USTR 在《数字贸易的主要壁垒》(Fact Sheet: Key Barriers to Digital Trade）中重点介绍了跨境数据流动限制、数据本地化要求和市场准入限制等数字贸易壁垒。

第四节　数字产品税、数字服务税与知识产权保护

一、数字产品税是否属于数字贸易关税壁垒

数字产品税是一国海关根据该国法律，对通过其关境的计算机、通信及雷达设备、数字媒体设备、智能设备和电子元器件及设备等实体数字产品征收的税收。与其他关税一样，数字产品税具有：①强制性，即数字产品税的征收是法定义务，纳税人必须无条件遵守；②无偿性，即海关在征收关税的过程中无须对纳税人给予补偿；③固定性，即数字产品税的征收按照预先设定的税收税则执行，不会随便变更和修改；④涉外性，即

数字产品税是对国外数字产品征收的关税。

超过合理范围的数字产品税属于典型的数字贸易关税壁垒。数字贸易关税壁垒通常以高额关税对商品进口实施限制，其本质在于通过对国外商品征收高额关税，削弱国外商品竞争力，限制数字产品进口，以保护本国产业发展。数字产品税的征收主体是海关，纳税主体是数字产品进出口商，纳税客体是计算机、通信及雷达设备、数字媒体设备、智能设备、电子元器件及设备等实体货物。海关在计算机、智能设备等实物跨境过程中对其依法征收数字产品税。例如，2017 年 12 月，印度将手机以及录像和摄影设备等电子电器产品的进口关税从 10% 提升至 15%，以保护国内产业发展。综上所述，当数字产品税超过合理范围后，将构成数字贸易关税壁垒。

实施数字产品关税壁垒成为各国保护信息通信技术（ICT）产业的重要手段。计算机、通信及雷达设备等数字产品大多属于 ICT 产业发展范畴，是 21 世纪经济发展的支柱性产业。伴随 ICT 产业在全球范围内的分工不断细化和深化，世界主要经济体加紧抢占新一轮科技革命和高新技术产业制高点，比如美国再工业化、日本再兴战略和德国工业 4.0 等。与之相对应，ICT 产业贸易摩擦也逐渐升级。例如，2018 年 4 月 3 日，为保护美国高新技术产业发展，美国政府依据“301 调查”结果公布对 1 300 多种中国产品加征 25% 的关税，涉及信息和通信技术、医药器械和机器人等领域，以关税壁垒阻碍中国高新技术产业发展。

专栏 21－3　征收数字产品税能否提升美国科技竞争力？

二、数字服务税是否属于数字贸易非关税壁垒

（一）数字服务税的内涵与外延

数字经济对传统的税收征管体系和国际税收利益分配格局带来了巨大挑战。在实践中，数字服务企业实际运营地和数字服务消费者所在地可能位于不同国家或地区。在现行税法框架下，用实体存在确定常设机构以优先征税的联结度规则作用有限，跨境数字服务企业倾向于选择在税率低的国家和地区注册经营，以达到避税效果，加速了税基侵蚀。① 随着数字服务业的快速发展，欧盟、英国、西班牙和法国等通过立法的形式将数字服务税纳入税法体系。

欧盟《关于对因数字服务所得收入征收数字服务税的共同制度的理事会提案》（Proposal for a Council Directive on the Common System of a Digital Services Tax on

① 税基侵蚀是指由于设置特别的减免税项目，从而增加对纳税人的某些税收优待，进而带来的税基的缩小。

Revenues Resulting from the Provision of Certain Digital Services）中提到数字服务税的纳税主体包括纳税人和一些实体，其中实体指依托企业或透明税务机构开展业务的任何法人或合法安排。英国《数字服务税》（Digital Services Tax）明确是对部分跨国公司征收数字服务税。考虑到一般性问题，本教材认为，数字服务税是对纳税人和一些实体征收的。

就课税对象而言，欧盟、法国、英国、意大利和西班牙等已经公布数字服务税征收提案或法律的国家或组织中，无一例外地对征收数字服务税的数字服务作了限定，集中在在线广告、数字中介、数据传输等方面。因此本教材将数字服务税的课税对象归纳为某些特定数字服务。

从征收方式看，数字服务税的征收有一定的门槛。在欧盟、法国、英国、意大利和西班牙等已公布的有关数字服务税的文件中，均提到数字服务税的征收对因数字服务所获得的收入有一定的门槛，并非对所有数字服务进行征税，对于免费的或者未达到征收门槛的数字服务则不征收，但不同地区对于征收的类别和标准存在显著差异。例如，英国规定当跨国公司从在全球提供的数字服务中获得收入超过 5 亿英镑且其中超过 2 500 万英镑来自英国时，这些跨国公司才需要缴纳数字服务税。而在法国，数字服务企业在全球应税服务收入超过 7.5 亿欧元，且在法国取得应税收入超过 2 500 万欧元才会成为纳税对象。

综上所述，数字服务税是指当纳税主体包括纳税人和一些实体提供某些特定数字服务所获收入超过一定门槛时，对其征收的税。这里，实体是指依托企业或透明税务机构开展业务的任何法人或合法安排。

数字服务税包括三类：第一类是对在线广告服务收入征收的税，如谷歌在意大利投放在线广告需要向当地政府缴纳的税；第二类是对数字中介服务收入征收的税，如亚马逊、eBay 等电商平台，推特、照片墙等社交网络媒体在英国提供线上服务需要向当地政府缴纳的税；第三类是对数据传输服务收入征收的税，如苹果合法销售西班牙手机用户数据需要向当地政府缴纳的税。

数字服务税的课税对象存在国别差异。例如欧盟《关于对因数字服务所得收入征收数字服务税的共同制度的理事会提案》、意大利《预算法》等将需要征税的数字服务归纳为在线广告服务、数字中介服务和数据传输服务，法国征税的数字服务为定向广告和数字中介两类，英国的规定则主要针对数字中介服务，西班牙则主要对在线广告征税。

（二）数字服务税不属于数字贸易非关税壁垒

数字服务税不属于数字贸易非关税壁垒。数字服务税作为国内税，旨在通过修订国内法的形式促进国际税收规则变革，并无直接证据表明其存在贸易保护主义倾向。数字经济轻资产、跨区域交易等特征导致较难确定纳税主体的常设机构，使得税基侵蚀和利润转移问题更加凸显，国际税基合理分配迫在眉睫。数字服务税是解决数字经济时代价值创造地与利润征收地错配问题的新尝试，也是数字经济时代打造公平合理国际税制的新举措，旨在通过国内税法促进国际税制变革，具有正当性，不属于数字贸易壁垒。

在嵌入其他政策目标的情境下，选择性征收数字服务税的效果可能类似于非关税贸易壁垒。从现实推进看，数字服务税已从共同临时性措施异化为单边措施。数字服务税的讨论起源于 OECD 的《税基侵蚀与利润转移行动计划》，实践立法始于欧盟，旨在通过临时措施弥补长期方案落实的“空窗期”，暂时应对数字经济带来的税收挑战，并同时探讨长期解决方案。然而，在实践中各国通过单边措施推进数字服务税。截至 2020 年底，已开征数字税的国家有 14 个，准备开征数字税的国家 15 个。单边碎片化和缺乏协调的数字服务税不可避免地会加剧国际竞争。OECD 在 2020 年 10 月 12 日发布的双支柱[①]评估报告指出，缺乏共识的解决方案会导致不协调和单方面的税收措施激增，并增加具有破坏性的税收和贸易争端。单边数字服务税是否中立取决于各国的政策目标。这意味着，各国可通过嵌入其他政策目的，实施歧视性服务税，将数字服务税发展为类似非关税壁垒的贸易保护工具。以法国数字服务税为例，在给定课税门槛、选择性征税范围的规定下，法国数字服务税更加关注具有市场支配地位的数字企业，表现出了对美国企业的歧视性，具有贸易保护主义的效果。

专栏 21－4　美欧数字服务税争端升级

三、知识产权保护是否属于数字贸易非关税壁垒

在数字经济背景下，数字贸易标的多为知识或者技术密集型产品，知识产权保护成为国际贸易规则谈判的重要议题。数字知识产权是知识产权在数字环境下的延伸，指数字经济和数字贸易活动中发生的，基于数字技术的知识产权。知识产权保护力度的大小取决于各经济体经济、科学、文化发展的综合水平。对知识产权发展水平较高的国家而言，由于数字盗版成本低廉，难以通过市场机制杜绝该现象，需要有合适的知识产权法律体系保护其知识产权不受侵害，维护本国在数字贸易中的利益。对知识产权发展水平较低的国家而言，知识产权保护体系力度过大，如封闭版权、禁止源代码等措施，将阻碍其数字贸易及数字经济的发展，扩大全球数字鸿沟。WTO《与贸易有关的知识产权协定》（Agreement on Trade-Related Aspects of Intellectual Property Rights，简称 TRIPs）指出，不能滥用知识产业的专有性，要考虑充分有效的知识产权保护，使之不阻碍合法贸易。这也说明，知识产权保护水平要适当，落后于世界平均水平的知识产权保护，或者超越经济和社会发展阶段的知识产权保护，均不可取。

当法律或国际条约赋予权利人的专有权超过合理范围，知识产权的滥用就可能阻碍

① 针对数字服务税的征收，OECD 提出了“修订利润分配及联结度规则”和“全球反税基侵蚀解决方案”双支柱框架体系。支柱一侧重完善对大型跨国企业的征税权分配机制，向市场国分配更多的征税权和可征税利润，以平衡经济数字化背景下国际税收权益分配格局；支柱二侧重解决利润转移和税基侵蚀问题，通过设定企业所得税的全球最低税率，为全球税收竞争划定“底线”。

贸易，成为贸易壁垒。不合理的知识产权保护是非关税壁垒的典型形式，是国家或企业背离知识产权制度主旨，滥用知识产权，违反其缔结的或者参加的经贸条约、协定或本国法律规定的义务，给他国造成市场准入阻碍或者限制，或给他国产品或服务在国际市场竞争力造成损害的措施或做法。自“互联网条约”(Internet Treaties)①开始，知识产权规则不断拓展和深化，美国、欧盟和中国等签订的区域贸易协定中均在一定程度上涵盖具有“TRIPS-plus”特征的知识产权保护规则，但利益诉求不同导致各国在核心议题上存在较大争议。

第一，南北国家在数字版权保护力度的强弱上存在较大争议。数字版权保护是指对互联网环境下数字产品、内容及服务的版权加以保护。在该领域，以美国为代表的发达国家就《反假冒贸易协定》(Anti-Counterfeiting Trade Agreement，简称 ACTA）展开谈判，不断推进高标准的数字版权保护制度。以数字内容版权的保护期限为例，《与贸易有关的知识产权协定》规定版权保护为 50 年，《美国—墨西哥—加拿大协定》将其延长到 75 年。与发达国家不同，发展中国家认为，过于严苛的版权保护会增加发展中国家知识付费成本，遏制发展中国家数字产业发展。发展中国家认为，美国出台的恶名市场名单②就是典型的知识产权保护壁垒。例如，俄罗斯的 Allopmp3 网站被界定为全球最大的音乐盗版网站等。这些界定加大了发展中国家知识产权保护的压力，不利于其长期发展。

第二，各经济体围绕是否开放源代码以及例外情况存在争议。源代码（也称源程序）是指未编译的按照一定的程序设计语言规范书写的文本文件，是一系列人类可读的计算机语言指令，是计算机软件的重要组成部分。在实践中，出于网络安全监管、促进软件开发利用等目的，印度、俄罗斯和中国等发展中国家要求将源代码披露作为市场准入条件。但美国、欧盟、日本和加拿大等发达国家和地区则主张禁止强制要求披露源代码，但可以存在例外情形。《美国—墨西哥—加拿大协定》不仅进一步将禁止源代码开放的范围扩展适用于基础设施软件，还要求缔约方不得以算法、加密技术（密钥）等作为企业进入一国市场的条件。出于公共利益监管需求，欧盟则将反不正当竞争调查、知识产权保护和政府采购事项等排除在禁止强制披露范围之外。而新加坡等中小经济体对源代码保护并不十分重视。

第三，各国对互联网服务提供商的责任与义务的界定尚处于探索阶段。互联网服务提供商是为用户网络活动提供传输、缓存和连接等服务的供应商。随着各类互联网平台的崛起，以平台为代表的互联网服务提供商在知识产权保护中扮演的角色逐步得到关注，互联网服务提供商在知识产权保护中的责任和义务也将逐步加强。欧美国家对此进行了初步探索。作为数字经济强国，美国将追究互联网服务提供商责任认定为非关税壁垒，主张适当设定互联网服务提供商责任，即豁免互联网服务提供商在第三方的

① 1996 年 12 月，世界知识产权组织缔结了《世界知识产权组织版权条约》和《世界知识产权组织表演与录音制品条约》。该两部条约将知识产权制度带入数字时代，并成为“互联网条约”。

② 恶名市场名单是由 USTR 发布的侵犯知识产权名单，该名单确定了“从事、促进、视而不见或受益于大量版权盗版和商标假冒行为”的在线和实体市场。USTR 认为“这些市场的侵权活动规模可能会对美国知识产权所有者、消费者、合法的在线平台和经济造成重大损害”。

知识产权及非知识产权侵权行为中的连带责任，为互联网服务提供商提供相对宽松的制度环境，以激励其创新。欧盟对互联网服务提供商的责任引入“链接税”① 和“上传过滤器”② 条款，加重了互联网服务提供商的版权信息合规义务。未来，随着互联网服务类型不断扩张，如何兼顾信息传播和版权保护的平衡性，准确界定互联网服务提供商及其责任义务将成为重要命题。

本章小结：中国视角

随着数字技术的迅猛发展，数字贸易在全球范围内快速兴起，逐渐成为推动全球经济增长的新动力和新引擎。2018 年《美国—墨西哥—加拿大协定》首次提出“数字贸易”专章，标志着数字贸易进入深度整合阶段。数字自由贸易的状态取决于全球数字鸿沟弥合程度和数字贸易规则健全程度。国情、目标和立场上的巨大差异决定了各国难以在短期内形成统一的国际数字贸易规则。为维护自身利益，部分国家试图设立数字贸易关税壁垒及非关税壁垒，贸易保护主义抬头。其中，数字产品税和知识产权保护分别作为典型的数字贸易关税和非关税壁垒得到了广泛应用。与此同时，数字服务税作为解决数字经济时代价值创造地与利润征收地错配问题的新尝试和新举措，也逐步成为全球数字贸易规制的核心议题。

中国是数字贸易大国，不仅是全球最大的跨境电子商务 B2C 出口经济体，也是数字服务贸易的重要参与者。中国应把握数字贸易发展的“机会窗口”，加快数字贸易布局，推进数字贸易强国建设。第一，中国要提高数字贸易战略定位，有序提升数字贸易开放水平。在积极推进数字贸易基础设施建设的基础上，加快贸易全链条数字化赋能，建立健全数字贸易促进政策，促进数字贸易自由化便利化，积极探索培育形式多样的数字贸易。第二，中国要积极参与数字贸易规则制定，为全球数字贸易规则构建贡献中国智慧、中国方案和中国力量。立足跨境电商的丰富实践，中国可积极推进相关领域国际规则谈判，构建全球性的创新、包容、审慎和系统的跨境电子商务国际规则。第三，中国要积极对接高标准国际贸易规则，加强对数字产品税、数字服务税和知识产权保护等的研究，构建与国际规则相衔接的制度体系和监管模式。

标识性概念

数字贸易壁垒　　数字自由贸易　　数字服务税

① “链接税”条款是欧盟《数字化单一市场版权指令》的重大争议问题之一。“链接税”条款创设了一种新型邻接权，即新闻出版者权，要求新闻平台和新闻搜索引擎等信息社会网络服务提供商对使用新闻标题、摘要、缩略图等部分内容获得新闻出版者的许可并支付费用。

② “上传过滤器”条款要求网络内容服务提供商应采取上传安装过滤器等必要的内容审查措施以解决平台监管责任问题，意味着网络内容服务提供商对平台上的内容开始承担直接的侵权责任。

思考题

1. 2020 年，新加坡、智利和新西兰缔结《数字经济伙伴关系协定》（DEPA），成为全球第一个涵盖数字经济问题的专项协定。2021 年 11 月 1 日，中国商务部代表中方向《数字经济伙伴关系协定》保存方新西兰正式提出加入申请。请您从发展数字自由贸易的角度出发，谈谈申请加入 DEPA 对中国的意义。

2. "丝路电商"是按照共建"一带一路"倡议，充分发挥我国电子商务技术应用、模式创新和市场规模等优势，积极推进电子商务国际合作的重要举措。2016 年以来，中国已与多个国家签署电子商务合作备忘录并建立双边电子商务合作机制，合作伙伴遍及五大洲，"丝路电商"成为经贸合作新渠道和新亮点。请您从推进数字贸易国际合作的角度出发，谈谈"丝路电商"建设的发展方向。

3. 2020 年 11 月，中、日、韩、东盟十国以及澳大利亚、新西兰 15 个国家在东盟峰会上签署了《区域全面经济伙伴关系协定》（RCEP）。RCEP 中的电子商务和电信章节的签署体现了各成员国在数字经济领域进一步推动市场开放、完善监管体制、开展经贸合作的决心。请您从消除数字贸易壁垒的角度出发，谈谈 RCEP 签署对数字经济高质量发展的意义。

4. 2019 年 7 月起，英国、法国、意大利等多个国家通过立法的形式将数字服务税纳入本国税法体系。中国拥有庞大的数字经济产业体系，既有大型工业互联网企业，也有大型消费互联网企业。请您从国际税收治理的角度出发，谈谈数字服务税征收对中国的影响以及中国的应对策略。

5. 自 2011 年 2 月起，美国开始公开发布侵犯知识产权或知识产权保护不力的企业和市场名录，即恶名市场名单。恶名市场名单明显针对发展中国家数字经济和数字企业，对数字贸易产生了较大影响。敦煌网、速卖通、拼多多等均被列入 2022 年恶名市场名单。请您从知识产权保护壁垒的角度出发，谈谈数字知识产权保护的难点及中国的应对策略。

延伸阅读

[1] Mari Sako. "Free Trade in A Digital World," *Communications of the ACM*, 2019, 62（4）.

[2] Zhang H，Wei Y，Ma S. "Overcoming the 'Solow Paradox'：Tariff Reduction and Productivity Growth of Chinese ICT Firms," *Journal of Asian Economics*, 2021, 74（6）：10-14.

[3] 余振. 全球数字贸易政策：国别特征、立场分野与发展趋势. 国外社会科学，2020（04）：33-44.

[4] 熊鸿儒，马源，陈红娜，等. 数字贸易规则：关键议题、现实挑战与构建策略. 改革，2021（01）：65-73.

[5] 茅孝军. 新型服务贸易壁垒："数字税"的风险、反思与启示. 国际经贸探索，2020，36（07）：98-112.

第二十二章 数字贸易规则构建与WTO新一轮电子商务谈判

本章导读

数字贸易的蓬勃发展对全球经济治理提出了新的要求，适应数字贸易发展的规则体系亟须建立。1998年，WTO通过了《电子商务工作计划》，标志着电子商务谈判正式启动。受2001年WTO多哈回合停滞的影响，以美国、日本和欧盟为代表的发达经济体纷纷将目光转向区域贸易协定，试图主导数字贸易规则构建。2019年，76个WTO成员签署了第二份《电子商务联合声明倡议》，新一轮电子商务谈判正式启动，但谈判各方在数字贸易规则上仍存在较大分歧，折射出各经济体对数据跨境流动、知识产权、网络安全等议题的关注度和敏感度有所不同。通过本章的学习，读者能够熟悉数字贸易规则构建和WTO新一轮电子商务谈判的核心议题，梳理出全球主要国际组织和主要经济体的立场，掌握数字贸易规则构建和WTO新一轮电子商务谈判背后的复杂性，对完善国际贸易规则产生进一步思考。

第一节 数字贸易规则构建

一、数字贸易规则构建的背景

一方面，传统国际贸易规则内容亟待更新。数字贸易在交易对象、交易模式、交易主体和交易风险上显著不同于传统贸易。第一，世界贸易组织多边框架下的国际贸易规则中没有专门针对数字贸易的具体规范，无法解决数字贸易在规则标准、分类体系上的基本问题。第二，由于缺失一致的全球性规则和监管方案，数字贸易的发展面临着市场准入（Market Access）限制、知识产权保护和强制技术转让等数字贸易壁垒。第三，随着隐私侵犯、数据泄露、平台垄断等新问题不断滋生，国际贸易规则需要为这些问题的解决提供充分的制度框架。

另一方面，多重力量争夺数字贸易规则构建主导权。以美国、日本和欧盟为代表的发达经济体为谋求自身利益，积极在区域贸易协定中呼吁构建高标准的数字贸易规则体系，旨在通过建设高度自由化和竞争化的市场以实现全球范围内的利益最大化。与此同时，以中国、印度和巴西等为代表的新兴经济体的国际地位不断提高，逐渐从数字贸易规则的被动接受者转变为主动参与者，借助自身在数字贸易上的发展优势积极提高在数字贸易规则制定上的话语权，主张建立一个包容、开放和共赢的全球数字贸易规则体系。

专栏 22－1　数字贸易对多边贸易协定治理架构的挑战

二、与数字贸易规则构建相关的国际组织

（一）WTO 和 APEC

在 WTO 和亚太经济合作组织（Asia-Pacific Economic Cooperation，简称 APEC）多边机制下，数字贸易规则构建主要呈现以下表现：

一方面，WTO 在多边数字贸易[1]规则构建上贡献有限。和区域贸易协定形成鲜明对比的是，WTO 在数字贸易规则构建上进展缓慢，仅在“电子传输免关税”上有所贡献。在 WTO 既有框架下，数字贸易适用于《关税及贸易总协定》还是《服务贸易总协定》尚未产生定论。尽管 WTO 在数字贸易规则构建中行动迟缓，但 WTO 成员一直积极向 WTO 提交数字贸易规则相关提案，推动相关数字贸易规则谈判。

另一方面，APEC 为亚太地区数字贸易规则构建奠定基础。1999 年，APEC 电子商务指导小组（Electronic Commerce Steering Group，简称 ECSG）成立，致力于在亚太地区建立可预测的、透明的、一致的法律、监管和政策环境。APEC 作为亚太地区最高级别的经济合作组织，积极关注 APEC 成员的数字贸易发展，在数字贸易规则构建中积极探索，针对电子商务、隐私保护、无纸化贸易、贸易便利化等议题出台了多项指导性意见，在推进形成区域共识上做出了重要贡献。

（二）区域贸易协定和双边贸易协定

在世界范围内多边谈判难以取得突破时，各经济体选择转向区域贸易协定和双边贸易协定。这些贸易协定在数字贸易规则构建中影响力逐步上升，主要有以下表现：

一是《全面与进步跨太平洋伙伴关系协定》继承《跨太平洋伙伴关系协定》数字贸易规则遗产。2018 年 3 月，《跨太平洋伙伴关系协定》除美国外的 11 个成员国签署了

---

① WTO 框架下多边谈判对“电子商务”和“数字贸易”没有做严格意义上的区分。WTO 对“电子商务”定义为“通过电子方式实现生产、分配、营销、销售或交付商品与服务”，因此 WTO 相关内容在本小节不做过多赘述，具体请参考本章第二节“WTO 新一轮电子商务谈判”。

《全面与进步跨太平洋伙伴关系协定》，其中的电子商务条款完全继承了《跨太平洋伙伴关系协定》，保留了其数字贸易规则的核心内容。《全面与进步跨太平洋伙伴关系协定》的数字贸易规则和由美国主导的《美国—墨西哥—加拿大协定》《美日数字贸易协定》一脉相承，在一定程度上为未来国际贸易规则的确立提供了重要参考。

二是美欧试图确立数字贸易强势地位。美国和欧盟等发达经济体通过积极制定区域贸易协定和双边贸易协定来确立在数字贸易规则构建中的主导地位，具体表现在：一方面，2018年11月，美国、墨西哥和加拿大签署了《美国—墨西哥—加拿大协定》，并将“电子商务”章节改为“数字贸易”章节。《美国—墨西哥—加拿大协定》在《全面与进步跨太平洋伙伴关系协定》电子商务规则基础上对数据跨境流动、源代码等数字贸易规则做出了重要改进。2019年11月，美国和日本签署了《美日数字贸易协定》，在《美国—墨西哥—加拿大协定》基础上进一步升级了数字贸易规则水平。另一方面，欧盟通过签署数十个自由贸易协定（Free Trade Agreement，简称FTA），形成体现欧盟政治体制和文化价值观的数字贸易规则。这些自由贸易协定中包含一系列“电信”章节、“金融”章节、“知识产权”章节等数字贸易相关章节，推进了数字化单一市场的建设。欧盟和日本签署的《欧日经济伙伴关系协定》于2019年2月1日生效，在数字贸易规则方面做出了相应承诺，深化了数字贸易领域合作。

三是亚太地区积极探索数字贸易治理。亚太地区代表性的区域贸易协定是《数字经济伙伴关系协定》和《区域全面经济伙伴关系协定》。2005年7月，新加坡、新西兰、智利和文莱四国发起了《跨太平洋战略经济伙伴关系协议》[①]（Trans-Pacific Strategic Economic Partnership Agreement，简称P4协议）。为了解决不断涌现的数字安全新问题，新加坡、新西兰和智利三国于2019年5月启动了三方会谈，在2020年6月12日正式签署《数字经济伙伴关系协定》，并于2021年7月1日生效。2021年11月，中国正式提出申请加入该协定。《数字经济伙伴关系协定》涉及的数字贸易规则范围较广，深化拓展了美式贸易规则，极大地推动了亚太地区数字贸易规则构建。2020年11月，中国与东盟十国及日、韩、澳、新西兰共同签署了《区域全面经济伙伴关系协定》，2022年1月1日正式生效。《区域全面经济伙伴关系协定》是亚太地区规模最大最重要的自由贸易协定，对金融、电信、知识产权等领域作出高水平承诺。《区域全面经济伙伴关系协定》签约国在数字贸易上互补性强，可进一步推进数字贸易共识，推动全球数字贸易规则构建。

（三）政府间国际组织和多边治理机制

政府间国际组织和多边治理机制在数字贸易规则的专项领域规则构建上具有相当影响力。一方面是政府间国际组织，例如联合国国际贸易法委员会制定的早期国际公约和规范，包括联合国《国际合同使用电子通信公约》和《联合国国际贸易法委员会电子商务示范法》（The United Nations Commission on International Trade Law Model Law on Electronic Commerce）。欧盟出台的《通用数据保护条例》，是对所有欧盟个人关于数据保护和隐私的规范，对全球商业规范产生了极大影响。另一方面是多边治理机制，例如七国集团贸易部长针对数字贸易各项规则展开讨论，议题涵盖数据跨境流动、数字市场

① 由于协议的初始成员为4个国家，因此简称为P4协议，该协议是《跨太平洋伙伴关系协定》的前身。

开放、数字交易系统和劳动者消费保护等。二十国集团充分发挥其作为全球经济治理重要平台的引领作用，指导经济合作与发展组织历经数年研究确立全球数字服务税的基本原则与支柱框架。

三、数字贸易规则构建的核心议题

（一）数据跨境流动

数字经济时代，数据不断地被生成、收集和处理。各国在跨境数据的治理上存在重大分歧，主要争议在于如何平衡数据自由流动和数据安全两种考量。

国际组织和区域协定对数据跨境流动的主张及规制有所不同。在国际组织层面，OECD、APEC、G20 和 WTO 是参与全球数据跨境流动治理的主要多边机制，致力于减少数据跨境流动障碍，构建和谐数据生态。其中，OECD 是全球首个提出数据跨境流动执行原则的国际组织，APEC 重视建立消费者信任的数据隐私保护框架和数字技术信任体系。在区域协定层面，以《全面与进步跨太平洋伙伴关系协定》和《美国—墨西哥—加拿大协定》为代表的贸易协定主张实质性消除数据流动障碍，但规制程度有所不同。《全面与进步跨太平洋伙伴关系协定》考虑到成员中发达经济体和发展中经济体存在差距，保留了大量例外，为发展中经济体提供了缓冲空间。《美国—墨西哥—加拿大协定》借鉴了《全面与进步跨太平洋伙伴关系协定》的数据跨境自由流动规则，并且大幅度删减了由美国主导的《跨太平洋伙伴关系协定》中的例外条款，降低了各缔约方制定个性化政策的自由度。

各经济体在数据能否跨境自由流动上分歧明显。虽然美国和欧盟先后达成了《安全港协议》（Safe Harbor Framework）和《隐私盾协议》（Privacy Shield Framework），但双方在隐私保护和境外管辖权等问题上存在难以弥合的分歧。美国极力主张数据跨境自由流动，力图建立以其为中心的国际数字生态系统。欧盟将个人隐私保护视为开展跨境数据流动的前提条件，试图打造欧洲共同数据空间。既有多边规制受到欧盟和美国两大规制体系的影响，无法保持自身独立性。印度、俄罗斯、阿根廷、巴西、伊朗等新兴和发展中经济体为维护本国数据本地化处理的自主权开展了相关立法工作。中国在数据跨境流动议题上具有个人隐私保护、产业竞争发展和国家数据主权安全三重利益诉求，对数据跨境流动持审慎态度，秉承“属地原则”监管境内运营数据，数据跨境传输须按规定进行安全评估。

（二）知识产权保护

知识密集型的产品和服务是重要的数字贸易标的，因此知识产权保护问题成为数字贸易规则构建中的核心议题。

全球数字知识产权规则构建经历了三个阶段。第一阶段以 2007 年签订的美国—韩国自由贸易协定、2015 年签订的中国—韩国双边区域贸易协定等为代表。该阶段中传统的知识产权规则扩展到数字贸易领域，例如：将版权保护的范围扩展到数字内容产品。[①] 第二阶段以 2015 年达成的《跨太平洋伙伴关系协定》为代表。《跨太平洋伙伴关

---

① “数字产品”为一般说法，本书对数字贸易相关产品进行了更明确的界定，此处写作“数字内容产品”更合适。

系协定》提出了诸如要求“源代码非强制本地化”等具体的数字知识产权规则。第三阶段以2018年签订的《美国—墨西哥—加拿大协定》和《欧日经济伙伴关系协定》为代表。该阶段中数字知识产权规则进一步扩展和深化。例如将“源代码非强制转让”从大众市场软件扩展适用于基础设施软件。

不同国家对于知识产权保护重视程度不同。由于有谷歌、亚马逊、苹果知识产权密集的大型全球公司，美国等发达经济体十分重视知识产权保护。源代码是美国知识产权的重要部分，美国将禁止披露和转让源代码视作保护知识产权的核心诉求，该诉求在《跨太平洋伙伴关系协定》、《美国—墨西哥—加拿大协定》和《美日数字贸易协定》的数字贸易条款中均有体现。相比于美国，欧盟在知识产权保护条款上有所保留，在欧盟和日本签订的《欧日经济伙伴关系协定》中承诺不得强制转移源代码，但约束力相比美国较低，并在法律监管方面保留了大量例外。

（三）数字服务税

以地理为基准的传统国际税收范围无法覆盖跨境数字交易。互联网企业可以通过在税率较低的国家或地区缴税以及重新配置以数据为主的无形资产结构，以规避高额税款。例如，2010年，谷歌公司被披露通过转移定价实现利润的全球转移与再分配，合法避税近600亿美元。

OECD和G20等多边机制积极推动国际税制改革。2013年，OECD在G20指导下自启动了国际税制改革项目“税基侵蚀与利润转移”（Base Erosion and Profit Shifting，简称BEPS），2015年发布了《应对数字经济的税收挑战》（Addressing the Tax Challenges of the Digital Economy）报告，2019年发布“税基侵蚀与利润转移2.0”，提出了“修订利润分配及联结度规则”和“全球反税基侵蚀解决方案”双支柱框架体系。OECD努力寻求数字服务税的改革方案，鼓励各国签署一致性国际税制改革协定，实现征税权的重新配置，促进反税基侵蚀的全球合作。

不同经济体对于能否及如何征收数字服务税的主张及政策有所不同。欧盟于2018年3月提出了两阶段解决税制税收的方案，但此项方案在欧盟内部未能达成共识。法国于2020年12月起正式向大型跨国互联网企业征收数字服务税。法国在数字服务税征收上累积了大量实践经验，解决了数字税征收过程中缴税地点和实际价值创造地不匹配等问题。法国在数字税征收上的举措对其他国家起到了示范作用，英国、西班牙、意大利等国家纷纷开始征收数字服务税。美国反对欧洲国家的征税方式和征税范围，认为其仅对数字广告和数据跨境流动征收数字服务税是出于贸易保护目的。美国在《跨太平洋伙伴关系协定》《跨大西洋贸易与投资伙伴关系协定》《美国—墨西哥—加拿大协定》中表达了对数字服务税的反对立场。

（四）数字内容产品的“非歧视性待遇”

数字内容产品的“非歧视性待遇”要求东道国给予外国数字内容产品“国民待遇”承诺，优化外国数字内容产品在东道国市场的待遇。由于各经济体在数字内容产品领域的发展水平存在差异，因而常常采取针对数字内容产品的差异化的歧视性措施。

不同的贸易协定对数字内容产品“非歧视性待遇”的承诺有所不同。由美国主导的

《跨太平洋伙伴关系协定》对数字内容产品承诺了“非歧视性待遇”，要求缔约方给予在另一缔约方境内生产的数字内容产品的待遇不得低于其他类似数字内容产品的待遇。《美国—墨西哥—加拿大协定》进一步拓展了数字内容产品“非歧视性待遇”的范围。《美日数字贸易协定》在《美国—墨西哥—加拿大协定》条款基础上新增了一些例外来弱化相关规则的约束力，具体举措是将知识产权和广播纳入了数字内容产品“非歧视性待遇”的例外规定，其中广播例外的规定比《跨太平洋伙伴关系协定》更加详尽。脱胎于美式规则的《全面与进步跨太平洋伙伴关系协定》要求给予缔约方数字内容产品“非歧视性待遇”，但规定了该范围不适用于投资、金融服务以及跨境服务贸易。RCEP 并未包含上述条款，仅仅在“电子商务对话”条款中提及考虑在数字内容产品待遇领域开展相关对话。原因在于，数字内容产品与文化密切相关，多数缔约方对文化领域较为慎重。中国和欧盟都未在区域贸易协定层面专门针对这些数字内容产品制定“非歧视性待遇”规则。

四、主要国际组织数字贸易规则构建的新动向

（一）多方主体利益分歧难以弥合

由于数字贸易涉及议题范围广、议题内容新，主要经济体在数字贸易规则构建中核心关注点不同，利益分歧难以弥合。数字贸易规则构建中主要存在三种代表性分歧：

第一是以美国为代表的发达经济体，主张全面推进数字贸易自由化。美国在数字产业市场上颇有雄心，通过《美国—墨西哥—加拿大协定》和《美日数字贸易协定》确立了“美式模板”。美国致力于维持美国数字经济的领导地位，联合盟友主导跨大西洋、太平洋及美洲等区域的数字贸易规则构建，并积极推动新的亚太地区数字贸易协定，试图将《美国—墨西哥—加拿大协定》的数字贸易章节拓展为亚太地区协定的模板。

第二是以欧盟为代表的发达经济体，坚持“文化例外”原则。欧盟以构建数字化单一市场为目的，通过签署数十个自由贸易协定，形成了“欧式模板”。在数字贸易谈判中，欧盟出于保护本土文化市场免受冲击的目的，始终坚持“文化例外”原则。这种文化豁免条例与美国追崇贸易自由化的立场在一定程度上形成冲突。

第三是以中国为代表的广大发展中经济体，注重维护自身利益，立场与发达经济体有明显区别。中国基于《区域全面经济伙伴关系协定》表达了在核心议题上的立场，侧重跨境电子商务便利化，注重维护国家安全；南非和印度强烈反对美国主张的电子传输免征关税；印度尼西亚和土耳其主张大型科技企业应该开放计算机源代码，以缩小数字鸿沟。

（二）条款包容性和开放性不断增强

不少区域贸易协定在数字贸易规则构建中关注发展中国家和中小企业的利益，对规则包容性和开放性的呼吁考量进一步凸显。一方面，以《区域全面经济伙伴关系协定》和《数字经济伙伴关系协定》为代表的协定十分重视数字贸易条款的包容性，注重提升中小企业参与国际分工的能力。《区域全面经济伙伴关系协定》承诺将促进中小企业利用电子商务开展贸易活动，《数字经济伙伴关系协定》承诺将增加中小企业的贸易和投

资计划，呼吁成员在促进中小企业数字化转型中加强合作。另一方面，以《数字经济伙伴关系协定》为代表的协定注重数字贸易条款的开放性，考虑了数字经济发展水平不同的国家。与《美日数字贸易协定》相比，模块化设计的《数字经济伙伴关系协定》允许成员在明确授权下结合自身情况调整规则，成员可以在各种环境中选择全部或者部分使用规则。这种灵活性条款为未来加入协定的国家提供了定制化的选择，为建立数字贸易协调框架打造了良好的开端。

（三）数字贸易国际合作逐步深化

在多边和区域等不同路径的协同发力下，国际合作和相关共识将进一步实现和达成。一方面，在立场一致的领域开展深入对话将拓展国际合作的范围。作为《全面与进步跨太平洋伙伴关系协定》成员的新加坡、新西兰和智利在数字经济产业基础、市场规模等方面具有相似性，三方于 2020 年签署的《数字经济伙伴关系协定》在《全面与进步跨太平洋伙伴关系协定》基础上加强了在人工智能、金融科技等领域的合作安排，将调整范围从数字贸易扩大至数字经济的多个方面。另一方面，高水平的数字贸易协定为推动数字贸易规则共识提供了借鉴和启发。与《全面与进步跨太平洋伙伴关系协定》侧重维护巨型数字企业的利益不同，《数字经济伙伴关系协定》给予数字经济不同发展阶段的国家调整规则的空间，同时更加重视对中小企业的扶持。《数字经济伙伴关系协定》采用了模块式的协定用软性的制度安排，这为达成国际贸易协定规范提供了借鉴，有利于形成更开放、包容、普惠的数字贸易环境，推动普遍发展与共同繁荣。

理论命题 22－1

在全球数字贸易规则谈判中，两国数字基础设施越完善、市场规模越大、地理距离越近，签署数字贸易条款的可能性越大；就国家发达程度而言，北—北、南—北国家签署数字贸易条款的可能性更大。

（参见：马述忠，王今非，郭雪瑶．全球数字贸易规则谈判影响因素探究：兼论伙伴关系选择．产业经济评论（山东），2021，20（04）：15-36.）

第二节　WTO 新一轮电子商务谈判

一、WTO 电子商务谈判历程回顾

（一）WTO《电子商务工作计划》

1998 年 9 月，《电子商务工作计划》（Work Programme on Electronic Commerce）的通过标志着 WTO 电子商务议题谈判启动。在该工作框架下，货物贸易理事会、服务贸易理事会、知识产权理事会、贸易和发展理事会四个常设机构负责推进 WTO 电子商务

相关议题，并向总理事会汇报进展。《电子商务工作计划》确定了市场准入、知识产权、关税等亟须讨论的议题，涉及范围较为广泛。1999 年 7 月，服务贸易理事会向总理事会提交了关于服务贸易领域 12 个授权讨论事项。2013 年 12 月，巴厘部长级会议通过的《电子商务工作计划部长决定》(Work Programme on Electronic Commerce Ministerial Decision）要求《电子商务工作计划》讨论电子商务领域出现的诸如移动通信、云计算、网络互联等新问题。由于 WTO 成员在电子商务关键领域长期缺乏共识，除“电子传输免关税”议题达成共识外，其余问题均未取得实质性进展。

（二）WTO《电子商务联合声明倡议》

由于南非、印度等经济体及最不发达成员对电子商务谈判呈现消极态度，为保证 WTO 电子商务谈判进展顺利，以美国、日本、欧盟和中国为代表的 WTO 成员开始由多边讨论转向诸边谈判。[①] 2017 年 12 月，布宜诺斯艾利斯部长级会议通过了《电子商务工作计划部长决定》，成为电子商务谈判的重要转折点。2017 年 12 月，71 个国家和地区发布了第一份《电子商务联合声明倡议》(Joint Initiative on Electronic Commerce)，号召“积极针对未来 WTO 与贸易有关的电子商务谈判开展探索性工作”。中国对美国提出的电子商务议题存在疑虑，并未参与此次联合声明。此次部长级会议成为 WTO 电子商务谈判的主要转折点，开启了以规则谈判为主导的新时代。

二、WTO 新一轮电子商务谈判启动的背景

2019 年 1 月 25 日，在瑞士达沃斯召开的电子商务非正式部长级会议上，由美欧日牵头的 76 个 WTO 成员签署了第二份《电子商务联合声明倡议》，同意展开电子商务谈判，中国在最后一刻宣布加入，谈判于 2019 年 3 月正式启动。至此，WTO 新一轮电子商务谈判的政治共识在全球主要国家基本确立。

（一）《电子商务工作计划》缺乏实质性成果

受到 2001 年多哈回合[②]迄今无法成功结束的影响，于 1998 年启动的《电子商务工作计划》取得的实质性成果有限，电子商务话题讨论度和成员参与度较低，WTO 未能产生能够实质性规范电子商务的多边贸易协定。电子商务活动主要依靠《服务贸易总协定》、《信息技术协定》(Information Technology Agreement，简称 ITA)、《与贸易有关的知识产权协定》等进行规范，这给各国电子商务监管留下了大量的真空地带。

（二）WTO 成员愈发重视电子商务相关议题

随着电子商务在全球范围发展，WTO 成员愈发意识到参与电子商务谈判的重要性。自 2015 年 12 月内罗毕部长级会议以来，WTO 成员参与电子商务讨论的活跃度迅速上

---

① WTO 框架下的诸边谈判是指 WTO 框架下部分成员采取自愿方式参与的贸易协定谈判。在 WTO 框架下，诸边协定包含封闭式诸边协定和开放式诸边协定。

② 2001 年 11 月 WTO 启动了多哈回合全球贸易谈判，这是 WTO 主持的第一轮全球贸易谈判，最初计划于 2005 年初结束的这轮谈判却迟迟没有结果。

升，日本、新加坡、加拿大、欧盟、澳大利亚和美国等成员提交了大量的电子商务提案。2016 年 7 月，美国率先向 WTO 提交了全面讨论电子商务的提案，并首次将数据跨境流动等新议题纳入了 WTO 讨论范围，这一举动扩大了电子商务议题讨论范围，提高了讨论层级。

（三）区域性电子商务规则加剧治理碎片化

随着 WTO 成员数量不断增加、议题不断增多，WTO 成员间的分歧和冲突随之增加。在 WTO 电子商务谈判发展缓慢的背景下，越来越多的 WTO 成员选择参与区域贸易协定。虽然区域性电子商务规则推进了投资便利和贸易自由化，但其在包容性贸易理念、争端解决机制等方面存在较多局限性。多个区域贸易协定相互交叠加剧了国际贸易规则体系的碎片化，影响了 WTO 成员对 WTO 整体谈判功能的信心，加大了 WTO 被边缘化的风险。

专栏 22-2　通过诸边谈判重振 WTO 谈判功能

三、WTO 新一轮电子商务谈判的核心议题

（一）贸易便利化

贸易便利化（Trade Facilitation）的相关谈判旨在通过简化通关程序、增强透明程度、统一贸易标准、减少流动限制等一系列措施，清除电子商务跨境交易过程中的技术性壁垒和机制性障碍，以最大程度地实现自由、开放的电子商务贸易。WTO 有关贸易便利化谈判主要涉及电子签名与认证（Electronic Signatures and Authentication）、电子合同（Electronic Contracts）、提高跨境电商通关效率等规制。在 WTO 新一轮电子商务谈判中，与贸易便利化有关的这一议题赢得了 WTO 成员的广泛共识。美日欧和以中国为代表的发展中国家在贸易便利化方面达成了成文的暂时协定。但各方推动贸易便利化的侧重对象有所不同，例如美国希望各国能够加大关税豁免产品范围以帮助中小型出口企业参与到全球经济中来，而中国则更关注跨境电商的物流和支付服务。

（二）电子传输关税

电子传输关税（Customs Duties on Electronic Transmissions）的相关谈判在 WTO 成员中存在争议。一方面，部分国家担心电子传输永久免关税会导致本国财政收入减少。另一方面，部分国家对特定电子传输内容（数字影像等）是否免关税等决议犹豫不决。南北国家施行电子传输免征关税的目的有所不同。以美国、欧盟和加拿大为代表的发达

经济体提案主张免征电子传输关税，从而为消费者和企业创造良好的贸易环境，促进数字自由贸易发展。印度尼西亚和印度等发展中经济体希望通过电子传输免征关税换取美国等发达经济体在市场准入方面的让步。1998 年 WTO 第二届部长级会议通过了《全球电子商务宣言》，WTO 成员关于“电子传输暂时免征关税”达成共识。2022 年 6 月，WTO 第十二届部长级会议明确将电子传输临时免征关税的做法延续到下一届部长级会议。

（三）网络安全

网络安全（Cybersecurity）的相关谈判反映了各国对互联网所带来的弊端的担忧。在 WTO 的安全例外规则已无法满足 WTO 成员现实需求的背景下，网络安全议题备受成员关注。以美日为代表的发达经济体具有完善的网络安全法律和制度体系，认为过度的安全保护会阻碍数字贸易的发展。他们主张各成员应该取消使用特定加密技术和标准的限制，采取更为灵活的网络安全防范手段。以巴西和中国为代表的发展中经济体从网络主权和安全角度出发，认为各成员应该尊重互联网主权，在维护网络安全的基础上深化合作。

（四）市场准入

市场准入的相关谈判涉及市场开放以及网络开放、技术和标准对接等非关税壁垒问题。发展中经济体和发达经济体对该议题持有不同的态度。发达经济体为抢占数字经济市场先机，反对各种形式的市场准入壁垒，要求电信和计算机服务的开放承诺。美国、日本和欧盟在提案中均表示各国应该将旧的分类及承诺扩展至新的技术领域，构建有利于数字贸易发展的商业环境。而发展中经济体为了保护本国产业，希望 WTO 能够制定更加灵活和包容的市场准入规则，给发展中经济体在选择市场开放程度时留有余地。例如，巴西在提案中指出市场准入应该具有灵活性，确保发达经济体和不发达经济体更好地参与谈判进程。

四、主要经济体 WTO 新一轮电子商务谈判的立场

（一）主要发达经济体立场

第一，美国积极主导数字贸易新规则。美国希望通过高标准的数字自由贸易规则构建开放和富有竞争的数字经济环境。美国在 2019 年 4 月提交的《数字贸易协定》（Digital Trade Agreement）中建议用“数字贸易”的概念替代“电子商务”。《数字贸易协定》中的大部分内容超出了 WTO 协定的范围，并且明晰了义务和规则。同时，美国在数据跨境流动和数字内容产品“非歧视性待遇”等议题上态度坚定，反对所有对数据跨境自由流动的限制，坚持数字内容产品“非歧视性待遇”，这反映出美国对数字贸易领域高度关注和推动制定高标准自由贸易规则的雄心。

第二，欧盟坚持隐私保护和文化例外。欧盟提案的主体内容包含三部分：WTO 电子商务规则的案文提案（Text Proposals for The WTO Rules on Electronic Commerce）、关

于修订《电信参考文件》（Telecommunications Reference Paper）的建议、要求更开放的市场准入。在隐私保护问题上，欧盟力求在自由贸易和隐私保护等敏感领域的监管中探寻平衡的干预主义模式。在文化例外原则上，欧盟出于维护欧洲文化多样性的考虑，提议将视听服务彻底排除在谈判范围之外。欧盟把文化例外作为数字贸易规则谈判的禁忌和不可逾越的红线，这可能会阻碍 WTO 新一轮电子商务谈判进程。

第三，其他发达国家侧重各有不同。日本、澳大利亚、新加坡等发达国家也向 WTO 提交了具体提案。日本的提案内容与美国较为接近，加拿大的提案内容着重强调了在线消费者保护（Online Consumer Protection），关注电子商务传统问题和数字贸易新规则问题，与《全面与进步跨太平洋伙伴关系协定》和《美国—墨西哥—加拿大协定》内容一致。新加坡的提案可归纳为促进电子商务（Enabling E-commerce）、开放性和电子商务（Openness and E-commerce）以及信任和电子商务（Trust and E-commerce）三个主题。澳大利亚的提案重点关注电子商务贸易便利化问题。

（二）主要发展中经济体立场

第一，中国的立场较为审慎，在特定议题上坚守原则。从中国的提案内容可以看出，中国重点关注通过互联网开展的跨境贸易和相关支付与物流服务，主张为电子商务创造良好、可信赖的市场环境。在文化例外议题谈判中，中国在加入 WTO 时已对视听服务作出实质性的开放承诺，同众多国家的观点相近，赞同将文化产品纳入自由贸易的范畴之内。在源代码议题谈判中，中国始终坚持在保护他国知识产权不受侵犯的前提下，在关乎国家安全和社会秩序的关键领域中对源代码实施监管。针对数据跨境流动、源代码、数字内容产品“非歧视性待遇”等富有敏感性和复杂性的议题，中国认为这些议题涉及每位成员的利益，应当多加讨论，以平衡网络主权、数据安全、隐私保护等不同政策目标。

第二，巴西的立场接近美国，侧重强调发展中经济体的诉求。巴西的提案数量较多，主要针对 WTO 其他成员的提案内容进行整合，并对部分内容作出微调，如改进有关一般例外（General Exceptions）条款[①]、安全例外（Security Exceptions）条款[②]内容。巴西的提案内容涉及市场准入、贸易便利化及数字贸易新规则，对著作权保护、公平竞争、监管环境及合作等问题给予特别关注。在维护自由开放的互联网、数据跨境流动等议题上，巴西与美国立场较为接近，与中国及其他发展中国家存在较大差异。

第三，印度和南非的立场保守，抵触数字贸易规则诸边谈判。作为发展中国家重要代表的印度和南非并未参与 WTO 新一轮电子商务谈判，双方均未加入《电子商务联合声明倡议》。两国在 2021 年 2 月发布的《“联合声明倡议”及其谈判成果的法律地位》（Legal Status of “Joint Statement Initiatives” and Their Negotiated Outcomes）中表达了自身立场。两国认为诸边谈判损坏了 WTO 多边框架的完整性，电子商务谈判应该在

---

① 一般例外条款是指《服务贸易总协定》规定，国家基于维护国家安全或者社会公共利益等原因，可以限制或禁止国际服务贸易。

② 安全例外条款是指《服务贸易总协定》规定，国家在国际服务贸易方面可以采取其认为对保护国家基本安全利益所必需的任何行动。

WTO 框架下开展多边讨论，坚持 WTO 电子商务谈判应该多关注发展中国家利益，给予发展中国家更多的政策空间。

从 WTO 主要成员的立场可以看出，WTO 新一轮电子商务谈判中各成员对电子商务领域的传统规则争议较少，在电子签名与认证、电子合同、电子发票（Electronic Invoicing）的有效性以及在线消费者保护等基本问题上具有高度共识。各成员对于数据跨境流动、源代码等数字贸易新规则的立场和态度是核心争议内容，发达经济体和发展中经济体的主要诉求存在明显分歧。在推进 WTO 新一轮电子商务谈判的过程中，经济发展水平不同的国家如何在权衡风险和收益的基础上，在特定议题上寻得与其他成员的共识，找到"最大公约数"，是最终达成有效谈判结果的关键因素。

理论命题 22－2

如果国际政治风险较高，精准地选择较少的或者文化更为相近的谈判方，对取得谈判成果至关重要；如果国际政治风险较低，要取得谈判成果，需要较少的谈判成员或者有效的谈判机制，且成员间必须有政治或者经济实力上的明显差距；特定议题权力和议题联系策略可以扭转整体权力差异给谈判成果带来的不利影响。

（参见：马述忠，孙睿，熊立春. 数字贸易背景下新一轮电子商务谈判的中国方案：机制与策略. 华南师范大学学报（社会科学版），2022（01）：104-115.）

五、WTO 新一轮电子商务谈判取得的实质性进展

（一）WTO 新一轮电子商务谈判的基本情况

新一轮电子商务谈判在 WTO 框架下以《电子商务联合声明倡议》展开，旨在凝聚尽可能多的 WTO 成员，形成高标准的数字贸易协定。截至 2021 年 12 月，新一轮电子商务谈判新增 9 个谈判成员，共 86 个 WTO 成员参加该倡议，占据 WTO 成员总数的一半以上。参与成员涵盖了主要经济体和不同发展水平的国家，贸易规模占据全球 90% 以上。在发展中国家的参与方面，地区的代表性仍显不足，非洲有贝宁、尼日利亚、科特迪瓦、肯尼亚、喀麦隆和布基纳法索共 6 个成员参加，最不发达国家仅有贝宁、老挝、缅甸和布基纳法索共 4 个成员参加。

在新冠疫情期间，电子商务谈判以网络形式开展，谈判采取全体会议、焦点小组会议和小组会议的组合方式。共有 10 个小组并行工作，主要围绕以下问题推进：在线消费者保护、非应邀商业电子信息、电子签名与认证、无纸化贸易、贸易便利化、源代码、政府数据公开、市场准入、电子传输关税以及开放性互联网准入。

（二）WTO 新一轮电子商务谈判的实质性进展

从谈判的进展来看，2020 年 12 月形成了谈判合并文本，2021 年 9 月 WTO 新一轮电子商务谈判举行，审议了最新谈判合并文本。2021 年 12 月 14 日，作为 WTO《电子商务联合声明倡议》的共同召集人，日本、澳大利亚和新加坡三国部长发表了一份部长

声明，确认了迄今为止取得的实质性进展，并概述了未来的时间表。参与谈判的各成员于在线消费者保护、电子签名与认证、非应邀商业电子信息、政府数据公开、电子合同、透明度、无纸化贸易以及开放性互联网准入等八个议题上达成了初步共识。关于电子传输关税、数据跨境流动、数据本地化、源代码、电子交易框架、网络安全、电子发票以及市场准入等合并提案，还需要进一步深入讨论。

2022 年 6 月，WTO 第十二届部长级会议达成了前所未有的历史性一揽子协议，包括《关于〈电子商务工作计划〉的部长决定》(Work Programme on Electronic Commerce Ministerial Decision)，将电子传输临时免征关税的做法延续到下一届部长级会议。虽然 WTO 新一轮电子商务谈判在八个议题上取得了实质性进展，但由于部分发展中成员缺乏完善的电子商务监管框架和隐私保护等国内法规，后续相关条款的落地实施仍然面临一些挑战。后续的电子商务谈判需要持续关注发展中成员和不发达成员的电子商务建设情况。

六、WTO 新一轮电子商务谈判的前景

(一) 共识领域合作有望加强

虽然以美欧为代表的发达经济体和以中国等为代表的发展中经济体在数据跨境流动、源代码等议题上存在较大分歧，但各方主体很有可能达成具有灵活性的电子商务条款。鉴于已有的谈判共识，各成员有希望在提升电子商务便利化和透明度、持续削减壁垒、保护在线消费者免受欺诈、促进中小微企业参与数字经济等领域达成合作，实现更高水平和更深层次的互利共赢。

(二) 利益最大公约数逐渐显现

谈判参与主体有望避免对话流于形式而难以取得实质性成果，寻求利益最大公约数。一方面，WTO 不太可能达成美欧国家所推行的超高标准贸易规则。WTO 框架下的电子商务谈判综合考虑到各成员经济实力、制度能力和发展水平的差异，平衡各成员的利益。另一方面，在电子商务谈判各项议题和子议题愈发明确的背景下，谈判参与主体有望把握好国家安全和可持续发展等目标的关系，推动谈判符合最大多数成员的利益。

(三) 谈判主导权争夺愈发加剧

新冠疫情的全球大流行加速了数字贸易发展，加快推动电子商务谈判的呼声不断高涨，但各国在数字贸易谈判主导权上的争夺也在不断加剧。一方面，各国数字贸易政策出现了分化的趋势。WTO 成员差异化的数字贸易政策不利于 WTO 构建统一的数字贸易规则，将加剧数字贸易争端。另一方面，为争取本国数字贸易利益最大化，霸权主义、单边主义不断体现在部分国家的数字贸易政策中，加剧了数字贸易壁垒。在 WTO 主导下建立一个共享、统一、兼容的数字贸易体系面临更多挑战。

本章小结：中国视角

蓬勃发展的数字贸易对传统国际贸易规则提出了更高的要求，数字贸易规则成为各方博弈的焦点。伴随着单边主义和逆全球化浪潮，WTO 面临着谈判功能严重滞后和争端解决上诉机构停摆的问题。各经济体纷纷聚焦于区域贸易协定和双边贸易协定，围绕数据跨境流动、知识产权保护、数字服务税以及数字内容产品“非歧视性待遇”等核心议题开展讨论，以打造符合自身利益诉求的数字贸易“朋友圈”。美欧等发达国家纷纷在区域贸易协定中推行高标准的数字贸易规则，“美式模板”积极推动数据跨境自由流动，明确反对数据存储本地化；“欧式模板”主张“文化例外”，更加注重隐私保护。2019 年，76 个 WTO 成员发起了新一轮电子商务谈判，主要参与方于在线消费者保护、电子签名与认证、非应邀商业电子信息、政府数据公开、电子合同、透明度、无纸化贸易以及开放性互联网准入等浅层规则上达成了共识，于电子传输关税、数据跨境流动、数据本地化、源代码、电子交易框架、网络安全、电子发票以及市场准入等深层规则上存在较多分歧。这些分歧涉及参与各方的切实利益，并与公共政策、技术问题等交织在一起。在电子商务谈判中美国、欧盟及中国等主要成员的谈判立场和谈判中的核心议题已逐渐明晰。该谈判是广大新兴经济体和发展中经济体争取国际经贸规则制定主导权的重要契机。

中国在数字贸易规则核心议题上的主张同美国等发达国家存在明显不同，但作为与美欧并驾齐驱的数字贸易大国，中国积累了丰富的治理经验，应积极引领全球数字贸易规则制定。在区域层面，中国应在维护 WTO 贸易争端解决机制的同时，努力寻求区域贸易协定中的稳定伙伴关系，构建数字贸易规则的“中式模板”，力争形成互利共赢的数字贸易制度安排。在多边层面，中国应秉持共商共建共享的原则，积极为广大新兴市场国家和发展中国家发声和争取利益，为构建包容性的数字贸易规则体系贡献力量，最终使各方共享数字贸易发展红利。

思考题

1. 习近平主席在 2020 年 11 月举行的 APEC 领导人视频会议上讲话时表示中国将积极考虑加入《全面与进步跨太平洋伙伴关系协定》(CPTPP)。中国在数据跨境流动治理等诸多领域与《全面与进步跨太平洋伙伴关系协定》的相关精神尚存在不同程度的偏离。为争取相对宽松并被认可的例外条款和推动不同领域立法的完善，中国应该采取怎样的谈判原则和谈判策略？

2. 2022 年 8 月 18 日，根据《数字经济伙伴关系协定》(DEPA) 联合委员会的决定，中国加入 DEPA 工作组正式成立，全面推进中国加入 DEPA 的谈判。请您谈谈中国作为全球第二大数字经济体，在 DEPA 中应扮演怎样的角色呢？

3. 2021 年 11 月 7 日，作为第四届中国国际进口博览会官方配套活动，全球贸易便利化与跨境电商发展论坛于上海召开。联合国国际贸易中心执行副主任多萝西·腾博 (Dorothy Tembo) 指出电子商务的发展要求全球各国在政策与制度上团结合作。请您谈谈作为跨境电商大国，中国如何推动跨境电商领域建立公平的规则框架？

4. 金砖五国在 WTO 新一轮电子商务谈判中展现出不同的立场。中国、巴西和俄罗斯在 WTO 电子商务谈判中表现较为积极，并通过提案来表达各自国家在电子商务议题上的立场和主张。印度和南非在 WTO 电子商务谈判方面的立场更为保守，对 WTO 电子商务的讨论并不热衷，请您分析发展中国家内部立场差异巨大的原因。

5. 美国以网络安全威胁为名限制中国高科技企业进入国内市场。2021 年 6 月 17 日，因其认为这些设备构成所谓的“网络安全威胁”，美国联邦通信委员会全数表决通过，将禁止华为、中兴、海康威视等中国企业生产的设备用于美国电信网络。从 WTO 网络安全议题的视角出发，请您结合本章所学内容谈谈对美国上述行为的看法。

延伸阅读

［1］李墨丝. CPTPP+ 数字贸易规则、影响及对策. 国际经贸探索，2020，36（12）：20-32.

［2］王蕊，潘怡辰，袁波，等. 从 CPTPP 与 RCEP 差异看我国应对数字贸易规则竞争的思路. 国际贸易，2022（03）：12-18.

［3］周念利，陈寰琦. 基于《美墨加协定》分析数字贸易规则“美式模板”的深化及扩展. 国际贸易问题，2019（09）：1-11.

［4］Braga C A. “E-Commerce Regulation: New Game, New Rules?” *The Quarterly Review of Economics and Finance*, 2005, 45（2-3）：541-558.

重要术语中英文对照表

A Community with A Shared Future for Mankind	人类命运共同体
Affiliate Marketing	联盟营销
Aging Digital Divide	代际数字鸿沟
Application Programming Interface	应用程序接口
Automated Guided Vehicle	自动导引运输车
Bank for International Settlement	国际清算银行
Big Data	大数据
Blockchain	区块链
Blockchain Platform	区块链平台
Cloud Computing	云计算
Cloud Computing Platform	云计算平台
Committee on Payments and Market Infrastructures	支付与市场基础设施委员会
Communication Costs	沟通成本
Consumer Attention	消费者注意力
Consumer Internet	消费互联网
Consumer Privacy Protection	消费者隐私保护
Consumer Search	消费者搜寻行为
Consumer Welfare	消费者福利
Content Marketing	内容营销
Core Layer	核心层
Correlation Layer	相关层
Cross-Border E-Commerce	跨境电子商务
Cross-Border E-Commerce Platform	跨境电子商务平台
Data	数据
Data Localization	数据本地存储
Data Property Right	数据产权
Data Sovereignty	数据主权
Data Storage Services	数据存储服务
Data Trade	数据贸易
Digital Business Environment	数字营商环境

Digital Content Ordering Platform	数字内容订购平台
Digital Content Trade	数字内容贸易
Digital Culture	数字文化
Digital Currency	数字货币
Digital Divide	数字鸿沟
Digital Economy	数字经济
Digital Finance	数字金融
Digital Government	数字政务
Digital Government Service	数字政务服务
Digital Industrialization	数字产业化
Digital Infrastructure	数字基础设施
Digital Innovation and Entrepreneurship	数字创新创业
Digital Market Order	数字市场秩序
Digital Market Size	数字市场规模
Digital Marketing	数字营销
Digital Payment	数字支付
Digital Privacy	数字盗版
Digital Security	数字安全
Digital Services Tax	数字服务税
Digital Silk Road	数字丝绸之路
Digital Technology	数字技术
Digital Trade Barrier	数字贸易壁垒
Digital Trade Cost	数字贸易成本
Digital Trade Ecosystem	数字贸易生态圈
Digital Trade Governance	数字贸易治理
Digital Trade Rules	数字贸易规则
Digital Trade	数字贸易
Digitalization of Industries	产业数字化
Digitalization of Service Trade	服务贸易数字化
Digitalization of Trade	贸易数字化
Digitalization	数字化
Domestic Digital Divide	国内数字鸿沟
Dynamic Equilibrium	动态平衡
E-Commerce	电子商务
Economic Globalization	经济全球化
Electronic Commerce Negotiation	电子商务谈判
Electronic Data Interchange	电子数据交换
Electronic Funds Transfer Act	《电子资金转移法》
Electronic Transmission	电子传输
Enterprise Resource Planning	企业资源规划

External Layer	外部层
Free Trade Agreement	自由贸易协定
Gender Digital Divide	性别数字鸿沟
General Data Protection Regulation	《通用数据保护条例》
Global Data Value Chain	全球数据价值链
Global Digital Divide	全球数字鸿沟
Global Digital Divide Governance	全球数字鸿沟治理
Global Digital Trade	全球数字贸易
Global Economic Governance	全球经济治理
Global Enterprises	全球公司
Global Trade Governance System	全球贸易治理体系
Hard Governance	“硬”治理
Inclusive Development	包容性发展
Inclusive Growth	包容性增长
Inclusive Trade	普惠贸易
Industrial Internet	工业互联网
Industry Internet	产业互联网
Information Cocoons	信息茧房
Information	信息
Intellectual Property	知识产权
Intellectual Property Protection	知识产权保护
Intellectualization	智能化
Intelligent Manufacturing	智能制造
Intelligent Technology	智能技术
International Monetary Fund	国际货币基金组织
Internet Content Provider	互联网内容提供商
Internet Service Provider	互联网服务提供商
Internet	互联网
Key Species	关键物种
Knowledge	知识
Lead Species	核心物种
Logistics Costs	物流成本
Market Access	市场准入
Market Matching Efficiency	市场匹配效率
Marketing Costs	营销成本
Mobile Internet	移动互联网
Multinational Corporation	跨国公司
Negotiation Function	谈判功能
Networking	网络化
Nondiscriminatory Treatment	非歧视性待遇

Non-Tariff Barriers	非关税壁垒
North-South Digital Divide	南北数字鸿沟
Open Global Digital Trading Platform	开放型全球数字贸易平台
Overseas Warehouse	海外仓
Parasitic Species	寄生物种
Personalized Demand	个性化需求
Platform Building and Entry Costs	平台搭建（入驻）成本
Platform	平台
Radio Frequency Identification	射频识别
Regional Digital Divide	地区数字鸿沟
Search Costs	搜寻成本
Search Engine Marketing	搜索引擎营销
Search Engine Platform	搜索引擎平台
Search Engine Services	搜索引擎服务
Secure Sockets Layer	安全套接层协议
Single Window	单一窗口
Smart Logistics	智慧物流
Social Media Marketing	社交媒体营销
Social Networking Platform	社交网络平台
Social Networking Service	社交网络服务
Society for Worldwide Interbank Financial Telecommunications	环球同业银行金融电信协会
Soft Governance	“软”治理
Source Code Localization	源代码本地化
Special Drawing Right	特别提款权
Supportive Species	支持物种
Surround Layer	环心层
Tariff Barriers	关税壁垒
The 21St-Century Maritime Silk Road	21 世纪海上丝绸之路
The Belt and Road Initiative	“一带一路”倡议
The First-Order Digital Divide	第一阶数字鸿沟
The Second-Order Digital Divide	第二阶数字鸿沟
The Silk Road Economic Belt	丝绸之路经济带
The Third-Order Digital Divide	第三阶数字鸿沟
Trade Barrier	贸易壁垒
Trade in Digital Services	数字服务贸易
Trade of Digital Content，Data and Digital Service	数字化贸易
Transborder Data Flows	数据跨境流动
Urban-Rural Digital Divide	城乡数字鸿沟
User Generated Content	用户生成内容

教学支持说明

1. 教辅资源获取方式

为秉承中国人民大学出版社对教材类产品一贯的教学支持，我们将向采纳本书作为教材的教师免费提供丰富的教辅资源。您可直接到中国人民大学出版社官网的教师服务中心注册下载——http://www.crup.com.cn/Teacher。

如遇到注册、搜索等技术问题，可咨询网页右下角在线 QQ 客服，周一到周五工作时间有专人负责处理。

注册成为我社教师会员后，您可长期根据您所属的课程类别申请纸质样书、电子样书和教辅资源，自行完成免费下载。您也可登录我社官网的“教师服务中心”，我们经常举办赠送纸质样书、赠送电子样书、线上直播、资源下载、全国各专业培训及会议信息共享等网上教材进校园活动，期待您的积极参与！

2. 高校教师可加入下述学科教师 QQ 交流群，获取更多教学服务

经济类教师交流群：809471792

财政金融教师交流群：766895628

国际贸易教师交流群：162921240

税收教师交流群：119667851

3. 购书联系方式

网上书店咨询电话：010－82501766

邮购咨询电话：010－62515351

团购咨询电话：010－62513136

中国人民大学出版社经济分社

地址：北京市海淀区中关村大街甲 59 号文化大厦 1506 室　100872

电话：010－62515803　010－62516948

传真：010－62514775

E-mail：jjfs@crup.com.cn